U0111694

大展好書　好書大展
品嘗好書　冠群可期

吳圖南太極拳勢

周遵佛太極拳勢

陳龍驤太極拳勢

陳龍驤太極刀勢　　　陳龍驤太極劍勢　　　　　　太極劍對練

陳思垣太極拳勢

董虎嶺太極拳勢

董茉莉太極拳勢

馬虹太極拳勢

馬偉煥太極拳、劍勢

梅墨生太極拳勢

李經梧太極拳勢

梅墨生書《太極拳論》

太極拳論　王宗岳

太極者，無極而生，動靜之機，陰陽之母也。動之則分，靜之則合，無過不及，隨曲就伸。人剛我柔謂之走，我順人背謂之黏。動急則急應，動緩則緩隨。雖變化萬端，而理唯一貫。由著熟而漸悟懂勁，由懂勁而階及神明。然非用力之久，不能豁然貫通焉。虛領頂勁，氣沉丹田，不偏不倚，忽隱忽現。左重則左虛，右重則右杳。仰之則彌高，俯之則彌深。進之則愈長，退之則愈促。一羽不能加，蠅蟲不能落。人不知我，我獨

孫永田太極拳勢

吳忍堂太極拳勢

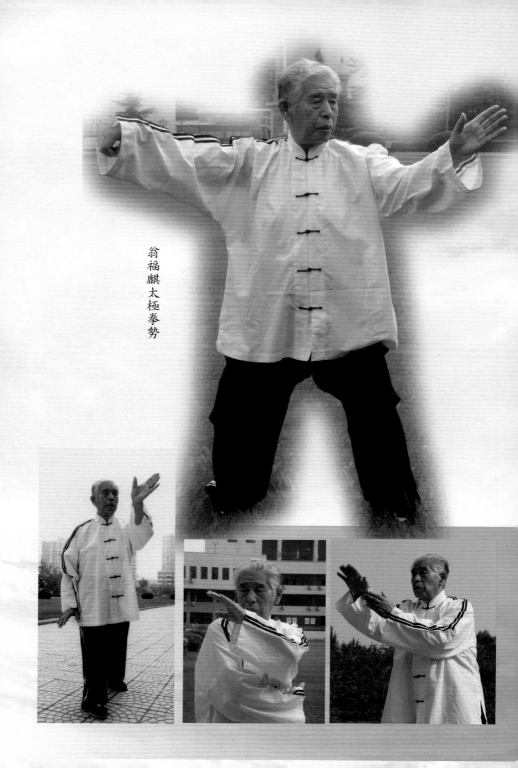

翁福麒太極拳勢

吳文翰太極拳勢

指導高佳敏

曾乃梁太極拳勢

父女表演太極推手對練

在三亞海濱萬人太極拳晨練上

張全亮太極拳、刀勢

崔毅士太極拳勢

張勇濤太極拳、劍勢

【卷首語】

　　太極，又見太極，在中國的每一個地方，在世界的每一個角落。

　　有中國人的地方就有太極，有運動的地方就有太極，生命是運動的產物，也是運動的組成。

　　月有圓缺，天有陰晴，四時變幻，自然之道。

　　恒久不變的是變化，變化無常卻有常，若隱其中，若出其裏，太極就是變化之理，陰陽乃運動之道，道亦有道，盈虛有象。

　　盈者，滿也，圓也，爲陽。盈盈如實，自在其中。春華枝滿，充沛混厚。

　　虛者，含也，曲也，爲陰。有容以待，空明澄澈。天心月圓，窮變化之萬端。

　　象者，道也，規矩方圓，縱橫列列，循環無端，終始有致，生一，生二，生萬物，順天地，遂人倫。

　　拳有盈虛乃見張弛，事有盈虛乃成悠遠。

因爲有了虛，盈顯得無際，因爲有了盈，虛得到了根本。

「盈」「虛」是運動變化的表現形式，「象」則是運動變化的內在規律，自然變化核心就是盈虛之象。

盈虛乃自然之道，盈虛自在拳中，盈虛自在心中。

心中有象，拳乃有大氣象——拳爲心畫。

象是複雜的，它有時飄忽，虛幻而游離，若有若無，星漢迢迢暗渡，需要用靈魂的最深處去觸動、感受。

象又是簡單的，當你與之融合之時，你能感受到圓融的透徹，如此簡單，彷彿不盡長江，似乎從遠古就開始了自然的存在。

手輕輕劃過風，劃過雲，觸撥大自然的神經，如奏響天籟之音，與內心最深處的弦律和鳴。

柔柔的兩道弧，彌補了力量的脆弱，合成了一個完整。

太極圖的圓線是內的界限，也是外的邊界。

太極圖以有限詮釋了無限，其中的盈虛消息爲鼓蕩運行的萬般巨細。

閑雲出岫，出於岳而游於天，那種散淡的灑脫，無意之中的眞意，妙手偶得的不著痕跡。得不足喜，失不足悲的曠達。沉著靈動的流行，以毫不猶豫的順達直指自如的圓融，便是盈虛的大寫意。

物我如一，太極如斯。

余功保

前　言

　　2005 年的國慶假期，我又一次回到了大別山，我出生的地方。

　　沒有了都市的喧鬧，雙腳踏行在山間厚土的大地，使人油然、悠然而生踏實、厚實感。秋日山風中隱隱有果實的芬芳，每一寸土地都升騰著勃勃生機，整個身體彷彿突然透空，那是物我相隨的回歸，自然如此之近，身非菩提樹，因爲菩提本無樹。

　　湯泉池的水是溫熱的，據說已經流淌了數千年以上，帶來地心深處的激情。金剛臺上雲霧彌漫，大山深處的茶園年年茂盛，清遠留芳。

　　這裏的一切昭示著自然的變化。變者，易也；易，周而復始，永恆又瞬間。永遠沒有開始和結束，萬變不離其宗，宗者，根也。

　　土地爲農民之根，五千年的文明是太極拳之根。

　　變化是無限的，但總有規律，總有境界，如同大別山的山——隨曲就伸。

「其根在腳，主宰於腰，形於手指」，因爲有根，所以貫通。因爲腳踏實地，所以其根在腳。

《隨曲就伸》是一本書，後來，成了一個系列。

《隨曲就伸》說的是拳，也說的是人，因爲眞正的拳家與拳已不可區分。「拳魂」是一種精神，她是活的，就存在於拳家的舉止揮灑之間。

「拳魂」就是拳的根本。技術是不容忽視的，但技術是不能拘泥的。

研究中國武術的內涵，最生動、直接的方式就是研究成功的武術家。從他們身上我們可以感受到根的脈絡，那種具有時空穿透力、可以在靈魂間無障礙傳遞的精神的內涵和感悟的智慧之光。《隨曲就伸》系列力圖要做的，也就是這方面的工作。所以《隨曲就伸》系列要說的是一種文化精神和境界。

太極拳的精神內涵廣博深邃，習太極者當深入領會，其核心架構應包括以下幾個方面：

其一，德。

天地無垠，德居其中。天下之大，有德居之。拳學之浩渺，有德取之。

拳的德乃拳之修爲，修養有多大，就有多大的可爲，拳練到人身上，就成了人的修爲。

太極拳的德包括尊重生命、尊重自然規律、尊重人倫、主張和平、扶立正義、尊師重道、提倡積極的社會價值觀等，這是歷經千百年鍛造，將中華文明精神深刻熔鑄到拳影劍光中的體現。

「天地之大德曰生」（《周易》）。太極拳秉天地之

德而生，納陰陽和諧之律，成順隨通達之變，內培本元，外應生機。祛邪扶正，重生頤和，最大限度發揮了中國功夫「武」之精要。「人者，其天地之德，陰陽之交，五行之秀也」（《禮運》）。太極拳之德，從根本上回歸了人的心靈家園。

太極拳「德」的內涵，是隨著時代的發展在不斷變化著的，應該是有益於社會，有益於大眾，成爲全社會「和諧」的積極元素。「內聖外王」，在內提高自我修養，溫潤暢達，在外尊重自然規律，宣導科學，講大義，宣導和平與互愛互助。

不立德不可爲太極。

其二，勇。

敢爲天下先，又不爲天下先，張弛有度，大勇若怯。

太極拳之勇，不是魯莽的躁動，而是有所爲有所不爲、以退爲進、以柔克剛的章法。

勇以仁爲基礎，「仁者必有勇」（《論語》）。敢作爲，器爲君識，器爲君用，剛毅果決，雷動於九天之上，發人於閃電之間，剛柔並舉。

不畏強暴，是中國武術的傳統性格；不爲強暴，是中國武術的行爲規範。這兩方面構成了太極拳勇的基本特性。

人的一生有許多夢想，沒有夢想的人就沒有一個完美的人生。夢是美的，通往夢境的路卻不一定總是坦途。困難是我們需要經常面臨的對手，克服困難的首要素質是「勇氣」。太極拳培養的是智勇兼備的堅強人格，是克服困難的有效手段。

不具勇難以爲太極。

其三，慧。

太極拳是「變」的智慧。

世界充滿變。窮則變，變則通，天地間唯一不變的就是「變化」。既然我們改變不了變化，那就從容面對。冷靜地面對就是「定」，定下心來，變化在眼前就會慢了下來。心越定，變速越慢，變化的奧妙就顯了出來。看得明，看得清，於是生「慧」。這就是定生慧的相對論。

太極拳從術到法，由微觀到宏觀，從具體動作中演化出變通的大道理，生出大見識。以拳悟道，悟陰陽變化之道，盈虛循環之象。

太極拳的原則是自然，自然最無窮。「故道大，天大，地大，人亦大。域中有四大，而人居其一焉。人法地，地法天，天法道，道法自然」（《老子》）。

「人何以知道？曰心。心何以知？曰虛壹而靜。心未嘗不藏也，然而有所謂虛；心未嘗不兩也，然而有所謂一；心未嘗不動也，然而有所謂靜。」（《荀子》）太極拳練的是靜、定的功夫。拳在變，形在變，空間在折疊往復。心在靜，神在明，所謂「一羽不能加」，屏蔽了一切干擾因素。靜是動的靜，「靜者，靜動，非不動也」（王夫之《思問錄》）。所以靜是活的，「水靜泉清，動如江河」。靜也是動的一種狀態，「心死神活」，在靈魂最深處，總有不滅的智慧之燈閃耀。

真正的太極拳家不懼怕變化。在他們的眼中，凌厲、快速的變化招數清晰在目，引進落空，隨曲就伸，接之，化之，發之。這就是進入了「慧」的層次。

盈虛有象——中國太極拳名家對話錄

掌握了變化的規律，對生命的演進、變化也會有客觀、科學的應對，不斷提高自己的健康水準。「我命在我不在天」，太極拳健康的主旨在於從我練起，從內心修起。

太極拳的大智慧表現之一，就是體察並弘揚了靜、柔的作用。無爲而爲是太極拳的智慧特徵之一，通曉的曠達與超然，那不是漠視，而是熱情如火，昇華爲水，滋養萬物的溫潤。

拳以載道。太極拳的慧體現在對自然規律的透徹理解，它融合了兵法、中醫、易學、中國古典哲學的精華，其健康的原理、方法、方式，是人類智慧的結晶，可稱爲世界第一健康運動。

不通慧不足爲太極。

其四，情。

無情未必眞功夫。太極拳有情，否則便如高山孤松、閑雲野鶴，雖高遠、高古，卻高不可攀，不沾人間煙火，難以和眾，不廣，不博。

太極拳之情，深如海，博如天，海天一色，大地春風。拳行處，便是情漫處，有情才能動人，動人眼，動人心。太極既是人手上的雲，也是人心海的花。

太極拳有情，乃天地之情。道法自然，合於自然，物我相隨又物我兩忘。忘的是形，隨的是情，情到深處情在心，濃情融化，便成細細涓流，在四肢百骸之中。

拈花一笑，情滿人間。

太極拳的情是人和人心的和諧溝通，包括情感，志趣、人倫、個性，性情修養等，寬容、寬厚、暢達、樂

觀。

　　太極拳的情是從心底油然而生的一種親和。澎湃是一種情，平和也是一種情，但充滿更強烈的感染力、親和力。

　　李連杰 2005 年在北大演講時說，武力不是唯一的，愛的力量是偉大的，也從一個方面對中國武術的「情」作了詮釋。

　　不鍾情不會爲太極。

　　其五，「和」。

　　和諧是能量損耗最低的一種狀態。對於人身，和諧則健康；對於社會，和諧則能健康、穩定地進步；對於自然，和諧才能長久、可持續性發展。

　　「和生萬物」是中國最重要的哲學思想之一。《老子》云：「萬物負陰而抱陽，沖氣以爲和。」對於一個系統中諸多因素的綜合考究，對一個事物的各個屬性的全方位平衡，就是「和」的整體性思維的精神內質。「志於道，據於德，依於仁，游於藝」（孔子《述而》）。拳者，權也。

　　和必須是陰陽相互融合，單純的一方不能構成「和」。太極拳所創造的就是陰陽共處的和諧結構，這種結構的具體表現就是太極拳勢、拳架。

　　太極本身就是陰陽的對立統一，對立統一就是和諧。既合而爲一，又一分爲二。名爲一個動作，身體的前後左右，四面八方必然是一個和諧的整體。統一又含有各種陰陽的分部，前手與後手，前腿與後腿，頭與足都在相承，相應。如呼吸一例，「呼之必有吸，吸之必有呼，統一氣

而互爲息，相因而非相反也」（《周易外傳》）。

和諧的方式很多。在交往中，君子「和而不同」。太極拳技擊中，沾連黏隨就是「和」的原則。一個系統中，各種矛盾因素和諧共處，這就是矛盾平衡律。

太極拳的和首先是知己。「我守我疆」，然後是化解矛盾，之後是達到統一。和諧是不同因素在同一個系統中合理、融會、通達、穩定的共處，消除對立與隔閡。

和諧是一種立體化的思維。太極圖就是一種立體化變化的圖示，五行生剋是一種和諧的模式，八卦循環也是一種和諧模式，太極拳勢就是陰陽和諧的意象表達。

不和諧不能爲太極。

《隨曲就伸——中國太極拳名家對話錄》一書出版後，受到海內外武術界、文化界朋友們的關注，許多人建議我把這項工作做得更爲完整、全面。我以爲這也是一種太極拳文化的挖掘整理工作，對於研究、推廣太極拳有一定的益處。於是，在各方面的大力支持下，隨曲就伸系列之二《盈虛有象》、之三《上善若水》也相繼脫稿，這樣「隨曲就伸」系列三部曲全部完成，希望能爲太極拳的發展起到一點作用。

本書中繼續沿用了《隨曲就伸》的基本體例、結構與風格，以對話方式闡釋太極拳理法。聽其言，觀其行，所以本書在大量的名家談論中，也精選了一些照片，以便更加生動地展現名家的全面風采。

《隨曲就伸》系列在寫作過程中得到了眾多太極拳家的大力支持，有的把珍藏多年的資料毫無保留地提供出來，有的不遠千里數次來京，和我反覆討論有關太極拳的

理法問題，很多人對本書的內容和寫作也提出了很好的建議。他們的嚴謹態度、對太極拳的摯愛、精深的拳學修養都令人感動，在此一併表示感謝。

　　為便於廣大讀者的交流，《隨曲就伸》系列圖書的官方網站——「隨曲就伸」（www.sqjs.com）也已於 2005 年 12 月開通，成為本書讀者、作者、太極拳家互動的一個研究平臺，成為一種更加快捷、全面、充分的溝通管道和方式，歡迎廣大的《隨曲就伸》讀者到該網站進行討論、交流。

余功保

於大別山

Email: ygbao@vip.sina.com

目　錄

盈虛有象——中國太極拳名家對話錄

陳龍驤簡介

陳龍驤，1948年生，四川成都人。楊式太極拳名家。楊式太極名門之後，川中高手。作為一代大家李雅軒的嫡親加嫡傳，陳龍驤、李敏弟夫婦刻苦研修多年，深悟楊式太極拳真妙。

8歲開始習練太極，長期追隨李雅軒，深得其師器重，得衣缽之傳並發揚光大。1983年被評為全國千名優秀武術輔導員，1986年獲全國武術比賽雄獅獎。為中國國際太極拳年會副秘書長，國際太極拳年會拳師名師級別評定委員會委員，太極拳大師，中國武術七段，成都市武協常委，《中華武術大典》編委，新加坡雅軒太極拳武術館館長，中國武術一級裁判。多年來在《武林》《武魂》《精武》、臺灣《太極拳》、新加坡《武壇》等刊物上發表了大量文章，被國內外有關報刊雜誌專訪報導。出版有《楊氏太極拳法精解》《楊氏太極劍法精解》《楊氏太極刀法精解》《三才劍法精解》《武當劍法精解》《李雅軒楊氏太極拳架詮真》《李雅軒楊氏太極拳系列叢書》等著作。

多次參加國際和國內太極拳名家研討會，並應邀赴國外講學，在國內外具有廣泛的影響和知名度。為當代楊式太極拳有重要影響的人物。

妻李敏弟家學淵源，得父衣缽之傳，同為太極拳名流。女陳驪珠亦繼承家學，為太極傳人。

縱虎歸山
—— 與楊式太極拳名家陳龍驤的對話

「放棄」是一種巨大的勇氣，有時比勇往直前更需要膽識。

李雅軒深得此道精髓，故而宣導「大鬆大柔」。「鬆」「柔」爲棄，「堅」「剛」爲取，棄之有法，取之有道。

「放下便自如」。放下頁擔，騰開空間，萬里無雲萬里天。

縱虎歸山，放棄紛繁煙雲三十六州，得大自然，大自在。

太極拳棄僵、棄執著，棄得失幻念，返璞歸眞。

李雅軒先生久居川中，數十年得鍾靈毓秀，錘煉大方太極，化難爲易，如履蜀道平地。

陳龍驤亦得此中要義，以收合之功行展拿之勢，吞吐有致。龍驤先生 20 世紀 80 年代即名動當時，於全國武術觀摩交流大會上龍形虎步，蔚然卓立。後不事張揚，鬆沉穩固，鬆到形，鬆到心，潛淵行運。充盈鼓蕩之時，隱隱然九天雷動，所謂「靜若處子，動若崩雲」。

拳在手，如得利器可劈荆斬棘。

拳在心，如水歸海，虎在山，可自如無礙。

「岩上無心雲相逐」，雲的是手，鬆的是心。

余功保

一、龍虎行蜀山　大鬆得大雅

　　末隨出勢，先將腦筋靜下來，摒除雜念，身心放鬆，去掉拘束。

　　穩靜之後而後出動，並要在動時仍保持其穩靜，不可因動將身心的穩靜分散了。

李雅軒

余功保

　　我最近研看一些早期的太極拳資料，有您在全國武術觀摩大會上的獲獎情況，上世紀 80 年代的，那時還作為名家代表參與了第一屆全國太極拳研討會，其實您很早就具有了全國性的知名度。

陳龍驤

　　我學拳應該是比較早，也參加了一些全國武術活動，主要是相互交流。

余功保

　　您是怎麼跟李老師學的拳？

陳龍驤

　　我小時候身體比較弱，開始練拳主要為了強身。

我拜師的時候也很小，是父親幫我代寫的拜師貼。我父親的書法、文字都很好，所以當時李老師看了拜師帖以後還開玩笑說：「哎呀，我那麼多徒弟，屬你這一份拜師貼寫得有水準。」為了紀念這個事情，這次臺灣出版李老師拳學著作，我就把我當年的拜師貼全文登上了。

　　我父親跟老師是好朋友。老師的太極拳功夫造詣很深，老師也很有學識，所以他很尊重有學問的人。他覺得我父親學問不錯，所以他們兩個就成了好朋友。我們兩家當時只隔一條街，老師經常到我家串門。

　　有一天，李雅軒老師到我家做客。我正和小夥伴在院裏玩。當時我身體瘦弱，幾次都被高我一頭的夥伴摔倒在地。李老師就對父親說：「龍驤這孩子聰明，只是太瘦，如果讓他跟我學學拳，以後就不怕被別人欺負了。」

　　所以後來我就開始和老師學拳。大概從八九歲的時候就開

陳龍驤的拜師帖

李雅軒楊式太極拳的風格原來有很多人不太瞭解，它要求步幅比較大，同時邁步依然要輕靈，這就要求演練者的基本功更紮實一些。只可惜他的這種風格的太極拳在四川幽閉了四十多年。

余功保

「塞翁失馬，焉知非福？」這種幽閉可能對他的靜心修練也有好處，也使他減少了很多外界的干擾，比較純真地保留了太極拳固有的風貌。現在你們把它系統傳出來，讓更多人瞭解。

陳龍驤

從另一方面看，這也有道理。

他對自己的風格是比較堅持的。他的太極拳一看就是一種武術。雅軒老師在世的時候不斷強調，太極拳是武術，所以它不能離開了武術的實質，太極拳、械的每一個動作，每一舉

李雅軒太極劍照

手、一投足，都是有作用的，我們不能忘記太極拳創編的原則。他以前跟我說過，你在那兒一站，一打太極拳就得是個把式，而不是在那兒摸魚的。

余功保

許多老太極拳家對太極拳的用法是一貫堅持的。這是不能含糊的事。我覺得太極拳的三個東西不能丟。

一是技擊性，這是太極拳的本質，沒有了技擊就不能稱為「拳」；二是文化性，這是太極拳的核心，沒有文化就沒有層次，就缺少內涵；三是健身性，這是太極拳的社會功能，特別是現代社會中，這一個功能是它的價值的重要體現。

陳龍驤

對，傳統太極拳在這三方面其實都很看中的，不偏廢任何一方。

余功保

這三者應該是有機融合的。

陳龍驤

改革開放以後，國家開始重視太極拳了，太極拳得到空前發展，可惜的是，老師沒有趕上。這就使我們感到擔子更重，有責任、義務把老師對太極拳的研究、體會的成果貢獻出來，能使更多人受益。

我們對老師的有關資料進行了系統的整理，並重新編訂、補充，2004 年由人民體育出版社出版發行。

【鏈接】
《李雅軒楊氏太極拳系列叢書》網路首發式內容節選
（2004 年 7 月 29 日　博武國際武術網）

主持人：今天的首發式我們很榮幸地請到了幾位嘉賓，他們是本書的主要作者，李雅軒的學生、女婿和女兒，著名楊式太極拳名家陳龍驤和李敏弟老師，人民體育出版社資深專家、本書的責任編輯張建林先生，還有陳龍驤的學生金揚眉先生，金先生為本書的策劃出版和印刷做了大量工作。

首先讓我們熱烈歡迎陳龍驤先生發言。

陳龍驤：各位網友大家好。今年是楊式太極拳第四代傳人、全國著名太極拳家、我的恩師李雅軒先生誕辰 110 周年。在這個非常有紀念意義的日子裏，我有機會在「博武網」和廣大太極拳愛好者們交流，為進一步發揚光大楊式太極拳，一起共同切磋，共同探討，心裏感到由衷的高興。

我的恩師李雅軒先生是楊澄甫宗師的得意高徒，全面系統地繼承了澄甫宗師的衣缽，在太極拳、劍、刀、槍、推手、散手等方面，技藝超群，爐火純青。

李師自 1914 年進京正式拜澄甫先生為師後，又跟隨澄甫師在南京中央國術館、浙江國術館從事專業教拳。抗日戰爭時期定居四川，先後任國民黨軍校太極拳教官、國民黨二十八軍軍官總隊上校教官、國民黨重慶陸軍大學任軍簡（相當特級軍官職位）、四川省體育會設計員。新中國成立後聘為成都市政協委員等職，1976 年辭世於四川成都。在四川傳拳數十年，培養了整整一代太極拳人才，桃李滿天下。

雅軒師所傳楊式太極拳，特別注重內功訓練，練功夫時，講

究找大鬆大軟，找虛無的氣勢，找神明的感應，找莫測的變化，不停留於筋骨肌肉的初步功夫。從他晚年拍攝的珍貴拳照中，您可以領略到雅軒師在行功走架中所透露出的獨特氣質和舒展大方的磅礴氣勢。

余自幼從雅軒師習太極拳，至恩師辭世20年間，未嘗離其左右。當今世界太極拳事業蓬勃發展，在這太極拳奇花競相鬥豔之時，余秉先師遺訓，爲發揚光大楊式太極拳，將恩師之練功隨筆、書信、拳照，整理成《李雅軒楊氏太極拳系列叢書》，全權委託我的弟子金揚眉負責出版事宜，現由人民體育出版社正式出版。該書的問世，表達了我全家人多年來對李師的懷念，對太極拳的深情，對多年來關心我、支持我的武林同道的謝意；同時希望廣大太極拳愛好者仔細研讀雅軒先生所傳的練功心得，細細推敲拳勢中所蘊藏的太極拳真理，相信該書會給您不同程度的啓發，具有相當的研究價值。

主持人：張建林先生是人民體育出版社資深專家，編輯了很多武術的精品好書，他擔任《李雅軒楊氏太極拳系列叢書》的責任編輯，爲叢書的出版做了大量工作。請他從出版單位和責任編輯的角度談一談有關想法。

張建林：武術被稱之爲中國的國粹、國寶。作爲中國體育事業的專業出版社，武術類圖書理所當然地成爲我們出版社的重要組成部分。近些年來，隨著武術事業的迅猛發展，武術類圖書的出版工作也出現日新月異的景象，僅僅由人民體育出版社出版的武術圖書種類已經難以計數，這其中也包括一批優秀的太極拳類圖書。作爲一個從事武術圖書編輯工作多年的編輯人員，我確實對近些年武術圖書百花齊放的喜人形勢深感欣慰和喜悅。

雖然一本堪稱優秀的武術圖書，需要具備一定的條件。以個

人多年的體驗，我覺得，除了要將本拳種的技術套路以非常精準的筆觸清晰地展現給讀者，使之易懂、易學、易練之外，還應當注重發掘出本拳種外在形式下所蘊藏的諸多理念和內涵，將其中的道理講清說透，使人頓生恍然大悟之感，知其然又知其所以然。此外，各武術拳種都有較長的發展歷史，都留存有十分珍貴的史料，先輩中都有著出類拔萃的代表人物。如果能將這些史料加以搜集整理，成為這部書的組成部分，那麼，這樣的圖書就會帶給人一種掘地見寶的喜悅，就會成為一部公認的、讓人愛不釋手的好書。

我最近在編輯《李雅軒楊氏太極拳系列叢書》的過程中，很高興地發現這是一套非常優秀的叢書。李雅軒先生是楊式太極拳大師，在中國武壇的歷史上佔有很高的地位。老先生雖已作古，但至今仍讓武術界人士無法忘懷。能夠出版反映李雅軒先生武術思想和武術功底的圖書，本來就是一件眾望所歸的好事，但令我興奮的是，這套叢書除了具備一部好書所應具有的優點之外，最為突出的是它的史料的珍貴性。

該書內容十分豐富，除了介紹太極拳源流，名人軼事，李雅軒先生生平傳略，對楊式太極拳、太極推手的練法和用法進行了深入細緻的講解。最為珍貴的是，書中大量收錄了李雅軒先生關於太極拳的練功精論，往來書信手本，以及深入淺出的內功心法隨筆，其見地之高深，論述之精彩，令人讀來不由得要為之擊節叫絕。書中數百幅技術動作示範圖片，竟然都是李雅軒先生親自演練，這種資料在當今已屬絕唱，他處再也難以覓得。

作為本書的第一位讀者，我確實有一種難以釋手的感覺。書中的文字處處表現出樸實、真摯的風格，通俗易懂，編排清新流暢，圖文並茂，裝幀設計也顯得端莊古樸大方。捧書在手，作者

們對太極拳「苟利太極，生死依之」的一往情深和對李雅軒老師深深的懷念之心躍然紙上。

特別介紹，作者陳龍驤、李敏弟、陳驪珠，分別是李雅軒先生的女婿、女兒和外孫女，同時又都是老人家的嫡系傳人。他們揮汗數年，終於完成了這套叢書的整理、寫作和出版，字裏行間自然多了一份對前輩的懷念之情和敬仰之情，實屬難能可貴。在這裏我也向三位作者表示敬佩和祝賀。

主持人：下面，我們請為這套系列叢書的策劃、出版做了大量辛勤工作的金揚眉先生，為我們介紹一下此書的出版過程。

金揚眉：今年是李雅軒先生誕辰 110 周年，為了表達對老人的懷念和哀思，他的嫡系傳人也就是我的老師陳龍驤、李敏弟，以及李雅軒的外孫女陳驪珠將李雅軒老師生前遺留的太極拳、劍、刀、槍、推手、散手的精論以及珍貴信件和照片全面集結成書，首次向公眾披露。出版《李雅軒楊氏太極拳系列叢書》的想法始自去年年底。

我老師陳龍驤一直把李雅軒老師誕辰 110 周年當做很重要的事情，他希望能夠在這具有重要意義的年份裏出版一套全面介紹和體現李雅軒老師太極概念的系列叢書，叢書不僅要囊括楊式太極拳的拳理拳論、主要拳術套路、器械套路、太極推手，而且要詳盡反映楊式太極拳的風貌，並且包含李雅軒先生對純正楊氏太極拳風格的繼承和大膽發展。

陳龍驤老師希望這部資料性和實用性都很強的叢書可以成為廣大太極拳習練者追求太極真諦的指南，而對於長期從事教學工作的教師提供一定的啓發和協助，以慰老師在天之靈。我作為他的弟子當然應該幫助老師達成這個心願。

我 12 歲開始跟隨外祖父等練武，主要習練家鄉的地方南

拳，後來又練習了一段時間的八極拳。到 17 歲的時候，外祖父對我說：「一定得去學太極拳，太極拳能夠以柔克剛。」雖然南拳和八極在人們的印象中都是很剛很猛的拳種，但實際上我當初練的南拳和當地的南拳也有區別，我練的是「剛柔法」，而「剛柔法」本身講的就是內勁，在內力的走向上和太極拳是很相似的。我學過的拳種和流派不少，當時的楊式太極拳老師對我說：「李雅軒老師的東西，陳龍驤那邊最全，你有機會應該到四川去。」於是我就從溫州跑到四川尋師，去了很多次都沒有找到老師，但是我始終相信「功夫不負有心人」的道理，最後終於見到了陳龍驤老師，並且跟隨陳老師學習太極拳。我很感謝陳老師，能拜他為師，這也是一種緣分。

本著讓更多的太極拳習練者領悟楊式太極拳的純正風格，以為廣大太極拳愛好者提供翔實的學習資料為初衷，陳龍驤、李敏弟夫婦花了將近兩年的時間對老師生前遺留的太極拳內功心法隨筆精論以及 600 餘張拳照進行仔細整理。從這次叢書首次公開披露的李雅軒先生晚年拍攝的太極拳照片中，大家可以領略到李雅軒先生在行功走架中所透露出的獨特氣質，欣賞到楊式太極拳動作的舒展大方和磅礴氣勢。

李雅軒先生在太極拳、劍、刀、槍、推手、散手等方面造詣很深，在保存楊式太極拳純正風格的同時，由對自己數十年傳拳經驗的累積，對楊式太極拳提出了很多獨到的見解，並對很多拳家專業術語進行了通俗的分析和精當的評論。《李雅軒楊氏太極拳系列叢書》共分五本，包括《李雅軒楊氏太極拳精論》《李雅軒太極推手精粹》《李雅軒楊氏太極劍法詮眞》《李雅軒楊氏太極刀法詮眞》《李雅軒楊氏太極槍法詮眞》。

這套叢書內容豐富，不僅包含太極拳源流、名人軼事、李雅

軒先生生平事蹟等生動文字，還有行之有效的太極拳練法精要，深入淺出的內功心法隨筆精論，對楊式太極拳、劍、刀、槍、推手的練法和用法更進行了細緻入微的講解，很具實用價值。關於出版社的問題老師也考慮很久，人民體育出版社可以算是出版體育類和武術類書籍的權威了，所以我們選定這套叢書在人民體育出版社出版。

主持人：今天的首發式我們很高興還請來了國際太極拳研究的權威人士，著名的武術文化學者余功保先生。請他就本套叢書談一下看法。

余功保：我非常高興參加這個活動。我覺得這是一件對太極拳的推廣有意義的工作。太極拳現在在社會上普及面已經很大，有很多人在練，但我覺得還遠遠不夠，沒有達到它應該有的廣度和深度。要進一步做好工作，對傳統太極拳精華的整理、研究、推介是一個重要的工作。《李雅軒楊氏太極拳系列叢書》就是在這方面做了一件有意義的事。

書剛出來不久我得到後就仔細閱讀了一遍。該書的責任編輯張建林先生也是我的好朋友，我的書中有幾本也是他做責任編輯。他的工作很專業，也很認真，前面他也談了有關對這本書的看法。

這套書是李雅軒太極拳的成果結晶。我覺得李雅軒先生是一位比較純粹的拳家，說他比較純粹，就是他這一生的「主業」，他一生所「經營」、所「運營」的就是太極拳。這樣他就把全部精力都投入到了太極拳的學術、學問當中，對於拳之外的東西，比如名、利等是非不去參與。這一點很重要，因為幹任何一件事，你不專心幹不好，你不全心就幹不深，幹不徹底。李雅軒長期在四川，專心練拳、教拳、研究拳，受外界干擾少，所以我說

他在拳學上比較純粹。

　　另外，在拳上面，我感覺李雅軒先生是一位比較有主見的拳家。因爲純粹，無欲則剛，所以能夠堅持己見，堅持探究自己認爲正確的東西。堅持己見首先得要有己見，李雅軒先生在很多太極拳的理、法上是有比較獨到的見解的。

　　還有一點也是很重要的，就是熱情。對一件事有熱情才能幹好。因爲熱愛才會有熱情。閱讀這套書，洋溢著的對太極拳的熱情也很打動人。有了熱情你才能細微地去體察，去感受，而太極拳中的很多技術、技法是很需要細微地體察、證悟的。陳龍驤先生夫婦兩人和他們的女兒陳驪珠我都有過接觸，一起談過有關太極拳的問題。

　　我感覺他們身上保持了這種對太極拳的熱情和活力，這使得他們能夠長期置身於太極拳事業中，不斷深入、繼承、研究。這些特點大家在閱讀該系列叢書中就可以感受到。

　　從事太極拳有寂寞心也很重要，不能寂寞就不能沉下去，無法好好演練，水準難以飛躍。我覺得這麼多年來，陳龍驤、李敏弟老師把精力放在練拳上，是一件好事。現在出版這套書應該是水到渠成吧。

　　李雅軒的著作過去流傳得不多，大規模出版在內地這是第一次吧。其實零散的資料以前也見過一些，比如李雅軒先生的拳照，我很多年以前在一份資料上見過，當時就感覺很大氣，很鬆、很流暢。一些有關介紹李雅軒的資料也有過一些，但不全面，這次出的比較系統。

　　這套書有一個重點大家要特別細心閱讀。就是李雅軒的拳論，他的隨筆、書信等形式的拳論，關於拳架的、推手的，於平淡處見眞識。看的時候不要一帶就過，要仔細體會其中的關竅所

在。在拳論中李雅軒先生很提倡靜、悟的功夫，我覺得讀這套書也要有這種功夫。

太極拳的發展中，繼承很重要。不要認為我們現在研究很多年了，也從事過挖掘整理，繼承問題已經解決了。不是，相反，繼承的工作還有大量的我們還沒做，還沒做透，還要不遺餘力地去做。這套書比較忠實地繼承、整理了李雅軒先生楊式太極拳的理論、技術體系，對太極拳的研究有積極作用。我們也希望有更多的關於太極拳名家的拳功、拳理的整理研究著作問世，推動太極拳學術水準的整體提高。

余功保

20 世紀 80 年代後，李雅軒太極拳第一次較有影響的宣傳亮相，是您在全國武術觀摩大會上獲獎，一些武術家還清晰地記得您當時練大槍的情景。您如何看待傳統太極拳的比賽問題？

李雅軒的女兒、陳龍驤的夫人李敏弟

陳龍驤

在過去，單純練習傳統套路的人不能比賽，沒有比賽的機會。要比賽刀、槍、劍、棍等都要練，要全能。我為此曾經給國家有關部門的同志寫過信，呼籲太極拳應該單列出來比賽。現在太極拳是可以單獨比賽了。但也要研究如何比、比什麼的問題。

傳統的太極拳是應該在競技賽場上擁有一席之地的。因為競賽是一種推

廣、交流的形式。傳統太極拳不應該放棄。

　　1976 年老師去世，那個時候「文革」還沒有結束，1978 年恢復成立了成都市武術協會，我和愛人是第一屆成都市武術協會委員。我那個時候就代表成都市參加四川省比賽。李敏弟是我老師最小的一個女兒，老師得她的時候都 58 歲了，所以我們年齡不大輩分高。我師兄弟當時都年齡很大，現在我的師兄還健在的也都是八九十歲了，唯獨我最小。

　　「文革」結束後就由我們兩個人來代表李雅軒這個流派在成都市比賽，當時成績都很好。那個時候國家對太極拳還沒有像現在這樣重視，太極拳的普及程度、影響力都達不到現在這樣的效果。

　　我在 1985 年代表四川參加哈爾濱首屆太極拳邀請賽，那個時候太極拳比賽還處於試驗階段，現在的很多太極拳名家那時我們都同場比賽。那次有很多人開始注意到，發現我們的風格不一樣，我之後也寫了一篇《四川楊式太極拳的傳播者李雅軒》的文章，刊登在媒體上。

　　1986 年，我代表四川省到徐州參加全國武術觀摩交流大會。去之前，競賽處的領導這樣跟我說，說這次徐州的觀摩比賽你去看看吧，你們這個流派很多人都不認識，你去可能也得不到什麼好成績，你也練了這麼多年的太極拳，就當觀摩吧。

　　以往的比賽經驗告訴我，一些年輕裁判的水準參差不齊，有很多人對傳統太極拳不是很精通，對太極拳的內涵看得不透徹，比賽成績會有很大的不確定性。到徐州後，我想既然自己可能得不到獎，乾脆也別說是誰的學生了，免得拿不到獎給老師抹黑。但這一次比賽情況卻不太一樣，評委都是國家級裁判，何福生、溫敬銘等武術大家也名列其中。

我演練太極槍，抽籤第一個上場。然後是太極拳，絲毫沒有心理負擔。

　　走出場地以後，立刻有評委找到我說我今天的拳很有特色，得分最高，問我這個太極拳是跟誰學的，說他們評委一致認為你跟四川的李雅軒老師是不是有什麼關係。我當時很高興，覺得多年的努力終於沒有白費，跟他們說：「李雅軒是我的老師。」

　　何福生後來見到我也說，你這個小夥子就是那天練大槍的吧，你就是當時李雅軒的風格。

　　那次比賽我獲得了比賽的「雄獅獎」。李雅軒楊式太極拳也從此受到了社會的關注。從 1986 年以後，我陸續參加全國太極拳研討會之類的太極拳活動，在陳家溝國際太極拳年會上，也被聘為副秘書長。

陳龍驤夫婦出席香港楊式太極拳國際邀請賽

余功保

李雅軒的太極拳也走出巴蜀，行向全國。

陳龍驤

整個四川的太極拳是以李雅軒的楊式太極拳佔據主導地位的。

李雅軒老師的太極拳從 1986 年以後就逐漸得到了全社會的承認，影響越來越廣。我也把老師一輩子的心血理論隨筆整理出來。對太極拳的真面貌很多人不瞭解，究竟應該怎樣練太極拳，怎樣才是正確的方法，這其中是有一整套理論體系的，四川科技出版社對這些內容進行了出版，在海內外產生了很大影響，重印了很多次。

二、傳統　傳承　傳授

太極拳的練法，其最重要的是身勢放鬆、穩靜心性、修養腦力、清醒智慧、深長呼吸、氣沉丹田等。

李雅軒

余功保

我聽一些人說過，李雅軒很會教人，他在太極拳教學上有自己獨到之處，在這方面您有什麼體會？

陳龍驤太極拳照

陳龍驤

太極拳是李雅軒老師一輩子的專業，他把它看做是一門科學，非常精細的科學。這可能和他在南京中央國術館、杭州浙江省國術館當過主任教員有關。他對打拳的動作、技術的規格非常講究，注重手、眼、身、法、步，還特別要求他的學生在演練太極拳的時候要具備武術的那股子精、氣、神。他認為，打拳沒有精、氣、神，那就不是武術。

余功保

武術的這種精、氣、神其實是很獨到的東西，它和速度、力度無關，不是越猛越有，而是從內心深處迸發出來的能量。

陳龍驤

這是武術的重要特徵，和其他體育專案不一樣的。

李老師對我們很嚴格，他脾氣很大。我現在還留有老師給我的一封親筆信，就是有一次老師教我推手的時候，我沒有按照規矩做，他叫我不要頂，好好去聽勁。當時我就害怕挨打，於是一緊張就頂了，他一生氣，就發勁打了我。打了我以後，我心裏很難過，覺得沒有達到老師的要求。他看在眼裏。老師其實是很喜歡我的，他看我難過，就寫了一封信讓敏弟給我送

過來，信上說：「你不要難過，你只要聽話，好好練，我就不生氣了。」這使我感到他是一位很細緻、很大度的人。

老師那個人很剛直，也很威嚴，但是好起來很親近，一發脾氣大家都很害怕。他發脾氣的時候所有的學生都要立正站好受訓，沒有一個隨便走動。

那時，我們打拳的時候他站在我們身後，他只要往那兒一站，無論冬天天氣多冷，馬上身上就能出汗，嚇的。他要是跟你說「有點兒意思」，心裏就特別高興。他感覺你做的不到位，他就說「沒有味道」。他從來沒有說過哪個練得好，我跟他二十多年，很多人跟老師說龍驤從小跟您練，您也全力培養，是將來您的接班人，老師想了想也只是評價一句「馬馬虎虎」。所以那個時候覺得老師可敬、可畏。

李老師曾經反覆叮囑我，要勤學苦練，多思多想，要保持楊式太極拳的純正風格，要重武德。他說：「太極拳在初練時，是感覺不出什麼味道來的。但是只要有耐心，有恒心，細細地體會，時間久了，便會感覺趣味濃厚，使人百練不厭，愈研究愈有味道，愈體會愈有興趣，甚至形成一種癖好，一輩子離不開它，終身健康也就在不知不覺之中得到了。」這一點我有切身的體會。

老師去世後，我把自己向李老師所學的太極拳、劍、刀、槍、推手、三才對劍、武當劍全部請師兄替自己拍攝下來，然後一邊回憶李老師生前的教誨，一邊比較自己的動作和神韻，不斷改正。

我覺得他永遠是我的老師，不管過去還是現在，他的音容笑貌現在仍然歷歷在目，成為我的楷模。

余功保

李老師把太極拳作為一生的專業，太極拳也成了您自己生命中重要的組成部分。

陳龍驤

我開始跟他學拳是因為身體不好，比較弱，跟他學習後，身體好了很多。後來就成了興趣、愛好。

陳龍驤太極劍勢

1960年我就參加四川省的比賽了，那是學了三四年以後。先是通過了成都市的選拔，在讀書的時候太極拳就得了冠軍。

我今年58歲了，這輩子，太極拳雖然不是我的工作、專業，但是可以說我對太極拳也算是嘔心瀝血，因為我關心傳統太極拳的發展，我希望傳統太極拳可以得到政府的重視，得到社會的重視，因為好的東西不應該被埋沒。

為推廣李雅軒太極拳我也付出了很多的心血，這幾十年來，酸甜苦辣都有。

余功保

我記得在上個世紀80年代成都舉辦過一次太極拳研討會，很多名家到場，在當時影響還是很大的。

陳龍驤

那是成都飛機公司和《武林》雜誌聯合舉辦的，到會的名家有蔡龍雲、傅鍾文、陳小旺、顧留馨、習雲太、陳正雷等，我也參加了會議。

以前我跟老師在體育場中心義務教拳，那時候學練者不很多，也就幾十個人改改動作。我 1965 年進入成都飛機公司工作。成都飛機公司是成都的一家大型企業，有兩萬多職工。我在公司療養院整整工作六年，療養院一個月一期，一期一百人。不可能一百個人全部都學習太極拳，但三四十個總是有的，再加上公司代表隊去比賽、平時組織太極拳的骨幹訓練班，前前後後 5000 多人都是我親自教出來的。我現在在工會當專職體育幹部，還在繼續教拳。

當時企業參與辦會還不多，不像現在這樣。成都飛機公司參與舉辦這樣的會，可見太極拳在這裏的影響。應該說這次研討會是新中國成立以來第一次全國性的太極拳理論研討會議。

【鏈 接】

1986 年成都太極拳研討會陳龍驤論文（節選）

練習太極推手必須遵循的原則

太極拳論說：「由著熟而漸悟懂勁，由懂勁而階及神明」。推手歌云：「掤捋擠按須認員，上下相隨人難進……」明確地指出了練習太極拳及其推手的學習步驟和將能達到的藝術境界。所謂「著」就是招式，是指練拳和推手的一招一式的動作。「著

熟」，就是要將這些動作操練純熟，不僅是姿勢正確，而且這些動作的用法也要熟練掌握。

推手中的掤、捋、擠、按四式，俗稱四正手，何謂「掤」？何謂「捋」？何謂「擠」？何謂「按」？在練習推手之初，就應該首先將它弄明白，做正確，並且認真地操練，待這些「著」熟練以後，推手中才能逐漸地領悟對方是如何來勁的情形，太極拳的術語稱之為「聽勁」和「懂勁」的功夫，這是推手技術中最細緻也是較難掌握的一步功夫。待有了「聽勁」和「懂勁」的功夫之後，並且不斷深化、愈練愈精，最後就能達到「任他巨力來打吾，牽動四兩撥千斤」「隨心所欲，人不知我，我獨知人，英雄所向無敵」的階及神明階段。

推手中聽勁和懂勁的運用和掌握

「聽勁」，是推手技術中最重要的核心，是克敵制勝的關鍵，沒有學會聽勁就更談不上懂勁。因此，練習「聽勁」是推手練習的第一步功夫。所謂「聽勁」，並非是用耳朵去聽，而是靠大腦中樞神經的靈感指揮，靠自己平時練太極拳所練就的鬆軟、沉著的手臂去接觸對方的手臂，靠這種皮膚觸覺的感應能力來體察和掌握對方來勁的意圖。

兩人在推手過程中，雙方都在運用這種觸覺「聽」勁，「聽勁」是推手的基本功，也是練好推手、達到懂勁的關鍵，知道如何去「聽」對方的勁，然後才能逐漸「懂」對方的勁，掌握對方的勁，進而根據對方來勁的剛柔、勁力的大小、速度的快慢、時間的早晚、部位的高低等等情況，採取相應的措施，順勢借力，或「化」或「發」，不先不後，恰到好處，使對方偏移重心，身體失去平衡，受制於我，使自己立於不敗之地。

練習推手要求做到沾連綿隨，不丟不頂，不丟：即是不脫離，不頂：即是不相抗。走化之勁無形無痕，發放之勁要於不知不覺之中。要達到這種階段，沒有很好的「聽勁」和「懂勁」功夫，是絕難辦到的，如何才能儘快地掌握和運用聽勁和懂勁呢？必須在名師的指導下，在練拳和推手時，從鬆柔沉穩入手，一鬆百鬆，一動百隨。

吾師李雅軒先生曾說：「兩臂要練得如繩兒吊著重物一樣的鬆墜，有沉甸甸的氣得十指的鼓脹感，並須經常養其頭腦和兩臂的虛靈輕妙的感應。」這種靈敏的感覺在拳論上的形容是「一羽不能加，蠅蟲不能落」。有了這種明察秋毫的靈敏度，運用於推手，在聽勁方面，就能細細地、準確無誤地體察出對方來勁的極其細小的變化情況，我則不先不後、不早不遲、恰到好處地運用沾連綿隨、不丟不頂的推手技巧，就能做出隨曲就伸，逆來順受，恍若百折似無骨，化勁無形的絕好身勢，和無往不利、變化莫測而又冷快絕倫的發勁動作。

拳論所謂：「彼不動，己不動，彼微動，己先動。」在推手中，如果沒有練就絕好的「聽勁」和「懂勁」的功夫，是不可能掌握好這種尺度，達到這種要求的。

在推手中，如果不學會「聽勁」和「懂勁」，必然和人一搭上手就非丟即頂，膨易亂抗，顧此失彼，掛一漏萬，沒有一點太極拳味道，非但練不好推手，反而練出一些不易改正的毛病，不但不能提高自身的靈感，反而感覺遲鈍，兩臂呆滯、僵硬，把身手練壞，發揮不出推手的技巧。所以，二人在推手時，事先一定要持以虛靈的氣勢，以神意沾著對方，出手時輕輕接觸，絕不能用大力抵抗，不多動，不妄動，輕輕地隨對方的來力而跟之隨之，順勢而應之。

「聽」出對方來勁的意圖後，進而掌握對方的勁，消解對方的勁。比如對方用按勁按來，我即以腰脊之力，心意之勁，手臂撐圓，用掤勁沾手沾住對方雙手，並順勢以太極勁化解時，我即在側掯之中體察出對方按勁的大小，動作的快慢，按勢的高低，根據這些情況使用太極勁，使對方的按勁在接的過程中，不知不覺地自然按空失勢，失去重心，被我巧妙地順勢化解。

反之，如我使用按勁時，在按的過程中，又需「聽」準對方用拙勁沾手、以撤勁化解時勁道的快慢、走向、大小等情況，使對方撤勁失效，無法化解。雙方在一進一退之中互相比聽勁，在不丟不頂的原則之下討消息，比靈機，這一按一掤一撤，看起來平淡無奇，非常簡單，但實際講究起來，都有很細緻的道理。

只有這樣認真地去探索，去揣摩，久而久之，才能提高聽勁和懂勁的水準，才能練到如拳論所云：「動急則急應，動緩則緩隨，非用功日久，不能豁然貫通焉。」決不是隨便兩手搭靠，畫幾個圓圈，做幾個型式，甚至胡攪亂纏所能濟事的。

怎樣才是推手中的化勁

在推手運動中的所謂化勁，這個「化」字就含有消解對方來力而不著痕跡之意。化勁必須是在沾連綿隨、不丟不頂的原則下進行的。因此，就絕非硬撥、橫格、硬拉。化勁必須順著對方來力的方向，使對方在不知不覺之中偏移中心，使來力落空。推手功夫好的人在使用化勁時，我們可以看到手臂接觸的皮膚是向順著走化的方向扯平的，而不是在手接觸的皮膚之間出現皺皮，出現皺皮說明兩勁相頂，說明走化的一方使用了撥扯之勁，沒有捨己從人，而是自作主張了。

好的化勁方法是手臂絕不自動，而一定是以腰為軸，以腰脊

之力而領動的，心爲主帥，心意略一動，腰背一領，好像沒有看見如何動，而對方來力已落空了。推手化勁到了高級階段，完全是以虛靈輕妙爲主，出手輕輕接觸對方，沾其皮毛，以神走，以氣化，以跟領，跟隨走化，使對方摸不著實地，找不著重心，如腳踩葫蘆，東倒西歪，完全受制於人。達到這種效果，非有好的化勁是難以辦到的。

推手中的發勁是怎樣使用的

發勁在推手技術中佔有重要的地位。太極拳的發勁，是在一瞬間集聚全身力量於一點並作用於對方身體的一種柔彈爆發力，而不是一種硬性的推撞力。推手中的發勁必須在順勢借力的原則下使用，才能發揮更大的威力。在與人推手時，須先以虛靈的氣勢跟之隨之，在幾跟幾隨之中，對方破綻露出，機會送上手來時，即以丹田之氣，周身之力，心勁神意氣一齊發作，勁去如放箭，冷快脆彈，使對方驚然後跌，打得驚心動魄，目瞪口呆，防不勝防。

此即拳論所云「運勁如百煉之鋼，何堅不摧」。此種眞正的太極拳內勁，用時鬆沉軟彈，傷人內臟，不著痕跡，打人於不知不覺之中，才是太極拳的上乘功夫。

陳龍驤

為了更好地傳播太極拳，1996年我們向體委申請，正式成立成

陳龍驤太極刀勢

都市李雅軒太極拳武術館，在成都青城山。有了館以後，每週週六、週日兩天堅持活動。因為要繳納每年民政局年審費用以及武協管理費，所以從 1996 年到 2000 年，每人每年交費 24 元。現在是每年 50 元，基本上還算是義務。入了會的到現在為止恐怕已經上千人了。

到太極拳武術館來習練太極拳的人年齡跨度很大，既有年輕人、也有中老年人，大家都知道太極拳對人的身體有好處。我母親已經 89 歲了，耳聰目明，連老年斑都沒有。現代社會中很多人不缺名、不缺利，就缺健康。你仔細看看你的一生，為家庭、為工作、為親人、為孩子，都是在為別人，唯獨每天半個小時的太極拳是為自己的，不練習太極拳是自己的損失，人不能對自己太不負責了。

余功保

對自己健康的負責也是對社會的負責。否則沒有承擔的資本。

余功保

太極拳是要依靠口傳身授的，還要口傳心授，老師要把自己體會到的精髓有效地傳給學生。對於太極拳的發展來說，師資是個很關鍵的因素。您在長期教學中對此有什麼體會？

陳龍驤

太極拳的師資是很重要的，教員要好，學員才能學得好。

作為一名合格的太極拳傳播者，首先必須愛太極拳，必須熱愛這個東西，有感情。第二，要有良好而高尚的品質，講武

德，一定要有德。第三就是有真正的太極拳的技藝，真技術，太極拳自己怎麼練都可以，是你自己的事，但要教人，就必須明白，不能誤人。所以當太極拳老師責任感、責任心很要緊。

過去對於太極拳傳人是有很嚴格要求的。李雅軒老師講，太極拳傳人要有恒心、有天分、有真傳，三者俱備才行。此外還要勤修武德，尊師重道。

余功保

太極拳是一種傳統，在傳承中應該把這種「傳統」的特色、風骨延承下去，不能丟。

陳龍驤

傳統的東西是一代連一代的。總的來說是斷不了的，但也有個興旺和衰弱的問題。傳統武術怎樣傳？傳統武術誰來傳？我覺得需要大家各方面的綜合努力。作為我們這些傳人，有責任做很多努力。其他方面，如國家管理部門、新聞輿論、科研等方面都需要共同支援。應該說傳統太極拳現在國家也比較重視了，在國際上也受到普遍歡迎，這就為今後的發展打下了一個很好的基礎。

陳龍驤的女兒陳驪珠

余功保

有了發展的基礎，還要提供若干發展的平臺，有形式方面的，有內容

陳龍驤、李敏弟夫婦的對劍

方面的，這樣才能使太極拳發展在更高層次上進行。

陳龍驤

平臺應該多樣化、健康化。關鍵是能讓真正的太極拳功夫得到發揚光大，讓很多太極拳的傳人有發揮的空間。

余功保

我看了您和您夫人李敏弟表演的太極器械對練，行雲流水，富於韻味。李老師作為李雅軒的女兒，自幼得父承傳，幾十年和您共同研練，也是當今名家。您女兒也練習太極拳，成了名副其實的「太極之家」。

陳龍驤

太極拳的確具有無窮的魅力，你一旦接觸，特別是能夠得

其要領，深入內核以後，就會被它深深地感染。這次整理出版的李雅軒系列太極拳圖書，我夫人和女兒都做了很多工作。

余功保

最近幾十年來，太極拳一直有傳統套路和競賽套路的說法，您怎麼看待這個問題？

陳龍驤

太極拳是在傳統套路的基礎上發展起來的，這一點誰也不能否認。從楊澄甫到李雅軒等人，如果沒有他們一代一代人的傳播，也不會有更多人知道楊式太極拳。楊澄甫就好像一棵大樹的主幹，李雅軒就像是大樹的一個分支。我一直跟隨李雅軒學習，沒有學過別的。每一個拳家，經過幾十年的傳承都形成了自己的風格，誰也不能代替誰。

余功保

誰也不應該代替誰。創造力的基礎是「相同」，因為要掌握根本的規律，創造力的精髓是「不同」，因為要領悟新的境界和類型。

陳龍驤

既然要競賽，就需要評判，但規則如何制定也是科學。規則應該既有統一規範的標準，也有利於不同風格的發展。這是一個課題，需要研究，不能草率對待。比如京劇大獎賽，也沒有規定一種唱法，梅蘭芳有梅蘭芳的唱法、尚小雲有尚小雲的唱法，最終也能評選出來優勝，這些方式，武術也可以研究、

借鑒。都打 24 式可以，李雅軒是李雅軒的打法，別人是別人的打法，那就好看了，讓大家去鑒別，在鑒別中去提升。當年八個樣板戲差一點兒把中國京劇傳統藝術弄沒了，千萬別再有「樣板武術」。

競賽太極拳的「源」在傳統太極拳，所以競賽的可以促成，但傳統的更應該重視。你不能把那些大樹的枝幹都砍了，只從事一個規定的，那這棵樹是無法繼續成長的。分枝越多這棵樹越茂盛，競賽太極拳也是太極拳這棵大樹的一個分枝。

如果發展得當，其實傳統和競賽並不矛盾。現在有些地方之所以形成所謂規定套路和傳統套路矛盾，什麼學院派和民間派的區別，主要就是教練問題。如果教太極拳的不是真正的太極拳老師，可能傳統的太極拳就打不出味道，規定套路如果讓傳統的太極拳老師去演繹、去傳播，一樣能打出屬於個人的風格和味道。

余功保

套路如何編只是形式，如何練才是本質。傳統套路也是在不斷變化的。

陳龍驤

對，根據不同的需要套路可以有些變化，但內核的東西不能丟。那是多少人、多少心血探索、總結的。你不能簡化得越來越多，內涵卻越來越少，最後只能用數來代替品質，那不行。有的人練習太極拳，放一通音樂，反覆練上若干遍，出一身汗就完了，達不到最佳效果。

為什麼傳統太極拳一套拳練一輩子也不膩，就是因為傳統

太極拳有內涵，越品越有味，每一天、每一年都會有不同的體會和感悟。比如太極拳的「鬆」字，十年前一個體會，十年後又是一個體會，但是，很多東西是寫不出來、說不出來的，只可意會。

很多要領不是老師保守，是說不出來，所以常說老師言傳身教，學生心領神會，這正是傳統文化的深奧之處。

三、器勢軒達成自然

> 要達到健康，就必須先將身心放鬆，靜下腦筋來，以恢復身心的自然。恢復自然之後，也自然會有天生的健康功能，不能只是一味地操練身體的外形，也不能只修練內部靜坐養神，必須動靜參半、身心兼修、內外並練而後可。
>
> 李雅軒

余功保

太極拳鍛鍊是以意念為核心的，意念不是一種實體，它的運用相對難把握一些，每一位拳家在意念的運用上都有自己的理解。您在練拳中是如何運用意念的？

陳龍驤

意念關鍵是要落實，要和太極拳的動作、拳勢融合在一

起，就是李老師所說的拳意「要上手」。意念不上手，就會身勢不鬆 上下不隨，內外不合，呼吸不舒。要放鬆，意念先鬆，從內心鬆開始，然後身勢才能放鬆。要動，以心氣為主先動，然後四肢跟隨自然勁整，呼吸純任自然，內外自能合一。

余功保

怎麼才能做到拳意「上手」？

陳龍驤

主要就是在「靜」字上下工夫。靜，意念才純淨，才能氣穩，雜念全無，意氣全面滲透全身骨骼肌肉形體，內外如一。

余功保

李雅軒先生不僅在太極拳推手上有獨到見解，而且實踐功夫也十分精純。在他日常教學中推手是一個什麼樣的位置？如何教法？

陳龍驤

老師認為，不懂推手就不懂太極拳。太極拳的勁來自於推手，也要在推手中得到驗證和領悟。

他對我們訓練推手的方法很多，有三個方面我印象最深。一是要求我們明理，要清楚，不能糊裏糊塗地推。他給我們講很多道理，用生動的形式、語言來講。第二是讓我們試，他

**陳龍驤的書法
萬事一太極**

說不體會理解起來不直接，不透徹。第三是給我們介紹、講解太極前輩、大家的推手精要，給我們以啟迪。

余功保

解析名手的推手功夫，如同書法學習中對字的結構的分析，對章法的研究，有引導作用。太極拳前輩們推手的軼事流傳有很多，李雅軒先生是如何講解的？

陳龍驤

他講得比較多的是楊澄甫。李老師追隨楊澄甫先生很多年，有切身體會。

他說：「我與澄甫師推手時，只是一搭上手，便感覺沒有辦法，身上各部位都不得勁了。楊師的手雖是很鬆軟地向手臂上一沾，不知怎麼回事，便覺得身上各部位都被其吸住了，如同對我撒下了天羅地網一樣。我無論如何動，總是走不開，無論如何動，都是對我不利，使我動也不行，不動也不行，用大力不行，用小力也不行，用快勁不行，用慢勁不行，用剛勁不行，用柔勁也不行，總之是毫無辦法。楊師雖是很穩靜的神氣，但我不知怎的就覺得提心吊膽，驚心動魄，有如萬丈懸崖將要失腳之感，又如笨漢下水，有氣急填胸之感。又如自己好似草紮人一樣，有隨時被其打穿打透之感，有自己的性命不能保障之感。但楊老師確是並未緊張，也並未用力，只是穩穩地一起一落，虛虛實實地跟隨而已，而我則東倒西歪不能自主。楊師的這種功夫，我一生未見任何人有過。」

他還介紹了親眼所見的其他幾位楊澄甫弟子和楊老師推手的情況。有一次，是在北京西京畿道楊老師的公館內，親見楊

老師與崔立志推手，用了一招肘底捶，楊師陡然一去，崔則感覺如用木塞子插進肘部一樣，疼痛萬分。

又有一次在上海募捐時，楊師與武匯川推手，用的是按勁，只見其略一抖手，武匯川則疼痛多日才好。還有一次是1928年在南京大戲院為賑災表演，楊老師與董英傑推手，用了一下擠勁，只見其身勢往下一沉，眼神一看，臂微一抖，董英傑一個跟斗就摔出去了。

李老師說，1929年的夏天，暑期間在浙江省國術館院內，他與楊澄甫先生在院中乘涼，談論「掤」勁，他說：「楊師以右臂往我胸部一挨，我感覺心中有如火燒一樣難受。」這說明楊澄甫先生的推手造詣，的確是達到了爐火純青、神而化之的境界。

余功保

你們體會到的李雅軒先生的推手功夫是怎樣的感覺？

陳龍驤

我們跟隨雅軒老師學習太極拳許多年，在推手方面也有同樣感受。李老師得澄甫真傳，內功精湛，不僅拳架舒展雄偉，風格純正，而且推手技術變化莫測，靈妙無比。平時在教我們推手時，兩手只輕輕地往我們身上一放，沾其皮毛，我們立刻就感到情況嚴重，毫無辦法，全身各部皆被控制，弄得滿頭大汗，氣喘吁吁，不知如何是好。

李老師這種虛無輕妙的「問勁」，比那種沉重的剛猛勁難於應付若干倍。這種手法，哪怕你渾身力道很大，但英雄無用武之力，因為你摸不著實地，找不到重心。李老師發勁冷快絕

倫，不著痕跡，我們常於不知不覺之中驚然跌出，不知所以。李老師曾總結說：「來無形、去無蹤，打人於不知不覺之中才是太極拳。」

不僅僅是我們體驗，也有一些武術界的名家、領導體驗後深有感觸。記得上個世紀 50 年代有一次在北京開會，大家在房間聊天，很多太極拳名家都在，一位當時國家體委武術處的領導說：「聽說李老師推手很有特點，能不能讓我試一試。」李老師推辭不過，讓這位領導試了一試，這位領導也是行家，他說：「李老師推手，雖將人擊出，放倒，但不沉重，輕靈虛無，這才是真正的太極功夫。」

余功保

在李先生的論述中，虛無的境界是很強調的。

陳龍驤

是這樣的。他認為，找上下相隨，是初步之練法。找輕靈綿軟，是中乘之功夫。找虛無所有，才是最後的階段，上乘的功夫。

余功保

太極拳前輩們的精湛功夫是由不斷地苦練得來的。但如何練也有關竅所在，李老師認為推手的關竅在哪裡？

陳龍驤

關鍵在「鬆」「軟」。雅軒老師曾說過：「鬆軟是太極拳的寶貝，懂得什麼是真正的鬆軟，推手才會進步。」他說，當

李雅軒的太極推手

年曾問楊澄甫老師：「未見您用多大勁，何以將人發出去那樣
遠，打得那樣乾脆呢？」楊師回答說：「我是鬆著勁的……」
過去曾有人問少侯先生說：「您發勁時是鬆鬆軟軟的樣子，如
這樣子還能有勁嗎？」少侯先生答：「就是因為鬆鬆軟軟的，
打出的勁才非常大呢。」二位先輩雖然回答得很簡單，但都強
調了鬆軟沉著是練好太極拳、練好推手的關鍵點。

　　太極拳論中說太極拳的發勁是「極柔軟，然後極堅剛」。
這種最終所要達到的無堅不摧的極其堅韌的「內勁」，是長時
間的有意識的極鬆、極柔以後在身體內部積累轉化而成的，這
樣是自然形成的本原狀態，必然形成軒昂暢達的氣勢，渾厚的
內功，以及輕靈沉著的應手。

　　如果開始練太極拳不知從鬆柔入手，練推手時又心存堅剛
硬抗的念頭，心神意氣不能真正放鬆，而只是在外形上柔柔扭
扭，矯揉造作地做些柔和的假姿態，追求弧形的外表，而不知
太極拳的動作之所以會處處帶弧形，為什麼要有弧形的道理，

這種練法和思想必以漂浮為輕靈，誤以恒滯為沉穩，誤人誤己，既練不好太極拳，更練不好推手。

余功保

太極拳的勁力功夫運用不僅體現在推手上，在器械上也是一個重要的表現形式。太極大槍是其中很獨特的一種，在體現勁力運用上尤其明顯。

您的太極大槍演練是很著名的，在練習太極大槍上有什麼要領？怎樣才能練好太極大槍？

陳龍驤

太極大槍是太極拳練功的重要器械。它主要包含十三種槍法，即太極四黏槍、太極四離槍、太極劈槍、崩搶、點槍、扔槍、纏槍，一共十三槍。

運用的時候，又以開、合、崩、劈、點、絞、撥、撩、纏、帶、滑、截、圈十三字訣變化而成槍法套路。練習太極槍以太極拳練法要領為本。槍法貴乎「四平」，四平就是「頂平、肩平、槍平、腳平」。

神貫於頂，虛靈頂勁，精神提起，勢雄壯謂之頂平。

以腰為軸，活潑於腰，含胸拔背，鬆肩垂肘謂之肩平。

持槍平穩，易攻易守，槍絞一條線謂之槍平。

勁起於腿，出步輕靈穩健謂之腳平。

持槍姿勢多以中平之槍，所謂「中平槍槍中王」。持槍須穩固鬆活，持槍時以後手握其槍桿末端，以意握緊，不然練習和運用時將易脫把，勁力亦無法向前出發。握把時，末端不可露出一小段，術語稱為「露把」。「露把」為槍法所忌。《手

臂錄》中說：「持槍必須盡根，余謂槍根當在掌心中，與臂骨對直，且靈活而長。」故「露把」既影響握槍手腕的靈活，而且攻擊長度亦相應縮短，不利運用，難收「一寸長，一寸強」之功效。

持槍之前手須鬆握大槍之中後段，以能靈活自如地來回滑動為要，所謂「前手如管，後手如鎖」。否則出槍不快、抽槍不靈、發力僵滯，成為「死手」。

太極大槍以練習抖槍為基本常功，持槍平正以後方可練習。抖槍時須以丹田內氣，周身之勁，力由脊發，向前紮出，使鬆沉之內勁貫於槍尖。要槍出一條線，槍紮如放箭，前手不可離把，使槍上下波動，左右搖晃，後手不可甩腕。用槍時，屈腕向前甩手則力浮而不沉，槍搖而不穩。槍紮出以後，即迅速收槍，後手握槍向後貼腰抽回，前手則握緊槍桿中段向下採劈，身勢隨後坐下沉以助劈勢。此時力達槍桿前段，使其顫動，此一紮一劈謂之大抖槍。練習日久則內勁日增，功力日進。

太極大槍練習和運用時要求槍不離腰，直來直出貼腰而去，不可左右搖晃，上下擺動，槍桿貼腰可使槍更為穩定，便於勁由腰出，出槍才不至於飄浮無力。

同時，練槍時還強調「三尖相照」。所謂「三尖相照」，即是上照鼻尖，中照槍尖，下照腳尖。此三點成一直線，則能使周身之勁力貫於槍尖，出槍不偏不倚、準確無誤。

太極大槍以四黏槍為主要槍法。四黏槍須二人對練，一般稱為黏桿。四黏槍是前進後退各四槍，即甲進步刺胸，乙則退步右捋化；甲再進步刺腿，乙則退步左下捋化；甲再進步刺肩，乙再退步右捋化；甲再進步刺喉，乙則退步右捋化。然後

再轉為乙攻甲守，周而復始，循環不斷，你進我退，你攻我守，二槍相黏，永不脫離，如膠似漆，如影隨形，沾黏綿隨，不丟不頂。如太極拳之推手，以養大腦虛靈之感應，求其聽勁而懂勁之功夫。

太極大槍又以四離槍為重要槍法。離槍者，兩槍不需接也。此槍法亦須二人對練，四離槍是甲攻「怪蟒鑽心」刺胸，乙退後左格；甲再攻「仙鶴擺頭」刺膀肩，乙則退後右格；甲再攻「鷂子捕雀」刺腳背，乙再退後下格；甲再攻「飛燕投巢」刺面部，乙再退後左格。甲乙二人你攻我守，我守你攻，亦須周而復始，循環不斷。四離槍看如太極拳之大捋和散手練習，練時雖徐徐緩慢，用時則虛實變幻迅疾無比，所謂動急則急應，動緩則緩隨。我槍之出，遇敵槍來格，我即可以「仙鶴擺頭」之式將前槍變為虛著，使敵槍格空，我順勢換招進刺，使敵防不勝防，冷快絕倫，動人心魄。劈槍之用，常乘敵搶之來，我順勢向下採劈其前手或槍桿，運丹田內勁，可使敵槍脫手而前手受傷。

崩槍之用，常在我槍恰在敵槍之下時，乘敵槍之來，猛然向後坐身，以槍桿向上崩其腕部，常可使敵撒槍後跌。

點槍之用，常在崩槍之後，敵如後退，乘勢以槍尖向下點擊其頭部。扔槍之用，分為外扔和前摔兩種槍法。外扔多用於向右下撈掛開刺我腿部之槍後，乘其抽槍上起之勢，運丹田內勁向左上扔之，得機得勢，可使敵槍脫手飛出。前摔槍多用於向左下撥掛開刺我腿部之槍後，乘其退勢向右前上步摔之，得機得勢，可使敵連人帶槍跌出。

纏槍者，以槍纏繞對方之槍桿不使看變化之機也；亦可以纏槍之「圈」晃擾敵之眼神，我便可乘勢而取之。圈法是槍法

根本，《手臂錄》所謂：「槍法之用，要工於一圈，槍法總用則為一圈。」所謂圈者，即指槍頭在運用中常作圓弧繞動。太極槍中的開合法，即所謂攔拿法，就含有圈法。開法即是攔槍法，是槍頭向左繞半圓。合法即是拿槍法，是搶頭向右繞半圓。纏搶則是繞整圓，所謂善用圈，「以行著諸巧法，而後槍道大備」。纏槍以及攔拿槍法，所運之圈皆不宜大，以免防守空疏，出槍遲緩。

太極槍法不以花招取悅於人，而以樸實無華、氣魄雄偉見其真功。槍槍皆非虛設，來去都有實用，槍法雖總名為十三，而其中變化莫測，奧妙無窮，何止千百。學者只要能遵照以上技法要點，默識揣摩，認真領悟，精益求精，自然能槍法精進，學有所成。

董茉莉簡介

　　董茉莉，1940年生，祖籍河北。楊式太極拳名家，董英傑之女。秉承家學，年幼時即先後隨父、兄學習楊式太極拳，在太極拳理法上獲得全面繼承。

　　十多歲開始協助教授太極拳。其父去世後，其兄董虎嶺長期在美洲、歐洲推廣太極拳。於是接任香港英傑太極拳社教務，1966年開始擔任香港英傑太極拳健身院院長。1986年考獲中國國際武術裁判，為最早的國際武術裁判之一。1987年任香港武術聯合會裁判主任，現任名譽會長。1988年任日本全國武術太極拳比賽太極拳裁判。1988年創立澳洲董茉莉太極拳武術學院，任院長。1990年擔任第11屆亞運會太極拳裁判。1996年起任香港中文大學太極拳學會名譽顧問兼導師。1997年起任香港精武會會長。2001-2002年為國際武術聯合會大洋洲傳統武術委員會代表。

　　長期在香港及世界其他國家和地區傳播、推廣太極拳，為當代楊式太極拳具有國際影響的人物之一。

仁山智水悠然見

——與楊式太極拳名家董茉莉的對話

穩定很重要。

房屋結構如果穩定，雖歷經風雨，斑駁層現，但主體屹然，為百年基業。

心態情志穩定，波瀾不驚，臨泰山之既潰而不亂，淡然、怡然，瀟瀟暮雨，江天清秋，空明澄澈。

傳統是一種穩定，集成精髓，千錘百煉，於是歷風霜不改，代代傳承。

拳之根在傳統，得傳統者得傳承。得傳統者得拳之穩定核心。

傳統一定是在不知不覺間滲透在骨髓血脈中，刻意的裝潢不是傳統，傳統不需要雕琢，她是天然的，不經意的，如山川河流，常駐天地，偶然回望，風雨不改。

與董茉莉女士相識已有十多年，日月輪轉，時事變遷，其風采依然，從容淡定依然。蓋得傳統之穩定精髓也。

能定，便能抱元守一，沉靜如水，愉悅油然而生。

董英傑先生人如其名，為一代太極大家。是將太極拳最早向海外廣泛傳播的重要人物之一。董茉莉女士幼承家學，為當代太極拳具有影響力的傑出人士，以研拳、傳拳為己任，並愉悅其中。

仁者樂山，智者樂水，拳者樂悠悠。

余功保

一、簡單行拳，踏實做人

余功保

早些年關於董英傑先生，我有兩點印象很深，一是在轟動一時的「吳陳比武」中董先生擔任總裁判長。那場比賽規格高，影響大，據說武俠小說家梁羽生先生就是受其啟發創作武俠小說的。另一點是董先生所著《太極拳釋義》，質樸深刻，為太極拳的難得佳作。

董茉莉

我父親的拳和為人是一樣的。他一輩子都是在簡單行拳，踏實做人。簡單行拳就是要把自己掌握的拳儘量給別人說明白，讓人家好理解，不做花哨的東西，不故弄玄虛。

踏實做人就是用認真的態度對待人和事，不能浮浮躁躁。辦事、練拳要用心，用拳要有信心，對他人應該關心。這些對我們影響非常大。

余功保

有的人善於把簡單的事複雜化，有的人善於把複雜的事簡單化。要把拳練「簡單」了，就需要下很艱深的工夫。

董茉莉

父親剛去世的時候，並沒有給我們留下多少物質的財富。

但隨著歲月的增加，我們覺得，他留給我們的太極拳是給我們最大的財富，我們跟他學的拳，練了一輩子，也受益一輩子。我自己覺得長期堅持練太極拳使得身心健康，這也是我這一生的幸運。

余功保

健康是一筆巨大的財富。

董英傑先生因為很早就去了香港，一直在海外傳拳，內地的介紹也不太多。大家都知道他是楊澄甫先生的得意弟子，但很多人對他的詳情並不瞭解。請您介紹一下他的有關情況。

董茉莉

家父是 1898 年出生的，在老家河北省任縣長大的，在邢臺地區。河北是武術之鄉，他那個時候練武風氣也很盛。

他為什麼學習太極拳呢？小的時候我家是三代單傳，他祖父、父親和他都是單個男孩。父親小的時候身體不是太好，18歲以前病了三次，幾乎死了，所以我爺爺就著急了，說你趕快學武鍛鍊身體吧。後來跟隨劉瀛洲老師練武，劉老師教了他太極拳，他練習得還挺有興趣的，就堅持練下來了。後來劉老師就說，我會的不多，年紀也大了。就把他介紹給李香遠老師教他太極拳。他越練越對太極拳感興趣，後來就聽說北京有個楊澄甫老師在教太極拳，功夫很好，於是他就去北京，跟楊老師學太極拳。楊老師看見他學得非常好，

董英傑先生

後來就帶著他去上海、廣州等地教拳。本來他們打算一起在廣州長期住下來教拳的，後來楊老師因水土不服，自己回了上海，就把我父親留在了廣州。一段時間後，父親就去了香港，在香港住了幾年。1941 年，他去澳門住了幾年，到 1945 年後，他又回到香港。

余功保

他就一直在從事太極拳教學活動？

董茉莉

一直就沒停過教楊式太極拳。後來在香港、澳門兩個地方走動去教拳，所以，他香港和澳門的學生比較多。

我爸爸人很老實，對人很和氣，平常除了教拳就喜歡寫寫字，去欣賞人家的畫展。香港很多開畫展的畫家、書法家開展覽會一定要邀請我爸爸去，我爸爸也一定買一兩幅畫和字，他本人書法也不錯。因為他本人原來就是念書的，後來身體不好

香港英傑太極拳同門20世紀40年代合影

才學太極拳，所以還有那種習慣。他平時在家也練字，不過時間不多，因為他教拳很忙。

余功保

我看了董英傑先生寫的「精氣」書法，有透骨的力度，但又不張揚，溫和中蘊含渾厚，簡單豐富，從容淡定，無火氣有神氣，是修養的體現。

董茉莉

他還留下一些字，我哥哥給了我一張「健康是幸福」，我很喜歡這句話，

董英傑先生的書法

並且體會越來越深。現代人都知道了，生活多好也比不上身體好。我父親留給我們的健康財富使我們享用了一輩子。

【鏈接】

太極大家董英傑

董英傑，河北任縣人，自幼聰穎而體弱。董家之世交劉瀛州先生，介紹董英傑拜李香遠先生爲師，學習武式小架開合太極拳。董英傑刻苦用功，數年之後，基礎紮實，體魄魁梧，廣納四方豪傑，以武會友。

慕楊氏太極之名，於 1926 年往拜楊公澄甫，楊公見其態度誠懇，憐其求藝苦衷，遂允其拜師入門，改習楊式。董英傑深得楊氏太極之精髓，輕靈沉著兼備，善用沾黏揉搓勁。推手之時，

與人一搭手，對方即東倒西歪，立足不穩。因陳濟棠、李宗仁來函恭請，楊公於 1933 年率董英傑、楊守中等赴粵，任廣東省政府參事，教授公職人員練拳，董英傑擔任其主要助手與演練推手、散手時之「相手」。

1935 年，楊公回滬就醫，董英傑與師弟守中共承衣鉢，留粵傳授太極拳。日寇佔領廣州、香港時，董英傑隱居澳門，不願同流合污。抗日戰爭勝利後，前往泰國授拳。泰拳善用肘擊、膝打等各種毒招，令對手傷殘，乃舉世聞名之兇狠猛惡拳法。董英傑初至泰國之時，泰拳名手上門比試者絡繹不絕，與董公交手，即被發出尋丈之外，無一倖免者。鬆柔和緩的太極拳，居然在尚武之鄉泰國站穩足跟，發揚光大，為世界武林奇觀。

1948 年，英傑太極拳學院出版董英傑所著《太極拳釋義》，書中包括其本人之拳照，及研究太極拳心得，為太極拳之精品，影響深遠。

余功保

董英傑先生應該是一位很傳統的人。

董茉莉

在太極拳上更是如此。我爸爸對拳很固執，如果你亂改他就不高興了。有一次，一個學生學太極劍，回去以後就自己加了一點兒花樣，然後興匆匆地來說，老師我打給你看。看了他練完後，我爸爸很生氣，說你這個不是練劍，是跳舞，以後別在我面前練劍。

所以傳統的老師一般很難接受新一代新編套路，看不慣。在香港那些傳統的武術老師他們都覺得新的套路很難接受。我

董英傑先生太極拳照

爸爸從前也是很固執的，對拳套的正確與否非常堅持。

余功保

即使在武術的新編套路中，也應該堅持傳統。否則不僅是老武術家不接受，對傳承也不利。

董茉莉

我爸爸常常說現在的人說話太多，練得太少。關鍵還是要練，練拳就要踏踏實實。所以如果練拳的時候，有人站在一邊說話他就會不高興，你如果自己去琢磨去練，他就高興。誰站在一邊說話亂蓋，他就不耐煩，就會掛起臉相。如果他不高興的時候他就很不高興的樣子，一眼就看出來。他到底是北方人，高興的時候不高興的時候都看得出來。

在教學之外，他一般是很和氣的。最近我走訪一些過去我爸爸、我哥哥的學生，他們講了一些過去的事情，也讓我很有感觸。那些學生說，你爸爸、你哥哥從來不批評任何一個教拳的老師。你問他哪一位老師，他都說好。他還不是敷衍地說好。他說好，每個人都有好的地方，他能指出來。

我自己仔細想想，的確是，我從小也沒聽過我爸爸批評任何一個老師，說人家不好。人在外邊說的話和在家裏說的話可能不一樣，可是我爸爸和我哥哥在家裏也沒有批評過任何一個拳師，說他的拳打得不好呀動作不夠呀，完全沒說過。可能這也是一種尊重別人的做法。

余功保

敬人者人恒敬之。

董茉莉

他們在外邊不說，在家裏也從來沒說過。所以，我們從小也就沒有這個習慣去批評別人，做好自己最要緊。這在他們那裏是很自然的事情，所以以前我們甚至對這點也沒有太注意。現在想想，真是這樣。如果不是他的學生那麼說出來，我也沒想到這些。

這次有個學生專門提出來，說他做了一個動作，因為他從前跟另外一個老師學的太極拳，他就做了一個動作問我爸這個動作對不對，我爸說對。他說為什麼我從前那個老師說我不應該這麼做而應該那樣做，我爸說也對。我看他的意思就是說那位老師教你的時候是以他認為對的動作教你的，我現在教你也是這樣，所以都是對的。

每個人對同一個招式也有不同的瞭解、不同的體會、不同的用意，你是那麼樣想去用，那你教的時候可能就那樣去教，另外一個人體會不一樣，用法可能有一點改變，教的時候就不一樣。

我爸爸總是自己專心教拳，與世無爭。與其他人不爭不鬥，別人自然尊重他。我哥哥也是，他看你這個人能學多少他就教多少，用功的就多教一些，適合練什麼就教你什麼，不適合的也告訴你。

我在跟我爸爸和我哥哥的學生們聊天的時候就發現，無論是我爸的學生還是我哥哥的學生，都覺得他們教課認真，都希望學生是認真地去練習，不要去講閒話，站著不練，浪費時間。中國的學生這麼說，外國的學生也這麼說，覺得收益匪淺。有一個外國人評價我哥哥的功夫是「master of master's」。有一個香港的老師兄，現在也七十多歲將近八十歲了，這幾十年常常跟不同的人推手。他在十幾二十歲的時候有機會跟我爸爸推過手，他說你爸爸推手你不覺得他的手碰到你的身體，可是一揚手他就飛出去了，不知道飛到什麼地方去了，自己完全控制不了。

他說他那麼多年跟一些老師推手，覺得人家推過來，有一個力氣壓過來，他就退後，最多一步、兩步、三五步。你感覺得到他的力氣是壓在你身上的，也知道他用哪一招，分明地覺得他用哪一招壓在你什麼地方，一個壓力把你推出去了。但是跟董英傑老師推手，完全不知道他在用哪招，也沒覺得他手在身前任何一個部位加過力，這麼多年還沒碰到第二個，可以那樣不知道招式地把你飛出去。

我哥哥的學生也說，他的手一擺動，讓你下去你就下去，

盈虛有象──中國太極拳名家對話錄

讓你上來你就上來，真神了。自己完全沒有控制力，他的手一擺你就跟著他了。一般的老師你知道他用哪一個巧勁哪一個招數。我記憶當中，我看我爸爸和哥哥跟別人推手，從來沒有對不同的人用同一個方式，而是看對手怎麼來才怎麼應付，都在變化。

余功保

董英傑先生的推手功夫在過去楊澄甫帶著他教學的時候就很出名了。

董茉莉

我爸爸推手功夫很好，但從不傷人。這點他很注意。我們家有一面牆，用藤做的墊子鑲在牆上，這樣推手的時候把人放在牆上就不會太硬，藤是掛在牆上的，跟牆差不多大。可是我

董英傑先生拳照

看我爸爸推手時總是點到為止，他那麼一轉，學生要倒下去，不能動了，他就笑一笑，把手收回來了，他不會再壓下去、再推出去或者再放你出去，也不會摔得你很重，只是讓你體會到勁就行了。

余功保

毫無顧忌地出手反倒容易些，拿捏著難度更大。

董茉莉

我聽一個老師兄說，在廣州的時候，楊澄甫師公帶著我爸爸去廣州，廣州有很多練武術的，高手也很多。那個時候那些高官就要看看，他們想太極拳那麼柔、那麼慢，有效嗎？能打嗎？他們很懷疑，他們說試一試吧。說要試的那個人是一個高官，將軍之類的。

楊師公就吩咐我爸：「你不能贏他，但是也不能輸他。」這個真不容易。試的結果是既沒有傷那人的面子，他也很服氣，說太極拳還真是有兩下子，就請楊老師把我爸爸留下來教拳。不然你如果打贏了，卻讓他沒面子，他不會請你，如果輸了，他不知道太極拳的厲害，也不會邀請。

【鏈接】

董增辰談董英傑教拳

董家的太極拳歷史始於我的祖父董英傑，隨楊澄甫於中國各地遊歷十載，代表楊氏太極拳傳技和跟人比試。當年，教拳是很正式的，師父很受尊敬。當祖父自立門戶授徒時，也受到同樣的

尊敬。他教拳時，弟子是不准交談的，必須垂首聽教，師父說什麼就做什麼，不得發問。楊澄甫教拳時，會把沉甸甸的綢大衣交給我祖父拿著。在楊宗師教拳的兩個小時中，我祖父就以掤的姿勢把大衣擱在臂上，像個衣帽架般站著。多年以後，他練得一身驚人的掤勁。

　　家父董虎嶺和叔父董俊嶺是在河北老家隨我祖父學拳的。1948年，家父和三個兄弟為了逃避內戰而離開河北到香港去。1950年解放以後，叔父回到河北，家父卻仍然留在香港。

　　在我正式被傳授太極拳之前，我已隨家父的弟子練習。1956年至1959年間，我在祖父的一位弟子吳寶音指導下練習太極拳。

　　我們村子裏大多數人是從小就開始練拳的，吳先生卻遲至30歲才開始學習太極拳。但他的勁非常柔，柔得很強壯的人都推不倒他。當推他時，他像是消失了，沒有東西存在似的。他這股柔勁很有效。

　　祖父在教導家族成員時要嚴屬得多，一絲不苟；教外人就比較客氣。對待家族成員的標準是不一樣的，一旦你成為入室弟子，就會受家族成員般對待，師父的要求會大為嚴格。祖父董英傑在教了吳先生後就長期離開村子，他的學生就開始各自教拳。祖父回來後就考驗他們的推手技術。

　　有一個學生花了很大的勁都站不穩，祖父沾連黏隨著，那個學生一次又一次被拔根跌出。每次學生推他，我祖父就順勢後退走化，就像倒退著下樓梯般。每次你跨出一步，就不得不繼續。吳先生和那個學生說：「你為什麼這麼笨？為什麼要跟著他？」祖父聽到吳先生這樣說，就和他推起手來，他抓著吳先生的手，把他發到兩個酒壇中間。這種陶製酒壇很大，上下兩端窄小而中

間寬。祖父把他發到兩個酒壇底部間的空隙中，他的頭穿了過去但兩肩卻卡在那裏，要找人把他拉出來。如是者，祖父三次把吳先生發出，每次都把他發到那空隙中。

余功保

在那場著名的「吳陳比武」時，您去現場看了嗎？

董茉莉

我那個時候只有 15 歲，又是女孩子，不能去看，所以我就在香港，比賽在澳門，那個時候沒有電視，我在收音機前邊聽。場面很大，影響也很大。請我爸做裁判，他之所以同意，一是覺得這是善舉，為賑災籌款，再一點就是他覺得這對宣傳武術有好處。

比賽時間比較短，很快就打完了，結果是平，沒輸沒贏，大家的面子都保留了。因為那個時候門戶之見還是有的，如果太極拳打贏了或者白鶴拳打贏了，將來說不準兩派的學生就會有意見了。

余功保

董老先生平時的性格是怎樣的？

董茉莉

我爸爸不是很喜歡說話，除非有那麼一個場合講開了，他才會說太極拳。他從來就不說以前打擂臺有多威風，我們還是從旁邊的人說聽過一些故事。河北出了一本小說《太極陰陽掌》，就是以我爸爸的故事為原型，說的是打擂臺的事。

他對每個人都和氣。我最小，還欺負他呢，十四五歲還坐在他膝蓋上。他就說：「哎呀你這個大石頭呀。」我小，可是我能管住他，我從小就看著他不讓他亂花錢。剛解放那幾年很多人去香港，有很多北方同鄉，聽說我爸爸在香港，每天不停按電鈴來要錢，爸爸也體諒別人的苦，衣袋裏有錢就給人家了，從來不數自己衣袋裏有多少錢。反正只要有他就給。

他的生活很簡樸，一輩子沒穿過西裝，總是唐裝、長衫，走出去人家不會想到他是一個教拳的拳師，很斯文的。在家裏穿短的，可是只要一出去，無論天氣多熱也還是穿長袍子，他說這是禮貌。

表演的時候他衣衫也很完整，一般不脫長衫，就那麼一搭。有時把長袍脫了，演完又穿回身上去。他的規矩挺嚴。他認為表演不能馬虎，不能隨隨便便。所以我們現在也是一樣，如果讓我們去表演，沒有穿正當的衣服是不去表演的，這是基本的規矩，是對太極拳基本的尊重。打得好壞是另外一回事，這是基本的禮儀。

余功保

對拳有敬仰之心，才能合乎道。

董茉莉

1987 年中國武術協會舉辦的頭一屆國際武術裁判員培訓班，我們參加學習、表演，那個時候我就覺得著裝是很重要的，如果你練太極拳連基本的著裝都不要求，就顯得散漫。當然著裝不一定要多麼華麗、貴重，只是整潔、規矩。

二、龍虎之勢　拳拳之心

余功保

太極拳向海外傳播，最早就是從內地到香港，再到其他國家和地區。董英傑先生在香港很長時間，在澳門、東南亞等地也教過拳。那時是怎麼教拳的？

董茉莉

我父親是上世紀 30 年代去的香港，從廣州一開始打仗就去了香港。1941 年香港也打仗就去了澳門。1945 年回到香港，從此就港澳兩邊跑。那個時候香港交通很不方便，後來搬到香港島的灣仔附近。

我爸爸開始在廣州教拳，後來可能是香港這邊有人把他請過去，所以他一直是在銀號教拳，教的都是金融界那些人，到後來那些人都開了銀行了，所以他收費一直都很貴的。我記得我小的時候經常看見那些人的司機開車來接我爸，去了什麼地方我也不知道，因為都是車來接，教完了又是車送他回來。香港、九龍、新界都有。

父親教拳時是不亂說話的，所以他的學生也都不敢亂說話。你問問題他有時候跟你解說，有時候他覺得跟你說也是白說就讓你自己練，自己悟。我爸爸說：「你們現在很幸福，願意學就來學。從前不是我們願意去學老師就收你的。」他說練拳時老師說打十套，或者打一炷香，自己練得都站不起來了，

盈虛有象──中國太極拳名家對話錄

也不敢不打，非得打十趟才休息。冰天雪地的，管你什麼環境，叫你練十趟，你不敢練九趟。所以他討厭那些在旁邊光說話不練習的人，不能光說不練。他覺得浪費了他的時間，不是交了學費我就必須得教你。

後來，父親開了「董英傑太極拳健身院」，我們就住在健身院裏邊。每天從早到晚，有班的時候我們就能看見他們練拳、推手什麼的。現在有人問我，說你幾歲開始練拳的？我也不好回答，因為從小就不停地看，也沒法說是從哪天開始學的，只是不斷看，後來就跟著一起練了。

余功保

好像有「英傑太極拳同學會」。

澳門英傑太極拳社師生合影（1957 年）

董茉莉

太極拳同學會是上世紀 40 年代以後成立的。因為那個時候同學太多了，他們就成立了一個同學會，有什麼事情和聚會都由他們出面，用不著我們去辦。那個時候對軍器管制嚴格，劍、刀、槍都要上報，參加表演得有登記才能攜帶，因為畢竟是開了口有殺傷力的武器。

太極拳家董虎嶺

余功保

您的哥哥董虎嶺是您父親的最重要的傳人，也是太極拳國際推廣的重要人物，但過去由於種種原因，內地太極拳界對他的瞭解並不多。

董茉莉

我哥哥對太極拳非常用心、用功，父親也是盡心教他。哥哥一生推廣太極拳，修養也很好，我覺得他是很了不起的。

余功保

我看了董虎嶺先生的太極拳錄影和拳照，古樸典雅，沉著渾厚，龍虎之勢，威而不暴，有大氣無匠氣，深得傳統楊式太極拳正脈。

董茉莉

他的學生現在談到他都很尊敬。1955 年，東南亞那邊想邀

董虎嶺太極拳照

請我父親過去教太極拳，可是他年紀大了，不願意到外邊去教了，就派了我哥哥董虎嶺去教。哥哥在泰國曼谷教了十多年。1964 年，他又去美國、加拿大，很多城市都邀請他去教拳。他走了很多地方，很喜歡夏威夷的環境，因為哥哥本人很喜歡安靜，所以他選擇移民到那邊，已經住了二十多年。他也到處走，有時也會到東南亞看看他的學生，但都是短時間的教拳，每個地方待上兩三個月。

哥哥在東南亞教拳後期，我也到了那裏。他們那些學生看見他都很怕，我哥哥說練，他們不敢不練。年紀很大的人也不例外。他要他們蹲下來走圈，他們累得發抖還在走，我哥哥不叫停就不敢停。後來他們跟我說，哥哥教拳很嚴格，我們都不敢說話，只能認認真真練。

他們都叫我哥哥「老虎」，說他的眼睛跟我們不一樣，我們眼珠子是深咖啡色，說他的眼珠比較黃。我不怕我爸，可是

怕我哥，他眼睛不要睜，只是一看我們就知道該做什麼了。他擺出來就是一個拳師的樣子，比我大 22 歲，不怒自威。我爸是很慈祥的感覺，大個子，比我哥高，不胖，屬於很有派頭的那種，常穿件長衫，更顯高大。我們到現在也沒有他那種風度。

我哥哥不上街，除了練拳就是琢磨拳，所以他想出了很多東西，做了很多很有創意的事，編了雙劍、雙刀。他一輩子就琢磨這些太極拳套路，怎麼教好，怎麼對練。他寫過《太極拳使用法》，在香港公開出版。這本書流傳不多，有一年他拿三本出來做獎品，大家都高興得不得了。

我爸爸不愛說話，我哥哥更不愛說話，不愛上街，沒事就呆在屋裏。我哥哥就是練拳和想，不到處走動，最多開車到沙灘看看海，從來不湊熱鬧。

我哥哥生活很有規律，很乾淨很整齊。在泰國教拳，天氣

董虎嶺在泰國傳授太極拳（1956 年）

董虎嶺太極器械照

濕熱，一天換好幾套衣服，一轉身就換一套。衣服也燙得一個摺痕都沒有，不能容忍瑕疵，受不了一點兒不規矩的東西，做什麼事都要完全滿意才行，一定要做到最好。他教拳也是這樣，總是準時，總是從頭教到尾，很認真，也要求學生很認真地去學。所以，很多人都認為能跟董師傅學拳是一種榮幸。

我哥哥把太極拳帶到東南亞，東南亞的學生又帶到歐洲、美國那邊，後來這些地方也邀請哥哥去。我哥哥移民到夏威夷以後，跟他學的學生很多。

現在我的侄子和侄孫子，歐洲、美國到處跑，他們每個人的學生也都很多。

余功保

董家一門太極，是有代表性的太極之家。

董茉莉

父親一輩子沒想到貢獻不貢獻，就是教拳認真。哥哥是從小愛好，跟太極拳有緣。他小時候也在家鄉練過別的拳。我還記得他教我怎麼沖拳，可是他還是喜歡太極拳。人家都說他打太極拳的架勢漂亮。他在泰國教拳的時候人們都當他是神一樣，非常尊敬他，給他拍了錄影帶，因為知道將來要給後人看，所以他拍得很認真。

我爸爸那個時候沒拍錄影帶，只有出書的時候拍了些照片，錄影帶就是被邀請到東南亞表演時的一些畫面。有的人說我爸和我哥打拳的神態不一樣，其實是因為表演是給人看的，並不是正式的教學，有時候可能稍微加點變化，跟教課的架式可能不完全一樣。他們看的我爸爸的都是表演性質的，我哥哥是示範性質的，所以心態跟表現不一樣。

三、氣脈貫通，沉雄浩大

余功保

您父親在教學中講不講理論？

董茉莉

父親一般不會脫開拳架來專門講理論，都是在練拳的時候說一說。他認為要結合拳來說才能理解。他很注意研究，把理論用活。比如他編了一套快拳，在教我們練快拳的時候，就告

訴我們這個招式怎麼弄，那個招式為什麼，結合拳理講，我們就很清楚，就知道高低前後應該如何。練拳的時候有問題問他就給你講，他覺得不練拳的時候說也是白說。

余功保

他在拳理上的修養是很深的，所寫的《太極拳釋義》被太極拳研究界所推崇。

董英傑專著《太極拳釋義》

董茉莉

他是個很細心的人，注意總結。對太極拳的很多方面都有自己的見解。

余功保

由於一直在實踐當中，這些見解很有針對性。董先生是20世紀太極拳大家中對太極拳理法總結比較系統的實踐家。

【鏈接】

太極拳經驗談
董英傑

（一）太極拳係內家拳，力出於骨，勁蓄於筋，不求皮堅肉厚，而求氣沉骨堅，故無張筋錯骨之苦，無跳躍奮力之勢，順其

自然，求先天之本能，爲返本歸原之功夫。

（二）練太極拳有三到：神到、意到、形到。如身法正確，神意俱到，則進步甚速，每日有不同之感覺，學者宜細心體味之。

（三）如身法不合，神意不到，如火煮空鐺，到老無成，有「十年太極拳不如三年外家拳」之譏。故第一須勤，第二須悟，功夫如何，視智能如何，但勤能補拙。

（四）練習時呼吸，要自然呼吸，不要勉強行深呼吸，功夫純熟，自然呼吸調勻，不則有害無益。

（五）太極十三式，本爲導引功夫。導引者，導引氣血也。故功夫純熟，氣血調勻，百病消除，千萬不可自作聰明。如舌頂上腭、氣沉丹田等類，功夫到後，自然氣沉丹田，而行百脈。此乃自然之理，不可以人力強求。

（六）鬆肩垂肘，乃言力不可聚於肩背，要將力移至臂部肘前一節，此乃意會而不能言傳者。學者要細心體味，不可拘泥而行之，不得滯重力沉，難於輕靈。

（七）提頂吊襠，提頂要天柱（背脊）直也，吊襠氣由尾閭向上提也。收勁時胸要稍稍含虛，發勁時要天柱中直，切不可含胸駝背，致肺部受傷。

（八）練拳一次至少三趟：第一趟開展筋骨，第二趟校正姿勢，第三趟再加意形。純熟之後，一出手便有意形，則進步更速。倘每次一趟，日練十餘趟，亦無用處。如年老活動血脈者，不在此限。

（九）知覺懂勁，要多推手，自得沾連黏隨之妙。如無對手，勤練架子，及時時以兩臂摸勁，假想敵人進攻，我以何法制之，日久亦能懂勁。

（十）推手時要細心揣摩，不可將對方推出以爲笑樂，務要使我之重心，對方不能捉摸，對方之重心，時時在我手中。

（十一）太極拳行住坐臥，皆可行功，其法以心行氣而求知覺。譬如無意之間，取一茶杯，用力持之，如何感覺，不用力持之，如何感覺。行路之時，舉步之輕重，立定之時，屈腿而立，直腿而立，一足著力，雙足著力，均可體驗之。

（十二）初步練拳時，覺全身酸痛，此乃換力，不必驚恐，亦不要灰心，半月之後，即覺腰腿輕快，神滿氣足。

（十三）架子練熟，推手入門，乃講功勁。太極拳有沾動勁、跟隨勁、輕靈勁、沉勁、內勁、提勁、搓勁、揉勁、貼勁、扶勁、按勁、入骨勁、牽動勁、掛勁、搖動勁、寸勁、脆勁、抖勁、去勁、冷不防勁、分寸勁、蓄勁、放箭勁、等勁等等以上諸勁，僅述大概。領略各種勁，在知覺運動中求之。一人求之較難，二人求之較易。因人是活物，發勁之外，尚有靈感作用，務在人身上求之，如無對象，在空氣中求之，如打沙包、轉鋼球，俱無用也。

（十四）太極拳論云其根於腳，發於腿，主宰於腰，形於手指，此發勁之原理也。再有禁忌，如膝不出足尖，伸手不得過鼻尖，上舉不得過眉，下壓不得過心窩，此古之遺訓也。如違此禁忌力卸矣。變化之妙，主宰於腰，如以右手斜左推人，已過鼻尖矣，力已卸矣。但左胸往後稍含，腰部稍稍左轉，力又足矣，此變化在胸，主宰於腰也。形於手指者，渾身鬆靈，剛堅之勁在於手指，則如純鋼鬆軟之條，上有鐵錘，向前一彈，所當披靡，無法禦之。學者細心推敲，不久可得內家眞勁。

（十五）人乃動物，並具靈感。譬如我以拳擊一人，彼人當以手推開，或身子閃開，決不能靜立待打，抵抗人之本能也。靜

物則不然，如懸一沙包，垂懸不動，拳擊之後，當前後鼓蕩，然其鼓蕩之路線，乃一定之路線，向左擊之，向右蕩回，此乃物之反應也。人則不然，一拳擊去，對方能抗能空，變化無定，此人之反應也。

拳術家有三字穩、準、狠。等閒我不發勁，發則所當披靡。然何以求穩準狠，先須求靈感，如何求靈感，讀者應在前篇王宗岳先生行功論內求之，即彼不動己不動，彼微動己先動，須在似動未動之時，意未起形未動之間，爭此先著，所當披靡矣。

（十六）或云練太極拳後，不可舉重物，不可用蠻力，此則未必盡然。未學太極拳，一身笨力，全體緊張，既學太極拳，全體鬆軟，筋暢氣通，務必練去全身緊張，仍須保持原來之笨力，因鬆軟之後，笨力變爲眞勁矣。

昔人謂笨力稱之曰脊力，其力在肩脊之間也。不能主宰於腰，形於手指也。故笨力爲本錢，鬆軟是用法，用得其法，小本錢可做大事業，不得其法，本錢雖大，事業無成也。故得太極拳眞理以後，舉重摔角，拍球賽跑，隨意可也，不必禁忌。但依編者愚見，各種運動，不如多打幾趟拳。

（十七）經云，一陰一陽謂之道，太極即陰陽也。在此原子時代，何物非陰陽，故行功論有云，偏沉則隨，雙重則滯，偏沉雙重，陰陽不勻也。故讀者於舉手投足，務須注意，一陰一陽，一虛一實。老子曰，吾善藏其餘，祈揣摩之。

（十八）太極文武解，文武二字，乃神形之意也。文以養身，武以禦敵。

（十九）以上各點均經驗也，理論也。眞之功夫，尚須在十三式中求之，功夫純熟，自得得心應手之妙，練功時最好少求理論，多做功夫。余曾曰功夫昔人好，理論今人好。實在理論一

多，功夫不專，進境反少矣。

　　拳術界人多講義氣，學者當以尊師重道，厚敬師傅，感動師傅必盡心教導你。中國人情如此，不可不注意。雖世俗之理，愛學真功夫者，更當注意也。

　　（二十）孟子曰，盡其心者，知其性也。知其性，則知天矣。火之炎上，性也，水之潤下，性也，此物之性也。春茂秋殺，天之性也。惡勞好逸，懼死貪生，此人之性也。然火遇風可吹之使下，水之遇火，能蒸之使上，松柏心堅，秋冬不凋，人知禮義，見義勇爲，此乃易後天之性返入先天也。

　　人未練拳之時百脈滯塞，筋緊縮而短，故力聚於肩脊，既練之後，百脈暢通，筋長力舒，由肩而臂，由臂而腕，由腕而形於手指，漸漸棄後天而轉入先天，如得先天本能，則神妙不可思議。學者得此勁後，當知余言之不謬也。

余功保

董先生在教學中，比較強調的要領有哪些？

董茉莉

　　他比較重視基本的東西。基本的東西除了基本功，還有根據太極拳的基本理論產生的變化。基本的東西往往就是很高級的東西。

　　比如虛實的問題。太極拳是依照陰陽規律變化的，虛實是一個重要的體現。他說：「練拳與對敵，總不離一虛一實。虛能實，實又能虛，人不知我，妙在其中矣。全部太極拳之精華奧妙，總在此虛實二字之妙用。從練拳方面，馬步之虛實，肩肘掌指之虛實，身形轉換之變化，亦含虛實處處分清，自然運

用自如。」

　　他講虛實講得很細，結合動作變化來說。他說，虛實的變化，不是字面上理解的那樣簡單，「如欲上右腳，則用意將身軀重心微移至左腿立實。右腿重力既移去後變為虛。即能輕便活動，提起邁步，步之大小隨各人而定。如兩腳站穩，則兩腳皆為實。若左足想上步，右足尖向外轉移，將身重心移至右腿。此時始分虛實。右腿立實，左足輕便。總而言之，如站定方式後，足不可虛，須分虛實時，多數前足可虛，後足為實。盡力從根起，即足後跟。如運用進步變步，兩腿虛實變換，比穿梭更快。兩足可虛可實。虛者為五分力，也有二三分者，實者為八九分力。如絲毫不著力，足部即不聽自己指揮。如實十分用力，則轉動不靈」。他認為，既然叫拳術，就是有方法

董茉莉與徐才夫婦、楊振基夫人裴秀榮等合影

的，方法就是道理，動作要根據道理來做。根據用法進行目標練習，才能得到太極拳真功。

余功保

在練氣方面，董先生如何看待？

董茉莉

他強調，太極拳的練法，以心行氣，不用拙力，純任自然。太極拳的練功，要沉肩墜肘，氣沉丹田，氣能入丹田，丹田為氣的總機關，由此分運四肢百骸，以氣周流全身，意到氣至。這就是氣脈貫通，氣脈一通，既整又靈，才能做到沉著、宏大。練到這種地步後，拳功的發展不可限量。這就是「極柔軟然後極堅剛」的道理。

余功保

在呼吸上他的觀點是怎樣的？

董茉莉

他認為練拳時應該自然呼吸，不要勉強行深呼吸。功夫純熟後，自然會呼吸調勻。你如果強行呼吸，會帶來氣息的不暢，造成損害。自然是太極拳的一個重要特徵。

余功保

學習太極拳都要有一定的程式，先學什麼，如何進度，都有一定的講究。不同的老師可能教學程式也不太一樣。董英傑先生在這方面的觀點是什麼？

董茉莉

他認為打基礎很重要，開始練習的時候，要學會不用力，就是全身要放鬆軟。每天學一兩個式子，不可過多。因為開始多了動作掌握不完全，基本要領不準確，就影響後面的動作。一般來說，三個月後，可以學完全套。這樣就學得比較紮實。

全部套路學完後，要練習校正姿勢。姿勢正確後，可進一步學習轉動路線和太極的意義。再進一步，可以學太極拳的勁氣，到了這一步，就開始窺視太極拳的門徑了。以上這些階段，一般可以三個月為一階段週期。但這種循序漸進，必須有高明老師教授，否則很難達到目的。

學拳六個月後就可學推手初步的練習。「第一個月是不用力，先學兩人沾黏打圈。第二個月，學掤、捋、擠、按四個方法。第三個月學化勁。先學肘化，次學腰化，再學兩肩化，更要有柔軟圓滑。然後學隨機應變全身化。後再三個月，學掤捋擠按之用法。然後再學運化勁帶打法。以上為期一年。以後可並學太極劍。如肯用功，再加半年，共為期年半，拳劍推手三樣皆熟，此算一小乘。

再續用功一年半，在此期內，可學太極槍，學推手以外各種手法。此期間內，加緊實地練習，為期約三年。拳劍槍各用法皆熟，健身防身自衛皆可。本身有拳，兵刃短有劍，長有槍，其功夫足供一生練習。此可稱為中乘。

三年後，練拳法又不同，要聚精會神，苦心求高明老師傳授，練精化氣、練氣化神、練神還虛，墜入上乘門徑。

太極拳分三乘，推手大圈為初乘，學化小圈為中乘，連化帶打無圈為上乘。無圈之中有圈，專打不化，打中又有化。就

是大圈套小圈，小圈變無圈。此即無極生太極，陰陽八卦五行。千變萬化而歸一」。

但具體的進度及修養深淺還要看個人天分與用功程度，只要肯下功夫者，又有明師指導，就會一日技精一日。

余功保

董先生為人質樸率真，為拳嚴謹求實。他教拳也教人，在傳拳、練拳方面提出過一些嚴格的要求。主要有哪些內容？

董茉莉

他強調教拳有十不傳，就是「（一）不傳外教；（二）不傳不知師弟之道者；（三）不傳無德；（四）不傳守不住的；（五）不傳半途而廢的；（六）不傳得寶忘師的；（七）不傳無納履之心者；（八）不傳好怒好慍者；（九）不傳外慾太多者；（十）不傳匪多事端者。」

練拳還有四忌：「忌飲過量之酒、忌好不正之色、忌取無義之財、忌動不合之氣。」另外有行功三忌：「忌食多、忌飲水多、忌睡多。」

余功保

過去許多武術家都講究武醫結合，強調練和養統一。我聽說董英傑老先生在跌打治療方面很在行。

董茉莉

因為練功很苦、很累，要恢復才好接著練，有時候也難免磕碰。我父親有一副跌打藥材的方子，每年我們都泡，不外

賣，只賣給自己學生。自己學生摔倒、跌倒或者推手弄傷的時候用。我看到過，有一次一個小孩子脫扣了，父親一拉就上去了，挺快，我還沒看清呢孩子就沒事了。

當時我父親那個藥單子每次配藥的時候都分兩個藥店去買，分開兩個單，避免別人知道。那幅跌打藥很靈。後來我哥哥發揚光大，他把那些藥磨成粉，做了藥膏，學生都很喜歡。

四、芬芳傳世，太極天下

余功保

您是怎麼跟您父親學拳的？

董茉莉

我爸爸對我的學業管得不太嚴格。從前在國內念書的方式跟我們在香港念書的方式不一樣，國內打紅圈的是好的，香港成績表有紅圈就是不及格。有時候我拿成績表給他看，他也不瞭解，一看有紅圈，開始覺得還不錯，後來我解釋給他聽，紅圈是不及格的。他可能太寵我了，聽了就只笑一笑。

可是我從小就有這麼個想法，那麼多人認識我爸爸，我可不能丟他的臉，所以許多方面規定自己不能太離譜，要用功。這一點我覺得做得還是可以的。

我們每年都有聚會。第一次是春天的時候，農曆四月初九，張三豐祖師誕辰，我們每年都慶祝。到了農曆十月初八我爸生日，也聚會。我從小就覺得出來表演是一個很大的壓力。

董茉莉與吳彬、楊振鐸在香港

旁的人做得不好他們是學生，如果我做得不好人家就會說：「他的女兒打成這樣子。」我就覺得有點兒丟臉。所以我常常不想表演，我覺得要做得很好才敢表演，做得不好我寧願躲在家裏不讓人看見。但有時是躲不掉的，所以只好自己多用功，不敢懈怠。

余功保

所以，那時候打下的基礎也是很紮實的。

董茉莉

我小的時候很喜歡鋼琴，很想學。我爸爸說你不要學鋼琴，很多音樂家都餓著肚子，你把太極拳練好就成了。有一段時間我也想學畫畫，他也是這麼說。

小的時候不覺得，年紀越大越覺得太極拳真有幫助，對身體確實好。我生下來的時候是不足月的，瘦瘦的，身體不好。後來練了拳，十幾歲就已經一百二十多磅了，同班的同學沒有超過 100 磅的。

很多人學練太極拳身體都變好了。有一個跟我爸爸學拳的，身體好起來後建了一個大樓叫做「太極樓」，在大樓鐵柵外邊寫著「太極」兩個字。

在教我們的時候，爸爸有時候跟我推推手，跟我爸推我肯定沒法動，推不動的時候我就鬧著玩兒，用頭碰他。他就說「你這個小鐵頭」，把我推開。我哥哥、侄子都一起學，爸爸教他們很用心。我侄子 14 歲去了香港，去的時候不叫董繼英，是我爸爸給他改的名字，就是要繼承他的東西。

我記得小時候見過父親有個本，上邊寫著他的心得，用毛筆寫的。他有這個習慣，想起來就記記。

余功保

楊式太極拳流傳比較廣，在流傳中也產生一些差異，還有一些不同套路。董先生傳的套路是怎樣的？

董茉莉

我爸爸曾經說過，外面有的傳說楊式太極拳有大、中、小三套架子，這是誤傳，實際上就是一套。這一套你練熟之後，由熟而產生變化，或高或矮，或快或慢，才能隨心所欲。

他曾經看到過楊鳳侯先生之子楊兆林練拳，那是楊班侯親授的，是緊湊的架子，打來不快不慢。楊澄甫先生的架子是綿裏藏針；楊少侯先生的架子則緊湊而速。他儘量吸收這幾位先

一九九一年董茉莉師傅與董繼英師傅及弟子攝於法國巴黎

董茉莉與侄子董繼英在法國傳播太極拳

生的意態，體現出收斂而不速不遲，這是練拳成功之後隨心所欲變化的結果。

余功保

太極拳論中有「先在心，後在身」的說法，如何理解？

董茉莉

「先在心，後在身」是《行功論》中的一句。我父親對此有專門解釋。他認為，初學的時候，動作也不熟練，臨敵經驗也不豐富，就要先在心。功夫練成之後，功夫上身，成了自然反應，不須有心的變化，身受攻擊時自能應敵，心中不知地方已被打出，即為不知手之舞之。

所以初學時在心，成功後在身。就好像初學珠算，心先念

歌，手來操作，熟練後心不念歌，手也能如意。所以，先在心，後在手。拳的道理也一樣。

余功保

您和父兄一樣，在世界各地也做了很多太極拳的推廣工作。您從什麼時候開始教太極拳的？

董茉莉

我從十來歲就開始教了。真正到外邊教拳是 17 歲。那時候人家學拳的都是成年人，我一個小女孩兒，說服力不夠，我就穿了個長旗袍去，想把自己打扮得老成些，去了才換練拳的衣服。

這麼多年來，我在世界各地很多地方也都進行過教學。我現在也教學生，在香港的大學裏還開有太極拳的課。

我讓人來練太極拳，是因為我看到練拳的人都活得很健

在國際太極拳交流大會上

康。首先是我自己體會到了，我跟同齡人比起來精神好，覺得太極拳真的幫了我的忙。我跟我的侄子常說，我開始以為父親死的時候沒有什麼留給我們，可是到現在我明白了，他其實給了我們一個最有價值的太極拳，是無價寶。所以我見到朋友身體不好的，都勸他們練習太極拳。

太極拳可以增加平衡能力、適應能力、抵抗能力。

有個教授很斯文，他告訴我說這個太極拳真好呀。他說他有一次去洗手間，滑了一下，差點就要摔倒了，但一站站住了沒倒下去。他說：「如果從前我沒學太極拳，不知道會發生什麼事情。」這就是太極拳提高了人的應付、應對能力。

余功保

您認為練好太極拳最重要的是什麼？

董茉莉

就是要堅持。只有堅持才有效果。練拳打得好壞次要，練拳不是要去爭冠軍，最要緊是做好健康，能保持健康就什麼都有了。堅持就是保持健康的第一條件。堅持每天一練，堅持很重要。

我有個師兄今年 93 歲了，他對我爸爸非常尊重照顧，所以我每次到美國都去看他，每次去三藩市也都是住在他家裏。他身體很好，頭腦也很清楚，每天練三趟拳，早、午、晚。我問：「師兄你怎麼那麼有恒心呀？」他說：「我身體不好，我需要。」我說身體不好的人、需要的人很多，可是這份堅持不是每個人都能做得到的。有些人身體有病了才知道要鍛鍊了要練拳了，身體好了就不練了，堅持不是每個人都做得到的。

我的中年學生比較多，越年輕學習太極拳越有福氣，一輩子都拿了太極拳這個寶。我常跟學生說：「不是因為我教你的，而是因為你自己練習的。你今天學會了，你不練了這個寶就沒了，你必須要堅持練下去才是寶。」

　　另外要學些理論。《太極拳釋義》裏邊說的行功論之類的，我都要求我的學生經常看，因為理論也重要。不停地練，就要不停地看、學。你今天看所理解的和你明天看所能理解的不一樣，你看十遍可能都一樣，可你忽然間可能就能瞭解一個重要的點。

　　比如我不厭其煩地提醒「轉腰」「手腳要跟上」，過了兩三年，一個學生說：「您常說轉腰，我覺得我轉了，忽然有一天我覺得轉腰的感覺不一樣了。過去一直以為我轉了，現在才知道我一向沒有轉腰。」這就是堅持加琢磨的結果。

余功保

　　理論從表面上理解相對容易，但真落實就難。特別是有些人不求甚解，以為懂了，其實沒懂。

董茉莉

　　拳理一定要和動作很好地融合在一起，你才算真明白了。否則你思想上明白，做不出來還不算。光看不一定明白，字義明白，不一定做出來的方式就明白。字義和真正的瞭解，和你能不能做出來還是兩碼事。你原本道理就知道，有一天做的時候和你自己的動作配上了，就覺得真對呀，這個收穫就很大。

　　我教學生時，經常讓他們自己檢討，先把道理講給他們，然後要他們自己會檢查自己。比如左手掤，為什麼高為什麼

低，我都跟他們解釋。

　　每一著的用意，挒是把對方拉過來，假如你不含胸不坐腿你不是拉個石頭打自己嗎。必須轉腰坐腿把他拉過去，他打過來把他移開，四兩撥千斤。我說如果你自己還不知道用意，挒的手下去了，本來你是應該按住人家兩個關節，讓人家不能動，你管不住兩個關節，人家就可以動，可以用肘打你。所以挒就該知道高低，為什麼高為什麼低，哪個手高哪個手低。你自己得知道用法，才知道應該怎麼去做。

　　我在香港中文大學教拳，他們就覺得我教得很有特點，我先告訴他們這個招式怎麼做，手怎麼做，練習手了以後腳應該怎麼做，手腳一起怎麼做。分開來再合起來，就像彈鋼琴一樣，左手、右手合起來，有方式地教。一定要講究教法，這是科學。

董茉莉在承德示範太極拳

仁山智水悠然見 —— 與楊式太極拳名家董茉莉的對話　　99

我們現在的教學應該說是有發展的。我爸爸是老套的教學方法，他在前邊做一個樣子你在後邊學，看你的打法不對他可能改正一下。他不多說，我就囉裏囉唆的，不厭其煩地說。

余功保

時代發展了，受眾特點也在變，教學方法也應該有所變化。

董茉莉

太極拳練習慢，這就有一個好處，你有時間看看自己上下是不是很協調、用的勁對不對，高低對不對，招式正不正，自己就能檢查了。出去對不對，回來對不對，手腳配合如何，今天記不住這些要領，下次我還說，再下次我還說，他就記住了。教學要有耐心。

有的人認為教拳開始的時候就只是教他們做樣子，到了高級班，水準高了才跟他們說這些拳的道理。我認為你開頭不跟他說，開頭做壞了，再讓他修改就麻煩了，所以，我開始教就講道理。跟鋼琴一樣，開頭手拿不好，以後再放鬆就不會了。一個招式習慣了再改就難了，學拳容易改拳難。我告訴每一個學生，開頭我每次可能只教你一個招式，你如果這個招式做得不好，我就不教你新的。

我可能跟其他人教拳不一樣，你問我什麼時候能教完一套拳，這要看你的而不是看我的，你能學會我就教快點兒，你學得慢我怎麼教？有一次學生們對我說能不能六個月完成，我說三個月都成，就看你成不成。

余功保

負責任就累，不負責任就輕鬆些。

董茉莉

認真教還能起到教學相長的作用，我教拳也是自己練拳的過程。有時候學生提問的事情，你也可以想到另外的學生，這個問題有沒有普遍性，自己以前注意到有沒有這個問題等等。實際上是大家一起來思考。

余功保

您前不久考察了河北，看了父親小時候學拳的地方，感覺如何？

探訪太極拳故鄉河北永年（2005 年）

董茉莉

河北在中國太極拳上有重要地位，出現了很多太極拳的大家，也是我父親的老家。我近些年回去過很多次，也參加了一些活動。這次仔細看了父親小時候學拳、練拳的地方，感受當時的氣氛，感覺過去老一輩真是不容易，他們經由自己的努力，感悟了很多東西，流傳到今天，我們真應該很好地繼承。

孫永田簡介

　　孫永田，1948年生，河北滄州人。出生於北京。孫式太極拳名家。

　　自幼酷愛武術，曾習過長拳、唐拳等多種拳械，有良好的武學基礎。20世紀70年代以來，曾多次參加北京市武術比賽，名列前茅。自1982年始，從師於孫劍雲學習太極拳、形意拳、太極劍、太極拳推手等。多年堅持不斷，對太極拳、形意拳有深入的研究。尊師重教，團結眾人，組織能力強，積極弘揚孫祿堂的武學思想，大力繼承及推廣孫式太極拳。協助整理出版了《孫祿堂武學錄》。2003年協助孫劍雲出版了《孫式太極拳詮真》一書。

　　在長期演練中注重深入研究，在太極拳拳藝及理論上都有了精深的造詣。曾多次在中國武協、中國武術研究院、北京市武協及北京武術院舉辦的重要活動中講解、演示孫式太極拳，深受武術界的好評，並被多次評為「北京市優秀武術輔導員」。積極發揮太極拳的社會功能，將太極拳融入企業文化中，成為企業界中一道獨特的太極拳文化風景線。

　　作為當代孫式太極拳的代表性人物，多次作為太極拳名家應

邀出席重要太極拳活動。

　　其學生及組織的太極拳代表隊在首屆世界太極拳健康大會、邯鄲國際太極拳交流會、珠海國際太極拳交流會等國內外重大武術比賽中獲太極拳優異成績。

　　積極促進加強和兄弟拳種研究會的交流、積極支援和指導地方研究會的工作。籌資創辦了中國太極拳網站。

　　為航太神龍汽車銷售服務有限公司董事長兼總經理、北京市武術運動協會副主席、孫式太極拳研究會會長、美國及香港孫式太極拳研究會永久名譽會長。

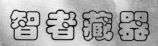

智者藏器
——與孫式太極拳名家孫永田的對話

　　拳家一定要有威武氣象，但「威武」不是「張揚」。

　　「跋扈」如利刃穿心，穿了別人的心，也傷了自身的氣。發散而不可收，做不到蓄水養魚，終難臻大家境地。

　　單純的運動使肢體健壯，形神相合的運動使形體和智力同時「健壯」，太極拳是智拳，提高的不僅是身體素質，還有智力，再加上悟性的提高，就是智慧。

　　智慧不是表面上的聰明，是蘊積含蓄的會心，不是對一件事的所感，是對一類事的所悟，是對許多類事共同規律的所得。

　　練太極拳應該是越練越有智慧的，慧質拳心，這也是衡量一個人練的水準的標準之一——他是否更有智慧？

　　「拳」為體，「太極」為用，用之於社會各個領域，用之於系統的各個環節，用之於過程的各個層面。

　　有拳家認為，太極拳就是中國古典智慧學的成功實踐，她把萬物歸納為陰陽矛盾看待，並以直接有效的手段加以處置，使事情變得簡潔。

　　把複雜的事情簡單化是一種大思維。

余功保

一、開合有天地

余功保

您是一位從事企業的人，一位國有企業的負責人，一定有很多的雜事、俗事。但對於太極拳卻十分投入，您認為練拳和您的生活、工作之間的關係是怎樣的？

孫永田

我覺得生活是一種過程，練拳是一種方法，工作是我們發揮自身價值的一種方式。練拳是生活的一個有機部分，它與工作在時間上是衝突的，但在原理上是互補的。

余功保

這涉及到中國太極拳的社會功能問題。

孫永田

對。太極拳有健身功能，有技擊功能，還有社會功能。社會功能是什麼？最核心的一條，就是和諧。

余功保

太極拳的原則就是和諧的原則。

孫永田

它的一切要領、理論都是圍繞著和諧來進行的。透過練習

太極拳，能領悟到在複雜系統中各種矛盾因素之間的相互關係，以及如何和諧地處理這些矛盾因素。一個企業是一個系統，裏面有各種人事的、利益的關係，也是陰陽，陰陽就要調和。太極拳研究的就是這樣的東西。

余功保

這既是智慧的層次，也是思維方法的課題。

孫永田

太極拳表面上具有一定的「妥協」的色彩，比如捨己從人等等，但實際上是積極進取的一種功夫。

出席焦作國際太極拳交流大會

余功保

有人認為「妥協」就是妥當協商，從這點上看，「妥協」是具有積極含義的。

孫永田

比如剛是直線，柔是曲線。曲線能夠承載的力量比直線要大。太直、太剛就容易折斷，曲線則是一個包容的結構。太極拳就是巧妙地運用了曲線，曲線的魅力是很大的。

余功保

從物理學上講，曲線也是由一個個直線組成的，它很含蓄地包含了直線的力量，曲中有直。

孫永田

這就是隨曲就伸的原理。

余功保

孫式太極拳的一個顯著特點是「開合」，所以也被稱為「開合太極拳」。您認為太極拳「開合」的奧妙在哪裡？

孫永田

開合是一種身體的狀態，在練法上也體現一種節奏，就是有張有弛。太極拳是很放鬆的，但放鬆的目的是更好地凝聚力量，匯聚能量。

開合實際上是陰陽的一種反映。開，就是開放、包容、寬

廣的姿態，寬廣的胸懷，寬廣的態度，合，就是整合、完整，把一個系統渾圓起來，形成一個整體，一個合力，把損耗降到最低，是儲存能量。

　　天地間萬物都有開合之力，在內要完善，在外要溝通、互補。

余功保

中國哲學的「內聖外王」也是這個思維。

孫永田

　　開合還是一種技術規範。由開合的練習，很容易在練拳中體會到「氣感」。在不斷練習中，把人體的經脈逐漸打開，手掌間、手臂間、全身各處之間，都有很渾厚的連帶感覺，實現

孫永田太極拳照

「一動無有不動」，很自然就形成了這種狀態。

余功保

所以孫式太極拳用很簡單的形式，直截了當地切入內練的主題。

孫永田

對，這是孫祿堂先生在遍學多種武功之後返璞歸真的徹悟。他是把形意、太極、八卦融為一體而創造出來的。他提出了三拳合一的觀點，把畢生研武的精華都濃縮在孫式太極拳中。在孫式太極拳中吸收了形意、八卦的特色，把形意拳的內外合一和八卦拳的動靜合一融蓄在太極拳的中和之中。開合也正是從中體證的成果之一。

余功保

開合之中出「中和」，「開合」為運化，「中和」為守誠。

孫永田

練習孫式太極拳貴在求得中和。求得中和，不僅是太極拳的技擊防身要求，更是修身養性、益壽延年的要求。

所謂中和，就是練習太極拳時無論是外形動作還是內在的氣勢，都要中正安舒，陰陽平衡，無過不及。在外形動作上，孫式太極拳的動作樸實無華，特別符合人體的力點力學，沒有大起大落，要求立身中正。比如，孫式太極拳的架勢比較高，要求膝關節的彎曲度為135°，這樣就避免了膝關節過度彎曲，造成膝關節受力不均勻而產生的損傷。這不僅對人的健康保健

有益，同時也適用於實戰。

　　孫式太極拳是活步太極拳，要求進步必跟，退步必撤，上下相隨，這能鍛鍊人的腿腳靈活，步伐敏捷。它尤其重視開合，要求合與面寬，開與肩寬，要鬆肩墜肘，開合配合呼吸，要求呼吸自然，對調節人的呼吸系統具有良好的作用。

　　人們在談論太極拳理論時，總是把很簡單的道理講得很玄妙，讓人難以理解。但是孫式太極拳的理論則明瞭易懂，中和二字就足以概括煩瑣的理論。求得中和，其實就是調整自我和外部世界的關係，包括心態的調整、身體的調整、呼吸的調整、周身血液循環的調整。由這些調整，使自己和外界和諧相處，自會達到健身袪病、益壽延年的目的。因此，孫式太極拳不僅是健身拳，它還是我國的文化瑰寶，是文化拳、哲學拳。

　　余功保

　　您長期隨孫劍雲老師學拳，曾經協助孫劍雲老師整理出版了有關孫式太極拳的著作，2001 年還組織操辦了在北京溫泉百亭公園內樹立孫祿堂銅像。您如何評價這兩位武術家的貢獻？

　　孫永田

　　孫祿堂是一位集大

孫永田太極拳照

成的武術家，他文武全才，在武術上的
貢獻是多方面的。我認為創立孫式太極
拳是他一生最大的一項貢獻。

余功保

孫式太極拳的創立是他武學積累到
一定程度不得不發的成果。沒有牽強附
會的東西。不像後來有的拳師，為創拳
而創拳。

孫永田

孫祿堂

對，他是發自內心的，很自然。所以「三家合一」在孫式
太極拳中體會得最為充分，貼切。

孫祿堂先生是深悟了中國武術的精髓。很強調內修，包括
拳功的內修、文學的內修等。他的後人也秉承
了這一特性。孫存周先生、孫劍雲老師都有這
個特點，不僅武功好，文學修養也好。

孫劍雲老師把一生徹底貢獻給了武術事
業，是孫式太極拳的忠實繼承者、大力開拓者
和辛勤推廣者。孫式太極拳發展到現在，成為
在國內外有廣泛影響的拳種，他們的貢獻澤被
後世。

余功保

我看過孫存周先生手書的拳論，字也寫得
很好。孫劍雲老師不僅練拳，還擅長繪畫。這

孫祿堂的書法

些對提高拳的修養境界都有很大幫助。

孫永田

練太極拳能夠提高學識，練太極拳也需要學識。

【鏈接】

孫祿堂論拳術內家外家之別

今之談拳術者，每每有內家外家之分，或稱少林爲外家，武當爲內家；或以在釋爲外家，在道爲內家。其實皆皮相之見也。名則有少林武當之分，實則無內家外家之別。少林，寺也；武當，山也。拳以地名，並無軒輕。至竟言少林而不言武當者亦自有故。按少林派之拳，門類甚多，名目亦廣，輾轉相傳，耳熟能詳。武當派則不然，練者既少，社會上且有不知武當屬於何省者，此非予之過言也。浙之張松溪，非武當派之嫡傳乎？迄今浙人士承張之緒者，何以未之前聞也？！近十年來，人始稍稍知武當之可貴矣。少林武當之一隱一現者其故在此，安得遽分內外耶？或謂拳術既無內外之分，何以形勢有剛柔之判？不知一則自柔練而致剛，一則自剛練而致柔，剛柔雖分，成功則一。夫武術以和爲用，和之中智勇備焉。

予練拳術亦數十年矣。初亦蒙世俗之見，每日積氣於丹田，小腹堅硬如石，鼓動腹內之氣，能仆人於尋丈外，行止坐臥，無時不然。自謂積氣下沉，庶幾得拳中之內勁矣。彼不能沉氣於丹田小腹者，皆外家也。

一日，山西宋世榮輩，以函來約，余因衹被往晉。寒暄之後，因問內外之判，宋先生曰：「呼吸有內外之分，拳術無內外

之別，善養氣者即內家，不善養氣者即外家。」故善養浩然之氣一語，實道破內家之奧義。拳術之功用，以動而求靜；坐功之作用，由靜而求動。其動中靜、靜中動，本係一體，不可歧而二之。由是言之，所謂靜極而動，動極而靜。動靜既繫相生，若以為有內外之分，豈不失之毫釐，差以千里？

我所云呼吸有內外者，先求其通而已。通與不通，如何分之？彼未知練拳與初練拳者，其呼吸往往至中部而止，行返回，氣浮於上，是謂之呼吸不通。極其弊則血氣用事，好勇鬥狠，實火氣太剛過燥之故也。若呼吸練至下行，直達丹田，久而久之，心腎相交，水火既濟，火氣不至炎上，呼吸可以自然，不至中部而返。如此方謂之內外相通，上下相通，氣自和順，故呼吸能達下部。氣本一也，誤以為兩個，其弊亦與不通等。

子輿氏曰：「求其放心，放心收而後道心生，亦即道家收視返聽之理。」

余曰：「然則鄙人可謂得拳術中之內勁乎？蓋氣已下沉，小腹亦堅硬如石矣。」

宋先生曰：「否！否！汝雖氣通小腹，若不化堅，終必為累，非上乘也。」

余又問何以化之？先生曰：「有若無，實若虛，腹之堅，非真道也。孟子言由『仁義行，非行仁義也』。《中庸》極論『中和』之功用。須知古人所言皆有體用。拳術中亦重中和，亦重仁義。若不明此理，即練至捷如飛鳥，力舉千鈞，不過匹夫之勇，總不離乎外家。若練至中和，善講仁義，動作以禮，見義必為，其人雖無百斤之力，即可謂之內家。迨養氣功深，貫內外，評有無，至大至剛，直養無害，無處不有，無時不然。捲之放之，用廣體微，昔人云：『物物一太極，物物一陰陽』。吾人本具天地

中和之氣，非一太極？《易經》云：近取諸身，遠取諸物，心在內而理周乎物，物在外而理具於心，內外一理而已矣。」

　　余敬聆之下，始知拳道即天道，天道即人道。又知拳之形勢名稱雖異，而理則一。向之以爲有內外之分者，實所見之不透，認理之未明也。由是推之，言語要和平，動作要自然。吾人立身涉世，處處皆是誠中形外，拳術何獨不然。試觀古來名將如關壯繆、岳忠武等，皆以識春秋大義，說禮樂而敦詩書，故千秋後使人生敬揚崇拜之心。若田開疆、古冶子輩，不過得勇士之名而已。蓋一則內外一致，表裏精粗無不到，一則客氣乘之，自喪其所守，良可慨也。

　　宋先生又云：「拳術可以變化人之氣質。」余自審尚未能見身體力行，有負前輩之教訓。今值江蘇省國術館有十八年度年刊之發行，余服務館中，亦即兩載，才識淺陋，屍位貽譏，故以聞之前人者略一言之，以志吾愧。

和各派太極拳名家合影

余功保

您好像過去曾練過別的武術，後來是如何隨孫劍雲老師學拳的？

孫永田

我 20 世紀 40 年代出生在北京永定門外。那個時候，在永定門的鐵匠營、宋莊、石榴莊、孫家場一帶，有許多打把勢、賣藝的，有說書的文場子、練武術的武場子，幾乎家家戶戶都有人會練上兩下子。我從小就愛聽說書，比如《三國》《水滸》《說岳全傳》《三俠五義》等，對書裏的英雄人物非常敬佩，受周圍好武之風的影響和評書中英雄人物的激勵，我從小也愛好上了武術。並且學會了唐拳、梅花拳、子母鴛鴦拳、形意拳等，還練習刀、槍、劍、棍、十三節鞭等器械。

中學畢業後，我就到航天部三院工作。航天部三院有許多

孫劍雲老師太極拳照

年輕人愛好摔跤，其中還有人獲得過北京市摔跤比賽的冠軍，我也就跟他們開始練習摔跤、散手。那時練習散手不穿護具，來真的，經常是一對二、一對四地練習。年輕時練拳打下了功底，為後來學習孫式太極拳打下了一定的基礎。

年輕時，我雖然愛好武術，可是對太極拳卻沒有任何瞭解，總認為那是老年人為了健身才練習的。到 1982 年，我透過他人介紹，認識了孫劍雲老師，是孫老師的人格魅力吸引了我，使我逐漸喜歡上了太極拳。

孫劍雲老師為人謙和，性格開朗，有很好的古典文學修養，在教授太極拳的同時，還能說古論今，給人講述中國傳統文化知識。和孫劍雲老師學拳，不僅能提高自己的拳藝，還能學到許多文化知識，我迷上了進退相隨、開合有度、如行雲流水一般的孫式太極拳。

二、成勢在拳，謀勢在心

余功保

太極拳固定的動作為「式」，指動作外形，含有運動狀態的架式為「勢」。太極拳的勢很重要，練拳沒有氣，則不能和內，沒有勢則沒有神韻。太極拳的「勢」應如何形成？

孫永田

動作的外形連接形成套路，動作之間無形的連接就是「勢」。勢由拳形成，拳不僅僅單純指動作。內外合一乃成拳。

做到內外合一，只動用肢體不行，更關鍵的是用心，不用心練不好太極。練拳處處時時要用意，全憑心意下工夫。有了意，真正落實在拳上，「勢」就成了。

余功保

有了「勢」，拳才能成氣候。

動作一擺，僵硬的稱為「形」，告訴你哪個部位放哪個位置；有生機的稱為「勢」，告訴你這個動作蘊含了什麼動態，剛才如何動的，下一步如何動的，在此刻就要體現出來。有來龍去脈，才能叫「勢」。

孫永田

所以練拳對人的提高是全面的。是一種變化的觀點。過去

和陳正雷、馬海龍等太極拳名家合影

有些人有誤解，認為太極拳只適合中老年人，這是不對的，太極拳同樣適合青少年。因為它能提高人的綜合素質，對個人發展是有幫助的。我們年輕人進入大城市，很難找好自己的位置，他們覺得自己很迷茫，不知自己如何去發展，不知道如何定位自己，他們能克服困難，但是找不到自己要發展的點，所以我認為太極拳很適合年輕人練習。諸葛亮有句話，夫君子之行，靜以修身。我們年輕人為什麼找不到他們的發展點，是因為他們靜不下心來。

太極拳講究內外合一、天人合一，能起到良好的健身效果，而且能延年益壽。太極拳不僅是一種簡單的拳法，它更是中國傳統文化的縮影，是文化拳、健康拳、哲學拳。

首先，人們練習太極拳可以鍛鍊身體，使身體的各個部位得到全面的調整和緩解，增強體質，減少疾病的發生；其次，學習太極拳，可以更多地接觸到中國的優秀傳統文化，並從外及內地對自己的浮躁心態進行及時的調整，做到靜以修身，賢以養德；第三，對太極拳的鍛鍊，人們還可以學到好多哲理，如太極拳講的「進退相隨」等眾多理論就可以指導人們在現實社會中的工作和生活該如何處理一些問題。

中華武術孕育太極，發展到最高階段是太極拳。一般來說，練太極拳的人是有發展的人，在事業上成功的人大都練太極拳，練太極拳的人層次很高，有內涵，很高雅。所以說太極拳是文化拳，是很高層次的人練的，如果沒有這個體會就練不好太極拳。

現在社會的經濟較為發達，在物欲橫流的生活影響下，使年輕人變得心情浮躁，做事情急功近利，正可以透過太極拳的修練使他們的心態得以調整，自我緩解疲憊的身心。

我是國有企業的領導人，我們國企在改革開放中遇到過很多困難，這些困難來自各個方面。這就需要我們及時調整心態，要解決這些困難要求我們有主觀能動性。在我們航太神龍汽車銷售有限公司裏，很多公司員工都練太極拳，在練太極拳前和練太極拳後身體、心態就不一樣。心態怎麼調整？是與太極拳速度緩慢相適宜的，太極拳對身體不會造成傷害，只會產生益處。中國的傳統文化是很淵博的。

我們單位三百多人，年產值一點五個億，我們企業要和社會各個方面接觸碰撞，我們遇到了很多不好解決的問題，有些事也造成我們管理者心態的問題，這點我很有體會，當我遇到有什麼調節不開的事情時，我打兩遍太極拳，第一遍很枯燥，第二遍心曠神怡，認為很困難的事情在這時候看來也就不成問題了。當你心情不好時，打兩遍太極拳，心情會馬上好了起來，你會覺得天還是這麼藍，空氣還是這麼清新，人生還是這麼美好。所以說，心態的調整是修身養性、人格提升的核心。人生的價值不在於要賺多少錢，而是遇到多少困難、多少矛盾都能夠化解。我們要對國家有貢獻，對社會有發展。領導也會遇到很多困難，都需要化解，最大的動力、最好的方法就是練練太極拳。

我們想做工作，如果想做得成功，最基本的東西，就需要我們有一個心理調整，這是我們從事事業的最大的支援，太極拳是心理調整的一種最佳的方法。太極拳講進退相隨，不管做什麼事情都存在著困難，我們社會上工作上要知道進退，也要知道進退相隨，不能進的非要進就會碰壁。我們要知進知退。這就是中和。遇事先退一步，但這並不意味著你放棄原則，而是要你瞭解情況，找出矛盾的根源，然後解決矛盾。

我自己的體會是太極拳是我們人生發展成功的基礎，從這一點上說，太極拳有著很大的發展空間，也有很大的市場。

　　打太極拳還有利於安定團結。我們單位的很多人都打太極拳，很少有家庭不和的。太極是圓，是圓才能應物自然。在工作中應用好太極拳的圓，就能增加公司的向心力，提高公司的凝聚力。我們的企業文化就是用的太極拳的文化，我們進行太極拳培訓不僅使員工心態好、身體好，工作更有幹勁，而且我們透過太極拳這種形式更多的組織員工走出公司參加各種活動，使得公司員工在生活、工作、學習方面更加和諧，深受員工們的喜歡。

　　孫劍雲老師常說：「太極理論教誨人生，調整心態，使習練者明大理，懂包容，不僅鍛鍊了身體，還陶冶了情操，使人受益無窮。」的確是這樣。

余功保

　　孫劍雲老師的一生是習拳、研拳最生動、最真實的寫照。她從拳中體悟了人生的至大至簡的境界，從拳中得「勢」，又將「勢」化為「和」，恬淡虛無，真氣從之，淡雅又浩蕩。我以前和孫劍雲老師有過很多次的接觸，感到這是一位真正的太極拳家。她去世後我也曾經專門寫文章紀念。

孫永田

　　孫劍雲老師的確是以心在練拳、傳拳。

孫劍雲老師太極拳照

【鏈接】

武者如斯——紀念孫劍雲老師
余功保

10月2日，驚聞孫劍雲老師去世，十分挽痛。

孫劍雲老師一生習武、喜武、傳武、揚武，心無旁騖，恬靜清廉，以自己的一生經歷，實踐了對武術技術、理論、境界的追求，是當代一位真正的武者。

因爲工作和研究的關係，我與孫劍雲老師有過數次交往，留下深刻印象，深感其武學修養與武德的高尚。前不久，曾向中央電視臺的一個人物欄目重點推薦她，準備從體育文化的角度給她作一個專題，可惜未能完成，孫老師已去，實乃一大憾事。

第一次和孫老師較長時間的交談，是在1995年評選「中華武林百傑」的活動中。在那之前，雖然也有過多次會面，但都是在一些武術活動中，只是打打招呼的泛泛見面。「百傑」評選活動涉及全國武術界，孫老師和其他一些武術前輩德高望重，當選「十大武術名師」，被邀請到山東萊州參加頒獎大會。作爲活動的組織人員之一，和孫老師有了機會進行更多的接觸和談話。

當時我記得，在談到對太極拳的認識時，她不僅談到孫式太極拳，還主動談到其他流派的太極拳，稱讚各種太極拳既然深受群眾歡迎，都有突出的優點，大家應該互相借鑒，共同發展。這一觀點給我留下深刻印象。

在慶祝宴會上，我提議給當時出席會議的孫老師和楊振鐸等幾位太極拳名家拍張合影照片，大家一起舉杯，祝願太極拳事業美好的未來。孫老師突然說：「等一下。」她轉身招呼站在一旁

的高佳敏、王二平等年輕的太極拳冠軍們一起來照相，並說「太極拳的未來要靠年輕人多多努力」，於是我拍下了這張太極拳珍貴合影「祝願太極」，並特地將其收錄在《隨曲就伸——太極拳名家對話錄》一書中，記錄下老一輩武術家對武術發展的殷切之情。當時我就想，也許孫劍雲老師對年輕人的厚望之情，正源於她自己年輕時就承繼父志，寄信武術的心境的深刻體驗。作爲一位武術家，繼承、研究、傳授是應該完成的三大步驟，孫老師完整實現了這一循環，她一生熱衷扶持後學，誨人不倦。

武術作爲中華民族的優秀文化遺產，體現了許多優秀文化的要素，但也還是留有一些舊的思想的不良影響。由於封建社會中「武無第二」的觀念，一些武林中人自認老大的現象還很嚴重。北京市武術協會的一位負責人第一次向我介紹孫老師時專門強調，孫老師從來不說他人的不是，沒有攻擊過任何人的功夫，在武術界深得敬重。這一點在我多次和孫老師的接觸中得到印證，的確從來沒有從她口中聽到過貶低別的武術家的言詞。

但對於一些不良的武術現象，她卻深惡痛絕。我印象中她的少有的一次談話激動，就是強烈批評武術界一些人貪圖金錢，誤人子弟的行徑。

幾年前，爲了準備寫作《隨曲就伸》一書，我專程到孫老師安貞里的家中拜望，那是第一次也是最後一次到孫老師的家中。儘管我已聽說她的甘於清貧，但居室的簡單還是讓我出乎意外，簡單到只剩下「必需」，沒有任何能稱得上「享受」或「奢侈」的東西。她熱情地招呼我和同來的朋友坐下，並沒有先談武術，而是談起了畫畫，聊起了藝術，我看了她的畫，其中充滿了清雅，有一種從容的趣味，結合她的拳，我當時腦子裏崩出了一句話：「無得失」。

人生如此，每個人在追求的同時，失去了很多，在放棄的同時，也獲取很多。只要心地從容，天地陰陽，得失相隨。那一次，和孫老師談得很多，也是談及武術、太極拳最具體的一次。她動情地談到父親，談到太極拳的規律、要領，談到練拳的程式，談到一個練武者的素養，這是一次對一位當代真正武術家的全面感受。後來，有人問及這次談話的體會，我用了兩個字「感動」。長時間的談話後，年已高齡的孫老師不顯疲憊，看我拿著照相機，主動問道：「是不是要拍照？」看我有些擔心她的身體情況，就說：「沒關係，我能練。」於是，我們來到她社區樓前的古城公園內，拍下了一系列寶貴的拳照資料。拍完太極拳，她又主動提議：「我給你演示一些形意和八卦的拳劍套路吧，你也拍一下，可以讓更多的人看到。」其對武術的摯誠和坦蕩令人難忘。在整理和收錄這次談話的部分文字和圖片內容時，我毫不猶豫用了四個字做標題：「武之大者」。

　　我想孫老師應該是含笑而去，她完成了許多自己想完成的志願，將前輩、父輩開創的基業發揚光大。如今，孫式太極拳已是影響巨大的太極拳流派之一，傳播到世界各地。

　　我想孫老師也是帶著一些遺憾而去，全世界武術界都在為武術進入 2008 年奧運會努力，她未能親眼看見這一武術界宏願的實現。這些都是許多武術的後人們應該加倍努力的。

　　一個普通的人，一輩子盡心盡力地做著一件事，一件自己深情地喜歡的事。這就足夠。

　　一個武者，純粹得如同一杯水，清澈潤物。

　　武者如斯，傳承不息，

　　逝者如斯，武德長存。

（此文原載於《中華武術》雜誌）

三、不動如拳

余功保

孫式太極拳很沉靜。

孫永田

練拳不能浮躁，要沉氣。

余功保

「每臨大事有靜氣，不信今時無古賢」。古賢是什麼？就是修養的功夫。

與美國太極拳朋友研討太極拳

孫永田

太極拳練的是不動的功夫。不動心，氣沉丹田，空靈以對。不動形，後發先至，圓潤周到。一般人平時總處在一種盲動的狀態中，是一種耗散的結構，經常無謂地浪費能量。

透過練習太極拳，把狀態調過來，使你在行走坐臥中，在工作中，如同打拳中一樣，處於「不動」的狀態。

「不動」不是死板，是不紛亂，不亂動。

余功保

不是真的「不動」，只有靜如山岳，才能動若怒濤。

孫永田

不動還指不先動，不單動。不先動指可以料敵在先，但不能出手在先。不單動就是要動就整體地動，不能局部動。

余功保

不動是一種境界。

孫永田

什麼是不動的境界？不動就是靜、定，定力從何來，一招一勢修來的。

余功保

太極拳練是根本，研究拳最終還是要落實到練拳上。不練是空架式，練拳就要掌握要領。您認為應該如何練好孫式太極拳？

孫永田在洛陽牡丹節三萬人太極拳演練活動上作示範表演

孫永田

要練好拳就要掌握拳的特點、拳的原則、拳的關鍵。

孫式太極拳最本質的特點，是集三家拳於一體。在每個動作中都要細心體會。

孫式太極拳的核心就是以德為先。

練好孫式太極拳的關鍵就是講究中和。

余功保

練習孫式太極拳過程中，一般最容易犯的錯誤是什麼？應該如何避免？

孫永田

要深入理解孫式太極拳的特點，真正懂得三家合一的特

性。三家合一還要體現在太極拳上，是太極拳的而不是其他的。不能練成一會兒是八卦掌，一會兒是形意拳，一會兒是太極拳，這就成了四不像了。

有的人容易犯這樣的錯誤。八卦掌、形意拳和太極拳的意念、勁法還是有區別的。太極拳還是柔中寓剛，你就不能把形意的直勁搬過來。所以孫式太極拳三家合一是在高層次上融合的，不能停留在形式上、外表上。

還有，在身法上有的人容易機械。孫式太極拳為活步太極拳，要求進退相隨，邁步必跟，退步必撤。但不能機械地處理，跟步、撤步的實際要把握好，不能太早，也不能太遲，很自然，否則身法上就會歪斜，失掉中和之意。在跟步與撤步中，重心很巧妙地變化，與腰胯的移動相結合，是一種整體性的變化。不能單純在腳上。

另外，要克服爭強鬥勇之心。太極拳是具有很高技擊技巧的功夫，但功夫是水到渠成的，不能時時存有打人之念，這樣心懷努氣，難以理解太極的真諦。練習孫式太極拳首先要知道進退，所謂進步必跟，退步必撤，就是要掌握好進退相隨。在推手實戰中更是要知進退，懂得進退相隨，就能立於不敗之地。其實，進就是退，退就是進。人生也是如此。不放下激進之心，練不好太極拳。

**在焦作太極拳年會上作
示範表演**

余功保

我聽過一次您的太極拳講座，感覺您很強調練拳中的自然狀態。

孫永田

是這樣的。因為太極拳就是一個自然狀態的拳，產生、來源於自然，它的一切要領是自然的。人體也只有保持最自然狀態才是健康發展的狀態。

練拳時呼吸要自然，就像跑步一樣，跑得快了呼吸自然急促，慢了呼吸自然遲緩。太極拳也是一樣，只管做動作，呼吸完全可以由身體根據動作進行自動調節，用不著故意調節。我們在練拳的時候往往把本來很簡單的東西複雜化。練習太極拳要調整呼吸，但是這種調整是自然的，先要舒服。過於在乎呼吸，反而把自己本身的調整功能搞亂了，當然會憋氣不舒服。

太極拳的一些標準也應是自然的。其實太極拳的動作標準是相對的，原則的一定要遵守，但不能太機械，一些個性化的東西可以有變化。我告訴我的學生，你們不要認為我做的就是標準，一點不能變，不是這樣的。動作高點兒、低點兒沒關係，這些都只是形式，只要達到動作舒服、舒展大方就成，只要你練著不彆扭，外人看著不彆扭就成。千萬不要刻意追求形式而把最重要的自然丟了。這也就是孫祿堂先生曾經講過的練習孫式太極拳要遵守規矩、順其自然，外不拘於形式、內不悖於神氣的含義。

余功保

太極拳的神意問題是一個核心，沒有神意的運用就體現不

出太極拳的特點，但又不能陷入虛無縹緲的唯心主義。您如何看待這個問題？

孫永田

神意是非常自然的事情，沒有神意的運用，太極拳就缺少內涵，對人的許多鍛鍊作用就會削弱。但神意不能過於執著，痕跡太重了就會僵化，就會把神意作為了負擔。練太極拳神要聚，把精神貫注在練拳上，精神高度集中，這樣神氣不散亂，拳勢也不會散亂。神不散出體外，才能達到養生的作用。「精神內守，病安從來？」神守住了，是第一步，然後是靈動的問題。神意要圓活，意氣轉得靈，與動作有機合成一體，身體各項技能也達到最大的協調程度，於是形、意、氣高度融合，太極拳練的就有內容了。否則，神意一散掉，動作外形肯定是鬆垮的，周身不完整，勁力也不順達，也會導致身體各部位的僵硬，並進一步引發全身的僵硬。這樣太極拳就沒有練好。

余功保

您是一位企業家，又是一位太極拳家，如何看待太極拳的市場開發問題？

孫永田

太極拳從文化行為轉變為市場行為應該大有作為，以前我們到香港，和有關人員也商討過太極拳怎麼樣走向市場的問題。首先我覺得太極拳的市場開發是大有可為的，因為有很大的社會需求。健康是 21 世紀最大的產業之一，太極拳身在其中。其次，有個如何開發的問題，開發哪些專案？這要有市場的眼

光。在這方面我也有些想法，比如要建設一個太極康復養生院，將太極拳和社會發展很好地結合起來，解決一些社會健康問題。

余功保

市場開發有自身的條件，要尊重經濟規律。

孫永田

太極拳在健康和文化這兩方面，產業化是大有前途的。

余功保

您在太極拳推廣上做了很多工作，其中重要的一項是創辦「中國太極拳網」，為什麼要做這個工作？您認為網路在太極拳發展中有什麼作用？

孫永田

太極拳的發展應該和時代的特點相結合，否則就落後。網路化是這個時代的一個大的特點，是當代最重要的科技成果。太極拳要善於利用科技手段來發展自己，這也是「借勢」。網路對於太極拳的研究、推廣都有很大幫助，比如資訊傳播

引練太極拳

快，資料充分，交流方便，可以文字、照片、錄影結合等。由辦中國太極拳網，我們覺得它對太極拳的傳播意義很大。這方面也有很多人做了不少工作，比如北大文化集團辦的博武網，陳正雷老師辦的陳正雷太極網等，都有很大影響。

余功保

您如何看待當今太極拳的發展？

孫永田

應該說，現在是太極拳歷史上發展最好的時期。這裏面很多人做了大量的工作。我們國家有關部門，國家體育總局做了很多工作。很多民間武術家、社會團體也做了很多工作，是共同努力的結果。

太極拳的發展我覺得應該是多管道、多形式的。競賽的太極拳可以推廣，但那是高難度的，練的人少，因為難度太大，但那是競賽的需要，也是一個方面。群眾普及的太極拳應該是簡單易學的。

另外，還要保持太極拳的固有本色。太極拳為什麼叫拳不叫操，因為太極拳裏面有攻防自衛。這是要大力宣傳的，讓大家懂得真正太極拳的意義，讓太極拳在世界上的發展不走樣。現在外國很多人花重金到中國來學太極拳，我們中國人也有很多學國外的體育、武術形式，這是正常的學術交流，但是不要把我們自己的東西丟了。

現在太極拳比賽很多，但是宣傳力度還不夠。太極拳的好處，太極拳對個人的發展，太極拳的社會功能、價值，都沒有得到應有的重視，這個需要我們大家共同去努力。

周遵佛簡介

　　周遵佛，1905年生，山東省牟平市人。著名武術家。精於太極拳、形意拳、八卦掌、武當功夫等內功拳法。對楊式太極拳、陳式太極拳尤有精深造詣。

　　幼年時家境貧寒，身體瘦弱多病。受家鄉尚武之風影響，遂生習拳強身之志。因受條件所限，初時只是隨鄉里拳師粗練動作路數。後輾轉移居北平，繼續尋師習武。25歲時，得遇八卦掌名家張永德，張視其心意誠懇，品行端正，將其納入門下，進行嚴格的八卦掌內功訓練，打下良好基礎。又幸遇楊式太極拳傳人王矯宇，繼續學習太極拳功架。王曾親受楊露禪傳藝，拳法純正，使周得窺太極奧妙。20世紀世紀30年代，陳式太極名家陳發科於北平傳藝，周遵佛得與其互相學習、研討，交流所學技理，又從陳處學得陳式太極拳精髓。其後，又得以從學於形意拳師王鳳林，學習山西派形意拳。因其一生好學不輟，武友甚廣且無門戶陋見，故成為身兼多學的武術名家。中年以後專攻太極拳，由博返約，蔚然大成。一生授徒較少，但教學極為嚴格，一生強調套路、內功技擊與理論的結合。

　　周遵佛先生一生淡泊名利，潛心武學，於太極之道解析入木三分。理論實踐並重，曾應邀擔任北大武協顧問，多次赴北大講學，親身示範，一絲不苟，功力精純、深湛，為一代傑出武家。

　　被聘為北京市八卦掌研究會名譽顧問，及首都十多所大專院校武術協會顧問。

一點心香

——與太極拳名家周遵佛的對話

大凡把事情幹好，是需要悟性的，練拳亦然。

所謂「關竅」，乃身到、心到，老師再一點撥，於是「看到」「得到」。「身到」，是「拳練千遍」的努力，「心到」是「豁然貫通」的親近，心不到，縱然把拳練爛，也擊不中「關竅」的機要。

提高悟性必須在「靜」字上下工夫。「靜」不是「死」，不是「僵」，驚濤行舟，隨波逐浪爲「靜」；亂雲飛渡，孤松獨崖爲「靜」；暴雨狂風，怡然前行爲「靜」；萬馬軍中，「雖千萬人吾往矣」，也爲「靜」。靜是一種「定」的修養，一種「捨」的氣度，一種「不即不離」的恰當。

能靜便能棄，棄得紛繁三千，只守明鏡一片，

一點心香，千條通衢，天上地下，自如自在。

太極拳訣云：「全身透空，無形無象」，得拳易，棄拳難。

放下便自如。

余功保

一、見花生佛

余功保

武術是一種功夫，也是一種緣分。所謂緣分，就是有的人練一輩子，下的工夫也很大，不一定都能得窺堂奧。有的人很快就能入門，不僅登堂入室，還能卓然成家，如孫祿堂等。

周遵佛

怎麼看待武術練成了沒有？什麼叫練成了，什麼叫沒練成？這涉及到你怎麼認識武術的問題。能打就算功夫高了？這在過去可能是一個重要標準。

余功保

在有些時候有的人甚至把它作為唯一標準。

周遵佛

但這是不全面的。雖能打但身體練得不好，總是有病就不能算成，大成算不上，小成也算不上。

能打，身體也好算不算成？我看也不一定。還要看他的精神面貌，精神萎靡，器宇不軒昂也不行。

余功保

人的氣度、境界是衡量武功水準的一個重要尺度。

周遵佛

武術是幹什麼的？中國功夫是讓人強壯、強大的。身體強壯，膽氣、氣派強大。最重要的是修心，所以修心的功夫對武術來說是非常重要的。

太極拳就是把陰陽的關係處理得很巧妙，由陰陽的協調，讓人的內氣逐漸強大，內氣一強，心性就穩定，身體也強壯，秉性、胸懷都得到鍛鍊。所以不注重修心的功夫，太極拳就練不到高境界。當然學會打，一般性健身那是不困難的。

余功保

什麼是太極拳的修心功夫？

周遵佛

那就要練拳時明陰陽。明陰陽的道理，活學活用，不是死記陰陽。

余功保

陰陽是變化的，也死記不了。

周遵佛

每一拳都有陰陽，又都沒有陰陽。開始時有，後來就沒有了。陰陽融為一體了，和諧共處了。

「一舉動都要輕靈」。怎麼輕

周遵佛先生太極拳照

靈，陰陽完全融合了就輕靈了，因為就空了，空了就處處都是實在。處處有內容。每一拳、每一招都有內容，有招本身的內容，還有招外的內容，那就是「理」，就是「機」，「得機得勢」就得到拳的奧妙了。佛家眼裏萬物都是佛，一草一木都是禪。拳家眼裏一舉一動都是拳。

余功保

見花生佛，萬物如一。若出其裏，若在其外。

周遵佛

所以怎麼練好拳？練拳先修心。修好心就有緣。

太極拳修的是平和的心，平衡的心。過去道家講究煉丹。什麼是煉丹？不是體外的東西，是煉自己的身體，是自身的心性。心性煉好，人就是好。中醫講健康的人叫「平人」，平人就是陰陽調和。

二、得失寸心

余功保

大凡做好一件事，要付出很多東西，也要失去很多東西。有的失去是不得已，不得不失，有的失去則是要主動放棄。練太極拳要付出什麼，主要放棄什麼？

周遵佛

練太極拳要付出真和誠。要放棄虛和重。

余功保

您所說的真和誠具體是什麼含義？

周遵佛

真就是要實實在在地學。不帶雜念，誠就是你要發自內心地去學，去研究。這兩方面說起來簡單，做起來其實是不容易的。

余功保

人要真，學的功夫也要真。

周遵佛

世界上虛的東西對人的誘惑力往往比真的要大。

與吳圖南、馬禮堂、李子鳴等著名武術家
在北大合影

余功保

因為虛的有表面上很眩目的東西，容易滿足人表層簡單的欲望。

周遵佛

練拳中有些很好看、很亮麗的招式對人的吸引力就大，但漂亮的招式不一定是對的、真的。由於人在後天中積累了很多錯誤的舉止定型，所以開始練拳的時候，一些容易做的、慣性舒服的動作就很容易出來，這也不一定是「真」的。

余功保

要做到真首先要能鑒別真。

周遵佛

要能鑒別分清「真」，你就要付出「真」，真心練，真心學，下足真工夫。真和誠是相輔相成的。發自內心的誠，就能貫通，把很多複雜的事情變得簡單。誠了，目標就簡單得多，心容易靜，靜就生慧，生慧就是「悟真」。

余功保

虛和重是一對相反的概念。

周遵佛

太極拳是講究「中」的，偏左、偏右、偏上、偏下都不行。虛首先是沒有根基，漂浮，飄蕩。練拳只有形式，沒有內

功，沒有「意思」，只是花架子。陰陽含混不清也是虛，對於太極拳的動作須搞清楚陰陽的含義。另外「雙重」了也是「虛」，是太極拳的毛病。

重就是執著，僵化。太極拳是一種高度靈活、機敏的拳，是智慧拳，重了心緊，難放鬆，身體也緊張，達不到「全身透空」的效果。

三、取去之道

余功保

中國武術經常說「博大精深」，但博和精是有矛盾的。怎麼處理這一關係？

周遵佛

達到精深的方法有很多種，博是很有效的一種方法。博能增長見識，讓你體會很多東西，見多識廣。不僅要看多，還體會多，就會積累很多。就像寫文章，你不看很多別人寫的東西不行。

余功保

但也有人學得雜而不純。

周遵佛

這就是要能夠取捨，能練到，也能放棄。不少武術家開始

都是練很多種拳術的，有的最終歸於太極拳。但以前練的拳對練太極拳都有幫助。以前很少有只練一種拳的。由練別的拳你能比較出來太極拳的區別在哪裡。當然最終要有重點，沒有重點就雜了。

余功保

您好像也練過多種武術。

周遵佛

對，我練過武當功夫，也練過少林的，太極拳練了楊式、陳式的，器械也練了不少。練多種武術，要會取，取精華，取內功，取共同的東西，糅在一起，這樣練的多養料就多。還要去，去掉枝枝節節的東西，去掉表面的東西甚至一些不完全的東西，這樣才能歸於精。把多變成多的財富，不能成為累贅，關鍵就在取、去兩個字。

余功保

楊式太極拳、陳式太極拳您都研練，您覺得這兩種太極拳有什麼異同？

周遵佛

相同的地方是主要的。它們的基本理論是相同的，基本技術原則也是相同的，都依照陰陽和諧的道理來練拳。不同之處在風格上和形式上。根本上還是一樣的。比如剛柔，楊式太極拳其實也有剛，太極拳都有剛，只不過剛的表現方式不一樣。陳式太極拳也有柔，不會柔就不會剛。有的人認為楊式太極拳

參加北京大學武術協會學術活動

是柔的，陳式太極拳是剛的，這是不對的，是誤解。練楊式太極拳不會剛勁就一定很鬆軟，練習久了就容易萎靡不振，所以要柔中寓剛。練陳式太極拳要會柔，要不然總是發勁，會造成「努氣」，時間一長就容易傷身。

余功保

您認為練好這兩種太極拳的關鍵是什麼？

周遵佛

分開來說。練陳式太極拳關鍵要學會沉氣。沉氣很重要，每個動作都有轉折，轉折的地方要換氣。每一式子的結束要沉氣，沉氣就穩定，下盤穩，情緒也穩，容易靜。因為陳式太極拳的動作有速度變化，沉氣就是在變化當中要穩，不能浮躁。

練陳式太極拳最容易出現的毛病就是浮躁，拳打得飄。總是飄著練，功夫就不高。

練楊式太極拳的關鍵是勁的順暢，剛柔相濟。因為練楊式太極拳大都特別強調柔、軟，但柔軟是方法，不是目的。從始至終要把勁力貫穿，「綿裏藏針」就是軟中帶硬。外柔內剛，臟腑越練越強壯。楊式太極拳架子也要練得虎虎有威風。過去楊澄甫練的拳架子就氣魄很大，凜然不可侵犯。這就是武術。

余功保

您練了很多種武術以後，由博返約，歸於太極拳，為什麼？

周遵佛

太極拳在練、養結合方面做得更全面。太極拳的包含性也比較強，它能把其他很多武術的東西融合在一起。

四、文火煉武

余功保

中國內家拳概念出現以後，武術的練法提倡重點上有了一個轉折，就是比較蘊藉含蓄，發放的東西少一些。太極拳是一個極致。

周遵佛

以前練得比較剛，後來有了柔的東西。真正的武術功夫練

好了應該是剛柔相濟的。剛猛的拳種中也有柔，少林拳也可以練得很柔。太極拳中也有剛，也有發，技擊時速度也要快，練慢是為了更快。含蓄是為了養，為了練內功，也是讓自己更強壯。

余功保

從純剛到剛柔相濟是中國武術的一大進步和發展，這是文化溫養的效果。在拳術理論中吸收了很多中國文化的東西，再在實踐中把這些理論落實。

周遵佛

這就是練武術要動腦子。太極拳就是前人動腦子的結果。沒有理論傻練是不行的。造劍要用火不斷錘煉，武術拳法的錘煉要用文化，用思想。這就是「火」。

余功保

文化的精度越高，拳法錘煉得越純。

周遵佛

太極拳是文武兼備的武術，它必須要保持武術的特點，就是技擊的作用，功能，這在什麼時候都不能丟，練到哪裡去都不能放。另外，還要懂很多練太極拳的理論，不懂理論是練不好的。

比如說你怎麼理解上下相對的問題，太極拳的勁力是怎麼發的，你要明白道理再去做就簡單得多。所以，練太極拳要先讀懂拳論，真正地懂了再練拳，就不走彎路。

余功保

您認為應該怎麼讀拳論？

周遵佛

一個是精讀。一個是深讀。

傳統的太極拳論很多，每篇都精讀不是辦法。先選擇一篇兩篇的精讀一下。很多拳論是相通的，精讀了有代表性的，以後讀其他的也好辦一些。

精讀的代表我認為首選是王宗岳的《太極拳論》，要逐字逐句讀好，理解對，這就是深讀。王宗岳的太極拳論是指導練太極拳的總綱，對各種太極拳都適用。

余功保

《太極拳論》很多人都讀，但理解也有差別。

周遵佛

要抓核心，抓重點。重點的、要害的句子不能理解錯。王宗岳太極拳論的核心靈魂就是講陰陽的相合、相分，相互變化關係。

余功保

是一篇「陰陽互動論」。

周遵佛

處處講陰陽的矛盾關係，因為陰陽矛盾在太極拳中是回避

不了的，那怎麼辦？處理好它，處理好了，矛盾就沒有了，不是消失了，是把矛盾互相轉化成動力了，敵人變成了朋友，就更強大了。

余功保

這是中國哲學的智慧在實踐中的成功應用。

周遵佛

比如說，怎麼產生更大的勁力，除了用自己的本能之外，還要利用對方的勁力，把他所有的能量都拿過來為我所用。所以太極拳論中就說要將對方掀起來，就要先寓向下之力，待其向上反彈，就順勢換勁，換方向，換力點，用彼之力將彼掀起。在練拳中就要有這種意識和感覺，變成一種隨時的能力。

余功保

讀拳論是要用心體會的。一要用心，二要體會，要以切身體會去對照印證。

周遵佛

要真正讀明白，不要從字面上簡單地去理解。比如「用意不用力」的問題，就要從幾個方面來看待。

第一，它講太極拳的最大特點是「用意」，因為很多運動都用力，但用意的少。第二，用意與用力比較起來，是更本質的東西，更內在的東西，沒有意就是空的。

第三，用意與用力相比難度更大，更不容易做到，所以更要強調。

第四，用意是高級階段，到了水準很高的時候，就要以用意為主，逐漸減少用力，甚至不用力。

心意一動，氣、力相隨，你不必專門用力，勁力自然產生了。這樣理解就全面了。你不能認為是真的不用力，特別是學太極拳的開始階段、初級階段，必須要用力，不用力怎麼練架子？怎樣動作？即使到了高級階段，也是要用力的，但那時候的力已經改造過了，成了「勁」。

余功保

勁是一種有靈性的力。

周遵佛

人要有動作必然用力。在太極拳技擊中，要打擊對方也必然要用力，只是單純的用力就是傻用力，就不是武術了。武術的用力就是高級的技術，加上意念的作用，就活了。

所以，學拳悟很重要，體也很重要。悟了，在體上要落實。

（注：周遵佛先生生前應邀擔任北京大學武術協會顧問，對大學生的習武研武大力支持，盡心盡力。不僅多次在北大講學指導，還在家中熱情接待北大武協同學，細緻入微地講解太極拳等武術理法，不顧高齡，親身示範，德藝感人。也以此文紀念周老為北大武協和中國武術所做貢獻）

吳 圖 南 簡 介

　　吳圖南（1884-1989），蒙古族。生於北京，原籍遼寧喀喇沁左旗。原姓烏拉汗，名烏拉布。著名武術家。

　　幼年時體弱多病，為尋健康之道，9歲時起，先後從吳鑒泉、楊少侯學藝12年。年輕時，就讀於京師大學堂學習醫學。以後，長期從事武術研究、教育工作，並在考古、文史、心理學、經絡學、養生長壽學等方面有較深造詣。先後任南京中央大學、西北聯合大學、北平藝專等院校教授，故宮博物院專門委員。新中國成立後，曾在北京市文物調查研究組及北京文史館任職，是中國武術協會委員、中國武術學會委員，擔任北京市武協副主席、顧問及北京大學等多所高校武術協會顧問。多次參加國家體委主持製定的武術教材等審定工作，並任過全運會武術比賽太極拳裁判長。20世紀80年代被評為北京市健康老人。1988年獲中國國際武術節「武術貢獻獎」。著有《科學化的國術太極拳》《太極劍》《太極功‧內家拳‧玄玄刀》以及《國術概論》等，產生較大的影響。匯編出版了《吳圖南太極拳精髓》。

沉著即宏大
——與太極拳名家吳圖南的對話

氣勢的大小不在於架式的大小。

劍拔弩張，只是猛烈，沒有能夠擊中人心的張力。

架式拉開，若無神采，大而無當，便渙散一團，如雲煙飄蕩，無根，無序，無著落，無氣勢。

氣勢一要流暢，二要宏大。

無使有凸凹處，無使有斷續處，即為「暢」。如山泉瀉澗，雖遇阻而不滯，浩浩蕩蕩，千里不留行。

仰之則彌高，俯之則彌深，即為「宏」。無邊無際，小中見大，內外無垠，星漢迢迢，以有限詮釋無限。

吳老演拳，舉重若輕，輕靈中見沉著。一指飄搖，暗藏乾坤，擊如亂石崩雲，收如古寺禪鐘。意態安詳，有無相生，含金戈鐵馬於隨意揮灑間，是為莫測。觀其身、步，氣定神閑，不疾不徐，如燕柳回風，盡顯流暢宏大之勢，皆沉著之故也。

20世紀80年代，北大武協創立，開全國高校武術熱潮之先河，吳老欣然應邀擔任北大武協顧問，經常參加北大武協活動及學術研討會，我們也多次到吳老家中訪問、請教，就太極拳的各種問題進行討論，其文武相彰、從容沉著之風範為燕園學子欽佩。

余功保

一、功夫國學

余功保

吳老，感謝您對北大武協的支持。您聽了幾次同學們的論文和座談，感覺如何？

吳圖南

你們大力提倡的「武術科學化」的主張我非常贊同。武術的歷史很久遠，但還有很多東西值得研究，需要研究。有的需要練，有的就要研究。最好是邊練邊研究。大學生習武，又具備現代的科學文化知識，有興趣進行一些這方面的研究，是武術發展的大好事。

我聽了你們幾次討論，我覺得很多方面的研究已經很深入了，很內行。我願意和你們一道共同開展研討。

余功保

您也是高校武術發展的推動者之一。過去曾經在南京中央大學、西北聯合大學、北平藝專等院校教授太極拳等功夫。您認為太極拳在高校的推廣前景如何？

吳圖南

大學生和一切有學識的人都應該練一練、學一學太極拳。太極拳是一種文化拳，不是簡單的肢體運動。我相信只要大家

去接觸，就會喜歡太極拳。為什麼？因為太極拳能給大家帶來益處，身體上的、精神上的，能獲得很大的享受。不僅能強壯身體，還能增長智慧，是中國文化、科技之寶。

中國的寶貝應該讓中國科技、文化的高層人士擁有。這方面我認為有很大的發展空間。但要加強宣傳，加強教學，讓更多人充分認識到它的好處。北大武協是全國第一個高校武術協會，還專門開設太極拳系列課程，是做了一件很有意義的事。我很贊同徐才先生的話，北大武協的成立，其意義用「武術科學的春天到來」形容很合適。

余功保

感謝大家對北大武協的厚愛與支持。我們也覺得，作為當代的知識人才，不瞭解太極拳等中國武術是一種缺憾，作為一項基本素質，人人都應該瞭解一些。可以程度有深淺，但不能失之交臂。

吳圖南

武術過去叫功夫，也叫國術，它是中國的典型運動，又是文化。國術就是讓國人來習練，當然現在要走向世界，讓各國人民都來享有它。但中國人應該首先享有，這樣才能更好地推向世界。

吳圖南先生在北京大學
未名湖畔

余功保

您在武術研究上也做了很多工作，曾經撰寫了《國術概論》《科學化的國術太極拳》《內家拳、太極功、玄玄刀》《太極劍》《太極拳之研究》等書，影響很大，對推進武術的學術發展有很大貢獻。您認為武術的研究應該怎樣開展？

吳圖南

武術研究的基本原則是實事求是，就是求真功夫、真理論。在真功夫的基礎上開展研究，這是研究的基礎。對於理論要把傳統的和現代的科技結合起來，但有些傳統的理論不一定馬上用現代科技都能解釋，那就一步一步來，不能生搬硬套，為了結果而結果不行。比如你研究太極拳，一點太極拳不懂、不會，可能就比較困難，因為一遇到難題，你不知道如何深入。

還有就是要抱著自然的態度去研究。自然科學嘛，先不要設定什麼結果，研究出來什麼結果就是什麼結果，結果也可能現在正確，將來看不一定完全，沒關係，但一定要實事求是。

還要講究科學方法。我以前做太極拳研究就儘量用科學的手段。比如我用考古學的方法對太極拳的流傳進行了整理，我還曾自費把太極拳的每個姿勢都照成 X 光片進行審查，看骨骼、肌肉的伸展情況，分析哪一個姿勢是正確的。我開始研究太極拳是從胚胎學研究起的，人從哪裡來？

接著往下研究，怎樣使你隨著年歲而成長，成長過程中的飲食、鍛鍊和身體發育的關係，以後根據生理、化學、物理等各種科學，研究人如何延長壽命。拿自己做試驗，太極拳就是一種試驗，效果很好。

吳圖南先生在撰寫太極拳文章

余功保

您是新中國成立後第一屆中國武術協會委員。這一屆的委員都是德高望重的老武術家，裏面有幾位是太極拳家。您對中國太極拳的發展怎樣看？

吳圖南

武術發展，國家要重視。我覺得現在國家很重視，發展環境很好。另外要系統、有計劃地推廣。中國武術內容很多，不可能一下子都全面普及，先選擇一下，把好的、大家容易接受的重點推廣。可以以點帶面，整個學武術的氣氛上去了，各種拳種的發展也就都好了。

另外，作為武術界人士大家也要自重，把好的東西傳播出去，自身要努力。在教學方法上也可以講究一些，推廣要適合不同的人去學，一些舊的話可以用現代的語言來講，但意思不能走樣。

【鏈 接】

第一屆中國武術協會委員名單（1958 年）

主　　席：李夢華
副主席：王子平
秘　　書：毛伯浩
委　　員：李夢華　柏　坪　毛伯浩　唐　豪　徐致一　鄭懷賢
　　　　　張登魁　張文廣　郝家俊　顧留馨　蔡龍雲　陳盛甫
　　　　　吳圖南　徐良驥　吳　桐　孫文濱　王新泉　薛儀衡
　　　　　王樹田　李毅立　王子章　李元超　施鴻義　李宗本
　　　　　卜文德　周明德　劉杞榮　周公勇　曹文彬　李天驥
　　　　　佟忠義

二、太極之境

余功保

　　您是著名的太極拳家，也是著名的壽星，年屆高齡身體依然健康，思維敏捷。這應當是太極拳鍛鍊效果生動的例證。

吳圖南

　　其實我小的時候身體很不好，是個「病秧子」，有的學友還給我起個綽號，叫「槐樹花」。到醫院檢查，大夫檢查出我有先天性肝炎、先天性肺結核等病。醫生認為我很難治好，需

要慢慢調理。調了一段時間，醫生建議我進行一些鍛鍊，於是我就開始練太極拳。9歲開始練，跟吳鑒泉先生學了8年，後來又跟楊少侯先生學了4年。練了太極拳後，身體就慢慢好起來了。

人的生老病死是自然規律，但在這個過程中，我們可以做很多事，可以在健康方面主動有所作為，可以透過鍛鍊推遲衰老，益壽延年。太極拳是一種很好的手段。

練太極拳對大家來說有兩點很適合，一是簡單，容易學，對場地、設備的要求不高；二是經濟，不用花很多錢。

太極拳與中國書畫等藝術一樣，是一種文化藝術，透過這種藝術，能悟出來養生之道，既健康了身體，又得到享受。

余功保

您對大家練太極拳有什麼告誡？

吳圖南

練拳是要吃點苦的，練太極拳也一樣。不要看太極拳很柔，那也是功夫，是要下苦工夫的。特別是要想練出點名堂來，不流大汗、吃大苦是不行的。有些架式、動作是很吃功夫的。在練基本功階段尤其如此。開始階段基礎打好了，將來才能登堂入室。

我小時候練拳非常苦，苦到什麼程度？想自殺。傳統的太極拳有一種形式的練法叫定勢。比如攬雀尾分六個動作，按每個動作去練定勢。定著不動要定多少時間呢，定六個呼吸，然後再換勢。攬雀尾要用36個呼吸，差不多兩分鐘才能定完。

正常人每分鐘用18個呼吸。以此類推，全套拳有268個動作，你看要定多長時間？所以那時定的我筋疲力盡，汗流浹

吳圖南先生演練太極拳

背。到冬天天氣嚴寒，練完拳穿的鞋像淌過水一樣，一脫掉可以倒出汗水。

可是這麼一定，把肝炎、肺結核、癲癇全定沒啦，身體逐漸強壯起來。也不一著急就死過去了。我的兩條腿因為抽風，左腿比右腿短二寸，後來練拳要練抻筋，結果也抻好了。

提起抻筋好厲害。找一棵樹，叫我背靠著樹，我的兩隻手向後反抱著樹，身體扳直，老師在前邊用腳把我的底腿勾住，樹上釘一滑車，有一皮兜兜住我一條腿的腳後跟往上拉，把腳趾拉到腦門，再把拉繩拴住，定住不動。這樣還好些，隨後抻筋要把腳心拉貼在後腦勺上，這個罪真夠受的。那時我做夢都害怕它。如此類推，什麼撼腰、踢腿、鐵板橋等等，先折騰出來弄好了才開始練拳。

過去練拳不是像現在這樣，一開始就去摸魚。要把上面說的功夫練出來，其實人人練都能成，就看你練不練，如真練就

能成功。那時像我這麼個病孩子，一折騰實在是受不了。我曾經想跳井自殺。有時老師看見我怕苦，責備我說：又想病好又怕吃苦，沒出息。後來我想一個人為什麼叫人說沒出息呢？就咬牙堅持下來了。

吳圖南的推手演示

余功保

吃苦是通向太極拳高境界的一座橋，繞不過去的。

吳圖南

另外一個，學拳要仔細，把每一個動作都琢磨清楚，它的要領在哪裡，都要認真。寧可慢，不可亂。亂了，錯了，再改拳就是一件很麻煩的事。拳架子很重要，每一個定勢都有意義，從定勢入手練，從架子中悟功夫。

余功保

您的兩位老師吳鑒泉、楊少侯都是中國傑出的太極拳大家。您跟他們學有什麼體會？他們教拳都有什麼特點？

吳圖南

吳鑒泉先生人品很好，沉默寡言，謙虛實在，教拳很嚴格，很認真，一絲不苟。楊少侯先生生平不苟合，教徒時很厲

害，是連摔帶打。

跟楊老師學拳，他一伸手我就來一個後仰，又一下把我撞到牆上去。我們家那時候住的房很大，練功的大廳當中有六扇風門，晚上關門要上木栓，門的兩邊各有一個鐵套環釘在柱子上，上栓時把木栓橫插進去。我印象最深的一次是，楊老師一撒手，我的腰正撞到門柱的鐵套環上，疼痛難忍。老師說：「怎麼啦，沒志氣。」我連忙說：「有志氣，有志氣。」可是再來的時候，我要躲著點那柱子上的鐵套環了。

那時我家裏的桌子椅子是紅木的，椅子背打掉了變成個凳子，凳子面板又被砸沒了，變成個火爐架子。後來每逢老師來家裏教拳，我祖父叫人先將傢俱擺設挪開，預備著摔打。練功時老師怕我偷懶，由廚房抬來四張油桌，油案桌腿較高，是廚師專為站在那裏切菜用的。把這四張油桌拼起來，叫我鑽到桌子底下去練，如同練太極拳著功裏有個矮式叫七寸靠，就是用自己的肩膀去靠對方小腿上的七寸之處。

差不多的老人都知道那時候我受的許多罪。總之，我認為要把太極拳練好，除了要有真傳之外，你必須要有萬夫難擋的勇氣，要有百折不回的毅力。

三、鬆活一體

余功保

我聽過您的一次關於太極拳的講話，其中重點談到太極拳的四種功，很多人認為受益匪淺。請您具體解釋一下這四種功。

吳圖南

這四種功是我個人多年來練太極拳的一個總結體會。就是「著功」「鬆功」「勁功」和「氣功」。

具體來說，「著功」就是著勢、架子、式子的運用。這是一種基礎功夫。王宗岳在太極拳論中說「由著熟而漸悟懂勁」，可見只有著勢運用熟練，才可能進一步提高功夫。著功要很清晰，每一勢如何使用，在技擊上如何進攻，如何防守都是有章法的。「白鶴亮翅」怎麼用？「搬攔捶」怎麼用？單鞭又是怎麼用，拆解得很紮實。

比如對方打我，我要化解，基本上可以分為三個過程，第一個，就是對方剛剛要打，剛剛出手，我可以調動他，使他的招法發生變化；第二個過程，是他已經打出來了，我怎麼樣讓他打不到我的身上來，避開他；第三個過程，是他打到我身上了，我如何運用內功及身法、手法等，把他的來勁在我身上卸掉，再反打回去，以彼之力，加之彼身。他打我之力越大，他被打得越厲害。

這些說起來複雜，用的時候只在短暫一瞬間就全部完成了。

余功保

「著功」就是自己對著法的運用和對敵方著法的破解。這是要建立在對太極拳架非常熟練的基礎上的，熟能生巧，著由心發。

吳圖南

「鬆功」是練習放鬆。太極拳是講鬆的，但很多人練了很久，還是做不好，容易懈。鬆不是懈，一懈了，勁、氣就全沒了。鬆是什麼？就是讓你的全身各個地方，四肢百骸、關節、韌帶等無一處不柔和。我把鬆總結概括成四句話：「無一處不輕靈，無一處不堅韌，無

吳圖南與太極拳名家楊禹廷等合影

一處不沉著，無一處不順遂。」這樣就達到了鬆。雖然鬆，但很整，內外完整一氣。鬆中有沉，雖然鬆，但不漂浮，很穩定，意念一動，周身貫通。

余功保

太極拳講「鬆」是一種「反者道之動」的體現，為的是整、是活，是達到更大程度的「緊」，就是周身一家，產生最大程度的能量。要避免刻板和僵硬，就要「活」。

吳圖南

著法的運用要活，鬆中要活，勁也是活的。「勁功」就是練勁的功夫。勁與力是不一樣的，力是一般人不練拳也會用，力是僵化的，是拙的，缺少變化，缺少靈動。勁是豐富的，它沒有一定的大小，沒有一定的剛柔，但是它又剛又柔，又鬆又

緊，又快又慢，不即不離。

余功保

勁練到高級境界，不可捉
摸又實實在在。

吳圖南

指導弟子練習太極拳推手

有無之間，有無相生。勁
功的核心在變化，隨機應變。
除了腰脊為主宰之外，全身各
個部位都能隨時變化。

在與人交手中，如果遇到
一般功夫，著功可能就可以應
付，但遇到高手，他一著接一
著，你只有著功是不行的，必須要有勁功。

余功保

勁功就用到了內在的東西。

吳圖南

「氣功」比較難練一些了，更要多下工夫。我說的氣功不
是外面一般所說的氣功，我說的是太極拳的氣功。在過去的太
極拳論中處處都有關於氣的說法和要領。

余功保

太極拳在導引行氣上是做得非常充分的，它的基本理論就

參加北京大學武術協會的學術活動

是建立在中國古代的陰陽變化和氣論基礎上的。一動皆有氣相隨。從氣的角度看，整個太極拳套路就是導引的方法。

吳圖南

太極拳的氣功練法包括兩個部分，一個是運氣，一個是使氣。

運氣就是在自己身體內周身運轉內氣。把氣先吸進來，存在丹田，呼氣時，以心行氣，把氣引導到全身各個地方，運到周身。運用熟了，就能隨心所欲，想叫它到哪裡它就到哪裡。周身內外由五臟六腑到四肢百骸，無一處不能運氣。

再進一步就可以使氣了，使氣就是讓氣為我所用，練天地之氣與人體內在之氣相合，並可加以運用。你讓氣到哪裡，就要能到哪裡，讓它起什麼作用，就能起什麼作用。可以使氣出到你的身體之外，又能達到對方的身體上去，讓你的氣跟對方

的氣溝通，兩個人變成一個，這個時候就可以運用自如了，你就能控制他了。

這就是太極拳的氣功，有了這個功就無形無相了，不用左顧右盼了，達到了應手而發的程度。可以說，練太極拳不懂得內在的氣就沒有得到太極拳的真諦。

這是很高級的功夫，不好練，但很有味道。

余功保

您曾對太極器械有專門論著，您認為太極器械在太極拳練習中是什麼作用？應該怎樣練習。

吳圖南

中國劍術發源很早。劍的出現據史料記載，遠自黃帝採首山之銅以鑄劍，以後代有傳人。劍術是運用劍的方法，在戰國時期就有很完整的劍術著作了。

太極劍是合乎太極拳的原則方法，把劍的招法合成一起，成為套路，對於理解、運用太極拳的功夫是很有作用的。太極劍又名「乾坤劍」，是武當山張三豐所創。

練習太極劍的時候，既要把整個套路串起來練，也要把單獨的招法拿出來反覆練習，體會其中的含義。劍的練習中不能隨便動，一動就有法，劍為利刃，要看重它，看重了，就不會隨便晃蕩，出手就要是章法。一舉一動，要活潑伶俐，一開一合，要知道動靜虛實。目要速，身體不可僵滯。練習純熟了，到了高級階段，使用中又不能拘泥於法。

練習太極器械氣要穩，不可慌慌張張，不可忙亂，要氣定神閑。

余功保

練好太極拳要下苦功，要得真傳，還要加強自身的揣摩、思悟。一些古典拳論是必須要讀的，這是思悟的重要環節。怎麼樣來讀拳論？

吳圖南

讀拳論就要有一定的文化基礎，所以練太極拳還有助於學習一些古文化。要把拳論中一些基本的含義先搞清楚，簡單的先弄明白，深

參加首屆全國武術科學研討會

入的要逐漸體會。我以王宗岳的《太極拳論》為例，簡單解說一下，這是練太極拳應該讀的一篇拳論。

《太極拳論》中說：「立如平準，活似車輪。偏沉則隨，雙重則滯。」什麼是平準？很多人弄不清楚，其實「平準」是漢朝的一種官職，是管糧食的。糧食豐收的時候，他把糧食買進來，發生旱澇災情，糧食不收的時候，他把糧食賣出去，有利於大眾、國家，是有調節作用的。《太極拳論》中以此來比喻說明，自己站在那裏的時候，就要像平準的官那樣，心裏很正，對方的力打來，對我來說是多餘的力，我就不要，對方的力量不足時，虛了，我就給他加點。

「活如車輪」，就是說活動的時候要像車輪子一樣，不要

像車軸。「偏沉則隨」，車上裝東西如果一邊重車就歪了，「雙重則滯」，兩邊全是重的，車就拉不動了。大車趕上雨陷在泥裏，必須去推轅頭，驟馬往前一走才能出去。所以偏沉不對，雙重也不對。這幾句話你如果理解錯了，那整個意思就走樣了。

（注：吳圖南先生生前曾擔任北京大學武術協會顧問，經常在北大參加武術學術活動，北大武協的同學也多次到吳老家中訪談、請教。在北大期間和後來的工作中，我和吳老有過多次的接觸、交注。也以此文紀念吳老對北大武協、對中國武術的貢獻）

馬虹簡介

　　馬虹，1927 年生，河北深州市前磨頭鎮人。著名陳式太極拳家。從師於太極拳家陳照奎。

　　1948 年入大學，長期從事教育、寫作和編輯工作。因病健身，於 20 世紀 60 年代開始習練太極拳，身體逐漸強健，遂對太極拳產生極大興趣。1972 年，北上京城，拜著名陳式太極拳家陳照奎為師，傾注全部心血刻苦實踐、潛心鑽研太極拳。曾三次上北京，又隨師兩下河南，並三次延師到石家莊家中居住授藝，前後隨陳照奎學拳多年，體悟陳式傳統太極拳拳譜、拳理、拳法之奧秘。同時結合運動生理學、心理學、人體力學、中國傳統醫學、兵學、易學，深入探究太極拳在現代人類生活中的多種功能。

　　多次參加全省、全國太極拳比賽和邀請賽，取得優異成績。1982 年宣導成立河北省第一個「陳式太極拳研究會」，創辦刊物《陳式太極拳研究》。長期在全國及世界各地傳播太極拳，弟子遍佈海內外。

　　在國內外有關刊物上先後發表太極拳學術論文眾多，並出版了多部太極拳研究專著，代表作有《陳式太極拳體用全書》《陳

式太極拳技擊法》《陳式太極拳拳理闡微》《陳式太極拳拳照圖譜》等。錄製有陳式太極拳教學音像教學資料。

　　作為當代陳式太極拳名家，多次應邀參加國內外重大太極拳活動，做名家演示和輔導。

　　為河北省石家莊陳式太極拳研究會會長，河南溫縣國際太極拳年會組委會秘書長。

馬虹在陳照奎太極拳社成立會上表演

潛龍在天
——與陳式太極拳名家馬虹的對話

　　拳套由單個動作組成——拳式，這是拳的基本元素。

　　每個動作由拳、腳、軀體經由時間、空間的排列組合構成，這是拳的結構。

　　節節貫穿，連綿不斷，如長江大河，實現拳式到拳勢的蛻變，便形成了氣脈。

　　太極元素自點、線、面，完整一氣，到立體，拳法乃成，有法則有度，規矩方圓、知微見著、法理兼備時，可稱拳學。

　　式、勢轉換之間，由靜而動，動靜相生，風生水起，氣勢如淵，細微、平穩、深邃，氣勢如虹，浩行九天，雲龍相從，潛龍在淵，飛龍在天。

　　能落地生根者，方能蓬勃向上。氣之根在丹田，丹田在何處？體內一點靈台，自然萬籟簫聲，拳深似海，沁香如沸，所謂「清泉洗心，百骸通暢」。行拳似曲，如聽仙樂耳暫聞，似味，甘之如飴，生命之花盛開，大樹參天，仰觀宇宙之深，俯察地理之妙。

　　馬虹先生秉承陳照奎先生拳學，練拳、研理，注重丹田內修，強調養生強體，以近八旬之齡，依然龍虎騰躍，上下縱橫，精神旺健，可為太極健身生動注解。

余功保

一、苦樂平常事，天地兩心知

余功保

您現在是一位著名的太極拳家，在國內外培養了很多學生，還出版有陳式太極拳的專著，在理論研究上比較系統，具有獨到見解。現在將近八十高齡，還在各地講學。

馬　虹

客觀地說，我原來沒想到在武術上走到這個程度，成為教別人練拳的人。原來我自己一身病，根本就沒想到能完全練好，養病是我的主要目標。教別人練拳，沒有這些想法。

余功保

您是怎麼開始學習太極拳的？

馬　虹

我在大學是學中文的，出來以後當教員，每年都是省級模範教員。後來石家莊市成立教育工會，把我選為教育工會主席，這樣離開學校到了機關。

到機關以後，機關領導看到我能寫，先把我弄到總工會後來又到政協，一直讓我從事文字工作。做過秘書。市委書記、市里領導開大會，寫作班子一般把我抓過去，經常是一夜一夜地寫，通宵達旦地寫。頭天晚上 9 點領導散會了，把我找去：

「老馬你辛苦辛苦，明天早晨 7 點鐘把這個報告材料寫出來。」我一夜就幾萬字，中間 12 點給碗掛麵臥個雞蛋，一直寫到天亮。連續這樣，把腦子累壞了，被確診為嚴重的神經衰弱還有胃炎、慢性腎炎、左腿關節炎。

最厲害的時候是 1961、1962 年，三天兩頭往醫院跑，吃藥打針，幾乎快上不了班了。這種情況下，有一個老中醫叫高輔漢高先生，是石家莊市機關門診部的一個老中醫，我非常感激這位老先生，他就給我指了這麼一條路，他說：「你這個病呀，光吃藥，中藥、西藥、針灸，都很難奏效，你是不是採取體療的辦法？」我是有名的書呆子，原來我是文聯詩歌組的組長，「文革」前都是寫詩、散文，報社經常讓我寫社論，發表在文藝刊物上的詩歌有一百多首。至於體育活動，我體育場都不帶沾邊的，什麼都不會。他說：「你打打太極拳吧。」我印象中太極拳是老頭老太太練的，我那時候才三十多歲，去跟老頭老太太練拳？心裏頭還不完全適應，他說：「你可以試一試。」這樣，我從 1962 年春天開始走上這條路。

余功保

走上一條健康之路。

馬　虹

練了一陣子後，就能睡上點兒覺了，睡仨（ㄙㄚ，三個）鐘頭、倆鐘頭，後來越來越好。後來我又到北京東單公園跟一個老先生學 85 式的簡化楊式太極拳。

1963 年我看到人民體育出版社出版的顧留馨寫的陳式太極拳的書，我一看，這個拳我比較喜歡，架子喜歡，理論我也喜

歡。但是一個是沒人教，一個是也很難，我就只好先開始琢磨
裏邊的理論，但是架子始終沒學下來。到了「文革」我被關了
5 年，1968 年成立「五七幹校」。進了「五七幹校」，遇到了
一個戰友，也可以說是難友吧，他是菸廠的一個技術員，上海
人，姓胡，在上海學過陳式太極拳，我勞動之餘就讓他偷偷教
我這個拳。

這是 1969－1970 年這一段，我就把陳式一路拳和二路拳都
學會了。學會了以後，我這個人有點要強，想找陳家正宗的人學
學，就打聽。有一個朋友是河南溫縣的，我就問溫縣現在哪位老
師傳這個拳，說是陳照丕，我就讓他給我聯繫，我要到河南去
學。我跟造反派請假，說我老人有病，我要回去照顧我老人去。

到溫縣一打聽，陳照丕住院了，不能教了，我就打聽他們
陳家還有誰在教，說陳照奎在北京偷偷地教，不敢公開地教。
我北京的一個朋友，也是五七幹校一塊兒「勞動改造」的朋
友，他家在北京，我就讓他幫我瞭解。他兒子認識陳老師的學
生，於是就這麼串著找到了陳照奎老師。

余功保

輾轉尋師，還是很
有練拳的欲望。

馬　虹

因為要治病，要活
命呀。

我 1972 年來北京
拜師跟陳照奎老師學

馬虹與陳照奎老師合影（1979 年）

拳。開始是我北京的朋友陪著我找到了陳照奎老師家。來了以後，他看我當時已經四十多歲了，看他那個樣子比較冷淡一點，可能是覺得我四十多歲了才來練拳，不一定能好好練吧。

他先看看我打的拳，一路二路我都會，我打了一遍，打完以後他第一句話就說：「手法、眼法、步法、身法都不對。」我說那我從頭再跟您學吧。就這樣跟他開始學。

在南禮士路兒童醫院那有一個小花園，再一個就是東便門外車站東邊的小樹林。因為那時候是「文化大革命」，上海「文革」說教拳收費是走資本主義道路，上海的紅衛兵抓他，他這麼著跑回北京來了。回北京以後也得偷著教拳，他跟我們開玩笑說：「我不能公開教，公開教員警該抓我了，說我是教人家打架。」

余功保

那個時候偷偷教拳、學拳的都的確是對武術有濃厚的興趣。

馬　虹

到北京以後我就住在西河沿大華旅館，早晨起來跑到東便門外東邊的樹林裏去，他在那兒教。那時候早晨他 6 點鐘教，我 4 點鐘起來，沒有公車，我就從東河沿一直走到西河沿那邊，每天早晨那麼走，腳打了血泡，走路有點拐。陳照奎老師看到了說，你腿怎麼有點兒彆扭。我說你們騎車子來，我沒車子，我地上走來的，腳起泡了。這時候有點感動他了。

那時候挺有意思，因為早上出門太早，得讓旅館的老頭給我開門，人家老頭問你這麼早起幹嗎去，我說我買火車票去，後來說你怎麼天天買火車票呀，只好跟老頭說實話了，說我跟老

師學太極拳，人家只有早晨教，所以我得早起。後來老頭挺熱情，每天給我開門。我在那兒住了有一個來月。我腳打了血泡以後，有點兒感動陳老師了，他說：「這樣吧，你晚上上家裏來學吧！」西河沿離他們家不太遠，他在驟馬市大街，果子巷裏邊。我就每天晚上去他那兒。那時跟他學的還有一些其他的師兄弟。

這麼著，第一年把一路拳從頭學了一遍。後來和老師關係逐漸好了，讓我在他家吃飯。我總共到北京三次，1972、1973、1974 年，都是夏天去的。1974 年老師告訴我冬天在鄭州，張志俊邀請他去，內部教，他說不要超過六人，兩個月一期，一個人一個月 50 塊錢、兩個月 100 塊錢學費。他說馬虹你願意去你就到鄭州去。我說，好，我去。所以我 1974 年冬天在鄭州呆了兩個月，這兩個月裏每天晚上 7 點到 10 點教一路拳一個式子，幾個人同步教一個式子，禮拜天也不休息。因為我鄭州那五個師兄弟都要上班。我當時住在棉紡五廠師兄弟的單身宿舍，假裝他的戰友。這事兒得偷著。一到鄭州我趕緊就戴上一個大口罩，因為是跟北京造反派編瞎話才能去的，怕人看見。傳說楊露禪偷拳，我看我這也是偷拳。

在張志俊家裏，每天晚上一個式子，兩個月教一路拳。其間我跟老師商量，因為他們都是白天上班，只能晚上學三個小時。我說上午您沒事我也沒事，能不能把拳給我拆拆，老師考慮了一下同意了，我交雙份學費，他們交一百我交兩百。那時候我在機關，一個月97 塊錢，老伴在電臺做編輯記者，她

陳式太極拳名家陳照奎

收入也可以,我們兩個人經濟沒問題。我也非常感謝我老伴,她非常支持我練拳,因為我身體不好,眼看著我由練拳身體好了,所以她特別支持我,她說錢你甭給家,你去練拳學拳去吧。這麼著跟老師說好,每天上午9點到11點兩個小時,老師給我拆拳,我收穫最大。

余功保

拆拳的含義是什麼?

馬　虹

拆拳就是以一個式子、一個式子詳細講解太極拳的勁點、勁別、勁路、變化及整體勁力結構的程式,過去算不傳之秘,拆拳的關鍵是把勁力說清楚。

「拳法之妙,在於運勁」。練拳不懂每個拳式、每個動作的勁力內涵及其變化,永遠是花架子、空架子。雖也有一定的健身價值,但缺乏護身功能,即使你只想練拳養生健體,不打算研究技擊,其健身效果和應變能力也要差。太極拳的本質不論從哪個角度研究,都必須做到懂勁,由「懂勁而階及神明」。所以懂勁是修練太極拳的關鍵環節,不論你從健身、護身哪個角度考慮,「懂勁」都是此拳的重要內涵。透過老師對我的拆

陳照奎拳照——青龍出水

拳，使我的拳藝有了一個飛躍的進步。

余功保

你們拆拳怎麼拆？

馬　虹

逐個式子拆，很細緻入微。

余功保

您舉一個例子來說明一下。

馬　虹

比如說陳式太極拳的典型動作「金剛搗碓」，要拆成 6 個分解動作，至少含 25 個勁。

動作一：

（1）接應左前方來敵之右臂，雙腕自左而右化；

（2）打前防後，抖腰掤肘；

（3）左逆、右順合勁（拿法）；

（4）合住對方手肘，向左前掤出。

領悟要點：假設敵方承我左前方，出右拳向我進攻，我先以掤化勁使來勁落空。起時，兩手自右而左，再自左而右螺旋上升，身子下沉，兩手提至胸前，兩腕背往上掤，重心下沉，有上就有下，「一動無有不動」，陰陽對稱，陰陽相濟。「兩上兩下」，上升的勁點；一是頂勁，二是兩腕上升的掤勁；肘墜、肩沉、往下鬆。如不下沉，屈膝下沉、不能前跪、後蹶。在上身中正的前提下，下沉、屈膝、鬆胯。

掤化是為了先試他的勁力，能合則合住他。合住其手肘之後再加一個掤發。如來力甚大，合不住，再走第二個動作：捋。合，要求兩手間的距離為一前臂，外形和內勁要完美統一。

動作二：

　　順應來力，走捋。捋不住時，走塌外碾勁。

　　如練單式：練退步捋，快慢兼練。

　　領悟要點：接動作一之（4），敵勁弱則敗；對方來勁大，合不住就走捋，這時要含胸塌腰，下塌外碾，讓其勁力落空，要順勢借力，胳膊要撐圓，左肘要成裹合肘下墜，避免合不住時，敵方打我肋部。右肘外掤，可加大勁力。

　　掌的力點：左掌在掌根，右手在魚際。

　　所謂「下塌外碾」一定要走下弧，不能平著捋，一定要下塌，意念力要塌到他的腳跟上去。他往上拱，接著捋他，左手逆纏變順纏，右手順纏變逆纏，右手領勁，左手下塌，像壓路機一樣。又要沉，要旋轉地往前外滾動，又要走下弧線，逢捋都是下塌外碾，若掤不住，說明對方來的勁很大。不能光走手，胸腰要有變化，一定要含胸塌腰，丹田帶動，向左旋轉，並順勢開腳。

動作三：

　　（1）上引下進走大捋；

　　（2）上捋下提膝，膝擊其胸、肋、腹、胯等部位；

　　（3）上捋下蹬；

　　（4）或上捋下插；

　　（5）或上捋下套；

　　（6）或上捋下踢；

　　（7）右捋左肩靠。

　　單式：上引下進。走上步捋。

盈虛有象——中國太極拳名家對話錄

領悟要點：當我捋時，他還要進攻，若他身體已貼近要靠我，我上面走大捋，下提膝，頂他的腰、胯、膝，甚至肩窩、肋部。腳可以蹬他膝蓋或腰、胯、腹，意念是要有四個勁，根據情況，可以蹬（如果他腳偏前），也可以走套；可以插，可以踢。雙手走右捋時，還可以走左肩靠。

　　動作四：

　　（1）右手反拿；

　　（2）左手管其肘；

　　（3）挪其左肘，擊其腹部、肋部；

　　（4）左肩靠；

　　（5）左膝扣（用摔法）。

　　單式：進步靠加雙手反拿。合而後以。

　　領悟要點：當我走大捋，他不得勁，如他要往回撤，順著他的勁，趁他往回撤時，反拿他的反關節，左手管肘，右手管手。如果他胳膊直了，就把他發出去，不直就合住他的肘。左肘一定要挪，他如果走靠，左肘可以擊打他的肋部，要突出右掌根，右手逆纏變順纏，反拿。

　　動作五：

　　（1）左手撩擊其上三角區；

　　（2）右手戳擊其下三角區；

　　（3）右腳踢其根節，三個勁同進到達；

　　（4）左右手上下合住其左或右手肘，反關節，右托左扣；

　　（5）突出左肘，必要時以左肘擊其肋。

　　單式：上中下三盤同時並取，練習三者同步到位。

　　領悟要點：體悟此拳「來之歡迎，去之歡送」之順勢發力的特徵，即所謂「順其勢，借其力」「借力打力」。上中下三

盤同時並取，右腳可離地踢其膝蓋，練時要走弧。左手逆纏變順纏，以肩為軸撩出去，右手順纏戳出去。左手收回扣在右前臂上方，右手上托，這是合勁。左肘要掤出，指尖、肘尖向前，他如靠，用左肘擊其肋。

動作六：

（1）右拳前沖，向對方之胸、下頦、咽喉；

（2）右肘迎門肘，又叫穿心肘；

（3）提右膝擊其腹部；

（4）肘採腳踩，左手反拿，上下合擊，兩上兩下。

領悟要點：先合，準備沖拳。內勁是收腹、吸氣、鬆胯、提肛。凡是合的動作，內勁都是如此。合的外形是握拳。

下盤五趾抓地，上沖拳至口鼻前面。上沖拳與下提膝一定要同時擊出。兩上兩下，右拳上沖，右膝上提，左手下捌，右胯下沉。先上沖拳，跟著是肘擊，這肘叫迎門肘，也叫穿心肘。

馬虹太極拳照

然後，右肘下採，拳往下擊，左掌上托，是合勁。頂勁上領，拳往下擊，腳下踩，跺腳不光是為了跺他的腳，也是加大右拳下擊的力量。兩上兩下，陰陽對稱，有上有下。

　　就這樣，兩個月把每個式子都給我拆出來了，晚上教動作，10 點鐘以後我們六個人到鄭州碧沙港文化宮外邊游泳池趁熱打鐵練，練到 12 點回去睡覺。早晨再到公園打拳一個半小時，上午拆拳兩個小時。晚上洗完澡上床，腿都抬不起來。當時練的時候不覺得疼，下來以後就覺得腿整個兒一個抬不起來的疼。這樣 1974 年冬天，我把一路拳動作又重新學了一遍，拆拳過程中把每個式子的要領用法，對方進攻用什麼手法你用什麼手法，一個一個講清楚了。一個式子有多少勁都搞清楚了。

　　練拳一個勁都不能丟，不能偷工減料。很多人練拳走樣了，就是因為他沒有拆拳，拆拳就清楚了。技擊含義是這套拳的靈魂和精髓。從此我對拳就更有興趣了。

　　這兩個月的拆拳對我的影響最大，更喜歡了，原來這麼多內容。1975 年 2 月，又把二路拳拆了一遍。

余功保

　　拆拳是傳統太極拳的教學方法之一，很多傳統的方法有其特殊的訓練意義。現在很多學拳的人因為種種原因沒有這種條件了。

馬　虹

　　陳老師原來在第五建築公司材料科當材料員。他在上海教拳的時候，一個月能有 200 塊錢，那時候 200 塊錢就不少了。沒想到「文革」來了，「文革」把他一轟回來，他就一分錢收

入都沒有了。我除了學拳的學費外，經常給他寄個三十、二十的，因為我知道我老師沒有別的什麼生活來源。陳照奎老師對此也有點感動。倒不是因為這點錢，而是因為我對老師的尊敬，不管什麼情況，這一點不能丟。

中國有句老話「尊師為問學之本」。這句話我體會非常深刻，你不尊重老師不熱愛老師，老師怎麼能給你那麼多東西呢。後來我也請他來我這兒住，到石家莊，一共三次。在北京學三次，在鄭州兩次，使我有比較多的時間跟老師在一起。1977、1979、1980年到我家住，我「文革」中被掃地出門時給了我一間屋，半土半磚，我在外邊搭個小棚子做飯。我老師一來，我老伴就領著孩子到她母親那邊去住，我們都睡通鋪。

當時給我扣了好幾個帽子：「漏網的大右派」「走資本主義道路的黑秀才」。還被抄了家，我最遺憾的就是我在解放前報紙上寫的那些詩，也都被抄家抄走了。我上了三個地方的大學。中學畢業後，我父親是佃員，他說沒錢支持你上大學。我就找了個不要學費管吃管住的學校：河北師專，在保定。後來保定快解放的時候，也就是1946年前後，師專併到北京師院，在和平門那兒。

我後來參加地下黨，遭到迫害，就從北京跑到解放區。先到滄州，北京地下組織給我開的介紹信，我帶了5個大學生跑進解放區。後來就讓我們在華北聯大教育學院文學系學習，我在那兒又學了一年。那時候那幾個老師很好，艾青教詩歌，丁玲教小說，光未然教文學概論。我遇見幾個好老師。

老師在我家住的時候就給我一個人改拳。因為一路二路我都會了，拆拳也會了，就給我改，改一路改二路，哪些動作不對，改小動作。比如說，眼往哪兒看手往哪兒走。另外也講一

些拳的理論。我受益的地方是，我有記筆記的習慣。中國講文武之道，我體會到了。我是給那些領導們當秘書當慣了，記得快，那時也沒有答錄機，就靠手記。陳瑜後來還說：「我爸爸一教拳我師兄就拿出本來記，好記。」所以他教拳也好，改拳也好我全都記錄，這起了大作用。《孫子兵法》如果孫子沒有學問寫不下來，那現在咱們哪兒找孫子兵法去呀？所以「有文史者必有武備，有武備者必有文史」。我走到哪兒都說，我一不姓陳，二也沒什麼真功夫，但是我有一條比較好的習慣，就是我把東西記得比較多，你喜歡我就傳一傳。

余功保

武術如果沒有學問的潤養是難以發展和進步的。學問的潤養是多方面的，傳承本身就是一種社會學問現象。

馬　虹

我自己總結了四句話——

「荒唐的年代」：關我一年，在「五七幹校」勞動了不到3年，從 1972 年一直掛著，到 1978 年落實政策。掛著，開支不幹活。

「特殊的機遇」：如果陳老師沒有從上海被「轟」回來，我也不會到上海去跟他學拳。

「艱苦的歷程」：學拳是一個艱苦的過程，但痛苦往往是幸福的源泉。苦中有樂，心裏充滿歡樂。

「意外的收穫」：我沒有想到今天我還能教別人練拳。我當時就想自己能睡著覺就成了，這意外的收穫很讓人感到欣慰。教了很多朋友，也結識了很多朋友。除了我的身體好了之外，我交

了很多朋友，國內國外的，這是最大的收穫。我教拳很簡單，你就解決三個問題：食宿、旅遊、來回路費就成了，不講報酬。

我覺得我這輩子走的的確是一條健康之路，從全身是病到健康，不僅身體的健康，還有心態的健康。

我一生喜歡練拳，一來練拳是為了我自己健身；二來我喜歡它、研究它，是一門學問。因為他救了我兩次命。一次是將我從病魔中解脫出來，一次是從車禍中解脫出來。那是有一次在石家莊健康路，天下著小雨，從西邊來了輛計程車，司機是個年輕新手，我從西邊騎著自行車，騎得快，快要頂上他的時候我從右邊一繞不就繞過了嗎。但沒想到我往右邊繞他也往右邊打，馬上就挨上了。我當時腦子沒亂，下車也得撞上，捏閘也不成。我當時想不要車得要命，腳一蹬，把一撒，來了個穿梭趴到車頭上去了，下著小雨有水，把我滑到便道上去了，馬路牙子把我這皮蹭掉了一點兒。所以我說太極拳又救了我一命，我要不練這個拳，不能蹦躂，反應不會這麼快，腦子也不會這麼沉靜。

馬虹太極拳照

我還有很多學生有奇奇怪怪的病，都經由練拳好了。說不清楚什麼原因就寫信感激我。太極拳的健身效果的確好。

【鏈接】

陳照奎傳略

陳發科先生 1928 年應許禹生等之邀到北京傳拳，從學者甚眾，所傳均爲大架。陳照奎先生爲陳發科先生之幼子，1928 年 1 月 24 日生於陳家溝。他 7 歲開始學拳，得其父傳授的家傳低勢拳架。這趟架子，動作細膩，難度較高，很吃功夫，但易上功，適於年輕人演練。發科公嚴加督促，先生盡得眞傳，二十多歲時，先生的功夫就已出類拔萃了。

發科公逝世之後，照奎先生獨擋門面，越發用功操習，其功夫蒸蒸日上，爐火純青。其實，先生並不在外多作傳授，世人多不知，故有人說陳家功夫已失傳。照奎先生的擒拿手法堪稱當世一絕，輕柔剛猛，變幻莫測，使人防不勝防。推手功夫也是出神入化，化勁輕靈、巧妙、發勁冷脆、威猛。

當時，曾有一習舉重者，隨先生習拳，此人身強力大，體重逾百公斤。一次練習推手，先生命其捉住雙臂，使全力推之，先生只微下沉，輕抖雙臂，其人已被原地彈起數尺跌坐在身後數米之外的床上，床幫被其砸斷，可見先生功夫之精深。後來先生到上海等地傳拳，太極眞功折服多名挑戰者，先生之功夫遂爲世人所敬，聲譽日隆，便無人妄言。

照奎先生所習之拳架，係陳長興一脈相承的低勢拳架，屬家傳拳架，在當時不向外傳，故一直鮮爲世人所知。此拳架與傳統大架相同，但在手法和身法上更爲豐富和細膩。先生自幼勤學苦

練，聰慧善思，日練拳 30 遍，常年不輟，在繼承家傳的基礎上又有所創新，逐漸形成了自己的風格。

外型上，精巧、緊湊，柔中寓剛，開合有致；在內勁方面強調丹田內轉，形之於外即爲胸腰折疊，講究運動的螺旋纏絲，輕靈沉穩。整個套路結構嚴謹，氣勢磅礴，節奏鮮明，靜若處女，發如驚雷，往復折疊似波濤翻滾，靈活無滯。練習這趟架子對練者的身體素質要求很高，難度、強度都很大。

20 世紀 70 年代初，先生應邀回家鄉河南傳拳，家鄉陳家溝人對這趟架子都不瞭解，也沒見過這樣的練法，而稱之爲「新架」。（按：陳照奎先生並不贊成這種叫法）

照奎先生早年就讀於北京志成中學，畢業後因家境窘困而沒能繼續升學。新中國成立後進入北京市第五建築公司工作。他一面刻苦練功，一面幫助父親授拳。先生自幼秉承家傳，耳濡目染，對前人的拳術理論深有所悟，本人又受過大都市的文化教育，有一定的知識水準，思路開闊，能夠用一些現代科學的知識來分析、理解拳術，爲陳氏太極拳法和理論的繼承與發展做出了卓越的貢獻。自 60 年代始，先生不僅走南闖北傳播家傳拳術，而且還根據自己多年練拳和教拳的經驗，寫下了大量的拳論文稿，留下了許多拳勢及推手技術圖片資料，爲後人留下了不可多得的拳學財富。

1957 年起照奎先生繼承父業，爲傳播和普及陳氏太極拳，足跡遍及北京、上海、南京、鄭州、石家莊、焦作等地，培養了一大批優秀人才。自 70 年代初開始在家鄉河南傳拳，直到 80 年代初去世，這期間他的事業達到了頂峰。

1961 年先生應顧留馨之邀辭職南下，到上海傳拳，參與完成了《陳氏太極拳》（人民體育出版社，沈家楨、顧留馨著）一

書，又應各地學員之請寫下了陳式太極拳一、二路函授講義，深受大家的歡迎。爲使人們更進一步瞭解太極拳的特點，先生又與巢振民合寫《簡談陳氏太極拳的拳式和推手的鍛鍊》一文。著書立說，發揚陳式太極拳之精義是照奎先生之心願，然而這一心願被十年動亂化成了泡影。

1980 年應人民體育出版社之約擬出版陳式太極拳新著，可是先生終因多年生活勞累顛簸，積勞成疾，於 1981 年 5 月 7 日故於河南焦作。令人欣慰的是其徒馬虹根據陳照奎先生的講授和大量的筆記資料整理出版了《陳氏太極拳體用全書》一書，先生的願望得以實現，九泉之下可得一慰矣。

1973 年，照奎先生應家鄉父老之邀始回家鄉溫縣陳家溝、鄭州等地教拳。其侄陳小旺、陳正雷及同村的王西安、朱天才等原隨先生的堂兄陳照丕先生學拳，照丕先生於前一年去世，適逢照奎先生回鄉，四人又一起從照奎先生學習所謂「新架」，先生盡心傳授。「四傑」之一的朱天才在談到照奎先生時曾感慨地說：「陳照奎老師教的套路是其父傳授的拳架，比我們過去練的老架手法更多，發勁更猛，技擊方法更明顯。練了這套拳架，使我們對陳式太極拳體會更深，技術更全面」。石家莊、上海等地的弟子先後成立了陳式太極拳研究會，爲繼承先生遺志，推動陳式太極拳的發展做出了貢獻。

陳瑜口述　侯志揚整理

余功保

現在練太極拳的人很多，對於練拳許多人也都有自己的見解。根據您的體會，您覺得學好太極拳應該注意哪幾方面的問題？

陳照奎太極推手照

馬　虹

　　學好太極拳一定要把握住三個基本環節，這是我多年的經驗。

　　一是規矩。老老實實地練拳，求真務實。瞭解我的人都知道，我這個人呢，比較認真、執著，打拳「死心眼」，老師教我的規矩，一點也不能含糊。前後老師給我改過 8 次拳，我就是老老實實按老師的要求去打拳。所以，練拳一定要練規矩。

　　二是明理。中國有句老話：「理明則功進，功進則理更

明。」這句話說得很有道理。你無論幹什麼事，若沒把理搞清楚，進步就慢了。所以，一定要強調明理，鑽研拳理，要有一股頑強的勁頭，一定要把拳理搞清楚，不能就拳論拳。

三是懂勁。就是要懂得每個式子的用法和勁道。因為這套拳畢竟本質是武術，必須懂得其內的勁力變化。比方說：勁點在什麼地方？勁力怎麼變化？勁源在哪裡？力從哪兒來？腳跟蹬地給力，力源通過哪些環節才能到達力點上去？以及力量結構，都要搞清楚，並結合推手、功力訓練，練膽、練力、練技巧。我這裏所說的抓住三個基本環節，就是規矩、明理、懂勁。

二、清能早達

余功保

陳式太極拳在發展中產生了很多大的武術家。陳發科、陳照奎父子對陳式太極拳的推廣是發揮了重要作用的。您如何評價這兩位武術家的貢獻。

馬　虹

他們最大的貢獻就是把陳式太極拳從陳家溝一隅之地傳到北京，由北京傳到全國，他們二位功不可沒。

當時陳發科到北京後，人們感覺他的拳很新鮮，跟原來傳的楊家的不一樣。當時有一些練楊式太極拳的開始跟陳發科學，許禹生、沈家楨、顧留馨等這些有影響的人物都跟隨學。陳發科在北京呆了30年（1928–1957年），把拳由北京傳到上

海、南京乃至全國。把陳式太極拳推向世界，兩代宗師功績很大。這兩代宗師很大的一個功績就是真正把完整的、原原本本的兩套陳家溝的拳傳下來。陳照奎老師在北京上過中學，有一定學識，從拳的理論、拳理拳法上也有一定發展，說得更清楚了，使人理解更深刻更清楚了。

余功保

您長期隨陳照奎先生學拳，感覺他教拳有什麼主要的特點？

馬　虹

陳老師有一句話：「論功夫，我不如我父親。要說教拳，我比我父親還有點兒辦法。」可見他教學還是很有特色的。

解放前他在和平門外志成中學，他有中學學歷，字寫得也不錯，愛看書。在我家住的時候小說也看、歷史書資料書也看，往往看到 12 點以後。白天睡覺，早了有人去坐著聊天。往往是到了晚上 12 點、1 點了說：「馬虹，來，說拳。」

喜歡讀書使得他在教學中不是簡單蠻說，而是講道理。

他教拳很有一套辦法，從理論上他能說，他能講出所以然來。比如開合、虛實、輕沉兼備之類，雖然他沒法從易理上說，但是他講的東西都非常符合易理。

有沒有學識在教學上區別很大。沒學識你可以埋頭練拳，但教拳沒有學識就跟有學識的有差別。

陳老師教學方法有一套。在鄭州教我們拳的這三個小時，他用得非常科學。第一個小時，一個式子，他不讓你動，而是讓你好好看，你可以記，把動作一二三四五看清楚，記清楚。

有的式子分好幾個動作，他把每個動作的手眼身法步都給你講清楚，做示範，你可以記可以看，但不讓你比劃，他說你現在需要一個整體印象，要整體看我這個動作怎麼做。

第二個小時，他在前邊喊著口令盯著你一二三地做，把每個連續動作分動，比如懶紮衣他分成六個動作等等。這在當時已經很符合現代的教學方法了。

第三個小時，單兵教練，一個一個來，一個動作不對就反覆來，往往來幾十遍。如果還不對，今天不行，明天你還得來這個動作。非常嚴肅嚴格。這就是他的三段教學法。

余功保

教學很注重系統性。是有想法的教學。

馬　虹

我開始的時候有點聳肩，他叫我那個師兄弟張其林：「其林，給馬虹按著肩膀。」讓人家給我按著肩膀我打拳，給你弄難看，嚴格要求你。後來到焦作去表演，張其林看著我說：「師兄，你現在怎麼放鬆那麼好了。」我說：「都是讓你給我按肩膀按的。」

陳老師說，你來跟我學拳，我先要問，你是打算細一點兒還是打算粗一點兒、時間長一點兒還是短一點兒。單兵教練像我們幾個人的這種就得嚴格要求。他在上海教拳，一百多個人跟他學，他說不可能一個一個那麼教。

陳老師給我們打的基礎非常紮實。我練拳也沒想過比賽或者拿金牌什麼的，後來武協知道我打拳而且打得不錯，就讓我參加全國性或者省上的一些比賽，他們給我報名，全省參加了

5次，5次都是太極拳第一名。

余功保

學拳遇到一位好的老師是深造的必要條件之一。

馬　虹

你再聰明也需要引路的人。在蘇州園林中有一個網師園，園裏面正面大廳懸掛有一個匾，上面寫的是「清能早達」幾個大字。有一次我們一些人一起遊覽那裏，大家讓我解釋一下這幾個字的含義，我就用太極拳的道理來解說，「清」，就是指水清澈，與「濁」相對立；達，就是到達，明白，通曉，如同知書達理一樣，不管做什麼事，像走路一樣，只有領路人路線清楚，才能到達預期的目標。練拳也是這樣，傳拳的人一定要清楚，不明拳理，以誤傳誤，不僅不能「早達」，還誤入歧途，永遠「達」不了。所以我很感謝我的老師，他是一位太極拳的「清」者，引導我正確前進。我後來也以此鞭策自己，爭取做一個「清」者。不誤導學生。

余功保

您從滿身是病練到年近八旬依然身體敏健，太極拳的健康效果就出來了。

馬　虹

太極拳有幾大優點，技擊是不能少的，現在更突出的是健身方面。我切身體會，這個拳是整體平衡健康，我認為比其他武術、體育項目好。這項運動最大的特點就是和諧，精氣神、

內外、上下、五臟六腑都讓你達到和諧、得到協調，最大的好處就是形神兼練。

為什麼叫太極拳，「太極」是中國古代哲學名詞，太極是個整體，太極分則為陰陽，合而為太極，這是中國傳統哲學裏邊的基本概念。所以這個拳處處講平衡，一動中講三維平衡，逢前必後，逢左必右，逢上必下。往前推的時候，命門一定要往後撐；往右擋的時候，左臀一定要下沉；往上的時候一定勁要往下沉，手只要往上去，胯就要往下去。就跟樹一樣，長得高，根必須往下長，要不上邊長得很高很大而底下根很淺，就會被風吹倒了。

余功保

我看您練拳走的架子比較低。

馬　虹

老師傳拳強調走低架子，我覺得這個低架子非常好，就堅持練。我基本上一點兒沒改陳照奎老師的，我「死認真」。

現在有一些時代病，人的生活方式很緊張，工作中操作電腦，出門開汽車，上樓坐電梯，旅遊有纜車，整個生活方式中醫講叫上實下虛，上盤很緊張。這套拳正好強調下盤運動。人家說你這麼大歲數小腿肚子怎麼還那麼粗，我說就是練低架子練的。陳

馬虹太極拳照

老師強調低架子。

余功保

對於低架子好像有爭論。

馬　虹

低架子好不好有爭論，這也很正常。相對論到現在也還有爭論。我認為低架子是有很大好處的。

英國格拉斯大學有一位專家，由研究人體健康的經驗，得出這麼一個結論：「從 21 世紀起，人類生活方式的一個重要變化，是重視健康。而其方式不論青年、老年都會更加重視下肢運動。」這是英國專家說的一句話，刊登於 1996 年 6 月期《週末》刊物上。

打低架拳的好處有很多，最重要的好處就是防止骨質疏鬆。身體的健康最重要的是靠肌肉，強調健康首先要肌肉衰退得慢，現在患有骨質疏鬆的老年人很多，而這套拳正好強調腰節以下的骨盆和大小腿肌肉的大運動量的鍛鍊。

1998 年在西安召開了一次國際骨質疏鬆專業研討會，會上許多專家都說這麼補鈣，那麼補鈣，吃什麼補鈣，等等。北大醫學院一個教授和美國的一個專家，只有這兩個人發言是特殊的，這兩位的發言說吃那些鈣真正補到骨頭裏的沒多少，補鈣重要的是下肢的運動。他們認為，鈣的吸收光靠人體的腸胃是吸收不了多少的，重要的是靠下肢兩條大腿、大骨節肌肉群的大面積參與運動，使肌肉不斷產生了彈性的泵力收縮作用，把鈣輸送到骨髓裏面去。這兩位專家講的非常有見地。就是說，要想補鈣必須加大下肢的運動量。打低架子一般腿腰肌肉更發

達，脂肪消耗得快。

我本人也證明了這一點。1999年，我到河北承德教拳時，有一位學員是在醫院裏負責ＣＴ檢測的。他給我做了骨質密度、心臟、頭部等的檢查，特別是骨質密度的檢測，結果出乎我的意料。一般來講，年輕人的骨質密度最高為170，到了60歲左右的人降到120，骨質疏鬆的人為60～70，而我的檢測結果卻是151。這是怎麼回事呢？後來才意識到是和我經常打低架子有很大的關係。這是一條，還有一條是和肥胖有關。我有一個叫王麗的學生，原來體重超重，太胖了。自從學這套拳，我讓她堅持打低架子，不到一年，體重降了50斤。

另外，長期堅持練低架子的人，腿部肌肉發達，血管豐滿，使血液輸送暢通，加大了血液回流的泵力。這樣，血液的循環輸送到肌肉裏面去，再返回到心臟。血液的往返循環加快，你的肌肉彈性越大，等於增加了許多個小心臟、許多個小血泵，加快了血液循環的回流。如果坐著立著不怎麼動，血液循環的回流就較慢，輸送也就慢。現在有好多患心臟病的、血壓高的、血脂高的、血糖高的、下肢無力的學員，透過練低架子，加強下肢運動量，症狀有明顯的好轉。

再有就是下肢重心的虛實互換，重心要偏於一側，對大腿的耐力鍛鍊、靈活性增強都有很大的好處。所有這些正好都是針對上面講的「上盛下虛」的時代病。另外，這套拳還要求兩腳必須要平行站立，不能撇成八字腳，這是現代體育科學強調的「穩定角」概念。我原來沒有發現這個問題，為了研究太極拳，我常看一些相關的體育運動學方面的著作，這才意識到「穩定角」對於拳式動作的穩態平衡起著非常重要的作用。體育學裏面強調兩腳站立什麼姿勢是最穩定的，這個「穩定角」

的概念，體育學認為，人體最好的穩定狀態是兩腳平行站立。正好陳式太極拳也強調這一點——不丁不八。丁字步，襠撐不圓；八字步，站立時有人推你一下，就站不穩。另外，八字腳走低架時，腰的部位就活動不了，不能左右轉動，且無靈活性可言。只有在兩腳平行的情況下，腰的部位才能很好地自由左右旋轉，這「穩定角」的觀點是很合理的科學論據。從中可以看出幾百年前創編這套拳的人很早就懂得了這個道理，這就是練低架子的好處，得到了科學實踐的驗證。

不管練低架子還是中架子、高架子，都要避免膝關節出問題，就是強調小腿垂直。陳照奎老師的拳架子都要求小腿垂直。楊式太極拳要求膝蓋不超過腳尖，我們強調垂直，支撐力就靠肌肉和韌帶了。斜著頂著容易出問題。

練低架子最要緊的是鬆胯。太極拳強調太極腰，腰活首先腰胯要活，醫學叫腹股溝，儘量凹進去。還有步型非常重要，要求兩腳平行，胯再鬆開，腰就可以活了。

鬆胯是非常關鍵的環節。只有胯鬆下來以後，小腹內部這塊才能帶動胸腰的整體自由旋轉。這套拳的最大特點，是強調「丹田帶動全身」。在丹田這個部位，無論是蓄勁、發勁，前後左右的運動，都要靠丹田帶動，並且配合胸腰的立體螺旋形式來進行，而絕不是前後晃來晃去和左右搖擺來帶動丹田的運動。只有鬆腰鬆胯，腰部才能左右運動自如。如果一繃緊腰胯，就會很僵硬，無法自由轉動。

陳照奎老師的講義以及陳氏拳譜裏面總是強調「丹田帶動」。「一動俱動，一靜俱靜」，後有命門，前有丹田，會陰之上、橫膈肌之下組成一個「丹田運動的空間」。運動這個空間即骨盆運動，它的好處很多，主要有這麼幾點：

1.以逆腹式呼吸調整呼吸系統；

2.改善消化系統；

3.改善內分泌系統；

4.對生殖功能有特殊的保健作用；

5.對性功能的改善有好處。

「實踐是檢驗真理的唯一標準」。經過本人及我的眾多學員近四十年來的實踐證明，恩師陳照奎先生傳授的這套老架、大架、低架正宗太極拳至少有以下五個優點：一是拳架傳承的正宗性；二是拳理、拳法的哲理性；三是武術本質的鮮明性；四是整體健身的科學性；五是適應群體的廣泛性。

這套拳的文化內涵豐富，拳架編排細膩，護身、健身、應變、養性的功能既全面又神奇。所以，喜歡它的人越來越多，特別是一些文化素質較高並熱愛它的人越來越多。

余功保

您認為什麼是太極拳的內功？應該怎樣練習太極拳的內功？

馬　虹

我剛才講太極拳是一個整體的運動，精氣神、內外兼練。一套拳就是一套內功。

也有的單獨講內功。拳裏邊也強調丹田內轉、腹式呼吸，這都屬於內功。我覺得「內」最重要的是練人的大腦。因為練拳強調放鬆，強調入

馬虹太極拳照

靜，強調拳論中的那些東西，強調柔化，強調能融，來多少力量我能化多少，你要多少我能給你多少，這個東西鍛鍊人的思維能力，精氣神兼練中的「神」，這是最大的內功。

太極拳講究「意導形隨」。在練拳過程中，必須高度入靜，雖動作繁雜，不允許腦子開小差和「走私」現象，從而達到「身心兼練」。所以，對大腦也是一種調節。有些人早上練拳後，腦子很清醒；有些人用腦子過度，太勞累，很疲倦，打了這套拳後，會得到緩解。所以它能增進心理健康，做那些繁雜的動作，83個式子，600多個小動作，你絕對不能在打拳當中去想其他的任何事情，一想別的事情，下面的動作就忘了，連接不上了。有些人在打拳過程中見到熟人過來就打個招呼，馬上動作就忘了。所以，複雜的動作能讓你的大腦高度入靜。「沿路纏綿、靜運無慌」，專心致志地打拳、健腦，從而改善一個人的心態健康。

我在馬來西亞傳拳時，馬來西亞有一位企業家顏永義先生，是開養鹿場做鹿茸企業的。他說：「我花多多的錢，可以買到一張世界上最貴重的床。但是我花再多的錢，也買不到一個安穩的睡。」這是他的原話。他腦子太緊張，總睡不著覺。自從練這套拳以後，他能睡著覺了。我本人對此也深有體會。因為神經系統得到了調節和改善的緣故。練拳當中，上、下肢雖然練累了，而大腦卻得到了休息。

可以不斷地調整人的思維方式，進而改變一個人性格、脾氣、風度，乃至增強他的智慧、思維能力、工作方法、領導能力，都會有莫大的好處。

6410坦克廠廠長，湖南人，跟我練拳以後，他說最大的體會是思維能力比以前強了，腦子比原來好了。部隊上舉辦企業

經驗交流會，他的論文題目就是《太極拳與企業管理》，拿了個優秀論文獎。他說人的大腦經由練拳後，穩、鬆、靜，能融能忍能化。

另外，「丹田內轉」也是陳式太極拳專門的內功鍛鍊法。從武術和勞動角度來說，它是使人體產生鬆活彈抖型的爆發力的太極內功；而從養生健身角度來說，它又是「練精化氣」「還精補腦」的重要養生功法。

在複雜的拳勢演練過程中，意注丹田，以意領氣，氣沉丹田，然後取逆腹式呼吸法，以真氣帶動，調動丹田內轉，丹田內轉又帶動全身的螺旋式運動。形之於外則為「順逆纏絲」「胸腰折疊」諸形式。而且強調丹田內功與四肢、軀體動作完全協調一致，叫做「一氣貫穿，周身一家」。拳論云：「內不動，外不發。」「腰不動，手不發」。打起拳來，小腹內部內氣鼓蕩，翻江倒海；外形則轉臂旋腕，旋腕轉背，旋踝轉膝，以丹田內轉為核心（原動力），貫串整體一系列的螺旋運動，非圓即弧。這種丹田內轉功夫，可以使腹部臟器特別是盆腔內的臟器，由自我摩蕩、自我按摩而增強其機能，生精化氣，有益於打通前後三關，舒通經絡，通任督二脈。由外及內，由內及外，內外結合，促使丹田內部轉動起來。即拳論中講的胸腰折疊與丹田內轉結合。丹田內轉，與其他功法不同的地方就在於它不是孤立的動，不是靜坐中求內動，而是內部與整個軀體一起動，動功與靜功相結合。

整套拳的大小動作都要與丹田內轉相協調一致。如拳論所述「內不動，外不發」「腰不動，手不發」「出腎入腎是真訣」「節節貫穿，周身一家」，而且強調以這種內動作用為主、為先，同時又注意內動與外動（內功外功）相結合。丹田

內轉的方式，包括前後、左右、斜向、橫向等多種立體螺旋方式，但都要與外形協調一致。如丹田走前後圈時，外形也走前後捲放、開合、蓄發，如「左沖」「右沖」等勢；丹田走左右圈時，外形也要走左右螺旋，如「掩手肱錘」「三換掌」諸勢；丹田走斜圈，外形動作也是斜向旋轉，如「白鶴亮翅」「六封四閉」等拳勢。

余功保

練太極拳不能實現智慧層面上的進步，就不能說很好地掌握了太極拳。

馬　虹

太極拳不是你給我一拳我給你一腳，而是我儘量化解，強調和諧，對人的思維能力能得到很好鍛鍊，這就是內功。

再一個就是腹式呼吸。有一個專家的專論，說人長大以後在呼吸上忘了本——腹式呼吸，胎吸。小孩沒生下來之前，在母親肚子裏靠肚臍呼吸，吸的時候收，呼的時候凸。順腹式呼吸，吸氣往外膨脹，呼氣收縮；逆腹式呼吸相反，收腹、吸氣、鬆胯、提肛，呼氣的時候凸腹、命門丹田膨脹、腰膨脹，肛門放鬆。呼的時候讓小腹膨脹，橫膈肌上升，就把肺裏的濁氣多擠出一點去；吸的時候小腹收縮，橫膈肌下沉，肺活量加大，多吸氧氣。當然，在練拳之初不要求始終這樣，熟練以後則要有意識地注意一下。

內功沒有單獨打坐站樁。我們老師不贊成單獨站樁，他說拳就是活樁，何必站那個死樁呢。有人願意練定步死樁，但是我們老師說多打兩遍拳就都有了。拳的節奏性他強調得比較

好，有些拳不大強調節奏性，而太極拳是強調節奏的。

余功保

節奏是思維的一種體現。

馬　虹

節奏應該是練拳中自然形成的，不能故意為之。

余功保

纏絲勁是陳式太極拳的一大特點，練不好纏絲勁就算沒有掌握陳式太極拳的基本功。您認為怎樣才能練好陳式太極拳的纏絲勁？

馬　虹

纏絲勁是整體立體螺旋，所有動作都是螺旋，兩人一握手就解決問題了，我往這邊走，我是逆纏，他是順纏；我往那邊走，我是順纏，他是逆纏。

腿，外擺腳順纏，裏合腿逆纏；腳往裏扣逆纏，往外擺順纏。全身配合，立體螺旋，沒有平面的。收腹吸氣鬆胯胸略往左轉，提起來略往右轉，沉下去又往前轉，一共動作三轉。這樣所有的關節就都活動開了，微循環。我雖年紀大了，但身上幾乎看不到老年斑，一纏，皮膚都動了。決無直來直去，不是圈就是弧線，S線。這對身體內外鍛鍊作用很大。

余功保

怎麼看待太極拳中蓄和發的關係？

馬　虹

有些人打陳式太極拳不大注意蓄勁，連續發，這不對。有氧代謝和無氧代謝有區別，有氧代謝強調節奏性，最好汗流而不氣喘，氣喘就是缺氧。每個動作都有蓄和發、引、化、發，一路拳屬有氧代謝，二路拳則有點兒無氧，發力多，年輕人練增長力量，年紀大的人缺氧。所以，要注意拳的特點和作用，有選擇，有針對性。

余功保

現代社會裏養生是第一位，這也是現代太極拳的主要社會價值。如何練習陳式太極拳才可以達到比較好的養生效果？

馬　虹

我的體驗就是，拳要按它的規矩有節奏地練，強調放鬆、沉穩、節奏快慢相間、內外結合。

別人說我是「單打一」，就會這一套拳，二是「死認真」，三是「傻堅持」。我就這樣練，我覺得健身效果好。

每年大年初一我必須先去打拳，打完拳包餃子過年，年年堅持，四十多年。水流不腐，戶樞不蠹。

長期堅持正確的練，就一定能收到很好效果。我們有一位女性滿臉雀斑，外號「大花臉」，練了七年忽然一照鏡子沒了，別人說練拳出汗出的，她說我過去和泥搬磚當小工買菜推車出汗多了，也沒有這樣的效果。醫生分析可能是內分泌調整了。

湖南的趙潔（女），血吸蟲病的後遺症，好不了。有一年

體檢，醫生說你最近吃什麼藥，怎麼那些症狀都好了。她說我練了一年陳式太極拳。很多事說不清楚，這樣的事多了。血糖高的降下來了，減肥練了一年輕 50 斤。

健康生活的五大要素：心態、飲食、運動、休息、生活方式。光靠練拳也不成。練拳不是萬能的，要綜合治理。

余功保

要客觀、辯證看待太極拳的作用和練法。做到這一點就要在練拳的同時加強理論修養，加強太極拳的研究。這是能「清」的條件，研究是「達」的橋樑。

馬　　虹

我們在太極拳學術性、理論上的很多認識還要提升，太極拳的理論研究還非常薄弱。我以前不是學體育的，後來我看《體育原理》，我沒想到現代化的體育原理裏邊很多理論都是和太極拳相吻合的。

余功保

而且吻合的程度還非常高。

馬　　虹

比如前面說的「穩定角」問題，說人怎麼站最穩定，是兩腳平行。我們老師就強調兩腳平行，斜著、正著、前後都平行，平行好轉，撇著就轉不動了；平行哪邊來力量都可以，撇著的話加一個力量我就站不住。

太極拳研究我覺得應該多從傳統文化上下工夫，太極拳拳

理是根據中國傳統哲學、醫理、哲理來的，應從這些源流理論上下工夫。同時這個拳理涉及到人體力學，涉及到醫學各種運動方面知識，有的需要吸取，有的需要檢驗驗證。

太極拳本質是武術，應該研究太極拳每一個動作的技擊用法，不是去打人打架，是要懂這個東西。健身就更需要研究了，是時代的價值。對於太極拳動作要弄清要領為什麼對人體健康有好處。應該倡導學術性研究、討論。

余功保

太極拳的源流研究應該多從文化源流上下工夫，現在的研究從功技源流上找得比較多。文化源流可能是更悠遠的東西，這是需要文化底蘊的。

比如大家都講太極拳和易學有關係，但關係是怎樣的，不是簡單的幾句陰陽拳論、字句的問題，要從人和自然的生命狀態，從易學本身的結構上去研究，不真正懂易經是不行的。套字句不是真正的深入研究方法。

馬　虹

真正的研究工作沒有學識不行。比如說陰陽，就要結合拳架，每個式子都是陰陽。陰陽是一個代名詞，前後、左右、上下對稱。開中有合，這都是陰陽。陰陽是大原則，落到拳上就細微了。兩臂開了，虎口相合，腕子相合，合中有開，手合肘開，陰陽互包，欲左先右，陰陽互根，陰陽消長。中國哲學裏的陰陽關係在太極拳中都可以對上號。

三、周身規矩，天地陰陽

余功保

人類社會發展到現在，文化呈現多樣性，資訊密集型特點非常突出，浮躁的東西太多，心靈的純淨化比以往更具意義。太極拳在這方面的價值非常大，可能還有很多的東西需要研究，這就需要我們大力挖掘、宣傳太極拳的文化內涵，從太極拳術上升到太極拳學。

太極拳我們講「規矩」，沒有規矩不成拳。太極拳最大的規矩是什麼？是「和諧」，這是與中國文化水乳交融的浸透。拳者，權也，經天緯地，一身規矩，天人合一，規矩自然。

馬　虹

這就需要非常深刻瞭解認識太極拳和中國傳統文化，特別是中國傳統哲學的關係。

中國的太極拳，好就好在它的文化內涵非常豐富。它的涵義、它的拳理都離不開中國傳統哲學——易學。還有傳統中醫學——講究陰陽平衡、調節整體的醫理學說；兵學——《孫子兵法》、戚繼光的《紀效新書》裏面的《拳經》；道家養生術更不用說了。中國的傳統文化和太極拳的關係非常密切。中國傳統文化裏面強調傳統哲學統帥其他一切學科。中國的傳統哲學，一是講究陰陽，二是強調整體，並且以陰陽的和諧來保障整體的穩態平衡。

中國傳統的哲學《易經》裏一個很重要的特點，就是處處

講陰陽協調、陰陽和諧、陰陽平衡。我研究的這套太極拳，它是一種文化拳，是以易理為指導的太極拳。它植根於中國的傳統文化，其植根之深，博採之廣，旁涉之寬，令人驚訝。因為它涉及的知識領域實在是太廣了。我前後用了44年的時間研究這套拳。透過研究我發現，你一旦喜愛上太極拳，它就會成為你擴展自己知識的紐帶。

　　我就是由研究太極拳增長了很多學科知識。我過去沒有學過《易經》，也沒有研究過它。為此，我找了我的老朋友、原中國科學院歷史研究所的研究員袁鴻壽先生，他是江蘇吳江人。我就跟他學習《易經》，請他給我講易理。又因為研究太極拳，需要懂得中醫的經絡學以及人體的生理結構和人體力學。正好，我在湖南教拳時有兩位學員跟我學拳，是兩位教授，一位是湖南醫科大學的生理學教授鄧啟輝，另一位是解剖學教授帥建中。他們拜我為師學拳，我拜他們為師學習人體生理學和解剖學。請他們上臺前來講課，我給他們擦黑板，並坐在台下當小學生聽課記筆記。

　　我說：「你們就給我們講課，今天我不講拳，你講生理學和太極拳的關係，他講解剖學與太極拳的關係。」

　　另外，我還在河北醫科大學的劉亞嫻教授那裏學習經絡學。劉亞嫻教授家是祖傳的中醫世家，他講課從來不拿講義本子，靠記憶直接在黑板上寫《黃帝內經》，我就坐在課堂的後面當小學生。年輕的學生問我：「你這麼大年紀的老人還學中醫啊！」我說：「我是練太極拳的，我喜歡太極拳，為了研究太極拳來這兒學習經絡學的。」就這樣，我把經絡搞清楚了。解放軍報社從事軍事理論研究的劉秉彥先生送了我一本《中國古代戰略》的書，從中學習中國古代軍事學，學習《孫子兵

法》《紀效新書》裏面的《拳經》。我透過這些學習，再反過來去研究陳式太極拳。

余功保

有容乃大，任何人都有不斷進步的空間。只要學習就能前進。

馬　虹

透過學習我受益很大。就這樣，我

馬虹太極拳照

先當小學生，然後再研究太極拳，並從中感到太極拳的內涵博大精深。有一次，天津市成立陳式太極拳研究會時，邀請我去講話。在會上我說：「在博大精深的太極拳面前，我馬虹永遠是小學生。」此話一落音，大家就給了我熱烈的掌聲，這說明我的話說對了。

余功保

您認為易學和太極拳的關係是怎樣的？

馬　虹

《易經》中的陰陽關係是由卦象生動表現出來的。我們先看看《易經》中的一些卦象，從子母卦的關係中理解體悟它是如何由調整陰陽、調節矛盾來尋求和諧的。比如：

泰卦　陽氣上升，陰氣下降，二者相互交感，就是吉卦。

否卦　陽氣在上，陰氣在下，兩者互相離決，不交，為凶卦。

既濟卦　水在上，火在下，水火既濟，陰陽相交，為吉卦。

未濟卦　與既濟卦相反，水在下，火在上，陰陽不交，無利可言，為凶卦。

剝卦　上陽下陰，陽少陰多，象徵一陽將盡，陰盛陽衰，為凶卦。

《易經》裏面好多卦象，不論子母卦、六爻卦，就是講這些陰陽關係的。由卦象的凶吉，讓人們注意什麼，防止什麼，並由協調、調整、互補來轉危為安。當為吉卦時，要注意什麼，想一想會出現什麼不利的事，「居安思危」。就像老子所說的「禍兮福所倚，福兮禍所伏」。它的卦辭離不開辯證的看待事物，懂得陰陽的平衡，如何來協調。也就是說，好事也會變成壞事，壞事也會變成好事。所以，中國傳統文化哲理裏面的陰陽學說，就是剛才所說的「陰陽辯證法」，是很有道理的。

我們現在強調「構建和諧的社會」「建設社會主義的和諧社會」，這是時代的要求。中國傳統文化、太極拳就是講究和諧的。

余功保

太極拳在促進社會和諧方面是可以發揮作用的。因為它強調個體自身系統的和諧，也強調人與人之間社會的和諧，還強調人與大自然的和諧。這種和諧是整體性、全方位的。

馬　虹

從中國的傳統文化裏面，從《易經》開始，無論是中醫學、藝術、美學、道家養生術，還是建築學等，好多都是以中國傳統的易學為體系，都有一個「易魂體系」。任何領域的學

科都離不開中國傳統的哲理——易學——陰陽學說的指導。就拿中國的傳統陳式太極拳來說，處處講陰陽哲理，它不僅用文字語言來表達它的豐富內涵，而且還由它那千變萬化的優美動作及其拳理，來體現其博大精深的文化內涵。

總之，中國傳統哲學——易學的基礎與核心，是在陰與陽的內在關係中，強調經由協調、統一，強調相互聯結、依存，強調和諧共處，使之趨於最佳狀態。而人的一生當中，從大的方面講，必須處好三層關係，即：人與自然的關係；人與人的人際關係；人體自身的身心、五臟、六腑的陰陽協調關係。而太極拳依據中國傳統的陰陽辯證哲理，在調整人體身心機能的種種矛盾中，確實有許多微妙的功能。

余功保

太極拳中的陰陽都是活的、具體的對應關係。這使得中國太極拳成了一部活的中國哲學注解辭典。能否結合拳架具體分析一下其中的結構？

馬　虹

好，在這裏我可以從八個方面介紹一下我所研習的這套拳從拳理到拳法，與中國傳統哲學的關係，以及它在協調人體陰陽的種種方式。

第一方面，**把握陰陽的全息性，力求修練一個和諧的整體。**

中國醫學的按摩術，按摩某個部位的穴位能影響全身，如足底按摩，會影響內臟；按摩手指影響頭部等等。事實確是這樣的，也就是說人體是一個整體，互為影響。中國的傳統哲理就是講究陰陽的整體性。太極拳為什麼叫「太極拳」？「太

懶紮衣　　　　　　　　　　六封四閉

極」就是整體，分則為陰陽，合則為太極，「一陰一陽謂之
道」（《易·繫辭》），「太極」與「陰陽」乃是一而二，二
而一的關係。所以，這套拳的名字本身就包含哲理。「拳」是
武術，而太極拳這種武術是靠傳統哲理來指導的，是靠太極哲
理來指導的，是靠陰陽學說來指導的。它的拳理，第一個是它
的哲理性，所以這套拳的第一個特點就是它的整體性。俄羅斯
《文化報》上有篇文章，稱中國的太極拳是「整體健康術」。
它的特點就是：「周身一家，一動無有不動」。就是說，這套
拳的大小動作必須是整體的。

　　它所有的微小動作，比如「懶紮衣」接「六封四閉」，右
手很微小的旋轉動作，必須靠全身整體的配合來進行，強調整
體勁力的配合。右手在運勁時，必須是全身配合運動，力點從
左腳跟蹬地，經大腿傳遞，由腰部的旋轉，力達脊背，再經
肩、肘、手到達掌指發力。後面接「六封四閉」，也是由腳跟
蹬地借力，腰部的旋轉，胸腰「蠶蛹式」的節節貫穿的蛹動

盈虛有象——中國太極拳名家對話錄

勁，力催雙臂和手掤出去，而不是一隻手在那兒單獨旋腕式地掤來擁去。

此外，由腳跟蹬地的作用力，再借大地的反作用力，經過胸腰立體螺旋的旋轉，全身蛹動式的節節貫串去擊打對方，要比你單獨用某一部位去擊打對方的力量要大得多。這就是整體勁。比如「野馬分鬃」，決不能兩隻臂和手向兩側捌，必須是全身都配合運動才行；左手要前插、上挑，再順纏外捌，開右胸，右掌往下按採，

野馬分鬃

左腿裏扣是支撐點，右腿是蹬力點，再配合胸腰螺旋放轉，周身一家，須完整一氣運動才行。這套拳，無論大小動作，都要全身配合，強調力量集中於一點。為什麼太極拳要強調放鬆，其中一個原因，就是為了更好地集周身力量於一個發力點。

余功保

整體性是中國哲學的基石，這是一種大的文化視野。整體思維是協調的潤滑劑，只有整，才能帶來局部的精，人體只有「整」了，才能最大限度地發揮潛能。

馬　虹

第二方面，**陰陽對應、對稱，以求肌體的動態平衡。**

這套拳處處強調陰陽對稱、陰陽相應、陰陽相濟和陰陽平衡，並由此產生穩定的整體對稱勁。

比如「雙推掌」的動作：雙掌往前推時，背部要往後撐，

雙推掌　　　　　　　　　　　　金雞獨立

塌腰鬆胯，命門後撐，要前後對應，逢前必後；若都往前傾就不對了，且失去了動作的穩態平衡。還有「懶紮衣」的動作，右手單獨往前側掤、捋是不對的，必須要有左塌下沉撐住的對稱勁，左右、前後都要對稱。

　　比如「金雞獨立」，要「逢上必下」，左掌往前上方托，提左膝，而同時右胯必須鬆胯下沉，右掌下按，這樣會鍛鍊你右腿的耐力，促進大腿肌肉的發達。不能上肢、下肢整個身子都往上提升。要有陰有陽，有升有沉，有左有右，有上有下，要陰陽相應。

　　比如「金剛搗碓」，右手握拳上沖，突肘，提右膝，左胯同時向下鬆沉，體現輕沉兼備的風格。這套拳好就好在這裏。同樣，在處理任何問題時，都應從兩方面的角度去想一想，不要太偏頗，應互相對應。做到三維平視，要講究陰陽對稱。就拿北京的故宮來講，縱向三個大殿：太和殿、中和殿、保和殿，橫向兩側是文華殿、武英殿，它們也是前後、左右講究對

金剛搗碓

白鶴亮翅

稱，是中國建築美學中和諧對稱的典範。

余功保

對稱不僅是美學，也是實用。只要考慮的範圍足夠大，視野足夠開闊，系統中的對應、對稱關係就會越完整。

馬　虹

第三方面，**陰陽相互包容，以求肌體各個系統之間的互補、相濟**。

陰陽要互相包容。在日常生活中例子很多，如：同學之間、鄰里之間、朋友之間、夫妻之間等，都要互相包容，達到相互協調、和諧。陳式太極拳裏面的好多式子，它的拳理，它的動作，都體現了陰陽辯證法。

比如「白鶴亮翅」：上面兩臂分開，兩手相合，中節開，梢節合；下面則是腳合襠開，開中有合，合中有開，這就是陰

陽互相包容。

再比如「初收」：兩手合時，兩
臂要掤圓；若兩臂夾貼肋部就只有
合，沒有開了。所以要陰陽開合相
寓，陰陽互相包容。在這套拳裏面，
化中有打，打中有化。以「懶紮衣」
為例，要邊引邊化，邊化邊打，化打
合一，有剛有柔。像「掩手肱捶」：
先鬆捲，再彈抖出拳，手臂是鬆柔
的，而不是僵硬的沖拳。只有放鬆
了，才能打出彈抖勁來。所以，剛柔
相濟、開合相寓等等，都屬於陰陽互
包。陰中有陽，陽有中陰，開中有
合，合中有開，化中有打，打中有
化，陰中寓陽，陽中寓陰，開合相
寓。就拿太極圖來說，它外面的圓圈
是一個整體，裏面有一個黑魚和一個
白魚。白魚裏有黑眼睛，白中有黑；
黑魚裏面有白眼睛，黑中有白。這和
化打結合、開合相寓是同一個道理。

初收

掩手肱捶

余功保

只有互補才能圓融。互補不是簡單形式上的，在更深刻的
結構上，精神上的互補更為重要，補形、補意、補章法、補結
構，如此，才能神全意足。

馬　虹

第四方面，**陰陽互爲其根，以求肌體的靈活和耐力鍛鍊。**

《內經》裏有句話：「陰在內，陽之守也；陽在外，陰之使也。」「陰陽互根，萬象乃生。」這套拳處處講虛實互根，有虛有實。這套拳從起式啟動到收式結束，兩條腿都是一虛一實，絕不能兩腿都是半斤八兩似的。陳式太極拳的兩腿絕對不能都一樣平均站在那兒，要不就是偏左，要不就是偏右，不是偏右就是偏左，要虛實互根。這有什麼好處呢？最大的好處，一個是鍛鍊腿的耐力，還有一個就是靈活性。比如說，你在前面走路時，不小心遇到一個坑。若是不練拳的人，由於向前的慣性作用來不及倒換重心，失去身體平衡就會跌倒；而練過拳的人，遇到這種情況馬上就靈活地倒換重心，使前面邁出去的腿變成虛步，讓重心轉移到後面的腿上，避免因身體失衡跌倒。無論前面的腿邁出多遠，由於人體重心偏移後腿，前腿成了虛步，都不會摔到前面去，這一點很重要。美國的醫生在做研究時得出一個結論：練太極拳能防止跌跤。這就是中國太極拳獨有的魅力。

太極拳有句拳諺「邁步如貓行」，就是一隻腿慢慢提起，順逆纏絲擺腳，同時另一隻腿鬆胯下沉，就是為了加強鍛鍊支撐腿的耐力。外擺出去的腿越慢，那支撐的腿就越吃勁、費力。兩腿互相倒換重心，一虛一實，再加上褶走下弧，不斷地交替鍛鍊兩條腿的耐力。一旦遇到危急情況，馬上就由兩腿重心的迅捷倒換，避開危險，體現其靈活性。比如，對方擠推我右胸部時，我由倒換步法，使重心移至左腿，同時右腿後撤，以避其鋒；若再推我左胸部，我又倒換重心到右腿，同時左腿

後撤，再避開之。總之，經常鍛鍊重心的虛實互換並養成習慣，會培養自己靈敏快速的反應能力。所以，虛實互根體現在每一個式子、每一個動作都分虛實，處處有一虛實。比如：左前穿掌時，其腕部位是鬆柔靈活的；肘部橫向擊打時，其腕部到手掌都是放鬆的。若都用力的話，身體就變得僵硬，整體擊打的力量就會減弱。

太極拳經常強調放鬆，講究放鬆，其目的就是為了把力量集中到一個點上來打擊敵人。就像「掩手肱捶」，只有上身都放鬆下來，才能借助下肢腿部的力量，經過胸腰的螺旋，節節貫串，打出拳的彈抖勁來，這比單用上肢去沖拳擊打對方的力量要大得多。所以，陰陽互根非常重要，重點鍛鍊腿部虛實的互換，處處講究陰陽虛實。

余功保

根在下，根深才能葉茂。根既要穩固，還不能死，能適應，隨處生長，時時生長，這樣就不能單陰或單陽，否則一遇大力就會折斷。只有陰陽互為其根，則能應對千變萬化。

馬　虹

第五方面，**陰陽變化折疊有序，把握陰陽變化的規律**。

陰陽變化有什麼順序呢？就是欲陰先陽，欲陽先陰。「往復有折疊」「無往不復」。這套拳講究「折疊勁」，就像天氣越來越熱時，則預示快要變涼了；大氣越來越冷時，則預示快要暖和些了。這說明任何事物都包含著兩個一正一反相互轉化。就像老子《道德經》裏所說的「反者，道之動」。所謂「萬物正反相生」，就是說任何事物都要從反面去入手。像大

家走路邁步一樣，若沒有後腳蹬地的反作用力，前腳就邁不出去，而兩腳同時蹬就沒法走路了。因此，所有向前邁步的動作，必有一個向後蹬的動作。在這套拳裏面，同樣一個道理，欲左先右，欲右先左。

比如「掩手肱捶」接「大六封四閉」，右拳抖出去後，若想把拳收回來，直接收是不行的，必須再旋轉到腕背朝前加一個掤勁，才能慢慢收回來，「欲收先放」。

比如「旋風腳」接「右蹬腳」，當兩手向兩側下掤時，直接合上兩掌交叉是不行的，必須兩掌兩臂再向兩側掤開一次，然後合掌交叉握拳才行。

「掩手肱捶」中，若向前出右拳擊打，就得先向右後側開胸，逆順纏旋右臂，沉肩，墜肘，上、前臂合住，再向左旋腰轉脊，含胸塌腰，鬆胯、握右拳，沉肩，墜肘，下合右腹前，再向左旋腰轉脊，開左胸出右拳，螺旋彈抖出去。

「單鞭」接「金剛搗碓」，若向左邊發勁，先向右邊掤、按，然後再向左邊發勁打出去。這些都體現了拳理中的「欲要先給，欲給先要，借力打力」的奧妙之處，不能左右橫擊，直來直去。所以，向右發勁，先往左邊迴旋一下；往左發勁，先向右邊迴旋。「金雞獨立」也是如此，雙手握拳先雙逆纏下按、下採，然後再右拳變掌往前上方托舉，同時左拳變掌向左側下採，這就是「欲上先下」「欲開先合」。

又比如「裹鞭炮」，想要讓兩臂向外兩側撐開，必須讓交叉的雙臂再向裏合一下，合之再合，然後由胸腰的螺旋彈抖使兩臂向外兩側撐開。以上這些都是陳式太極拳的「折疊勁」。太極拳有句拳諺：「不懂疊法枉徒勞。」這說明了打拳要懂得折疊的重要性。正如《孫子兵法》所說的「擊首尾相應，擊尾

前招後招

閃通背

首相應，擊中首尾相應」「避實而無虛」。這就是所說的「欲左先右，欲右先左」。這樣的例子很多，像「借力打力」「聲東擊西」就是如此，說明這套拳是「拳走圓弧，絕無直來直去。無往不復，往復有折疊」。

還有「前招、後招」，先向右側擊打，如果對方頂勁，再向左側方向擊打；若還推不動，再向正西方向推出去，「一波三折」，一個式子變化折疊三次，這都體現了陳式太極拳的折疊性。像「閃通背」，若向前右側上方撩他，先要開胸兩臂對稱左右橫向挪開，再向右前側上方撩去，即「欲縱先橫」。

余功保

陰陽的變化關係是非常複雜的，不是簡單的平行或對應形態。折疊是陰陽互動在陳式太極拳中的一個生動例證。

馬　虹

第六方面，**遵循陰陽消長的節奏性。**

我們這套傳統陳式太極拳的編排與其他的太極拳不一樣。有的太極拳追求速度均勻，從頭到尾都講究勻速，運動很慢；有的拳追求快速激烈的運動。而這套拳則講究連綿不斷又有節奏性，快慢相間，有快有慢。按現代科學的觀點，對人體健康成長的一個穩態的定律有八個字：「常閾空間，節律振盪。」我覺得說得非常好。「常閾」就是在正常的情況下、正常的空間下，「節律振盪」就是有規律、有節奏地調整生命發展的過程，使之趨於穩態。在這套拳裏面講，就是快慢相間。這一點非常符合「常閾空間，節律振盪」的科學論點。這套拳往往是「合、蓄、引」的時候比較慢，「開、發、放」的時候比較快。這套拳裏面，一路拳慢動作多，快動作少；二路拳則是快動作多，慢動作少。這些都是快慢相間、有節奏性的具體表現。這對鍛鍊人體生理健康的發展，並使其趨於穩態有重要意義。有節奏性的練拳，對人體身心的調節，以及肌體的靈活性鍛鍊，都很有好處。

所以，第六個特點強調的是陰陽消長的節奏性。動作快慢的節奏應配合起來，這樣，打完拳之後不至於喘氣。

余功保

節奏不僅僅是表面上的速度變化，更有內在的對應關係的變化。節奏是變化的綜合關係的體現。

馬　虹

第七方面，**掌握陰陽變化的螺旋形式**。

恩格斯在《自然辯證法》裏有一句話：「由矛盾引起發展，發展的螺旋形式。」這套拳所有的大小動作都是在螺旋形式中運用的，這與其他的太極拳不太一樣。一個是靠胸腰的立體螺旋，這套拳沒有一隻胳臂或一條腿是直來直去運動的，都是靠胸腰的偏左或偏右螺旋式轉動的，而且是立體螺旋形式。所以，這套拳難就難在這裏，好也就好在這裏。在胸腔的螺旋運動當中，上身一定要中正，不能左歪右斜，前後搖擺。另一個是四肢動作的螺旋形式，手、臂的順逆螺旋纏絲。拳理上常說：「拳者，纏法也。」說明這套拳離不開螺旋纏絲的動作。

下面的腿，無論是正面出去，還是外擺內撤，都離不開順逆纏絲的動作，從來沒有直踢、豎蹬的。同時，腳法的前進或後退都要走弧線，絕不直來直去。手不是順纏，就是逆纏。因此，無論是手臂還是腿腳，其大小動作，都必須要求順逆纏絲。

以「金剛搗碓」為例：先右手順纏握拳，沉肩、墜肘、鬆胯、收腹、吸氣、提肛同時完成；配合胸腰向右螺旋下沉，再向上沖拳，提膝、突肘，胸腰再略螺旋左轉；最後，右拳略順纏下沉合於左掌心，右腳震地，氣沉丹田，鬆胯，胸腰又略螺旋右轉，同時完成。其中的三次胸腰開合的螺旋形式，體現了太極拳的整體勁，這些在整套拳的運動中都要做到。無論從纏絲到四肢梢節，還是丹田的旋轉內動，無不體現了這套拳的螺旋勁。這就是這套拳的好處之一。

有些人為什麼練陳式太極拳能嫩膚呢，就是因為螺旋纏絲

和鬆活彈抖的特殊功效。由手臂，腿腳走纏絲，能改善人體的微循環，再配合胸腰的立體螺旋式旋轉，更大範圍地改善人體的氣血循環和生理功能，促進人體健康的發展和活力。

前趟拗步

有云：「打拳三個圓，推手三個球。」什麼是「打拳三個圓」呢？就是說，一個圓是手腳動作自身螺旋式纏絲走圓；第二個圓是所有動作運行的路線都是圓的，沒有直來直去的。手不是走 S 曲線，就是畫圈走弧線，「非圓即弧，絕無直來直去」。第三個圓就是造型態勢要掤圓，氣勢圓滿。這些都是這套拳最顯著的特點。

像「白鶴亮翅」接「前趟拗步」，都是陰陽變化的螺旋形式。

我們看一看太極圖的形狀就會明白，一個圓的太陽圖裏面，黑魚由最細小的魚尾形狀逐漸演變成大的圓形的魚頭，而白魚由大的圓形的魚頭逐漸演變成最細小的魚尾形狀；黑魚和白魚彼此互相咬住尾巴，黑魚和白魚之間被 S 形曲線分為兩半，而不是從兩者中間一道直線下來分割的，從中可看出陰陽變化的螺旋形式。這就是中國傳統哲理所講的「圓」的變化精華所在，正所謂「君子如水，隨圓就方，無處不自在」。《孫子兵法》裏專門對「圓」有一個精闢的論述：「渾渾沌沌，形圓而不可敗也。」「方則止，圓則行，故善戰之勢，如轉圓石於千仞之山者，勢也。」就是說像很多圓形的大石頭從山上滾

下來一樣，那驚人的氣勢，銳不可擋，令人生畏。這些都是講一切事物在陰陽變化的螺旋形式的哲理性。所以，纏絲勁、螺旋勁是陳式太極拳的一大特色。

全身的立體螺旋運動，有利於人體微循環系統的改善和保健，這是最大的好處。有些拳的動作身法允許斜一些，歪一些，而陳式太極拳要求上身立身中正，可以左右旋轉、轉動，但絕不允許左歪右晃，前搖後擺。頂頭百會穴要領勁，尾骨鬆胯下沉，脊柱要對拉拔長。有些人的頸椎、腰椎有毛病，練這套拳後很有好處。

做腦力工作的，無論是伏案寫作，還是操作電腦，當你彎頭時，頸椎的支撐力要比直立的時候增加一倍多，這就加大了脊椎的負荷壓力，容易造成項部、後背部的酸痛、僵硬、頭昏腦脹。所以我的老師要求：立身中正，虛靈頂勁，含胸塌腰，氣沉丹田，命門後撐，開襠鬆胯，尾閭裏收，襠走下弧；無論是左旋右轉，還是出拳擊打，都必須保證上身的立身中正，不能東歪西斜，左右搖晃。

這些要求對人類脊椎的健康保護有很大的益處。立體螺旋和順逆纏絲，對身體骨骼與微循環系統都很有好處。

余功保

陰陽的變化過程是曲折的，螺旋是其中一種方式，曲中求直。

馬　虹

第八方面，**通曉陰陽變化的莫測性，鍛鍊人的應變能力**。

人們常說，做任何事情都要留有餘地，沒有十拿十穩的事

情，這裏面還包含著事物變化的莫測性。有日常生活當中，無論幹什麼，人們都會遇到自己意想不到的事情。所以，除了練好拳架之外，還要練練推手、單式、功力訓練、單式訓練等，都是為了應付意外情況的發生，培養人的應變能力。在社會上，誰也無法保證你不會遇到什麼特殊的情況，而應變能力已成為衡量一個人健康的重要標誌之一。

余功保

陰陽的變化是有規矩的，但規矩不是死的。天地方圓，規矩萬千。規律是不斷變化的，我們不僅要掌握規律，還要掌握規律的變化，這樣把「莫測」化為「遂通」。

馬　虹

陳式太極拳就是一套既周身規矩嚴格、又融天地萬般變化、靈活圓潤的拳法。陰陽若在其中，若出其裏。

其招招式式都體現了陰陽哲理，符合中國傳統醫學、兵學和道家養生學等，是中國幾千年來傳統文化的產物，是傳統文化的積澱、傳統文化的結晶，也可以說是傳統文化的載體。總之，它是一門學問，是中國文化中特有的人生必修課程。

吳忍堂簡介

　　吳忍堂，1948年生，陝西西安人。趙堡太極拳名家。

　　自幼隨父親吳漢章先生學習道家內功及中醫術。1961年拜其父摯友武當趙堡太極拳名師鄭悟清為師，研習武當趙堡太極拳技。數十年研習不斷，尊師重道，虛心求教，並能汲取眾家之長，彌補自己不足，深受鄭悟清喜愛並在拳理功法上言傳身教，悉心傳授，為其打下堅實的太極拳基礎。

　　對武當趙堡太極拳獨特的強身健體和延年益壽的養生之道有深入認識。特別重視對傳統武術的理論和搏擊的研究，曾在國內多種武術專業雜誌上發表論文及專著，如《要重視太極拳搏擊技藝的研究》《用意不用力的辯證關係》《趙堡太極拳推手秘訣》《什麼是太極拳搏擊》《答讀者問》等多篇，並編製《武當太極拳教學大綱》《武當趙堡太極拳搏擊集錦》《武當趙堡太極拳集錦》等圖書、音像作品。

　　積極致力於趙堡太極拳的傳播，為來自國內外太極拳愛好者熱心授藝，並在全國諸多省市舉辦趙堡太極拳學習培訓班。弟子遍佈國內外。被西安電視臺、《武魂》《武當》等媒體廣泛報導。

　　為武警西安指揮學院武術顧問，中國溫縣趙堡太極拳總會常務理事，武當趙堡太極拳西安悟清拳法研究會會長、總教練，中國武當山武當拳法研究會顧問。

大象無極
——與趙堡太極拳名家吳忍堂的對話

規律是用來實踐的。

只有成功的實踐者才有總結規律的資格。

規律是用來遵守的。

因爲大家希望重複成功，規律又具有可重複性。

規律又是用來破除的。

不能破除規律就不能昇華飛躍。破除規律需要智慧，其基礎是科學，是在掌握原有規律後的深化。

古典拳論，是給練太極的人看的。不練習，不實踐，妄解拳論，一定是瞎子摸象，得其大概不能得其精髓。拳論提供一個尺規，拿她來度量自己的拳架，實現規範，此爲入門的大道通衢。但拳論又不能成爲桎梏，完全地循規蹈矩，甚至削足適履是對規律膚淺的理解。寧信拳不如無拳，因爲拳論是活的，是變化的，在不同階段每個人對拳論的認識也會發生變化。

拳論講的是太極，拳論本身的屬性是無極。

最深刻的拳論說的不是「技」，說的是「象」。大象爲不著象。「學我者生，似我者死」，也可爲研拳究理的警句。

鄭悟清先生爲一代太極拳名師，在拳法、理論上得傳統眞傳，又有眞悟，嚴謹守法又不循規蹈矩，清而能悟，終成一代大家。更爲可貴之處，在於破除藩籬，澤被後世。吳忍堂先生爲其代表性弟子之一，多年研究探索，享譽海內外，其技、其法井然有致、蔚成氣象。

余功保

一、悠深古雅傳天地

余功保

作為運動，太極拳已經被全世界廣為接受，作為文化，太極拳正在進行著一次嶄新的運動。經由幾十年對太極拳的習練研究，您對太極拳怎麼認識？

吳忍堂

太極拳歷史悠久、源遠流長，是古代道家丹術的動功。太極拳內涵深奧、理法精深、文化底蘊濃厚。它以中國道家哲學思想為基礎，同時吸收了儒、釋兩家的精華，是將三者融為一體孕育產生的驕子。太極拳以丹道養生為宗旨，以搏擊技藝為靈魂，是中國武術發展到高級形式和武術發展而產生的必然結果，堪稱中華武術園地中一枝盛開不衰的奇葩。

太極一詞始於《周易》。《易傳》第十一章曰：「易有太極，始生兩儀，兩儀生四象，四象生八卦，八卦定吉凶，吉凶生大業。」天地運行，四季替換，晝夜交替，宇宙循環於自然。太極是古代先賢們觀察體悟宇宙萬物的本質變化而得出的一個哲學概念。太極拳是中華民族智慧的結晶，它集大成而無直接的創造者，不歸一家一姓所有。

太極拳在其漫長發展的歷史長河中，經過洗瀝和深研，由諸多太極先賢身經體悟，靈化感知，形成各具特色的流派，但就其養生之道、強身健體之妙術、益壽延年之功效及精妙的搏

吳忍堂在武當山上表演太極拳

擊技藝而言，乃理出一源。

余功保

關於太極拳的起源發展，是一個複雜的問題，也是太極拳學術研究的一個重要內容。大家可以探討，但都應該用科學的研究方法、手段，本著負責任的、客觀的態度來進行。「不冤枉古人，不負今人，不欺騙後人」。

吳忍堂

我有幸於 1961 年拜在父親吳漢章的摯友、武當趙堡太極拳第十代宗師鄭悟清先生門下學習太極拳藝，深得恩師喜愛及言傳身教。記得小時候學拳之餘，老師經常給我講起趙堡太極拳的源流，我後來自己也做了一些研究。

太極拳應該是從張三豐傳下來。張三豐並非歷史傳說人物，而是確有其人，其在陝西民間流傳極廣。據傳，張三豐足跡遍佈名山大川、訪師會友，在陝西寶雞金台觀遇道教火龍真人，拜其為師修練數載，功成隱居武當山，開創武當派，後傳於山西王宗岳，由王宗岳傳河南溫縣趙堡鎮蔣發，距今 600 餘年的發展歷史。

2003 年 6 月與 2005 年 8 月，我曾兩次隨師兄秦勝家及恩師鄭悟清的外孫侯富平等，一同去寶雞金台觀造訪。親眼觀看《金台觀史》云：明初著名道士張三豐在此修練傳道，名聲大振。

張三豐在民間有較大的影響，也深受明朝幾代皇帝的賞識。據《明史》載，明太祖朱元璋、成祖朱棣，曾多次召他進京，均被謝絕，在此一心傳道講法和傳藝。金台觀負責人及道士所言，據傳張三豐祖師當年拜火龍真人修練期間種的三棵大樹，至今茂盛非凡，三豐祖師修練的八卦場地、修行煉丹之洞房可見一斑。我曾兩次去湖北武當山朝拜祖師，並抄詩一首：「玄門功法武當傳，陰陽妙理靜中參，氣運周身存真性，意注玄關鑄慧劍，七九玄功內外修，四六和合乾坤轉，才練真水庚罷浴，聖心自結仙家丹。」武當太極拳乃張三豐所創，被後世太極拳習練者所奉崇。

張三豐，字君寶，遼東懿州人。生於元定二年（1247 年）四月初九子時。他歷經元、明兩個朝代，家學淵源，有天師之道根基，歷經潛修，精通儒、釋、道三家之理，又得道教正脈之傳。他十分重視前人在修道實踐上取得的經驗和方法，通納入古人傳世的精華之作，深研宇宙自然之道，精研人體生命之哲理涵涉中國傳統醫學之結晶，創立具有以靜制動、以柔克

剛、犯者應手既仆的武當內家太極拳體系。

武當太極拳是張三豐集大成，承接黃老道學思想，汲取儒釋之理的精華，博取前代道門武技之精華和佛門武技之柔功，深研細悟，反覆實踐，開創以太極哲理學為本、以丹道養生為宗旨、以搏擊技藝為靈魂的太極丹功體系，即「內外兼修」的武當太極拳。

武當太極拳自張三豐開創，首傳陝西王宗，乃西安霸橋官廳人，祖籍浙江餘姚。王宗由寶雞金台觀隨祖師張三豐到武當山學藝，功成後首傳浙江溫州陳州同，陳州同傳張松溪，張松溪傳葉繼美，葉繼美傳單思南，單思南傳王征南，王征南傳黃百家……此拳由此而來，稱武當南派太極拳，亦稱武當松溪派太極拳。今其真傳弟子上海王維真老先生為武當南派太極拳第二十代傳人。

武當北派太極拳，有史記述北派太極拳為山西陽城縣（太谷縣）王宗岳夫子。王宗岳字諱林禎，山西陽谷縣七里堡小王莊人。1530～1610年間，王宗岳是一介雅儒，品姿極高。他同祖師學藝後留有論著，詳細論述三豐祖師創立太極拳的論證，並分解其姿勢套路，寫出他作為張三豐太極拳繼承人的心得體會，為太極拳自張三豐而流傳和發展之確鑿史記。王宗岳經多年研悟和實踐，拳藝已達爐火純青的境界。他身懷絕技不露，但廣交武林朋友，名顯西北大地，人稱「華北大俠」。

王宗岳夫子膝下無子，僅傳其女及鄭州孫某二人。王宗岳繼承了張三豐的武當太極拳，不愧為北派太極拳的功勳宗師，英名流芳後世，為世人所尊敬。

在明萬曆二十四年（西元1596年），王宗岳把太極拳傳給了趙堡鎮的蔣發，產生了趙堡太極拳。

趙堡鎮位於河南省溫縣東 14 華里處，俗稱趙堡街，與山西省東南鄰城鄰近，處於黃河下游，文化歷史悠久，為古代兵家所爭之要塞。交通便利，商業興隆，過往客商多在此觀光。傳說戰國時期趙兵曾屯兵在牛角州中心地帶的清風嶺的金銀家，故地名趙堡後世沿用至今。

蔣發後來還專程到山西王宗岳家學藝七年有餘，他敬師如父，師愛其如子，得王宗岳喜愛和言傳身教。王宗岳膝下無子，僅有一愛女，武功非凡。王宗岳有時外出，蔣發就與師姐一同練拳，並得師姐的點撥，故在趙堡鎮，也有人說趙堡太極拳是「大姑娘」拳。

蔣發藝成歸鄉時，王宗岳將三豐祖師所傳的太極拳經典論著、行功秘訣及他本人深研太極拳精要八冊贈給蔣發，並再三叮嚀：「此拳不可隨便傳授，但不是不傳人，而是要選材精傳。如果是可傳

趙堡太極拳歷代名家圖

之人而不傳，就如斷子絕孫一樣，如能廣傳而揚之，乃不愧為吾弟子。」

　　蔣發回到趙堡鎮，更加勤學苦練，深研太極拳之理法及功法。從此，北派武當太極拳便落於趙堡鎮，至今400餘年的發展歷史，按其傳承由蔣發—邢喜懷—張褚臣—王柏青、陳敬伯—張仲禹—張彥，均系單傳。趙堡太極拳第六代宗師張彥除傳其子張應昌外，還傳給了由王圪檔村變產而遷趙堡鎮的陳清平。

　　陳清平為趙堡太極拳第七代宗師，他文武兼備，人稱「文武拳師」。為擴大趙堡太極拳的影響，他首先打破趙堡太極拳不出村的陳規，為趙堡太極拳的發揚創出新路。並從實踐中逐步汲取前輩經驗和總結出因人示教的方法，亦總結出三種理論。跟他學的人中出類拔萃的有任長春、李作治、李景元、陳均、陳景陽、和兆元、張文、武禹襄等人。傳本村和兆元代理架，傳李景元忽領架，其他人均為騰挪架。而李景元之弟子楊虎又派生出太極拳的呼雷架，形成趙堡太極拳的完整體系，在國內外弘揚與發展，成為天地間的一朵奇葩。

　　趙堡太極拳歷代傳人，以中華民族之美德，飲水思源，言師不可忘祖，同時以老子《道德經》為太極拳理論之真源，以張三豐為太極拳開山祖師，以王宗岳為北派武當太極拳宗師，以蔣發為趙堡太極拳先師，故名為武當趙堡太極拳，或趙堡太極拳。這就是武當趙堡太極拳的真源，也是武當太極拳真源的再現。

余功保

　　您的老師鄭悟清是趙堡太極拳的一代名師，長期在西北傳

拳。您對他也非常有感情，請您介紹一下他的有關情況。

吳忍堂

我的老師鄭悟清，字鳳臣，生於1894年，1984年去世，是河南溫縣趙堡鎮人，學拳於和慶喜。從小喜愛中國傳統文化及中國道教哲學思想。因為家裏生活貧寒，14歲的時候就擔負起家庭生活的重擔。因為勞累，加上營養不良，患上重病，多方求醫沒有好轉，後

太極拳家鄭悟清

來開始練太極拳，結合藥物調理，逐漸好轉，於是對太極拳產生濃厚興趣。後來就拜和兆元長孫和慶喜為師學趙堡太極拳代理架。20世紀30年代，因戰爭及災荒，攜家帶口從趙堡鎮遷居，定居於西安。曾擔任黃埔軍校第七分校武術教官。在西安授拳幾十年，培養了大批學員和弟子，為趙堡太極拳的推廣做出了巨大貢獻。

他武德高尚，功夫卓絕，待人謙遜有禮，和藹可親，在理論和技術上都有極高的造詣。為一代宗師。被稱為「西北拳聖」。

趙堡太極拳過去受封建宗法觀念束縛，一直拳不出村，擇徒密傳，所以在外界影響比較小，沒有被世人廣泛認識。正是鄭悟清以及同門鄭伯英、侯春秀等老師一起在西安廣泛授徒傳藝，使得趙堡太極拳紮根西安，遍佈西北大地，並逐漸在國內、海外廣為流傳，豐富了當代太極拳的發展內容，為趙堡太極拳做出了歷史性的貢獻。

【鏈接】

太極拳序
鄭悟清

拳術乃鍛鍊身心、振奮精神也。然我國拳書源流甚古，因其姿勢功用之不同，而派別名稱亦異。有以險奇爲貴者，有以平易爲貴者，則不儘然，皆能發達體育。而入主爲奴，又呶無已。第溯其源流，則不外兩家。即：武當與少林。是武當主柔，蓄於內。少林主剛，勁顯於外。晚近還以少林之姿勢甚盛，流傳愈廣，門類派別亦衆，相率標新立異，趨尚險奇，漸有失卻體育本旨之勢，初學者習之輒事倍而功半，體弱者習之尤害多而利少。故，余殊所不取。

太極拳者，內家拳術中最平易，而最能發達體育者也。故，余嗜之特甚，無間寒暑，日必習之。習之既久，愈覺其奧妙無窮。其功用之偉，優點之多，誠非其他拳術所可企及。茲分爲姿勢、動作、發勁、靈巧、養生數種述之如下：

(一) 姿　勢

太極拳之姿勢甚多，總合之有五行八卦之分，是謂十三勢。何爲五行？進退顧盼停是也。何爲八卦？掤、捋、擠、按、採、挒、肘、靠是也。

以上十三勢之姿勢，爲學太極拳者所必經之途經。倘使吾人逐日演習，不稍間斷，則若干年後，歷練既深，拳術之中精奧，自能闡發無遺，而獲益匪淺。

（二）動　作

太極拳之動作，須慢而勻。蓋外家之拳術雖見速效，而流弊滋甚。若太極拳則以活動筋骨爲主，故一切運動以柔活爲上。唯其慢，始能柔。唯其勻，始能活。且各種動作俱成圓形，而一圓之中，虛實變化生焉。其無窮之奧妙，即在此虛實變化之中。

初學者或未能知，習之既久，則得心應手，趣味無窮，即足以舒展筋骨，又能調和氣血，可謂身心兼修，最合於發達體育之道者也。

（三）用　意

太極拳練習時純任自然，不尚用力用氣，而尚用意。用力則笨，用氣則滯，是故沉氣鬆力爲要。氣沉則呼吸調和，力鬆則發展先天之力。蓋先天之力乃固有之力，後天之力爲勉強之力。前者其勢順，後者其勢逆。

太極拳主逆來順受，以順制逆者，故不須用過分之力。唯外家之拳術，其用力用氣，每屬於勉強，強人以難能，故爲之硬工，習之不當流弊滋多。且習硬工者，其力已儘量用出，毫無含蓄，雖習之多年，表面上似有增進，實則其內部之力，並未加長。若太極拳雖不用過分之力與氣，而練習時全在意志，唯其能用意也，所以能使其力蓄於內不流露於外，氣沉於丹田不停滯於胸。唯其不用過分之力與氣。故練習之日既久，積蓄之氣力愈大，至必要時，仍能運用自如，毫無困難與勉強。譬猶勞動者終日作工，非不用氣力也。然其所有之氣力皆已儘量用出，並無積蓄，故勞動若干年後，其氣力依然如故，外家之硬工亦若是耳。

(四) 發　勁

　　勁有剛柔之別。何爲剛勁？無論勁之大小，含有抵抗性而一往無前者，謂之剛勁。何爲柔勁？隨敵勁以爲伸縮，而不加抵抗者，謂之柔勁。太極拳之妙處，在於與人交手時，不先取攻勢，而能接受敵人之勁。初不加以抵抗，以其黏柔之力，化去敵人頑強之勁，待敵人一擊不中，欲圖謀再舉之時，然後蹈瑕抵隙順其勢，而反守爲攻，則敵人力竭之餘，重心移動，鮮有不失敗者。蓋太極拳之動作，本爲無數圓形，而圓形之中，則爲重心所在，處處立定腳根，雖敵人發勁極強，而以逆來須受之法，引之入殼，待敵人之勁既出，重心既失，然後從而制之，所謂避實就虛以柔勝剛之法也。

(五) 靈　巧

　　語云：「熟能生巧。」太極拳即本此意以從事而深得個中三昧者。故太極拳之精粗，以功夫淺深爲斷。蓋功夫深，則於其中之虛實變化皆已了然，既了然於虛實變化中，則能於虛實變化中求出巧妙之途徑。故其所用之力，輕靈圓活。以視外工之用力用氣，專主於一隅成爲死笨之氣力者，迥乎不同。且因其不用過分之力與氣，故能持久而不敝，因其動作俱爲圓形，故能處處穩定重心。重心穩定則基礎鞏固，無慮外力之來侵矣。

(六) 養　生

　　拳術本屬體育一種，自以養生爲主要。然此非所論外家之硬工，唯太極拳始眞能養生，無論強弱老幼均可練習。吾人身體之發達，貴能平均，在生理上均有一定之程式。劇烈之運動，因不

合於此種程式，結果多得其反。

太極拳之動作則輕軟異常，而一動全身皆動，於全身任何部分均無偏頗之弊。且因其動作柔和勁靈，故能調和氣血，陶養性情，爲最合於生理上之程式，能使身體平均發達者。且練習之時，無須用過分之力氣，雖老弱病夫，亦不難爲之。所謂祛病延年洵非虛語。

太極拳之練法說明

夫初練者，宜端正方向，以立根基。最忌粗心浮氣，精神不屬，眼不顧手，手不顧腳，此謂之盲練也。尤忌身形不活，手腳不隨，即用猛力，處處奪力，而僅能顯力者，此癡練耳。倘能平心靜氣，注目凝神，輕搖之以鬆其肩，柔隨之以活其身，徐行之以穩其步。待至肩鬆身活步穩，然後鎮頭領氣，以衛其力，力順則氣自通，氣通則力自重。所學之法如是，練而習之，以期純熟，則手眼步一致，心神氣相同，自能臻自然而然之妙境矣。

太極初學要訣

初學而內要靜空，周身而外要輕鬆。
內空靜氣行於外，外鬆而內有神精。
工夫不可須臾斷，臨用之時有奇能。

余功保

太極拳的傳承中，教學是一個重要環節。如何保留太極拳的古樸風貌，如何讓太極拳在傳遞過程中不產生資訊的丟失，保持本色，這是傳統太極拳需要面對的問題。

吳忍堂

在恩師鄭悟清去世以後，我牢記恩師讓趙堡太極拳光而大之的教誨，不失其傳統本色地把趙堡太極拳繼承發揚下去。

為使後學者不走彎路，我也從各方面考慮，提出了

吳忍堂在武當趙堡聯誼會上做名家演示

紮實太極功底、獨特的趙堡風格、科學而有序的教學方法，理論與實踐相結合的特點，以誠信待人的作風，不誤他人時間，不耗我的精力。這是我教學方法的一個宗旨。

經由這幾十年的習練研究，我對太極拳有很多自己的看法。很多人都在問，太極拳是不是很難學？我總結了一句話：「只有笨老師，沒有笨學生。」因為如果你不具備一個傳播者的素質，也就稱不上是一個合格的老師。如果用現代科學的方法來引導學生、教育學生，太極拳並不是很難學的。

我按照老師的觀點，在教每一個學生的時候，手把手，讓他們感悟我的身體運行。而我也用手扶著每一個學員，讓他們感覺到內在的、內心的動態。我曾在遼寧、蘭州、山東、河南、陝西、四川、貴陽教學，我在教學方面提出了「拳架套路十天完成，一年出手，三年成手」，這是我的一個教學方向。

雖然我在全國和國外有一點小小的名氣，但這些都是我恩

師鄭悟清的功勞，沒有恩師就沒有我的今天。我沒有什麼理由不把老師的拳法傳下去。所以，我在西安成立了武當趙堡太極拳悟清拳法研究會，就是以悟清拳法繼承完善趙堡太極拳，使趙堡太極拳光而大之，這也是我義不容

吳忍堂與恩師鄭悟清的合影

辭的義務和責任。研究會取名「悟清」的含義，一個是老師的名字；另外一層的含義，「悟」為練拳的領悟，練拳要有悟性，「清」太極拳要堅持本色、傳統。我只有紮紮實實、實實在在地將趙堡太極拳以及悟清拳法傳播開來，使它遍佈國內，漂洋過海，傳到更多國家，才能對得起我們祖先創造的燦爛文化。

二、本色不二繼世長

余功保

趙堡太極拳總體上說，在流傳過程中改動較少，比較完整地保留了原有的風貌。一種傳統的氣息撲面而來。

吳忍堂

趙堡太極拳家和兆元曾對長孫和慶喜說：「福堂呀福堂，

日後與人交手，敵不過人的時候，別以為你的拳不好，與人交手挨打的時候打死都不敢改拳架。」這是什麼意思，就是說地道功夫是傳統的武術，只有繼承和發揚，不能隨意改變。你可以從內勁、內在的地方研究自己的風格，但是傳的東西決不允許亂改，否則太極拳將會走向衰落。

余功保

趙堡太極拳在理法上的主要特點是什麼？

吳忍堂

武當趙堡太極拳是地道傳統古樸的太極拳，雖傳至今有數百年的歷史，但仍然完整系統地保留著一脈正傳的太極拳風格，尤其是拳架、推手、散手三者熔為一爐的特色得以繼承和發揚。

武當趙堡太極拳的理論機理，是以「道家學問為基點」，以老子道法自然而法成。它以老子五千言《道德經》為太極拳理論之靈魂，取《易經》陰陽五行八卦之哲理，攝取傳統醫學之結晶，以運動學及運動力學為準繩，科學地運用人體自然科學、人體力學、物理力學及力的量化，以及人體三寶之精、氣、神，融會貫通為一體，有機結合自身運動，達到天人合一的統一和諧。其拳理博大精深，內涵深奧，並且有豐富的文化底蘊。

趙堡太極拳的理法博大精深，功法外靜內動，反應靈敏，變化無窮，自然輕鬆，純熟自然。以意念貫穿，纏綿運轉，陰陽轉換，一環扣一環，循環無端；一圓套一圓，無處不圓。以外形帶動內勁，以內勁運至全身，旋以手臂，促動四肢運轉，以圓弧運行，勢斷勁不斷，藕斷絲相連，周身相隨，協調一致，合成一個整體。並且輕而不浮，沉而不重，自然輕靈，能從拳架習

趙堡太極技擊術

練中體驗傳統文化的本色及太極拳神韻味的自然變化之妙道。

余功保

請您用幾個拳勢來舉例說明其中口訣的含義。

吳忍堂

好的。如「外靜內動」。走單鞭的時候，不是拿手擺動，而是以丹田內勁襠胯調整在走，如果沒有內涵就叫外旋而動，就是外動了。所謂的外靜內動就是外形看著沒動，實際上襠胯力量在動，這也叫無形無象非有意，真空方能出妙用。重視內裏的修練，這也是太極拳的一個本色。

如「一環套一環」。做進步白鶴亮翅的時候，旋轉的手從手梢到肘、到膀和胯、膝關節、肘以及襠胯，整個形成一個渾圓整體的圓在走，一環套一環，循環無端。

吳忍堂太極拳照

如「一圓套一圓，無處不圓」。手臂在動的時候，襠胯也在轉，丹田內勁也在轉，意念貫穿，形成一體。全身都在動，但是從外形來講你看不到，都是意念貫穿在內裏走。

余功保

趙堡太極拳在技術風格和演練上有什麼突出的特點？

吳忍堂

武當趙堡太極拳舒展大方、優美規範、高雅文靜、飄然白鶴，以理精法備，不違背人的生理特點，大小適中，人人皆宜，大而不散，小而不拘。它展現了太極拳內涵深奧之哲理及博大胸懷，給人以美的感受及獨具的藝術享受。由深研習練追求高尚的文化品味及道德情操，不斷提高自身的文化素質及身心修養，具有獨特的養生之道、強身健體之妙術、延年益壽之功效。

武當趙堡太極拳的演練法則，以輕柔自然為原則，以中正平圓、輕靈柔活為用功方法，以柔求剛為目的，運動中以慢而

練柔勁，以勻感知靈活用。拳架自始至終，尚用意念而不尚用力用氣，自然輕鬆，純屬自然。以意念貫穿，纏綿運轉，陰陽轉換，一環扣一環，循環無端，一圓套一圓，無處不圓。勢如行雲流水，勁斷意不斷，運勁如抽絲，以外形帶動內勁，以內勁運之全身，促動四肢運轉。以勢斷或個斷，藕斷絲相連，周身相隨，合成一整體。並且輕而不浮，沉而不重，輕靈柔活，自然輕鬆，渾圓整體，能表現出太極拳的神韻味。

武當趙堡太極拳的套路訓練，具有完整的科學性、理義性、自然性。套路的訓練是把搏擊實戰雙方的攻式邏輯性地編排為不同角度、不同方向，反映了攻防招式的生剋變化的自然規律。由嚴格而規範的拳架訓練，為太極拳搏擊奠定堅實基礎。故武當趙堡太極拳功理博大精深，其功法外靜內動，反映靈敏變化無窮，深不可測，展現了太極拳一動無有不動、一靜無有不靜的內在機能和外在機能的能動性和靈動性。

拳架演練：以底盤帶動四肢行，支撐八面渾圓整，巧妙得知襠胯動，重心位移知量化，虛實變幻腳腿中，主七動三立開合，全在陰陽變化中，內外三合知相隨，大小關節相順從，手臂旋轉圓套圓。步法緊隨是關鍵。上欲動而下肢隨，下欲動而上領之，上下而動中節攻，中節而動上下合。梢領中隨膀力催，螺旋滲透延伸勁，

吳忍堂太極拳照

渾圓整體太極功。此為初學授課之要領。

余功保

養生是太極拳突出的社會功用。趙堡太極拳的養生原理是什麼？

吳忍堂

太極拳是以心行氣，以氣運身。由大小周天旋轉，使身體陰陽平衡，使心肺功能自然得以調理，吸入自然界的清氣，

吳忍堂太極拳照

呼出體內的濁氣，在體內進行氣體交換，保持呼吸道暢通，同時增進心機、心血、心氧的補充，防治肺心病、冠心病的蔓延滋生。由對心機、心氧的供給，減少高血壓以及腦供血不足。由拳架規範的習練，促進脾臟的運化功能，以及胃部的功能，保持消化道及胃部功能以補後天之氣血，促進先天心臟機能，得以全身陰陽平衡、調理，使人感覺輕鬆自然，擁有良好的精神心理狀態。由氣血調整使經絡暢通，對於慢性病和一些疑難雜症都有康復治療的效果。

透過太極拳的習練，能提高自身的文化素質和身心修養，追求高尚的文化品位和道德情操，達到心理和生理的平和。

練趙堡太極拳還能很好地調整經絡。比如雲手，以襠胯調整，手臂旋轉的時候，右手旋轉，心肝脾肺腎，手往上走的時候，襠胯在提，對腎臟、脾臟有好處，由運動旋轉的自然規律

走，對胃部功能及消化道有好處，在旋轉中保持自然呼吸和丹田腹式呼吸，對供血功能有良好的保護作用。

余功保

太極拳要養練結合，體用兼備。用就是技擊。請您介紹一下趙堡太極拳的技擊特點和原理。

吳忍堂

趙堡太極拳的技擊，以拳架習練為知己功夫，以推手習練為知彼

趙堡太極拳技擊術

功夫，以散手為靈化感知應變能力。趙堡太極拳推手搏擊中除了別家共有的方法之外，其獨到之處乃是：剛柔相濟，順絲相貼，含而不露，發勁暗而不顯形，勁道之法，千變萬化，連珠運用，硬如剛，軟如棉，滑如魚，黏如鰾。剛中有柔，柔中透剛，順勢借力，引進落空，四兩撥千斤，巧擒妙拿，狠捌彈發。知往返，往返必帶折疊，折疊之中必寓挫之，使其根自斷，乃毀之速而無疑。

趙堡太極拳的散手中，一勢多用，多勢連用，遠近結合，貼身短打，巧擒妙拿，體現自身內在潛能和外在機能有機配合的能動性，以展示趙堡太極拳靈動性的變化之道。拳云：「手到步不到，打人不得妙。手到步亦到，打人如薅草。」又云：「一步進襠，神鬼難防。」這就充分顯示了太極拳手法、身法、腿法與步法的有機結合。形成武當趙堡太極拳三盤二十四

法以變應變、隨勢而變、隨意而變的技擊特色。

余功保

請舉例說明趙堡太極的技擊用法。

吳忍堂

吳忍堂太極拳照

「一式多用，多式連用」。比如高探馬，一般來講有一到兩個打法，不同的打法在拳架的習練過程中，從不同角度、不同方向反映了風格變化的自然規律。而趙堡太極拳起碼有八種打法，包括順打法、逆打法等。打對方高探馬，對方速度比我快，我處於背勢怎麼打。如果對方對我打捋勁，我以襠胯調整，做從逆勢轉為順勢的打法，這就是從不同角度、方向反映了風格變化的自然規律，也就是一式多用。在實踐中，一招多法也叫一式多用。

「多式連用」。也比如高探馬，當我要接對方高探馬的時候，對方聽勁後退步，高探馬就用不上了，你不能就此靜止。從趙堡太極拳特別是悟清拳法來講，高探馬打不上，進一步就是白鶴亮翅，對方一進，我又把白鶴亮翅變為斜行，斜行走的時候他又進身了，我又變換為倒捲肱。這就是多式連用，結合在一起，綜合到一塊，順勢相接，絲絲相扣，沾連黏隨。如果沒有順勢相接，絲絲相扣，你怎麼能沾連黏隨？要遠近結合，和對方交手，對方不會推手，你還能說必須來推手嗎？

一般太極拳集中體現在貼身短打的變化上，所以在貼身短打技擊變化中，講的學的比較多，而遠的講的還有欠缺，不然太極拳難以與拳擊、散打來對抗。擒拿也是趙堡拳一個獨特的風格，在搏擊實踐中需要綜合應用，可以說在推手、散手中是非常重要的一環，佔有重要的分量。

在推手實踐中，拳架練不好，推手就體現不出來。從推手搏擊中，可以檢驗你拳架是否走得正確規範；再從拳架中體現你搏擊是不是到位，是不是掌握了裏邊的技能，二者相輔相成。如果對拳架沒有很好地習練和正確地掌握，推手也是盲目的。所以，推手實戰必須在拳架的基礎之上。

鄭老師教學生的時候，拳架練不好不許你推手。拳架的習練，是訓練知己的功夫，也是訓練自己聽勁的能力。和對方推手，則是一個懂勁水準的提高。散手的應用也就是王宗岳說的從聽勁到懂勁到神明階段的昇華。

余功保

您所練習的是鄭悟清先生傳下來的傳統套路，保留了古樸的本色。一共有多少個式子？它的結構是怎樣的？

吳忍堂

鄭老師教給我的套路一共是 75 個式子。每個式子都是一個完整的練法，所有式子貫穿在一起，又是一個有機的整體。

「二鄭」鄭伯英、鄭悟清老師學拳於和慶喜，侯春秀老師學的是張應昌那一派，都為 72 式。在這 72 式當中有的一式包含了幾個動作，比如玉女穿梭，包含了高探馬、懶紮衣；閃通背包含了四個動作在裏邊，這四個動作有機地組合完成了動作

的基本要領。現在所說的 108 式等，都是從趙堡 72 式分解出來的，只是名稱多了而已，實際演練法都一樣。

我們現在練的 75 式，是鄭悟清老師在實踐中發現後腳重力易輕，配合有一些不平衡不穩固，就在前邊加了三個小的白鶴亮翅，這樣的話一個進步可以達到陰陽平衡，使人身保持平衡狀態，而且在搏擊實踐中有獨到之處。

僅就趙堡拳而言，傳統的趙堡拳套路，是繼三豐祖師一脈正傳，保持了原有的古貌，每一個動作的編排都是合理的，具有完整的自然性，隨意多加動作或減少動作，就會使整套拳的結構破壞，傳統的東西就會走向歪曲。

三、萬物歸藏分陰陽

余功保

趙堡太極拳作為一個重要的太極拳流派，現在傳播越來越廣，習練的人不斷增多。怎樣才能練好趙堡太極拳？

吳忍堂

要練好太極拳，必須具備一定的文化素質和身心修養，要有良好的心態，有持之以恆的毅力。要具備一個「愛」字，用心去練、去學習、去鑽研，不能僅停留在拳架的基礎上。要不斷學習傳統文化以及醫學常識，結合運動學、運動力學，並不斷從理論上提高，並滲透於拳架之中，再從拳架演練中體現太極的原理。做到不違背人的生理特點，用科學的習練方法保持

太極拳固有的傳統本色。心理素質和持之以恆尤其重要，要取消浮躁、急於求成的心理狀態。冰凍三尺非一日之寒。

要練好趙堡太極拳，還要進行一些必要的基本功訓練和身體素質訓練。

如果不是業餘練習太極拳，不是普及太極拳層面，而是作為專業訓練，要考慮他的心理素質。心理素質非常重要，如果心理素質不強，在搏擊實戰中就很難達到預期目的。「眼尖、心狠、手要毒」，不具備好的心理素質，太極拳的搏擊是很難實現的。心理素質就是一項重要的基本功。

趙堡太極拳有站功、坐功、仰臥功、睡功，多與拳架配合練習，但是，現在很多人把這些功法都丟掉了。其實這些功法非常重要，尤其對想深造的人來講，和少林拳一樣，腿功、拳、掌，這些基本功都要練習。如果不這樣練，腿部的韌力和耐力很難達到需要的水準。

余功保

練太極拳有高架、中架、低架之說，趙堡太極拳提倡哪種架勢？

吳忍堂

在趙堡拳中有中平架，是很自然、很和諧的，不違背人的生理特點。練拳不要太高也不要太低。在一些基本功的習練中，如馬步、弓箭步、後仆步等，這些基本功不能違背生理特點。中平架要求尾閭正中、提頂吊襠、臀圍下收托住腹部，很符合人的生理原理，對人身體有好處。

對一般人來講，太極拳是養生、強身、健體的，強調架子

過低，對於一般人來講
有害無益。

余功保

我注意到您練習趙
堡太極拳時有很多纏
繞、旋轉動作，趙堡太
極拳是不是講螺旋勁？

吳忍堂

吳忍堂太極拳照

趙堡拳講螺旋、滲透、延伸，是立體的、動態的，但它不
同於纏絲勁。纏絲是靜態的纏，而螺旋、滲透、延伸，不僅包
含了纏絲、旋轉，而且包含從內向外、從後向前的勁力。勁取
於筋，力取於骨，氣浮於血，產生綜合的勁力。如果練拳沒有
三者和合交融的勁力，也就很難提高你的內丹功力。

這種螺旋勁是人體內外相合的，也是萬物與我相合的練
法。在旋轉中，陰陽合一，又虛實分明。

余功保

趙堡太極拳教學中有捏架之說，對提高學生的拳技水準很
有效，具體如何做？

吳忍堂

鄭老師教拳經常做示範。從拳架的習練上，他不但親身示
範，而且捏架；在推手上，也是給你餵勁，引導，一步步講；
教散手的時候就讓學生隨意來打，經常和我們試手。從理論到

大象無極——與趙堡太極拳名家吳忍堂的對話

實踐，從實踐到理論，只有反覆實踐才能練出真東西來，沒有實踐一切都是空的。

太極拳是拳，具有搏擊性，如果沒有搏擊性，就是藝術體操，不可能稱為完整的太極拳。要達到這個程度，採用捏架的辦法很有效。捏架就是老師手把手教，手把你的身體一點一點地擺，隨你動，給你校正。老師很辛苦，但學生很有收益。過去鄭老師一點一點給我捏架，我後來教學也給學生捏架。

余功保

您談到技擊，那麼練趙堡太極拳是如何提高技擊水準的？

吳忍堂

趙堡太極拳的技擊水準是從拳架中檢驗、體驗的，技擊不

趙堡太極擒拿術

盈虛有象——中國太極拳名家對話錄

能離開拳架而練。作為一個太極拳的搏擊者，如果不會練太極拳，那你絕對打不出太極拳的搏擊實質來，你只能傾向於現在一般的摔跤，是拼死力的做法。要提高太極拳搏擊技藝，必須從拳架著手，練好拳架，從拳架的聽勁做起。

與人交手時要強調重心與中心，這兩者是有區別的。中心是人體的中心，重心則是中部往下的重心。搏擊中不是只有蠻勁的東西，而是有技術和技巧的運用。技術就是從拳架中去體現，拳架是怎麼練的，和對方交手就應該怎麼用，如果拳架練不到家，搏擊、推手也用不出來。

技巧是一種綜合的運用，在招法的基礎上以應變能力掌握自身的平衡，以及虛實的變換和陰陽轉換，腳步、步法、腿法、身法、手法，也就是五行為綱，八法為先鋒，五行與八法的有機結合，才能實現搏擊。

趙堡拳以五行為綱，在八法裏又滲透了八種方法，形成五行十六法的結合，才能演示出三盤二十四法的技擊效果。

余功保

太極拳技擊中，有招法，即具體的動作。也有勁力，就是招法的威力。趙堡太極拳的招法和勁力關係是怎樣的？

吳忍堂

勁力包括勁、氣、力三者的和合交融，這就是練習丹田內勁的一種功法，如果沒有勁力，就產生不出效應。太極拳打的是哼哈二字。哼哈是什麼？哼哈就是趙堡拳裏邊內勁的彈發。招法是死的、機械的、呆板的，招法和勁力的有機結合才能產生以變應變的適應能力，兩個相輔相成。從某種角度來說勁力

比招法更顯得重要。

余功保

您前面提到「聽勁」，這也是太極拳的一個重要概念。很多拳家也認為聽勁是太極拳技擊能力的基礎，有了聽勁的能力，才能有效地化勁、發勁。您怎麼看待「聽勁」？

吳忍堂

聽勁實際上就是感受勁力，與對方接觸，靈敏地感知對方。如果你不貼身、貼手，根本聽不到東西。就像我在牆這邊，你在牆那邊，能聽出來嗎？所以聽，包括幾種含義，首先是耳聽，還有手感觸的效應，也有磁場的反應，就是人體的綜合感知能力。

余功保

開始練拳的時候，難免會出現各種各樣的錯誤。如果能介紹或有效地避免一些錯誤，是練拳的一個重要捷徑。練習趙堡太極拳容易犯的錯誤是什麼？如何避免？

吳忍堂

習練趙堡太極拳最容易犯的錯誤是心裏浮躁、急於求成。還有就是從拳架來講，容易犯沒有按照「底盤帶動上肢行」的走法走，只是樹枝擺動，沒有帶動根基。

「巧妙得之襠胯中」，太極拳內涵深意在襠胯調整，而有些人往往練的不是襠胯走動，而是腳步在移動。重心位於襠胯，重心的位移並不是在手上，而是在腳腿中，重心位移不是

上肢位移。

大家都知道內三合外三合，如何運用？如何在拳架中體現？可能有一些人就未必知道了。外三合而言，膀與胯合，怎麼合？鬆沉旋轉、逢轉必鬆沉，由內向外。如果旋轉時沒有鬆沉二字，你就是硬扳過去的，即使你鬆沉了，沒有內旋與外旋，身體就懈了。

有些人說「腰要鬆」，腰為中軸，中軸能懈嗎？如果中軸懈了，腰部鬆了，其他的不都散了嗎？從軀幹來講，襠胯是垂直鬆沉，只要是垂直鬆沉，「中」就永遠不會彎曲，也不會懈，腿永遠是支撐的力。

運動狀態中要鬆沉。比如鷂子翻身，如果不鬆沉，旋轉就是硬扳過來的，也達不到力量平衡。在這勢走的時候，沒動之前，要鬆沉，從內向外旋轉，襠胯動，帶動上邊，鬆沉旋轉而過，平穩輕巧。旋轉運動是從內丹裏邊來走，而不是從手勢帶它走，這就叫逢轉必鬆沉。鬆沉有內旋、外旋之分，從外向內旋轉叫內旋，從內向外翻轉叫外旋，無論內旋、外旋都是以襠胯調整，以丹田內勁來運用。如果不具備這幾點特點，那就是樹梢擺動，只是手臂劃一下，那是體操的形式。

注意掌握這些要領，就能有效地避免錯誤。

余功保

「背絲扣」是趙堡太極拳中一個獨特的概念，它的含義是什麼？

吳忍堂

背絲扣是趙堡太極拳第九代宗師杜元化提出的，有人講是

吳忍堂太極拳照　　　　　　　　吳忍堂太極拳照

陰陽翻轉，這句話也對，但是不完整全面。

　　背絲扣，打開橫膈肌，使手足六陰和手足六陽同時旋轉而上，經過督脈到命門兩旁的腎俞腎陽，陰陽旋轉合成一氣，順著督脈向上行，以蛇爬樹的形狀往上走，大小周天都走了，一個陰陽的翻轉運動變化。陰陽包含的東西很多，什麼是太極？太極就是陰陽，兩種狀態、兩種性質統一的必然結果。

　　背絲扣在趙堡太極拳的每個姿勢中都可以體現，實際上是內功的練法，也可以作為單獨的內功來練習。比如懷中抱月，手向兩邊旋轉，兩手旋轉同時立身中正，形成脊椎骨裏邊的一個陰陽翻轉，以督三陽、任三陰交融回合形成一個旋轉的姿勢，旋轉融合化為一體，下行歸於丹田。

　　余功保

　　您如何理解「用意不用力」？

吳忍堂

「用意不用力」是對高級境界來說的，初學者未必適應。用意，是指大腦思維起主導作用，意在先，拳訣說的「意氣君來骨肉臣」，就是意念引導動作。人的行動受意識支配是生理學的常識，但用意過重，大腦思維過度集中緊張，反而形成僵化。「不用力」是指不用後天拙力，但不能說不用人體本能之力。所以，

吳忍堂太極拳照

鄭悟清老師在授課中講，尚用意念而不尚用力用氣，自然輕鬆，純屬自然。

余功保

趙堡太極拳有大架、小架之說。在練習中如何選擇對待？

吳忍堂

大架、小架的套路都是一樣的，只是練法不同。按照鄭老師的說法，一個比較全面的太極拳家，大架、小架都應該練。有一句話叫做「大而不散，小而不拘」，大不是無止境的大，要因人而異，我的個子一米八幾，非要把架子練得很小，自己練得也不舒服。反過來，一米五幾的個子，你讓他把拳架練得太大，也違背人的生理特點。所以叫「因人而異，大小適中」。

鄭悟清老師比較有文化，從傳統文化、太極哲理、醫學道理和黃帝內經等角度研究，並在內練時融入這些東西。他常講「因人而異，大小適中」，同時還說「粗人粗學，細人細學，文人文學」。人的文化素質和理解水準有差異，太極拳的習練並不是每個人都能夠達到一定的境界，必須具備一定的文化素質和身心修養，必須要學習傳統醫學和現代運動學，否則你只是一個練拳的。

我跟著鄭悟清老師習練的時候，只有十一二歲，是從練長拳過來的，所以腰腿比較軟，鄭老師教我的就是大架。

大架和小架，動作的大小和內練基本上是一樣的。大架練出來，襠胯的調整能力，腿部的韌力、耐力要比高架好得多。大架練到一定程度，隨著年齡的增長，大架再逐漸改為中架和小架。就如書法一樣，大字、中楷、小楷，如果光會練大不會練小，還不算是一個練家。

鄭悟清老師教我們的時候說「先練 10 遍大架，後練 5 遍小架，長年累月日日在練，功到自成。」

余功保

太極拳是內練的一門功夫，趙堡太極拳的內功如何練習？

吳忍堂

趙堡太極拳內功的練法有多種，有由心肺功能的呼吸、皮毛呼吸以及丹田內轉來鍛鍊，還有就是由意念的、內勁方式來鍛鍊。

內練一口氣，外練筋骨皮。內功是以勁、氣、力的綜合運用，勁取於筋，意取於骨，氣浮於血而產生勁力，並由拳架姿

勢的協調運轉產生能量，能量的釋放具有滲透、延伸、渾圓整體有機結合的功能。內勁的修練以丹田內修為主。

內功與內勁都是透過拳架的修練，離開了拳架姿勢的訓練就談不到內功了。所以，所謂的練內功也是在練拳架，在拳架中體現。傳統武術的練功法都是從拳架裏邊練出來的，無論採用單式練、套路練還是串練，都是在練。

內功在很多時候要由內勁來表現。內勁就是丹田裏含的勁、氣、力的綜合運用，掤、捋、擠、按只是招法、手法，有了內勁八法才能行使，沒有內勁，八法只是一個外在表現。

內勁與一般的力有本質區別。如果光是力，是一個死的，是外在的。內勁也就是陰陽之力，勁力的變化也就是陰陽的變化，所以王宗岳說「太極之母，陰陽也」。整個的拳架處處表現陰陽，陰陽又表現出諸多的方法，無論哪種方法都是陰陽的轉化。

吳文翰簡介

吳文翰，1928年生，河北省南和縣人。武式太極拳名家、太極拳研究家。

從師李聖端學習武式太極拳。1986年、1989年曾先後應邀作為武派太極拳代表參加第一屆、第二屆全國太極拳名家研討會。長期堅持武術理論研究，在太極拳史、太極拳理法等方面有深刻造詣，在各類武術雜誌發表論文數百篇。

作為武式太極拳名家，多次應邀參加各種國內外重要太極拳交流、學術研討活動，做名家演示和專題報告。如2002年9月在北京舉辦的中日韓太極拳交流大會、2003年12月在廣州華南師範大學舉辦的「太極拳國際學術論壇」、2005年焦作國際太極拳交流大會等。曾被聘為第二屆、第三屆世界太極拳修練大會太極拳導師。1998年第5屆中國永年國際太極拳聯誼會被授予「特級大師」稱號。2002年中國永年國際太極拳聯誼會被授予「功勳杯」。其弟子在國內外太極拳比賽中獲得了多項優異成績。多年擔任《武術健身》特邀編輯、《武魂》雜誌編委。著有《武派太極拳體用全書》等書。

為河南省鄭州市武式太極拳研究會名譽會長、河北省石家莊市武派太極拳專業委員會導師、北美洲武（郝）派太極拳總會名譽會長，並擔任國內外多家太極拳組織顧問。

文武千古是
——與武式太極拳名家吳文翰的對話

拳要養。

以氣養，熄盡火氣，剛柔互含，生機綿長。

以文養，文為拳膽，氤氳淘煉，吐故納新。

無文，武則過烈，火雖熊熊，乾柴有終，淪為餘燼。

太極拳的發展正是以「文火」溫養出「不動如山」的堅毅與沉雄，展現中華民族內斂勃發的千古氣度。

歷來大家者，不乏文采縱橫之士。一部《太極拳論》，解拳入髓九分，字裏行間洋溢的才學，是一篇能讓人感動的佳作。

文須與武合，和其理，和其神，和其昂揚挺拔之內在激情，否則，空中樓閣，失之弱贏，紙上談兵，無根浮萍。

大凡經典拳論，無不文武結合，相得益彰。所謂文，為禮、為理、為裏，包融在筋脈骨架中的洋洋灑灑；所謂武，為力、為利、為立，一笑破陣，萬般變化，鐵騎突出，無堅不摧，無快不過，立於不敗之地。

讀古拳論，要用心、潛心、精心，以得其真。我們更期待出現許多有價值的新拳論，新新拳論，延續千古文武氣脈。

文武千古是，得失自在心。

余功保

一、正本還原，清濁在心

余功保

作為一位太極拳研究家，您也長期從事武術刊物的編輯工作，積累、接觸了大量的太極拳資料，在太極拳的源流、發展等方面做了很多研究，也發表了許多這方面的文章。您認為太極拳的源流問題對它的發展有什麼意義？

吳文翰

源流問題是一個學術問題。學術的研究是個客觀的認知過程，以真實、科學為基本原則。太極拳的源流一直是太極拳研究的主要課題之一，它對於全面、深刻地瞭解、認識太極拳具有重要意義。對於過去的客觀研究、評價是為了挖掘太極拳的文化、社會內涵，更有利於將來的發展。

余功保

知來嚮往，歷史從來都是對未來有借鑒作用。

吳文翰

源流的、歷史的問題也很複雜，現在能搞清楚的，盡我們的可能去搞清楚，現在一時搞不清楚的可以認真探索，但要秉承一個公正、客觀的態度。

余功保

研究源流問題要有兩心，一是良心，不用功利主義的思維去做，不故意歪曲歷史，或不負責地輕率下結論；二是有慧心，善於撥雲散霧，有科學的素養，有正確的研究方法。

吳文翰

對，這是對太極拳源流研究的基本要求，要澄清，還原，不要給後人添亂。

余功保

根據您的研究，武式太極拳的發展是怎樣的？

吳文翰

武式太極拳發源於河北永年。永年人楊露禪原來在陳家溝隨陳長興學拳。陳長興是個農民，當時還做保鏢的生意。楊露禪回到永年後以教拳為生。楊露禪的同鄉拳友武禹襄，為清貢生，出自武術世家。從小跟隨父親武秀才武烈練習紅拳和騎射擊刺之術。因為楊露禪從陳家溝學來的拳術跟永年當地的大洪拳、小洪拳之類都不一樣，是另外一種拳術，當時老百姓叫軟拳、棉拳、滑拳，所以武禹襄很感興趣。後來武禹襄的大哥武澄清中了進士，授職河南舞陽縣知縣，武禹襄去舞陽省兄，經永年太和堂店東介紹，禹襄繞道溫縣趙堡鎮拜訪了當地名師陳清萍。

余功保

陳清萍也是太極拳發展史上很重要的一個人物。他和武式

太極拳、趙堡太極拳都有密切的關聯。

吳文翰

武禹襄也跟隨楊露禪學拳，並且幫他成立家室，還資助他回陳家溝繼續學。也就有了楊露禪三下陳家溝的故事。當然故事的版本很多。

武禹襄像

為了進一步弄清太極拳，武禹襄拜訪了陳清萍。陳清萍的父親、爺爺都是陳家溝的，遷到王疙瘩村，不當農民了，改開糧店，在趙堡鎮娶妻安家。

陳清萍是跟陳有本學的。陳有本當時在當地很有名氣，比陳長興名氣大。可以想像，陳清萍到外地教拳也得先在當地拜一個師傅做靠山，所以一個人有幾位師傅也不足為奇。

有個民間傳說，說陳清萍遇到了個土地官司，舊社會土地關係很複雜，過戶問題，一打官司就有很多人敲竹槓，他又是外地人，武禹襄就托關係幫陳清萍把官司搞定了。並因而從陳清萍那裏學到了很多拳術奧秘。

武禹襄離開趙堡後，又受到其他經過地方的拳術的影響，這些不同地方不同拳術的影響都成為後來他寫理論的要素。

【鏈接】

武禹襄小傳

武禹襄，名河清，號廉泉，以字行。生於清嘉慶十七年（1812），卒於光緒六年（1880）。直隸省廣平府永年縣人。

廩貢生，候選訓導，贈封中憲大夫，兵部郎中加二級。武氏自明初從山西移民至此，到武禹襄已是第七代，為永年四大望族之一。其曾祖父諱靜遠，曾充衛千總。其祖父諱大勇，武生。其父名武烈，庠生。禹襄昆季三人，長兄澄清（1800－1887），咸豐二年壬子科進士，官河南省舞陽縣知縣；仲兄汝清（1803－1887），道光二十年庚子科進士，官刑部四川司員外郎。兄弟三人，學兼文武、瞻材亮跡，並聲於世，世稱「三武」。

余功保

武禹襄是個融會貫通能力很強的人。在太極拳理論上的貢獻獨樹一幟。

吳文翰

舞陽縣有個碼頭，水路運輸發達，陝西、山西人在那裏做生意的很多。他的哥哥武澄清在舞陽碼頭附近的一個鹽店裏發現了王宗岳的《太極拳譜》，把它交給了武禹襄，這在當時可以說是無價之寶了。

把拳譜帶回永年後，武禹襄便開始專心研究太極拳，無意仕途，放棄科考，終身致力於太極拳術的研究。

余功保

這樣中國少了一個科舉文人，但多了一個大太極拳家。

吳文翰

但是武禹襄畢竟出於大家族，不可能在社會上教拳，因為教拳當時是被社會所看不起的，所以徒弟只有李亦畬、李啟軒

及楊班侯三人。

武禹襄和楊班侯的關係挺好。楊班侯這個人念書不行，學拳帶勁，所以後來武禹襄就教他楊露禪的太極拳。武禹襄只教了這幾個人。後來李亦畬和李啟軒也不是專門教拳的，也不大教拳，跟他們學拳的也有一些，比如葛福來，但是後來都不是很出名。再傳的徒弟也很少，最有名的就是郝為真。

郝為真是個糧食店的小夥計，但是他長得膀大腰圓，開始學弓箭，跟李亦畬老先生學拳。李老先生是大戶，解放以後就沒有了房子。我看過圖，大宅院。他們吃米吃麵不是像農村小戶人家自己磨，都是糧店來送。

郝為真是糧食店的小夥計，就給李家送糧食，送完糧食以後本來任務就完成了，但他又掃院子，都弄好了再走，有一次就被李亦畬老先生發現了。這麼一位彪形大漢、虎頭虎腦地在那掃院子呢，這爺倆就攀談起來。李亦畬老先生就說像你身體這麼好，談著就談到了武術上，他就說最喜歡李老先生的拳法。李亦畬老先生就說那好，我教給你一手，就教給他一個懶紮衣。其實這對李亦畬來說就是當時一高興，教完以後就再也不記得這事了。可是郝為真就開始苦練。

一晃眼三年時間過去了，有一次李亦畬又在他家院子裏看到郝為真，就問，我那天教你那手你還會不會。郝為真說會，我給你練練。李亦畬一看，只教了這麼一手卻下了這麼大的工夫，認為他是可造之才，就開始教他拳。

他們兩人的身份地位相差很懸殊。李家是書香門第，一般老百姓見他們得叫老爺。舊時候沒功名的要見有功名的得對人家非常客氣才成。李亦畬因為覺得這個小夥計是可造之才所以教他。李亦畬後來還給郝為真一些錢，讓他自己開了個糧食

鋪，告訴他，你就當掌櫃的吧，這樣的話就有時間跟李亦畬老先生學拳了。兩個人私人關係很好，一下學了二十多年。郝為真除了跟李亦畬學以外，還跟李亦畬的兩個兒子也學過。李亦畬有兩個兒子李寶廉、李寶讓，就是李石泉，李光藩的祖父。李亦畬去世以後，他們當時都還很小，李寶廉也就是十五六歲，都還未成年。郝為真就經常到他家去看看師娘，另外看看家裏有沒有什麼事，一個大家庭總得有個男的去處理這些問題，照顧了好長時間。

郝為真不像李亦畬，他的經濟狀況一般。他有兩房妻子，第一房妻子姓蘇，生下兩個兒子，前房夫人去世以後又娶了一房王氏夫人，生了兩個兒子，跟兩個哥哥歲數相差很遠。家庭複雜，經濟又不是很寬裕，郝為真後來就教拳，可以掙一部分錢。當時郝為真在邢臺的名氣很大，在《邢臺通史》中，從開天闢地一直寫到清朝結束，中間有這麼一段說，邢臺的太極拳是由郝為真傳來的，在邢臺教了不少的徒弟，最著名的徒弟有三個，第一個就是李寶玉老師，第二個就是我的老師李聖端，第三個就是郝中天老師。

到了民國年間，他曾經到過北京，碰到了孫祿堂，就把這趟拳教給了孫祿堂。1914 年，郝為真回到永年以後，永年十三中學校長劉延高請他到學校教太極拳，這也是太極拳正式進入學堂。

【鏈接】

李亦畬小傳

李亦畬，名經綸（1832～1892），出身書香門第，同治元

年（1862）壬戌科舉人。李啟軒，名承綸，光緒元年（1875）乙亥科舉人。二人文學賅備，名噪一時。因受舅父禹襄公影響，放棄仕進，致力於太極拳藝之研究，以亦畬成就最大。武延緒在《李公兄弟家傳》中對此有詳細記載。亦畬除著有《五字訣》等著名拳論外，並於1881～1882年間將王宗岳拳譜、武禹襄拳論益以己作，手書三冊，一冊自存，一冊交胞弟啟軒，一冊授弟子郝和，俗稱「老三本」。這批經典文獻的完整保存，爲後人研究和發展太極拳起到了重要作用。

李氏昆仲均爲邑紳，子弟以誦讀科舉爲業，亦畬公之弟子僅同邑郝和、清河葛福來二人。唯郝和得其真諦，演爲一派，名聞海內。亦畬公有子二人：寶廉、寶讓；啟軒公有子三人：寶瑭、寶箴、寶桓，亦習太極拳。

余功保

永年十三中在武式太極拳發展史上有特殊的意義。把太極拳引入學校，在20世紀初就已經開始了。

吳文翰

郝月如原來在小學教，郝爲真去世以後十三中就改爲郝月如老師教了，一直持續到1929年郝月如老師到上海教拳。

余功保

應該說武式太極拳的產生過程是比較清晰的。其實太極拳分流派是後來的事，開始並沒有分。

吳文翰

對，太極拳最早叫「十三勢」，從陳鑫老師的書就能看到。傳到永年以後這個拳還叫「長拳」或者「十三勢」。太極拳這個名字講起來還是從 1852 年武禹襄得到王宗岳的拳譜以後，以王宗岳拳譜為主要精神支柱，逐漸叫太極拳。

太極拳的流派也是先從永年產生的。

民國初期，清朝後期，那個時候永年是一個很小的縣城，不像現在。廣平府是一個很大的地方，當時在廣平府城裏教拳的是郝為真，在城外教拳的是楊露禪的孫子，二人風格不同，當地老百姓為了區別他們倆教的拳，就把一個叫「楊架」，一個叫「郝架」。郝老為不同意這個叫法，他說要那麼說的話，我教的就是「李架」，要不就叫「武李架」，但是無論是李架還是武李架都沒叫起來。民國三年，他到北京教孫祿堂的時候，他還說叫「李架」，但是因為武式太極拳是主要由郝為真和兒子傳播開的，所以徒弟們都還是叫「郝架」。這應該說是太極拳最早的流派，從永年開始出現的。

從文字上，1930 年左右，《山西體育》旬刊上有位馬先生寫了一篇文章，在探討當時的太極拳時，把當時所看到的太極拳分成三個流派：廣府的楊派、廣府的郝派、第三個是陳溝太極拳。一直到 1949 年，都是說什麼「派」，沒有叫「式」的，也沒有叫「架」的，「架」是口頭說法，文字上都叫「派」。到了 50 年代，創編了 24 式，後來順理成章出了傳統太極拳陳式、楊式，所以「式」這個字是從 50 年代 60 年代才開始。當時有很多人反對這個講法，這樣的文章我也見過，你叫 24 式他不反對，但是反對楊式、武式這麼叫，認為還是應該叫「派」。

余功保

武式太極拳在一些地方也被人稱為郝式太極拳，這兩者的關係您認為是怎樣的？

吳文翰

郝式就是武式，武式就是郝式，沒有太大的區別。因為這套拳包括理論、推手、技術都是武禹襄老前輩創出來的，繼承是李亦畬和李啟軒兩位

郝為真先生
（1849-1920）

老前輩，有些發展，後來又是郝為真，又有些發展，但這個發展是一脈相承的。武派太極拳的創始人是武禹襄，繼承發展是李亦畬，傳出來是郝為真。為什麼會有這樣的問題，或許因為這套拳在傳承過程中和楊式、陳式不一樣，武派確實存在三代有三個姓這樣的問題，但是東西是一樣的，只是不同時期叫的名字不同。

「文革」後，在邯鄲、永年，既有郝式又有武式太極拳研究會，這跟政策有關。當然也有很多人有自己的想法，說自己才是武式，其餘的是郝式，說李亦畬之後都是自己編的，不是武式。這是個別人自己的想法。

【鏈接】

郝為真小傳

郝和，字為真（1849-1920），永年人。秉性敦厚，體貌魁

偉。因家道貧寒，在糧店傭工，膂力過人，能左右手各平舉百餘斤重之糧袋。從李亦畬公習太極拳，專心致志，二十年如一日，造詣精純，猶不自矜。武、李二公所著拳論言簡意賅，非言傳身演不能窮其精妙，獨爲眞能傳其竅要，深得亦畬公垂青，視爲衣缽傳人。亦畬公晚年每逢有人前來訪問拳技，多令爲眞與之周旋，足見對其器重。常置椅於尋丈外，爲眞能投人安坐其上，屢試不爽。又能手引壯士使其不能自主。

平日習拳以虛靈爲主，因循爲用，其功在動以習靜，而靜不撓於動；靜以處動，而動不離於靜；其法始於守中，中於行氣，歸於凝神致虛，以故習太極拳者咸師焉。武派太極拳遂廣傳於冀、魯、豫等地，武禹襄所創學派至此才得以弘揚發展，與溫縣陳氏太極、北京楊氏太極鼎足而立、爲20世紀30年代太極拳的擴大發展、流派繁衍奠定了良好基礎。

馬立伯在《太極拳派別》一文中說：「近代太極拳共分三派：一曰河南陳家；二曰永年楊露禪；三曰永年郝派，即爲眞先生面師事李亦畬先生者也。……郝派尤長應用，至練習方法，亦較簡捷。其所授架式最爲緊湊，如幹枝老梅，枝葉全去，路數簡便，而又最經濟，洵不負武、李兩家之教授也。故今之述郝派者，必追溯及李家與武家。蓋武、李兩先生皆爲書香世家，故發揮精義頗多，眞太極拳之功臣也。」

爲眞先生授徒甚多，能得其技藝者，除次子文桂外，永年有李福蔭（1892－1943）、張振宗（1882－1950）、韓欽賢（1885－1958）、范述圃（？－1948）；順德府（今邢臺市）有李聖端（1888－1948）、李香遠（1889－1961）、王延久（1880－1955）、郝中天（1891－1968）、申文魁、申武魁；清河縣有閆志高（1882－1961）等；餘如任縣王其和（1885－

1930）、劉東漢；隆堯孟和春、毛根元、郭三剛等先生也都直接或間接受過爲眞先生的指導。

爲眞先生成名後，仍潔身自好。光緒末，直隸總督袁世凱重金禮聘爲眞先生赴津教其子侄，並煩廣府胡月舫太史就近敦勸。以「戊戌變法」故，清流多不齒袁氏，爲眞先生托詞年老有病堅辭不就，後薦陳秀峰以代。民國三年爲眞先生進京訪友，蒲陽孫祿堂慕先生之名，延其家執弟子禮。爲眞先生因水土不服偶患腹瀉，祿堂請醫煎藥服侍，感其厚意，遂授以太極拳藝。自京返里後，應省立永年十三中學暨縣立高級小學之聘，到兩校任教，爲太極拳步入正規學校之始。由於爲眞先生傳人較多，對普及和發展武派太極拳做出了卓越貢獻。

余功保

武式太極拳在全國各地都有流傳，這些不同地方的拳架是否有較大的區別？

吳文翰

我開始學拳時是上個世紀 40 年代。我除了跟邢臺老師練之外，跟永年老師也練過，包括李家的老師我都見過，大同小異，區別不大。但也有一些不一樣的地方，如「懶紮衣」的出手，我們老師是在肘這個地方；「單鞭」也不一樣。類似小的具體地方有區別，大的地方沒有。這是解放之前，區別不大。

後來，我再看到上海、永年、河北、東北就都有很大區別，五六十年代教拳都是以鍛鍊身體為主，不是以技擊為主，這種改進合情合理。郝少如六七十年代出版的武式太極拳不到 100 頁的小薄本，都是穿的西服褲子、皮鞋練，適合上海那個

時代。永年的練法也有一些改進。我小時候的練法，合手、震腳，其他的地方沒有太大區別。武式太極拳要求每個式子裏都有起承開合，就像毛筆字起筆、行筆、運筆一樣。

武禹襄老師為了拳打得飽滿，做得周到，就把起承轉合運用到武派太極拳裏，不然就有可能一帶而過，有可能拖泥帶水，這是武老前輩定的。這是很自然的，是為了技術上的，不是為了其他的。所以我經常說不要為了這些技巧上的區別而爭議。東北的拳術區別就比較大，包括鐵嶺、錦州，不是一個老師傳的，有的把形意拳、八卦融到裏邊，比如「懶紮衣」。總體來說東北區別比較大，上海架式比較高、好練。河北的拳架也不都是完全保持原來老師教的樣子。就像我今天練的，有很多不好練的我也針對自己身體情況修改了。還有很多是根據養生的特點或者是根據老師身體的情況修改的。

余功保

改拳一直是武術界比較敏感的一個問題。其實在傳承過程中，一定會有變化的。每個人的領悟能力不同，身體狀況不同，興趣愛好不同，練的拳一定有差異。有些改動是風格上的，有些改動是要領上的，有些是習慣上的，還有些是原則上的。對拳的變化要有一個辯證的、客觀的態度。

不可能不改，但又不可以亂改。

另外，改了不一定就代表開宗立派，開宗立派那是要有天才的改動，是水到渠成的成熟，不是憑空臆造就能實現的。

吳文翰

太極拳根據養生所做改變是一個很大的進步。中國的武術

吳文翰和各流派太極拳名家在焦作太極拳年會上

不管什麼拳，大都在明朝中葉、末年傳出來的，有的是清朝以後傳出來的。從戚繼光、俞大猷他們寫的作品就可以看出來，他們的作品主要目的是為了戰爭，以兵器為主，想方設法把對方殺掉，而且是群戰的形式。

到了清朝以後，有名的幾部著作，比如梅花拳的著作、王宗岳、萇乃周的，他們最大的特點就是以拳術為主，不以兵器為主，因為當時國泰民安，適應社會發展。清朝統治者不希望漢族舞刀弄槍，所以，清朝的武術著作都是以拳術為主的。武禹襄、李亦畬寫了那麼多東西，基本上都是太極拳，沒寫過太極刀、劍。是他們寫不出來嗎？當然不是。

到了永年之後，老百姓練的太極桿實際上也就是太極槍，把槍頭去了，白蠟桿就不是武器了。隨著社會風氣、時代的改變，政府的態度在逐漸變化，所以，現在太極拳也就逐漸以養生為主。但是作為一種武術，它當然可以技擊，問題是怎麼

用。練習太極拳的基本上就分成三種人了，一種年輕力壯的，小夥子們還是以技擊為主，想當技擊高手；但是更多的是以健身為主，中老年人；同時因為太極拳有藝術性，可以表演，很多年輕人也喜歡。所以，武術一定要隨著社會的發展而發展。

余功保

發展就是進步。有些核心的東西可以恆定，但形式上的一些東西是允許變化發展的。功能在不同時期側重點不一樣，太極拳在現代社會裏，養生、文化修養是最突出的部分。

您認為太極拳，包括武式太極拳，今後應該怎樣發展？

吳文翰

太極拳畢竟是一種武術，但是是特殊的武術，跟中國古典哲學、文化、傳統道德融合到一起的，這和其他武術不大一樣。

余功保

應該說它承載的中國傳統文化的資訊最為豐富，最為生動。研究中國文化，學習太極拳是一個很便捷的突破口。我曾經建議北大的古典文學、古典哲學專業的學生要下點工夫研究太極拳。一些哲學教授也同意我這個觀點。

吳文翰

所以，太極拳已經不再是一種單純的武術了，而是一種專門的學術，就像《紅樓夢》《水滸》一樣，有多少專家專門研究。紅學、水學，可以從不同的角度來研究，今後也應該把太極拳作為一種學術而不是簡單的一種拳術、健身術，應該從不

吳文翰在全國太極拳研討會上發言

同的層面進行研究。

什麼叫太極拳文化，太極拳的文化究竟包括些什麼，從學術、理論、哲學思想體系來講都包括些什麼，傳統道德、武學角度都包括些什麼。這些都非常值得研究。

比如從武學這個角度，王宗岳的太極拳論、武禹襄和李亦畬的拳論，不僅是武術的技擊文章，也是很好的散文。另外，太極拳的醫療作用確實練好了很多病。為什麼能夠治療病，為什麼能夠有這種效果，從醫學上也應該研究。我們目前對太極拳的健身原理的研究還非常落後。

余功保

我們應該清醒地看到太極拳研究中的滯後性。太極拳的研究，幾十年來雖然取得一些進步，但步伐還不大。比如我們現在還經常引用的依然是幾十年前的研究成果。在養生原理上系統性研究還不夠。

吳文翰

不足的地方還有很多。清朝之後有很多太極拳的好作品，為什麼我們不把這些優秀的作品集結起來呢？

太極拳是一種學術，不要把它單看作武術，單看作健身，那就把我們的太極拳看得太輕了。我們應該珍視珍寶。要依靠領導的重視和輿論界的重視，才能提高群眾的認識。現在雖然練太極拳的人多，研究太極拳的人卻少而又少。

余功保

高水準的研究人員更少。

吳文翰

很多太極拳雜誌都非常艱難，這也反映了練太極拳的人多，重視研究太極拳的人非常少。如何讓人們重視太極拳？必須要大力提倡。

太極拳在解放之前有一定的社會效應，做官的、軍隊的高級官員、大的工商老闆都練習太極拳，認為太極拳文明時尚。在這樣的情況下，太極拳就會有發展，所以要往高層次走。

當代太極拳的發展，幾位領導的題字也很有推動作用。比如鄧小平題的「太極拳好」，對太極拳發展起到巨大推動作用。太極拳是民族瑰寶，領導必須重視，輿論應廣泛宣傳。應該改變我們武術目前自生自滅的狀態。

余功保

武式太極拳現在是國內外具有重要影響的太極拳流派，在

吳文翰作為武式太極傳傳人代表參加全國太極拳交流活動

世界很多地方都有習練者。其中在國內，好像河北、北京、上海、東北、山西等地傳播較廣。

吳文翰

這些地方的確是武式太極拳發展較為突出的地區，這也和它的歷史發展相關聯。

永年是武派太極拳創始人武禹襄及重要發展者李亦畬的故鄉，在國內諸多地區廣傳武派太極拳的郝為真也是永年人。近代永年的拳師李遜之、李福蔭、范述圃、張振宗等均師從郝為真。現代永年習練武派太極拳者，大多為這些拳師的傳人。也因為近代永年主要拳師師從郝為真，因此，從拳架套路的演繹風格來看，與上海郝氏後人大致相同。

姚繼祖是永年現代武派太極拳的代表人物。從 20 世紀 50

年代後，永年與國內很多地方一樣，武術活動的開展受到了限制。到 70 年代後期，國家重新組織武術挖掘整理工作以後，永年的太極拳活動重又掀起了一個新高潮。姚繼祖先生因個人原因的巧合，都沒能應邀參加 1986、1988 年舉辦的兩屆太極名家研討會，比較遺憾，但留下了他的幾封來函和幾幅照片。姚繼祖先生在永年培養了不少武派太極拳愛好者，其中現在較為活躍的有鍾振山、翟維傳、李劍方、冀長宏等人。

最早在東北地區傳播武派太極拳的，要算郝為真的傳人閻志高了。現在東北地區的武派太極拳愛好者，大都為閻志高的再傳弟子。閻志高少年時習少林、形意、八卦，後偶遇郝為真，為郝氏拳藝折服而改練太極拳。閻志高先生青年時可算是武迷，研習太極拳後，時常練單操勢，百千遍地練。他好學揣摸，深得太極精義。其後，閻志高出入京、津、河北一帶，以武會友，與當時的武術家李存義等人交往甚密。到 20 世紀 40 年代，閻志高應燕北武術界友人之邀，到瀋陽傳授武派太極拳，開始將武派太極拳的拳械傳於東北一帶。據說閻志高在 10 多年間授徒 600 餘人，得其中技藝者幾十，較為突出的有陳明潔、卜榮生、劉常春等人。據東北的閻氏傳人回憶，閻志高在拳術應用時，常很自然地使用上一些形意、少林的經典用法。閻氏的傳人也同樣，但郝為真所傳的技藝也保存得挺好。

上海主要是郝月如、郝少如的推廣。新中國成立後，武式太極拳為武術界所瞭解，有賴於他們父子的推廣。特別是 1961 年人民體育出版社組織出版了太極拳叢書，出版了以郝少如拳架為基礎的《武式太極拳》一書，刊載了郝月如、郝少如父子倆的武式太極拳體會文章及郝少如對武式太極拳架的動作要求，這對武式太極拳的推廣，特別是體育運動競賽的武式太極

拳武術套路基礎產生了很大的影響。

　　郝月如在上海地區傳拳，教授拳藝的弟子大多為文化人，如徐震等人。郝少如的兒子教有不少徒弟，並組織成立了上海武式太極拳協會，授拳給浦公達、劉積順、屠澎年等人。從郝月如的《武式太極拳的走架打手》一文中，可以看出他習練太極拳的體會，如「太極拳不在樣式而在氣勢，不在外面而在內。平日行功走架，須研究揣摩空鬆圓活之道。要神氣鼓蕩，全身好似氣球，氣勢寬騰挪，身體有如懸空。」郝氏父子在授拳時，很強調含胸、拔背、裹襠、護肫、提頂、吊襠、鬆肩、沉肘、虛實分清，以及騰挪、閃戰、尾閭正中、氣沉丹田等。至浦公達、劉積順任上海武式太極拳協會正副會長，繼續進行太極拳的傳播活動後，這些原則要求還一直承傳下來。對於「起、承、開、合」，郝氏的理解是「開」為發，「合」為收，開中寓開，合之再合，不丟不頂，處處恰合也。

　　「八面支撐」「捨己從人」，是郝氏及其傳人時常強調的。郝月如說「習太極拳者必先求尾閭正中」「用左胯托起右胯，則尾閭正中，能正中，則能八面支撐；能八面支撐，則能旋轉自如，無不得力」「八面支撐」，是郝氏強調正確練習拳架，練好拳架，達到空鬆圓活、神氣鼓蕩，自然靈活，應付自然的結果。浦公達和劉積順當年在解說他們理解太極拳的特點要求時，也很強調做好「八面支撐」的作用，並常示範如何做到「捨己從人」。

　　論起來，北京的武派太極拳最早應該算是由郝為真傳下來的。大概是民國三年、四年的時候，郝為真到北京來了一趟，那時有了平漢線，到北京方便了。當時許禹生辦的北京體育社請他教拳，他年紀大了也沒怎麼教。後來孫祿堂認識他，就教

給了孫祿堂，應該說郝為真是第一個到北京教武派太極拳的。

關於武式太極拳在山西的傳播情況，我曾經專門寫有文章《武派太極拳傳入晉省始末》進行介紹。

【鏈接】

武派太極拳傳入晉省始末

1931 年，發生了震驚中外的「九一八事變」。我國各界愛國人士莫不為之義憤填膺，全國上下同仇敵愾，奔走呼號，謀求救亡圖存之策，武術界也提出了「習武強身」「習武救國」等口號。武派太極拳一代宗師李亦畬先生之外孫李槐蔭時任山西省太原縣警察局局長，順應時代需求，與胞弟棠蔭（字化南，中共黨員，時為《山本晚報》記者）積極聯絡各界人士於 1932 年在太原組建「山西省國術促進會」。省民政廳廳長邱仰竣、省參議會議長馬立伯為名譽會長，李槐蔭為會長，李棠蔭為副會長，聘請郝長春先生任秘書長，負責教授武派太極拳。

郝長春（1911-1980），字向榮，武派太極拳名宿郝為真先生之曾孫。他自幼隨叔祖父郝月如先生（1877-1935）習拳，後來又跟隨叔祖父月如、堂叔少如（1908-1983）到南京、上海等地教拳。為了在山東省開拓武派太極拳的傳播區域，李槐蔭特地從上海把長春請來，主持教學事務。當時學拳的人較多，急需充實師資力量，郝長春又返回原籍河北永年，聘請邢臺李香遠（名景清，1889-1961）、永年張振宗（1882-1956）、韓欽賢（1885-1965）、李召蔭、張旗等先生蒞晉教授武派太極拳。其中李香遠、張振宗、韓欽賢都是郝為真先生的入室高足。李召蔭是李永軒宗師之孫，李寶恒之子，李槐蔭之堂兄。在他們的積

極努力下，山西省國術促進會頗具規模，影響甚大。

爲了進一步擴大影響，山西省國術促進會還舉辦了百日擂臺賽，公推李香遠爲台主。各地來武林人士不下千餘人，王子平、孫祿堂等武師也聞訊前來參加，一時名家雲集並州，交流拳技、研究拳理，「習武強身」「習武救國」等口號響徹雲霄，反映了中華武林人士的愛國熱忱。

嗣後，李槐蔭還特地回原籍永年請堂兄李福蔭（1892－1943，郝爲眞之弟子，在永年十三中學任教）協助將乃祖李亦畬手出之太極拳譜，參考永年十三中油印本《廉讓堂太極拳譜》、石印本《太極拳譜》重新編次，分章分節，書名《李氏太極拳譜》（後人習稱《廉讓堂太極拳譜》），籌資 18000 元（銀元）於 1935 年在山西太原出版發行 1 萬餘冊，免費分贈同好。此爲王宗岳、武禹襄、李亦畬等前輩太極拳家所作拳論正式出版發行，對太極拳理論之弘揚發展具有深遠的歷史意義。

當時應聘來晉教拳的幾位老師，韓欽賢是永年縣國術館館長，張振宗家資富有，又是中醫，不可能長期在外教拳，後均辭職返回原籍；李棠蔭因印發革命傳單被捕入獄，被兄槐蔭營救出獄後也返回原籍永年，爲了研究和開展太極拳活動於 1933 年冬在永年西街節孝祠遺址成立「斌儒學社」。閏年春，李屏藩、趙振國、李錦藩、李迪生等人拜李棠蔭爲師，開始學習武派太極拳。李棠蔭先生於 1948 年隨軍南下，於新鄉戰役中犧牲。其弟子李屏藩後來也參加了抗日工作。李錦藩、李迪生於 1978 年後開始在當地教拳。李錦藩的弟子有王潤生、孫鼇海、喬松茂、孫建國等，李迪生的弟子有郭守義、韓義功、趙平安、王炳增等。

郝長春解放後在永年師範學校（校長鄭炎）任總務主任兼教學生武派太極拳。時李槐蔭先生之子李光藩在該校讀書，得隨郝

長春老師習拳。跟郝先生學拳的還有劉榮、王長海、李玉中以及長子郝順興（1945-）、次子郝順昌（1948-）、三子郝順友（1951-）等，到「文革」時中止。「文革」後，郝先生到永年二中工作，向他學拳的有郝平順（侄）等。

新中國成立後，在山西省太原市教授武派太極拳的是河北省任縣環水村人檀鳳林先生（1923-）。他睡幼隨同村王景芳、劉仁海二位老師學習武派太極拳。其師祖王其和（1885-1930）是郝爲眞的弟子，後又隨楊澄甫先生習拳。王其和之拳勢以武派爲基礎，兼收楊派，形成了自己的特點，廣傳於河北任縣、平鄉、巨鹿等地。

1951 年檀鳳林到山西太原當工人，在太原第二熱電廠工作，1978 年退休。退休前後，他一直積極地推廣武派太極拳。他非常重視太極推手訓練，和武派太極名家劉東漢的弟子李桂昌發起組織了「太原市太極拳推手協會」，並任太原市北宮推手輔導站的站長。他一年四季每天早晨騎自行車到輔導站指導學員練拳推手，爲武派太極拳在太原市的普及提高做出了可喜貢獻，在太原市有較大影響。他的學生很多，著名的有湯晉銘、段登雲、馬寶賀、王興曉、梁建生、王成槐、楊維江、王俊才、王作文、李生貴等。

二、文武之道，乃張乃弛

余功保

您是怎麼學習太極拳的？

吳文翰在中、日、韓太極拳交流大會上作名家示範

吳文翰

我從小生活在邢臺市，邢臺市在清朝的時候叫順德府，是當時一個很大的城市。太極拳在那裏是非常盛行的，好像必須會一點兒太極拳，在社會上才能做一些應酬，找工作也比較容易一點。

當時當地流行一種說法，三種人好找工作。一是能寫一筆小楷的，因為當時社會上的公文都是用毛筆字寫的，一直到1949年解放以後這些重要檔也還是用毛筆字寫的，如果寫得一手好毛筆字，找工作會很容易。還有就是會唱幾句京劇，因為那時候京戲很流行。三就是會打太極拳。

太極拳在當時社會上是非常流行的一個拳術，上至高官貴族，下至黎民百姓。所以我從小在這樣的環境長大，就從小練習太極拳。最早是從七八歲時開始。那時候是30年代到40年代，先是跟著大人瞎比劃，正式練習太極拳是1939、1940年，跟李聖端老師，他是永年郝為真老師的入室弟子，回民。1928

年在邢臺成立了邢臺國術研究社，當時還有王延九、郝中天等其他幾位老師，李老師擔任社長。他們都是商人，從事拳術都是因為愛好。成立國術研究社也是響應當時政府號召，因為1928年國民黨在南京成立了中央國術館，後來各省縣也都相繼成立。經常的學員有八九十人。

我是在一個冬天開始學的。一早一晚跟李老師學太極拳。早期在東嶽廟大廣場學，還有其他很多練拳老師和其他小孩在那兒練，晚上基本上在老師家裏練。那時候沒作業，晚上一般都是到老師家裏去學，或者是看老師教二十多歲那些大一些的同學，看老師教他們推手、散手。除了跟李老師學外，我還跟王延九老師學了一些東西。王老師比李老師歲數大，王老師快六十了，有一定文化。當時邢臺是大城市，其他地方的拳師到邢臺來一般都是由我的老師們招待。

我有很多知識是從王延九老師那知道的，他瞭解很多太極拳的知識。器械是從山東請來的一位老師教，學到的大都是查拳的器械，三節棍進槍之類。後來我的器械又跟鄭月南老師學，鄭老師是保定鏢師，以地趟功夫著稱，擅長地趟刀、地趟鞭，我的槍劍棍都是跟鄭老師學的。

傳統的太極拳老師教拳是很嚴格的，一個動作一個動作地教，一個不會不教下一個。我記得我小時候學拳，一個懶紮衣學了六七天。不要看動作簡單，裏面的要領很多，如果現在讓我講，這個動作可以講一天。記得有一年我去河北出差，做採訪，那時候在《武術健身》，我的學生龐大明讓我住在他家裏，讓我給他改改拳，就是一個懶紮衣，從晚上七點一直到夜裏十二點，還沒有講完。這是傳統太極拳的內涵。

我1945年左右離開邢臺到石家莊，因為石家莊是更大的地

方，我們家當時做醫生，所以往大一些的地方去。

1948 年底，我到北平。1949 年底，開始跟隨崔毅士老師學拳。我有一個表嫂，娘家姓崔，和崔毅士是本家，所以我管崔老師叫大爺。到北京以後，我住在白雲觀那邊，星期天有時間，就到崔老師那兒學拳。幾乎每個星期天我都去東華門跟他學，實際上後來他教我的是武派太極拳。我以為崔老師是教我楊式太極拳，後來他說你不是練郝架嗎，那我也教你郝架吧。我說大爺你怎麼也會郝架？他就說他曾經跟李香遠學過。李香遠老師在山西教拳，崔毅士和李香遠關係很好，崔毅士也是跟他學的小架太極拳。他按照李香遠教的又從頭到尾教了我一遍。這是 1949 年夏天到 1950 年初這段時間。

三四月份後我的工作有變動，工作環境變化，不允許外出，就沒再跟崔老師學。之後我一直自己練，也沒有跟其他武術界人士再來往。

上個世紀 60 年代我受其他人引薦認識了一位朋友，他在研究《孫子十三篇》，我們關係非常好。他很有文化，他們家有很多古舊書，他研究孫子兵法對我很有啟發。那時候我 30 歲左右，覺得生活渺茫，他說你要振作起來，動員我一起研究孫子兵法。他說應該要研究些什麼，一方面你自己有興趣基礎，另一方面社會也需要。當時我會太極拳和寫字、唱京戲，那時候24 式、48 式已經開始有很多人練了，但是，研究太極拳的社會上還是很少，我就有了研究太極拳的想法。

那時候一個月休息四到五天，一到星期天我就跑到現在的北海圖書館看書，我有借書證，可以借到解放前的古舊書，孫祿堂、楊澄甫的著作都看了。那段時間在圖書館看書，開闊了眼界，增長了知識，我當時做了很多筆記。

余功保

這些筆記都保存下來了嗎？

吳文翰

沒有，筆記在「文革」間都丟了，很可惜。「文革」中我被下放到農村，我的師兄們對我非常好，比我大十多歲，他們想傳宗接代的問題，要把太極拳傳下來。我有些文化基礎，在總結、研究方面可以多做些工作。所以除了太極拳外，我還跟他們學了形意拳，在農村受了七八年的罪，但是受益很多，增長了知識，使我回來後在武術方面有所繼續發展。

1978年落實政策回來了。現在只研究武派太極拳了。我也不想發財，但是我對太極拳有興趣，這成了我的生活的重要部分。

余功保

您退休後曾經長期在武術雜誌工作，不僅本人寫，還編發了很多太極拳研究文章。

吳文翰

這也是緣分。我開始是在《武術健身》幫忙，成了名不正言不順的武術編輯，後來在《武魂》雜誌，宣傳太極拳一直到現在。

余功保

太極拳在發展過程中，很多文人發揮了獨特的作用，如楊

式的陳微明、吳式的徐致一等。他們著書立說，廣泛宣傳。您認為文化對於研習太極拳的作用主要體現在哪裡？

吳文翰

中國的東西講究文武之道，相輔相成。武是陽，文是陰，張弛有度，才能圓融，才能貫通。通了，就是掌握了規律。規律是憑傻練練不出來的。

太極拳本身有文化內涵，有了文化就能更快地體悟其中的妙處、韻味。在太極拳發展中，有些東西是需要不斷總結的，沒有文化是很難做到系統的總結。王宗岳、武禹襄、陳鑫這些大家都是文人，在太極拳的架構形成中都有特殊的貢獻。

舉個例子，比如說太極拳的動作名稱，就體現了很濃郁的文化氣息。開始的太極拳動作名稱比較繁雜，字數長短差別較大，風格也不完全統一。後來武禹襄協助楊露禪對太極拳拳式名稱做了整理修訂。武禹襄長於文史，精通拳理，經他協助楊露禪修訂的太極拳拳式名稱有以下幾個特點：

一、雅俗共賞、風格一致

太極拳拳式舊名有的典雅，如「玉女穿梭」「十字擺蓮」；有的俚俗，如「蹬一根」「前招」「後招」；字數有的長達五六字，有的才二三字；風格很不一致。經過楊、武二家修訂，拳式名稱基本上做到了字數規範，風格一致，典雅雋永。

二、形象生動，韻味無窮

為便於學者記憶掌握，在符合拳式動作和技擊方法的前提下，給拳式取一個形象生動、富有韻味的名稱，以增加感染力，提高學者興趣是很有必要的。楊、武二家注意了這點。如「倒轉肱」改名「倒攆猴」，就是一個很典型的例子。一個

「倒」字標明了拳式動作特點；一個「攆」字道出了拳式用法含義；一個「猴」字，描繪出來敵神態機警，動作剽悍，這一新名既符合拳式動作、技擊用法，又富有藝術形象。稍予品味，眼前就展現出一幅太極拳家與強敵沉著周旋、以退為進、以守為攻將敵擊出的搏擊畫圖，韻味無窮。

三、名實相符，內涵清楚

由於拳式有今昔不同的變化，有的拳式原名已不能反映革新後的拳式和用法，所以也做了相應的更改，使拳勢、用法和名稱三者吻合。「抱虎歸山」就屬於這一類。此式舊名「抱頭推山」，實在不雅。鑒於拳式用法的更易，故改名「抱虎推山」，雖只一字之易，卻有點鐵成金之妙，不僅形象生動，而且氣勢磅礴，以喻太極拳家有縛虎之威，推山之力。

後來，太極拳動作名稱成為太極拳文化特色的一大亮點。

吳文翰在洛陽牡丹節三萬人太極拳演練活動中做名家表演

余功保

文化除了文化知識外，還有文化境界。

吳文翰

境界就是綜合修養的集成。有的人文化知識水準不高，但練拳悟性很高，也能達到很高的境界，但必須是很下工夫地練，得真傳。

另外，你有文化知識還必須和拳很好地結合。否則高學歷的人都成大家了，實際上也不是，所以拳有拳道，文有文章。

余功保

我聽一些老拳家也介紹，太極拳原來是沒有分那麼多的流派、樣式的，後來越分越多。最早分的時候叫「某某氏太極拳」，以姓氏命名，後來又叫「某某式」的比較多。您前面也提到過，我在您的文章中也看到，您是主張叫「某某派」太極拳的。

吳文翰

是這樣的。我前面說了式、派的來歷。用「氏」字來區分太極拳流派在 20 世紀 30 年代就有人採用，但大量流行是在 80 年代許多本門練家出書和音像資料時採用「氏」字而出現的。

這「氏」字有效區分了太極拳的流派和傳承，但無疑有家族「狹隘」之嫌。況且外姓人學拳打拳者甚眾，用這個「氏」字顯然不合適。用架式的「式」字來區分流派的說法較好地體現了不同太極拳的流派，傳承和架式的區別，又沒有家族狹隘

吳文翰在國家武術運動管理中心招開的太極拳名家座談會上

成分，從而被廣泛接受，一直沿用至今。

　　但這個「式」字仍有不足之處，因為同為陳式、楊式、武式太極拳，不同地區，不同的人演練也不一樣，而且有的區別還很大。但很明顯，他們是同一傳承和風格的太極拳，從而也給很多人帶來了不小的迷惑，同為陳式或武式，動作有多有少，同一動作名稱打法卻不一樣，到底誰打得對？到底誰的是正宗？不斷有這樣的疑問和爭論。所以我主張用「派」字來區分不同流派和傳承的太極拳。我在著作中是用「武派」來代表「武式」太極拳。

　　用「派」字來區分陳、楊、吳、武、孫等各種太極拳的不同，既可區分不同傳承脈絡的太極拳，又可包容同一派內的不同打法、個人風格的太極拳。如陳派中既可有陳家溝的架式，也可有山東的架式，河北的架式，還可有北京的架式，他們都

可為一個大流派的太極拳，都是從陳王廷、陳發科那裏傳承下來的。

使用「派」字，還可減少很多正宗之爭，多了許多的包容。只要早期是同一個傳承，具有相同的風格特點，即便在架式、動作上有些不同，都可是一個流派，都應為本流派太極拳以及整個太極拳事業的繼承和發展做出自己的貢獻。

有人擔心用派字是否會形成宗派，我認為，宗派不是用什麼字造成的。不用這個「派」字，也擋不住有宗派出現。只要我們加強引導，明白這個「派」不過是具有更多包容、方便區分不同流派風格的太極拳的一個稱呼而已。

三、起承開合　剛柔流轉

余功保

太極拳練習要從一點一滴做起。對於每一個要領都要到位，對於特點要準確把握。您認為武式太極拳主要的特點是什麼？

吳文翰

武派太極拳講究剛柔相濟。武派太極拳從拳理上來說，有很嚴格的要求。左右手守中、護中，始終保護中心線，攻擊對方的時候也是攻擊對方的中心線，殺傷力和穿透力就比較大了。練拳的時候要求左手不能過右邊，右手不能過左邊，這和其他太極拳不一樣。比如雲手，手不能超過腿，腿不能超過

手。跟中國書法一樣，上面寶蓋要把下面的比劃包住，下面的比劃也要能托住上面的結構，過和不及都是不可以的。這和中國傳統文化有關係。「天覆地載」，天在上，向下蓋著的，地在下，向上承載的，天和地是互相照應的。太極拳中手和腳就是這種關係，手不能超過腳，腳也不能超過手，這就是人體的「天覆地載」。手往回來的時候不能過肋。

吳文翰太極拳照

余功保

就是在運動開展中有「含」的意思，不能破體。

吳文翰

破了就給對方可乘之機。武派太極拳的另一方面特點，就是有上就有下，有左就有右，有前就有後。兩個手很少都往上去的，也很少都往下來的，這種動作很少，基本都是一上一下，一左一右，一前一後。不光是外形這樣，內在的動態也要這樣。

比如摟膝拗步，一個手向前推，表面上看是都向前的趨勢，但我的脊柱有向後挺的意思，同時，百會穴向上領，與坐腿相對應，上下、左右、前後都蘊含一身。

余功保

提頂是太極拳的一個重要要領，很多人理解不一樣，有人

說是向上頂，有人說要豎起脖子。您的解釋是什麼？

吳文翰

故意地去做都不對。實際上是要求頭包括面部都要自然端正。如何做到自然端正，首先，兩眼要平視，不能向下看，不能向左、右看。下頜微收，脖子是自然豎起來。虛領頂勁既要端正，也要自然。一切都是自然狀態。不能像站崗一樣，那是要較勁的。頂一自然提起，其他的要領也容易自然了。

余功保

這種自然的狀態，有一種天成的感覺在裏面，很書卷氣。

吳文翰

武派太極是最早文人化的太極拳，歷代名家都是高級知識份子，他們引文入武，改變了太極拳的面貌和實質。武派太極講起承開合，這在王宗岳《太極拳論》已有闡述，但武派太極在拳勢拳法上是武禹襄吸收了寫詩寫八股文起承開合的要求。後來李亦畬寫了《虛實開合論》一文，後來老前輩又把它歸納為起承開合。整體拳式也要起承開合。除此還有好多，它豐富了太極拳的文化內涵，把太極拳變純技擊為學術上的研究。現在很多人除了研究太極拳技擊，還研究拳史、文化、健身等，這不是單純技擊的。武派太極產生後，發生了一些變化，學術性豐富了，從本質、從面貌都改變了太極拳的性質。

由於練習武派拳的人都是社會高層人士，所以武派拳沒有什麼震腳拍手等動作，拳式比較簡單，它的所有動作都講究起承轉合，合適互相照應，兩手照應，兩肘照應，兩胯照應，兩

腿照應，手腿照應，等等看著很簡單，做起來要求還是很多的。太極拳是一個矛盾體，有鬆就有緊，有慢就有快，有剛就有柔，偏重一個是不對的。武式的太極拳都是緊湊的，比如書法，大字要很緊湊，小字要很舒展，就是這個意思。所以太極拳舒展中有緊湊，緊湊中有舒展。

余功保

武式太極拳立身中正的特點非常鮮明，所以在旋動過程中，中軸線的作用非常重要，如何把握？

吳文翰

太極拳的旋動是它運動的一個重要方式。武派太極拳轉腰時首先尾閭旋轉。因為武派最講中心軸，從百會到會陰有個中心軸，下端是會陰穴，也就是尾閭，它勢必要處於正中，也就是中心軸旋轉。如果說腿，實腿以腳跟為軸，虛腿以腳尖為軸旋轉。

余功保

「雙重」是太極拳的一個重要概念，您如何看待？

吳文翰

雙重的問題最早出於王宗岳太極拳論中。指的是推手過程中不要頂牛，但後來太極拳家把它當做虛實的變化。如果出現雙滯，也就是虛實不

吳文翰太極拳論

清，就是雙重。

余功保

身法是太極拳運動的一個重要部分，武式太極拳的身法有哪些要領？

吳文翰

太極拳是一種整體性的運動，要求「一動無有不動，一靜無有不靜」。就是由整體運動，達到能夠整體發力的目的。基於這一根本要求，武派太極拳的創始人武禹襄先生就特別重視習拳的品質，基礎砸得磁實，才能有好的拳術品質。俗語云：「樹從根腳起，水自源處流。」武禹襄出身於武弁世家，本人也熟悉弓馬武藝，而射箭能否命中與身法之是否正確有很大關係。武禹襄借鑒了李呈芬《射經》中有關身法要點，提出了「身法八要」：提頂、吊襠、含胸、拔背、鬆肩、沉肘、裹襠、護肫。到了第四世郝月如先生又增加了騰挪、閃展、尾閭正中、氣沉丹田、分清虛實，成為十三條。各地修練太極拳術者，雖然各有損益，但基本要求一致。尤其是武禹襄先生手訂的「身法八要」，不僅被各地武派太極拳傳人視為必須遵守之身法要領，對其他太極拳傳人及其他武術也都具有指導意義。

余功保

請您具體講解一下這「十三條」的含義。

吳文翰

提頂。頭有提攜全身之勢，頭頂百會穴與襠部會陰穴應上

提頂

吊襠

下一線貫串，走架打手時，將頭頸骨豎起，頭頂百會處若有一線上提，則可領起整個身體如懸空中，神態自然，脊骨拉長，伸縮自如，周身骨節得以節節貫串，圓活靈通。能提頂，頭不求直而自直，目不求正而自正。頭直目正，頂懸身拔，左右旋轉，輕靈如意。

　　頭為諸陽之會，精髓之海，任督二脈交會之所，統領一身之氣。提頂有益於氣血運行，氣血通泰流暢，才會有「滿身輕利」之感，始能聚精會神，專心一致，做到形如搏兔之鶻，神似捕鼠之貓，靈敏莫測，變化無窮。

　　吊襠。吊襠係與提頂相對而言。頭頂百會穴與襠部會陰穴如有一線串，提頂可攜起全身，襠部首先給予配合，猶如井中打水，上面提起繩子，下面水桶即被吊起。竅門在胯根鬆開，臀部自然順溜，既不前挺，也不後凸，襠部鬆垂，腰肌寬舒，

含胸　　　　　　　　　　　　　　　拔背

　　猶如懸吊一般。如此動靜做勢，輕靈而不漂浮，沉穩而不重
滯。全身產生一種虛實交相運用的彈性，發放時才能做到力
整。能提頂吊襠，就易做到「立身中正安舒，支撐八面」。

　　含胸。胸區，就是胸口和兩肩窩，要鬆空含蓄，既不前
挺，也不後縮，兩肩微向前合，鎖骨胸骨和胸肋肌肉鬆沉下
降，有助於氣沉丹田。郝月如先生說：「能含胸，才能以心行
氣。」如不能含胸，氣易上湧，影響呼吸通暢，精神緊張，故
要含胸。但含胸不是凹胸，習者應弄清二者之不同。

　　拔背。簡言之，拔背就是將脊骨自然豎起，肩背肌向下鬆
沉不可緊張。在於改造人體脊柱後天形成之彎曲，以求人體後
天缺乏運動部位有所動作。前能含胸，後能拔背，周身動作才
能協調一致，發放時脊柱才能如弓一樣產生彈力，才能「力由
脊發」。

鬆肩。肩關節要放鬆舒展，既不要「聳肩」，端起肩頭，也不可肩關節向裏過於收緊，使肩頭僵滯。肩鬆則臂活，力才能達於梢節。與人相觸，接觸點要沉，肩肘關節要鬆，才能控制對方，才能含蓄有力，如棉裹鐵。鬆肩之同時，腋下要空，且忌上臂貼身。「腋半虛，臂半圓」，兩臂才有彈性，既不會被人壓扁，力量又能出得去。

沉肘

沉肘。肘關節常有下沉墜落之意，不可上揚高抬。肘沉則臂縮，肩才能鬆；肘舒則臂長，力始達於指尖；肘裹則氣聚，身勢趨於縝密，保持身架端正；肘回要撐，撐則勁整，多用於以肘擊人。鬆肩、沉肘，二者關係十分密切。肘不鬆垂，肩頭必然聳起；肩不能鬆，肘端也易隨之上抬，氣血就會阻塞了肩、肘關節部位，影響勁力暢通於掌根及指端。肩、肘關節僵滯，走架固然難以輕靈圓活，與人推手更易為人所制。鬆肩、沉肘做得好，有益於含胸、拔背之順利完成；鬆肩、沉肘做不好，含胸、拔背也會受到影響。

裹襠。兩腿猶如騎在馬上，兩膝內扣有內裹之意。兩腿下屈，重心下降，則樁步自穩。弓箭步定勢時，虛腿胯根微向內掩，將襠提住；後坐步定勢時，前腿（即虛腿）胯根要微向內合。能裹襠則兩股與骨盆所成之杵臼關節運轉之地位寬綽，則迴旋便利，為安身之要法。但裹襠不可太過，否則會形成夾

襠、尖襠。

護肫。兩肘和前臂要
護住中線（頭面及前
胸），兩肘要護住兩脇。
太極拳是近身作戰，雙方
身軀比較靠近，在我打擊
對方之同時，要緊緊看顧
好自己之門戶。裹襠是下
護己襠，護肫是上護己

護肫

身。裹襠護肫不僅施於推手散打，在演練拳勢中也要時時做到
不可須臾相背，習慣成自然，實做時才能身法自然合度。遺憾
的是有些太極拳手在走架時多不知裹襠護肫，有的書上還把
「護肫」寫成「護臀」，說明對裹襠護肫的重要性尚未引起足
夠的重視。

騰挪。拳勢未作之前先意
動，手、足、身姿繼有預動之
勢，進退轉換皆易，始能氣勢騰
挪，而無散漫之心，「視靜猶
動」。

閃展。是用極小的動作，突
然轉換，迅速發放，周身協調，
全神貫注，由腳而腿而腰，貫於
兩膊，達於手指，一氣呵成，發
勁迅如閃電。

尾閭正中。尾閭一詞出於
《莊子・秋水》：「天下之水，

騰挪

閃展

尾閭正中

莫大於海，萬川歸之，不知何時止而不盈；尾閭泄之，不知何時已而不虛。」《十三勢歌》中「尾閭正中神貫頂」之尾閭則指尾骨。何謂「尾閭正中」？郝月如先生說：「兩股有力，臀部前收，脊骨根向前托起丹田（小腹），謂之『尾閭正中』；『我意欲向何處去，脊骨根便直向何處』。」這樣尾閭上可與整個椎體對準，若串珠繫累，脊樑自然豎起，脊柔筋韌，臀力自生。前與任脈中線相沖，尾骨、鼻準、肚臍三點保持上下一線，一動三點皆動。尾閭與夾脊得中，自然「立身中正」。前進後退，左旋右轉，尾閭猶如船舵之與船的關係，實為虛實變換之樞紐。習者須潛心領悟，方能掌握其竅要。

　　氣沉丹田。演拳時周身放鬆，體內臟腑也都放鬆，筋骨皮肉各安其位，於是人體重心下降，腹內得到飽滿充實，胸部感到寬暢鬆快，呼吸要慢、長、細、勻，純任自然，不可過驟，

氣沉丹田　　　　　　　　　　　　分清虛實

過驟氣易上浮。走架打手如能鬆肩沉肘，含胸拔背，就易做到
「氣沉丹田」，有利於下盤穩固，氣達四梢。

　　分清虛實。武禹襄《十三勢說略》云：「虛實宜分清楚，
一處自有一處虛實，處處總有此一虛實。」武派太極拳以虛實開
合為要，運動中兩足、兩手均應分清虛實。其根在腳，兩足必須
分清虛實。虛非全然無力，著地實點要有騰挪之勢，虛腳與胸有
相繫相副之意。實非全然站煞，精神貫於實股，支撐全身，要有
上提之意，自胯至膝至足，關節都要鬆沉，體重落於足心湧泉，
下入於地，不可落在足前掌或足跟。如虛實不分，便是雙重。

　　以上十三條身法要求相輔相成，互有關聯，對能否練好太
極拳至關重要。武派太極拳名家徐震先生在《太極拳發微‧練
拳第八》中對上述身法要點概括精深，有畫龍點睛之妙：「提
頂拔背，則神志清明；含胸斂肋（即護肫），則感應警敏；鬆

盈虛有象——中國太極拳名家對話錄

肩沉肘，則關節通利；裹胯（襠）攝尻（即吊襠），則身安息調；足常一虛一實，交互相代，以文其身，則進退轉變甚易，故能騰挪；周身隨時隨處可以運移，則婉轉避就，無所底滯，故能閃戰。十者悉合，是為合度；一事未合，餘即受其牽繫，難以盡當。故演架於合度，於弁搏養生成可得效矣。」

這十三條身法要領雖然都很重要，但不是初學者很快就能掌握的。應當分清先後，突出重點，綱舉目張，先掌握主要的，次要的也就容易掌握了。打太極拳身法「中正安舒」至關重要，所以要先掌握提頂吊襠、尾閭正中等身法要求。其次要求做好鬆肩、沉肘。初學者最容易聳肩抬肘，肩肘僵滯，既影響走架，也不利於實用時之走化。能做好鬆肩沉肘，就為涵胸、拔背、氣沉丹田等提供了條件。

提頂、吊襠是對人體豎的要求，鬆肩、沉肘是對人體橫的要求。一豎一橫安排好了，再掌握其他要領，就比較容易，逐漸練習，以臻貫通，然後可進於精妙。

另外，武派太極拳還講究三尖相對，這是從槍上得來的。鼻尖、手指尖和大腳趾尖相對。這樣才能練出整勁。不然勁就散了。比如懶紮衣、摟膝拗步都是這樣。

余功保

這是身形上的要領，在神態上呢？

吳文翰

在神態上，武派太極拳講究安舒，要從容，舒展，舒服。但舒展中有緊湊、完整一氣的。打拳時所有的地方都往丹田去，就是緊湊，但架式上是很舒展的，這一對矛盾要處理好。

懶紮衣

單鞭

比如單鞭，立身中正，八面支撐，這是舒展，同時，兩肘要鬆，兩肩要沉，氣沉丹田，手、膝、腳相合，這是緊湊。緊湊不能縮到一起，它和舒展是在一起的，同時呈現。

武派太極拳練的時候還要順遂。推手中要順著對方的勁走，自己練的時候也不能拗著自己的勁走。

余功保

太極拳的弧形運動也是順遂的需要。

吳文翰

平時練拳時就不要走死角，不出現棱角，要和順。特別是內在的氣要和順，一點不圓活的地方都不能有。所以心情也不能緊張，心情一緊張，就做不到和順。

要順隨，一個要求就是要簡捷，不需要的動作不要有，不

要拖泥帶水，囉裏囉嗦。

余功保

簡約為上，至簡至大。

吳文翰

不必要的動作容易造成神氣渙散。

余功保

學拳要懂拳理，這是很多老師強調的。學習古典拳論是明拳理的重要途徑，您認為哪幾篇古典拳論最重要？

吳文翰

為什麼要懂拳理，因為懂了拳理就可以不斷深造，你自己就可以練。任何老師都不可能跟你一輩子。許多古典拳論都很有價值，其中，王宗岳《太極拳論》《十三勢行功歌訣》《打手歌》尤其要研讀。

王宗岳、李亦畬、武禹襄這幾位的著作理論性更強一些，講的更透徹一些，如果能把他們的著作深入理解了，那在太極拳理論上就是一個通家了。這裏有一個捷徑，就是可以先讀一些郝月如老師的文章，因為他的文章講得比較通俗，白話，容易懂，道理又準。我從他的著作中就獲益匪淺。

另外，古典拳論也不是一下都能搞清楚的，特別是開始，不清楚是正常的。搞不清楚的時候可以先放一放，練練拳，過一段時間，拳有了進步，再看拳論，可能就會有新的體會。

余功保

在研究古典拳論中還有一種現象，就是對同一篇、甚至同一句拳論大家理解不一樣，甚至差別很大，如何看待這種情況。

吳文翰

我認為這是很正常的現象。因為古典拳論很多是用文言文寫的，由於大家古文字的水準、理解力不一樣，從字面上開始就產生了差別。加上對拳理的體會不一樣，差別就更大了。這是避免不了的。差異是可以的，但不應該錯誤，關鍵是正確，你可以從這個角度，他從那個角度，但從你那個角度看要對，隨心所欲去解釋則不行，要嚴肅。

我覺得對一般學拳的人要求可以鬆些，對研究太極拳的人要求要嚴格一些。要研究太極拳，就應該加強一些古文字、古文學的修養。

在學習古典拳論過程中，可以多看幾家注解的，比較一下，再根據自己的體會，確定哪家更準確些。不練太極拳或者古文字的功底差些都不能很好地認識古拳論。

余功保

我看您也寫了一些研究古拳論的文章。

吳文翰

是。我也看前輩的不同的文章，虛心向他們學習，比如董英傑、王培生等人對拳論的研究，我都看。同時我也有些自己的心得、看法，這樣才能不斷提高自己，這也是研究古典拳論

的一個方法。比如說拳論中有一句「行氣如九曲珠」，我應該是最早進行解釋、考證的。我曾經寫文章對「九曲珠」的來歷、如何發展進行過詳細說明。

「九曲珠」的說法應該來源於孔子。宋代王十朋集注，引宋‧趙次公曰：「小說載有以九曲寶珠欲穿而不得，問之孔子，孔子教以塗之以線，使蟻通焉。」又有清人褚人獲《堅瓠七集》卷四《採桑娘》載：孔子離衛往陳，首遇採桑娘，採桑娘說：「塗絲以脂，繫蟻之腰，使徐徐而度；如不肯過，薰之以煙。」蘇東坡在《祥符寺九曲觀燈》詩云「金鼎轉丹光吐夜，寶珠穿蟻鬧連朝」即用此典。

大抵上來說「九曲珠」是古代一種珠子，珠子裏面有九個拐彎，著名作家田漢在話劇中也引用過「九曲珠」的典故，就是如何將線穿過去。武禹襄用這個來比喻氣在周身運行的細微，無處不到，人的四肢百骸如「九曲珠」一樣，一氣貫串全身，連最微小之處也要達到。你只要把大的要領都做好，內氣自然遍佈全身，這就是行氣如「九曲珠」的含義。

另一個方法是要讀一些古典哲學的著作，比如儒家的著作，很多古拳論是以這些哲學著作為依託的。我以前寫過一篇關於王宗岳《太極拳論》的校注，在《武林》上發表的，在海內外引起一定的反響。那篇文章主要是講王宗岳《太極拳論》中文字的出處，從哪裡來的，也涉及一點技擊，但不主要談技擊，是談來源，這就是從它的文化的角度來研究。這可能也有助於釐清王宗岳是什麼時候的人。

余功保

每篇作品都會打上它那個時代的烙印。從文風到宣導的思

想、結構的思路都有影響。

吳文翰

有些用詞每個時代、每個時期都有共性。

余功保

太極拳的起源問題也是一個複雜和敏感的問題，但也是一個不能回避的問題。您對此有什麼觀點？

吳文翰

太極拳創始的問題很複雜，的確應該加強研究。

現在流行的有幾種說法，比如有說是張三豐創的，有說是陳卜創的，有說是陳王廷創的，這是 20 世紀 30 年代唐豪到陳家溝採訪後提出的，還有其他一些說法。

這幾種說法都有疑問。比如張三豐中國就有三個。南北朝時、北宋時、明朝初年時，哪一個是太極拳創始人？民國元年，關百鎰寫的一本太極拳小冊子上第一個考證張三豐創太極拳。到了民國年間，許禹生出了一本太極拳書，也認為是張三豐創的。但從太極拳拳式上，陳式、楊式、武式大部分是戚繼光拳經上長拳三十二式上演化來的。宋朝的、明朝的張三豐不可能看到明朝後期的著作，所以說把張三豐定為太極拳創始人證據不足。上個世紀三四十年代唐豪和徐震對此提出疑問。唐豪把太極拳定為陳王廷所創，他也有根據，他的根據也有些武斷，沒有很大的說服力。

太極拳最早從陳家溝趙堡傳出來的。但不是現在的太極拳，現在的太極拳是在王宗岳太極拳論指導下許許多多人的集

體創造、不斷發展、不斷完善的。任何一個學說都是如此。

余功保

太極拳的歷史現在搞得有些複雜，這裏面有客觀的因素，比如過去資料的缺少，研究力量的薄弱等。也有些人為的因素，把歷史和現實的利益聯繫在一起。

吳文翰

太極拳的歷史原來並不複雜，後來複雜了，和利益結合是原因之一，還有就是對於太極拳的概念也不統一。所以，研究太極拳史在概念上首先要有明確的認識，就是給太極拳定一個標準，沒有標準就沒法談。就像應試一樣，一定有統一標準才行，過去八股文就是一種標準，能方便考試。

我們小時候學太極拳，當時的太極拳史是簡單的。第一個提到太極拳史的是楊露禪，他講他的老師是陳長興，陳長興的老師是蔣發，蔣發的老師是王宗岳，很清楚。他只談他的老師，其他的人他沒談到。

後來太極拳發展了，就有了變化。就逐漸把張三豐傳出來了。最早說的張三豐是宋代的張三豐，不是明代的。同時也把太極拳和內家拳連在一起，因為黃宗羲寫的有內家拳的文章，給王征南寫的墓誌銘。他名氣比較大，要借他的名氣來宣傳。黃宗羲文章中就出現了張三豐傳拳的事。他那樣寫，可能自己也不一定相信這種事，但因為他的影響比較大，這種說法就流傳開了。後來唐豪先生又提出陳家溝陳王廷創太極拳，也稱為一種流行說法，顧留馨也支持這一說法。因為他們的影響比較大，這種說法幾乎成了固定的觀點。但陳家溝附近的趙堡鎮就

不同意這一說法，因為牽涉到發明權的問題。

余功保

太極拳之所以被稱為內家拳，也因為它強調內外相合。如何看待這一要領？

吳文翰

外是外形動作，要符合要領。內是指精、氣、神，意念等。我認為，開始要先練形體動作，然後再練內在的元素。所有動作應該在意識的領導之下，意在動先，神采、神韻是很自然的事情，要自然從拳勢動作中顯現出來，這個是需要練到一定的程度才可以的。

余功保

每一個階段有每一個階段的神韻。

各流派太極拳都講內功，武派太極拳對內功的理解是怎樣的？

吳文翰

武派太極拳的內功在訓練上首先是要把動作要領做好。不僅要掌握動作名稱，還要掌握它的練習方法，還要通曉它的變化、它的技擊作用。外形是內功的基礎，沒有外形也就沒有內功。小時候練習對內功理解不深，就要從外形抓起，有很多東西是在不知不覺中貫徹的。

武派太極拳與其他太極拳比較起來，更強調神、意的內斂，這就是內求。內功不一定是有形的東西，它是一種綜合性

的素質。武派太極拳要求不張揚，但要精神貫注。比如我要發勁，那我所有的形體趨向、精神都要向前關注，專注一方。

這裏面眼睛很重要，眼要有神。內在的東西很多是通過眼睛表達出來，眼睛是領著手走的，不能渙散。我們說眼神要有吞、放，要含。所有開展的地方都要開展，所有合的地方都要合。

但開展不是將眼睛瞪得很大，關鍵是在印堂。要發勁擊向哪裡，眼睛注視哪裡，印堂要開展，這是關鍵。

練內還有一方面是「氣」，氣有內氣、整體的氣勢等，也有呼吸之氣。呼吸之氣不要強求，自然、深長，久之，就會氣沉丹田。太極拳還有引動內氣的效果，太極拳本身就是導引，以外氣引導內氣，太極拳論說「氣宜鼓蕩」，就是引動內氣。但到這一步必須是拳打得很好，一般情況下，不懂怎麼做就不要硬來。

余功保

太極拳有很明顯的養生作用，您認為應如何達到更好的養生效果？

吳文翰

養生是個綜合性的功夫，練拳肯定對養生有積極作用。但其他方面也要注意。人要潔身自愛，守身如玉，否則你練半天拳，卻到處花天酒地，消耗身體，也不一定能健康。另外還要有平常心，心態好，會健康長壽。特別是在逆境的時候，更要有平常心。練太極拳有助於這種平常心的培養。

余功保

太極拳是一種武術，是武術就要講技擊。太極拳推手是太

極拳技擊的一種方式，武式太極拳在推手上有什麼特點？

吳文翰

推手過去叫打手，含義較為廣泛。早期推手程式比較簡單。武澄清在《打手論》中曾有記述。他說：「初學打手，先學搌、按、肘。此用搌、彼用肘；此用按，彼用搌；此用肘，彼用按。二人一樣，手不離手，互相沾連，來往循環，周而復始，謂之『老三著』。」在「老三著」的基礎上，武派太極推手有了很大的發展。

首先在理論方面，武禹襄、武澄清、武汝清、郝月如、徐震、郝少如、閆志高、陳固安、姚繼祖等先生都有著作，尤其是武、李兩家以及郝月如等前輩的打手理論，早已成為太極拳界的共同財富，為眾多習者所推崇。

其次是推手的形式，根據實戰時步法需要靈活多變的客觀存在，將一進一退的步法衍化為進退各三步半。後來根據教學需要又增加了推手和大捋。陳固安先生在太極纏槍的啟發下創編出多種纏手，增加了四斜大捋的內容，進一步豐富了武派太極推手的內涵。

武派太極活步推手的程式以懶紮衣為基礎，糅合雲手、倒攆猴等拳勢組合而成。上肢的攻防運用主要是掤、捋、擠、按四手，因此必須遵照《打手歌》「掤捋擠按須認真」的要求，在有經驗的老師指導下，每一手都要周旋中規，折旋中矩，開合迎送，隨曲就伸，神貫兩膊，一前一後，一上一下，皆須靈活自如，中節合拍。

由於武派太極拳深受傳統文化的影響，以陰陽為本，中庸為用，均勻、平衡、整體等觀念貫徹於推手之始終，因此，推

手和走架一樣要遵照武禹襄制定的身法要領：提頂吊襠，鬆肩沉肘，含胸拔背，裹襠護肫，尾閭正中，氣沉丹田，內固精神，外示安逸，立身中正安舒，八面支撐；雙掌各管半個身軀，守中用中，勁敷前節，三梢合一，氣勢騰挪，轉關閃展，做到眼與心合，心與氣合，氣與身合，身與手合，手與腳合，腳與胯合。與人推手相觸不重，為黏，相行不散，為連，相揉不硬，為黏，相合不悖，為隨，不丟不頂，不抗不匾，起承開合，輕靈圓活，隨曲就伸，無過不及，緩急應隨，隨人而動，虛實開合，因勢而異，「五技」（踢、打、跌、拿、擲）「八法」（掤、捋、擠、按、採、挒、肘、靠），練用結合，在實踐中不斷「默識揣摩」，明規矩，守規矩，脫規矩，合規矩。

武派太極推手大體上形成了一套循序漸進的練習程式。開始練習以順遂為主。王宗岳《太極拳論》云：「人剛我柔謂之走，我順人背謂之黏。」「走」是走化來力，不是閃躲逃避。我以中定之勁為支點，以意領率其力，或掤或捋，彼力量強，我則運轉靈活，順勢走化，引進落空，造成人背我順之勢，再黏隨來力伺機發放，迫其敗北。

欲達此境，須先求自身柔順，動作規範，要在走架上多下工夫。如果軀體肌腱未能柔活，拳勢動作不能順遂，推手時就不可能意在人先，捨己從人，動急急應，動緩緩隨，開合迎送，得機得勢，故致柔求順為第一要義。其次再練逆中求順，在練好順遂基礎上進而練習變逆為順的功夫。在人順我背的劣勢下，我通過身法的虛實變化，腰胯的抽掣轉換，由背（逆）變順，對方由順轉背為我所制。這是練習推手的進一步功夫。

武禹襄在《十三勢說略》中指出，走架打手「由腳而腿而腰，總須完整一氣，向前退後，乃能得機得勢。有不得機得勢

處，身便散亂，必至偏倚，其病必於腰腿求之」。這段話十分重要，走架打手如欲得機得勢，就須手、眼、身、腰、步「完整一氣」。一旦身法散亂，偏倚失重，糾正之法「必於腰腿求之」，說明腰腿在走架打手中的重要，是指導推手中變逆為順的理論指標，應當認真揣摩研習。

再次是熟練著勁的虛實開合變化。《十三勢歌》云：「因敵變化示神奇。」習拳以練體為法，推手以應用為術，由以上兩個階段的重點練習，習者業已掌握著勁的要領，應進一步有針對性地結合有關拳勢研求著勁的變化。要知著形諸外，勁蘊於內，勁是著的勁力，著是勁的載體，二者不可須臾相離，做到表裏如一、變化自如，才算完美。

在此階段仍是「捨己從人」，但從人是為了由己。郝月如老師在《太極拳的走架打手》中說：「若彼欲往左，則我以意領其往左；彼欲往右，則我以意領其往右；若彼欲進，則我以意牽引其而進；彼欲退，則我以意順其而退。能達此地步。」乃能「左重則左虛，右重則右杳；仰之則彌高，俯之則彌深；進之則愈長，退之則愈促」。外觀之似是從人，但其內勁為我控制。我是內外結合，周身和諧，外功運作嫻熟，內勁忽隱忽現，穩中有變，「因敵變化示神奇」。

進一步練習應以空靈為主，即王宗岳在《太極拳論》中說的「一羽不能加，蠅蟲不能落」的高級功夫。左、右、上、下、前、後、虛、杳、高、深、長、促，處處空靈，毫不托力，欲達此境，外則身法輕巧，手捷眼銳，身靈步穩，內則神氣貫通，反應機敏；與人相觸，運我虛靈，虛實開合，中節合拍，來力處處落空，欲進不能，欲罷不得，瞻之在前，忽焉在後，如陷重圍之中。我欲以巧勝人，須在輕靈上下工夫。

循此繼往，可達到玄妙之境。

余功保

武式太極拳有哪些練習的器械？

吳文翰

武派太極拳的器械最早的是太極大桿，也是太極槍，後來有太極刀、太極劍。它的太極劍是從純陽劍演化來的。隨著發展，後來有些拳家也編創了一些器械套路。

吳文翰太極劍勢

余功保

有的太極拳拳架有多種，如大架、小架、高架、低架、快架、慢架等。武式太極拳拳架有沒有區分？

吳文翰

武派太極的傳統拳式就是一套拳架，沒有第二趟。但練法可以因人而異，高、中、低，快練、慢練，不快不慢，都行，這是不同人不同功夫來練的。小孩練時姿勢比較低，我就看到一個小孩在方桌底下練。當然隨著年齡增長姿勢應高些，否則對膝蓋沒好處。所以應該根據不同年齡選擇不同架子，選擇高低快慢。

傳統練法有三年練慢，三年練快，三年不慢不快、也快也

慢。初學太極拳，不管學哪派都應該慢練，這樣才能把姿勢和勁頭掌握好。但熟了後，就應該快練了。我小時候，慢練十多分鐘，快練四五分鐘就要練完。如果整套不能練完，部分架勢應快練。快練慢練都練了，就隨心所欲了。但隨著時代的發展，練習太極拳的目的也與過去有一些不同，所以，現在大部分是以慢練為主了。

余功保

慢或者快不是太極拳的本質問題，只是一個比較直觀的視覺效果。長拳慢練絕對不是太極拳。太極拳有它的原則、規範。

吳文翰

對，太極拳之所以是太極拳，有自身的準則。我認為，太極拳是以王宗岳《太極拳論》為基礎，以這個為理論指導思想，不符合這個準則就不能說是太極拳。從練法上應該秉承外柔內剛；從文化上來看是以陰陽為體，以中庸為用；在技擊上來說是以小力打大力，再往上說就是用太極拳的理論去指導你的人生。慢並不是太極拳最重要的特點，因為它有它的指導思想，不是慢動作就是太極拳。文化才是太極拳的精髓。國外很多人都認為太極拳是東方文化的代表，而不是簡單地當做武術。練好太極拳之後會用太極拳的理論去指導人生，比如立身中正，八面支撐，為人正派，做人正大光明，這都是很具有指導性的理論。

我們還可以用太極拳的理論來處理人際關係，我們能平等地對待所接觸的人，大家都這樣，社會才會和諧。所以我覺得太極拳不是簡單的健身技擊，更重要的是提升人生價值。

曾乃梁簡介

　　曾乃梁，1941年生，福建省福州市人。著名太極拳教練、研究專家。武術國家級教練、國家級武術裁判員。

　　12歲開始習武，師從福建太極、南拳名師王於歧。1959年考入北京體育學院武術系。1967年武術研究生畢業，師從張文廣。

　　歷任福建省武術隊主教練，先後培養了林秋萍、高佳敏、陳思坦等全國和世界太極拳冠軍，所帶領的福建武術隊在太極拳項目上長期處於國內外領先地位。多次在國際大賽中擔任中國武術隊領隊、主教練等職。

　　2001年受中國武術協會邀請，參加首屆世界太極拳健康大會，做名家演示並擔任輔導專家。在武術學術上成績突出，論文《太極運動推向世界戰略之初探》獲全國武術學術研討會優秀獎。參與了中國武術協會組織的多部教材、工具書編寫工作。在各類雜誌發表了眾多論文。出版各類太極拳著作和教學光碟數十種。受中國武術協會和福建省體育部門派遣，多次赴國外講學。1995年當選「中國當代十大武術教練」。1993年獲國務院頒發的政府特殊津貼專家證書，2004年被加拿大武術聯合總會授予「武術家終身成就獎」。

　　為福建省武術協會副會長、福建華武功夫中心主任。

乃古乃今爲棟樑
——與著名太極拳家、優秀教練曾乃梁的對話

對傳統的堅持需要定力，不隨風飄搖，我守我疆。

在傳統基礎上的創新，需要勇氣和敏銳，不丟不頂，不丟原有的味道，不頂潮流思維。

堅持傳統首先要深入認識傳統。傳統不是不斷重複的口號和辭彙，她是一種規範，沉澱之後升騰起的感染，感染你四肢百骸一動皆有的輝煌映射。

不斷創新自己就要不斷更新、進步。創新不是突發奇想的隨意捏弄，她是自然勃發、天然驟降的衝動，不得不創，如水臨孤崖，不撲則斷。

太極拳創新的奧妙在於老樹新芽，新中有舊，今中寓古。一見新風拂面，再見疑是故人來，三見桃花依舊笑春風。

曾乃梁先生是一位堅持傳統的人，他教育學生：「太極拳的固有理法、韻味是她的生命。」

曾先生也是一位力圖創新的人，他創動作，創套路，創教學方法，創造了眾多太極拳世界冠軍，創造了太極拳賽場的一代奇跡。

棟樑由他手中鍛造出來，他自然也是棟樑。

余功保

一、武術是一種追求

余功保

每個武術家從事武術的經歷既有相通之處，又有不同之處。殊途同歸，有成就的人，就同歸於武術的高境界。這個高境界在功力上來說是精深的，在結構上來說又是簡約的，大而簡，因為複雜的東西在數十年的磨礪中已經化解為平淡了。所以，研究考察每一位武術家的發展歷程，特別是他的心路歷程，是深入認識他的一個重要方面。您的武術經歷是怎樣的呢？

曾乃梁

我是從 12 歲開始習武的，今年是 64 歲，52 年了。最早也是從太極拳入門的。

當時受一些古典的小說，比如《水滸傳》，還有一些可愛的英雄們的影響，就開始走上習武的道路。但是，當時武術還不像現在這麼普及，找不到好的老師，那時不好找，沒有現在這種條件。

當時正好趕上市體委組織了一個訓練班，一位老拳師在那裏教，是福建省很有名的老師，精通南拳、太極拳，叫王於歧，王老師。培訓班是收費的，四個月五毛錢。我交了五毛錢，開始學。應該說，是王老師帶我入門的。

那段時間就幾個人學。大家跑步去，那時候沒有自行車，跑步去訓練，回來也是。跑步去上課。這個也奠定了我考大學

的志向。在考大學的時候，選擇志向一直在醫學和武術之間徘徊，覺得對這兩項都很有興趣，不知道怎麼選擇。

當時可以報三十幾個志願，我的第一個志願是北京體育學院武術系。第二個志願是北京醫學院醫療系；第三個志願是上海體院的武術專業，當時不叫武術系，叫重競技系；第四個是上海醫學院醫療系；第五個是福建體育學院；第六個是福建醫學院。

曾乃梁被評為
全國十大武術練

余功保

這前六個專業全都是體育和醫學，直接和生命健康相關。

曾乃梁

當時應該說非常的入迷了，武術成為了我的一種追求。

考北京體院武術系，我上學的那個中學全校都感到不能理解。因為我當時在那個學校的讀書可能還是小有名氣的，書讀得特別好，體育倒並不出色，其他體育成績並不好。高中那三年我擔任學習委員，書讀得特別好，大夥兒都奇怪，我怎麼不考清華、北大啊，怎麼考那兒啊，都感到很不可理解。我加試的時候，清華大學看到我的成績了，招生的先生跟我說，「小夥子，怎麼樣，到我們清華大學來行不行？全國最高的理工學府。」我說：「我志願沒報你。」「沒報沒關係，我們可以要

你啊。」當時我考的還是不錯的，單科成績政治大概是九十九分，全省第一，校長在全校大會上表揚。理工科應該也考得很好，所以清華大學才想要我。

曾乃梁與弟子陳思坦、高佳敏在武林百傑頒獎會上

我基本沒有猶豫，對清華的先生說不去清華了。後來北體大招生的可能聽到風聲了，見到我便對我說：「北京體院要你了啊，別的什麼單位要你你不能去啊。」我說：「行，我就要跟你們武術系的張文廣老師學。」

余功保

決心很大。現在看來這個選擇還是很對的。

曾乃梁

也還是有壓力的。當時阻力也很大，因為我書讀得很好，奶奶希望我當工程師，媽媽希望我當醫生，父親實際上也希望我從事文的，不希望我搞武的。

後來我真的選擇這個了，我奶奶說，這賣膏藥的還要讀大學啊。父親說，哎呦，真的去讀體育啊。實際上沒有一個人支持，不管是從家庭啊，親戚啊，朋友啊，都不贊同。我徵求班主任的意見，他很婉轉地說：「武術可以從事業餘的呀。」

但我還是一根筋，下定了決心。就一輩子走上習武的這條

路了。

余功保

這條路對於您充滿坎坷，但還是很輝煌的。

曾乃梁

有苦有甜，武術帶給了我豐富的人生。

余功保

在北體學習了多長時間？

曾乃梁

從 1959 年到 1967 年。我都在北京體育學院，就是現在的北京體育大學學習。還上了研究生。

當時武術研究生不多，第一批是張廣德和孟昭祥，我是第二批，就我一個。中國「文革」前的武術研究生，大概就我們三個人吧。

余功保

當時是張文廣先生在那兒掛帥北體武術系。

曾乃梁

對，當時張文廣主任在那兒，正當年富力強的時候，帶我們。我上研究生就是跟張先生。最近張先生出了一本書，書裏面還點到了我上研究生的事。

1967 年我研究生畢業，去部隊勞動鍛鍊了兩年，1970 年以

後就到了河南安陽體校去工作了。當時，那裏沒有武術專業。我說，反正我希望當教練，我不去坐辦公室。先帶女排開始。當了一年安陽市的女排教練。

後來趕上河南省青少年田徑運動會在安陽舉行，他們發愁了，要推出點我們獨特的東西，搞什麼好啊？

我就自告奮勇了，我說做做武術怎麼樣？集體連環拳，千人連環拳，有氣勢。他們說，這個行嗎？我說，我先由 20 個人，打打，你們看看。二十幾個人一表演，又發聲，又震腳，氣氛很好，沒問題，就幹了。一下子，大概有八九百人吧，號稱千人的開幕式表演，效果很好。

運動會開完之後，我悄悄地就把這個隊伍的精幹部分留下來，組了個安陽市的武術隊，當時還經常下鄉表演。

余功保

這應該是您武術執教生涯的開端。

曾乃梁

對，當時全國武術隊也不多。條件雖然簡陋，但那時發自內心地想去做，精神上很享受。

後來固定下來的武術隊人員不多，就十來個人，也沒有什麼正式的批准，就成立起來了。女排我就脫鈎了，別人當了教練。我就全身心從事武術。

余功保

除了表演，有比賽嗎？

曾乃梁

當時武術沒有正式比賽，都叫表演賽。安陽在每年的全省表演賽上，基本都是拿第一，成績是最好的，這樣這個隊伍也就鞏固下來了。

余功保

在安陽待了多長時間？

曾乃梁

1977 年，福建要組建武術隊，我就調回來了。

調到福建之後也是沒什麼條件，就在室外練。颱風下雨就沒地方練了，我們就跑到辦公室去壓腿。我們大隊長說，你這個教練是來給我們示威呀。我說，那怎麼辦？你叫我放假啊？還是只上理論課？理論課也沒地方上啊？他說，武術也真可憐，好，以後準備給你們蓋館。正準備說這個呢，後來又刮起點兒武術下馬風，又緩了。

有的人說，武術隊那都是假功夫，搞它幹嘛？領導可能都定了，說不組這個武術隊了，武術啊，足球啊，籃球啊，都下到基層去，都不辦了。我就去找領導爭取。我說，要不搞了太可惜，就像蓋一座樓，蓋起來需要一年，炸掉，可能一分鐘。再建就難了。現在這些隊員苗子都很好，像林秋萍、吳秋芳，當時還是比較突出的，我有信心帶他們出成績。因為當時在沒有場地的情況下，我就以太極拳、南拳作為突破口，第一年比賽就拿了八個名次：三個第一，兩個第二，三個第三。所以我心裏有底。我向領導說，如果你再給我兩年時間，我拿不了成

績，我就自願下鄉，到更廣闊的天地去鍛鍊。

余功保

立下軍令狀了。

曾乃梁

還得講道理。我說從另一方面講，武術也是門面啊。我在北體大的時候，凡是接待外賓，武術表演是重要一項，很受歡迎。我們這裏經常有一些臺灣、港澳地區，還有國外的朋友來，作為表演，武術還是大有用場的。這也是一個對外的視窗。我跟領導說，你們能不能夠不要判處死刑立即執行呀，緩刑兩年呢？咱們試一試。他們聽了都笑了，說你還挺有一股勁的，那試試看吧。實際上後來定了一條，試試看，限制發展。一個隊就 12 個人，滿打滿算，六男六女，僅夠比賽。就是這麼艱難地走過來的這條路。

余功保

後來福建的武術也確實給福建撐了一個門面，成了福建體育的閃亮的一環。好像在全國的人大、政協委員裏，在體育界的，武術方面，福建人最多。

曾乃梁

高佳敏先是全國政協委員，後來是全國人大代表；陳思坦也是全國政協委員。因為他們兩個人都是太極拳比賽的大滿貫。組織上、領導上，以及各方面對我們都非常支持、照顧。這麼些年，我們成績的取得，是和方方面面的支援、關心分不開的。

余功保

從 70 年代開始福建組建第一批武術隊，六男六女，到您退休一共拿了多少冠軍？

曾乃梁

有四個人次的世界冠軍，六個人次的亞運會和亞洲冠軍，一百多人次的全國冠軍，金牌總數是一百三十多枚。高佳敏和陳思坦拿得最多，各三十二人次，他們就占了半壁江山了。魏丹彤是世界女子槍術冠軍，王惠玲是女子亞運會的冠軍，高佳敏是首屆世界錦標賽冠軍和兩屆亞運會冠軍，陳思坦是兩屆世界冠軍，一屆亞運會冠軍。高佳敏被譽為「太極女神」，陳思坦是「太極王子」，林秋萍是「太極之花」，王惠玲是「新南拳王」。基本上主要集中在太極拳、南拳上。這一百三十多個金牌裏面，太極拳應該占了將近一百枚的金牌。

曾乃梁獲獎無數

二、太極是一種選擇

余功保

太極拳成了福建體育的一面旗幟。

曾乃梁

太極拳應該說是我們的一種選擇。第一，我覺得太極拳有巨大的發展空間，無論是競賽方面，還是在影響方面，有社會需求，有號召力。太極拳本身也有很豐富的內涵，比如表現力等，可以去挖掘，大有文章可作。第二，是根據我們的特點，選擇太極拳作為突破口，充分挖掘我們的長處。

余功保

實踐證明這種選擇是正確的。其實這種選擇是基於對太極拳的認識和由衷的熱愛，否則難以有激情。這種選擇也不僅是太極拳競賽上的，而是全方位的，我記得在 80 年代您就有

曾乃梁伏案疾書

乃古乃今爲棟樑——與著名太極拳家、優秀教練曾乃梁的對話　　323

關於太極拳的研究論文獲獎。

曾乃梁

那是在 1987 年，首屆全國武術學術論文報告會，我有一篇論文，就是《太極拳運動推向世界戰略之初探》。那是在北京西山舉行的。我當時就選擇了太極拳研究的題目。

【鏈 接】

太極拳運動推向世界戰略之初探（節選）
曾乃梁

一、太極拳運動走向世界之緊迫性

我將太極拳區分爲三個概念：一是「太極運動」。包括太極拳、太極劍、太極刀等器械及推手等有關的鍛鍊方法。二是「競技太極」。顧名思義，主要用於比賽，則要提高動作難度，增大運動量，加強強身壯體和技擊攻防的要素。三是「健身太極」。主要用於防病治病，突出健身與醫療的作用，適當降低難度和運動量，延長每套練習時間。

太極拳運動現已在日本、美國、加拿大、英國、法國、瑞典、新加坡、馬來西亞等國家及港澳臺等地區廣泛開展，形勢喜人又逼人。但歷史上，故鄉在中國，而高水準或推廣在國外的例子是不少的。與武術相近的項目就有柔道、空手道、相撲及合氣道等。

二、要有統一的套路

1.太極拳能「統」嗎?首先要解決觀念更新的問題。就普及與鍛鍊身體而言,流派越多越好,而競技體育的特點,則要求在同等條件下進行比賽。就要求有統一的東西。

(1)太極各家各式雖各有自己的特點,但都有共性,即有共同的東西。說明有統一的基礎。實踐也證明可能「統」。60年代初創編的66式綜合太極拳,兼收諸家之長;70年代中期創編的48式太極拳,也兼收眾長,以楊式為主。並沒有成「大雜燴」。

(2)50年代後期以來,長拳、南拳在「統」的方面已有成功的經驗。

長拳流派繁多,有查、華、炮、洪、花、少林、六合和翻子等等。各派又有小分支。南拳在廣東、福建、浙江、廣西、湖南、江西等南方各省廣泛流傳,僅廣東就有洪、劉、蔡、李、莫、蔡李佛、虎鶴雙形諸家;僅福建就有五祖、太祖、鶴、虎、羅漢、龍尊、地術、詠春、金獅、達尊等派系。但在統一的規則下,長拳和南拳都分別發展成當今便於競賽的自選套路。它們在「統」的方面的成功經驗,難道不值得太極拳借鑒嗎?

(3)太極拳「統」之後,利於走向世界。

要「統」,就要衝破陳舊觀念的束約。其中一個觀念,就是名家創編的套路盡善盡美。改動就是「欺師滅祖」。這種「迷信」已束縛太極拳界多年。我們承認名家的創造性勞動和歷史功績,但事物不斷發展,新形勢必然要求有新東西問世。

2.太極拳如何「統」?

(1)創編統一套路的原則。

①內容豐富、動作不重複，以陳、楊式爲主，兼收吳、孫、武式之長。

②典型動作需左右對稱，以求部位勻稱，鍛鍊全面。

③增加腿法、跳躍和發勁動作，提高難度和運動量。

④速度可快慢相間，富於韻律感。

⑤段落中心內容突出，共約四段。36個動作以演練5～6分鐘爲宜。

（2）創編統一套路的方法

①兩種方案：一是固定前後順序、結構和佈局。如「甲組規定拳」那樣。二是規定全套包括陳、楊、吳、孫、武式的某些動作。規定組別，如「南拳自選套路」那樣。

②集中名家，拿出初稿，試行推廣、比賽，再定稿。

③統一術語，如「雲手」與「運手」「閃通背」與「三角背」之類。

三、同時發展自選套路

有了「統一套路」，並不排斥各流派的套路，因各流派均在群眾實踐基礎上，由各家綜合並精心創編的有獨特的風格和特點。

自選套路編排時只規定必須的組別，動作順序、結構、佈局均可充分發揮個性特點。如規定一定比重的腿法、發勁及跳躍動作。

四、逐步建立太極拳體系

1.太極拳運動作爲一個單獨專案進行比賽，應有自己獨立的規則。現有時間爲5～6分鐘和7～8分鐘兩種。宜統一爲5～6

分鐘。評分分值中應加重「勁力」的分值，如可提爲 3 分。規格與勁力、精神分值的比例可考慮爲 5：3：2。在組別要求、比賽時間、評分標準及場地規格諸方面均應統一起來。

2.專案設置

①統一套路；

②自選套路（楊、陳、吳、趙、武和其他式，任選一項）；

③器械套路（暫定爲劍，比賽時間 3～4 鐘）；

④雙人推手（目前暫定爲太極拳對練，待推手規則研究成熟後再定）。使「競技太極」成一完整體系，考慮西方的特點和太極拳動作緩慢的情況，可加配音樂，提高美感。

五、發展太極拳的規劃

1.研究太極拳統一套路。修訂競技太極拳的規則，使之規範化、科學化。

2.全國太極拳運動單項比賽制度化。並考慮建立單項運動等級，如段位、大師等。

3.籌辦國際太極拳運動邀請賽，並籌建國際組織。如國際太極拳聯合會，力爭在亞運會上成爲正式比賽專案。

4.國內舉辦培訓班。培養年輕選手，從小培養，立足提高，改變名家指導國手難的問題。

5.宣傳與研究。

（1）創辦太極拳專刊。當前可在一些武術刊物中開闢「太極專欄」。

（2）錄影、錄製紀錄片供宣傳。

（3）開展學術交流研討。

6.加強國內外團隊交流。

「越是民族的，就越是世界的」，即民族特點越強，就越具有世界意義。太極拳與其他武術拳種一樣，應作爲「國技」加以重視和提倡，如同日本提倡相撲和柔道一樣。當前，可重點抓提高，抓競技太極拳，用提高帶動普及。我想太極拳運動成爲世界正式比賽項目、走向世界是指日可待的。

余功保

除了訓練之外，這些年在研究上您也發表了很多文章，出版了不少圖書和音像作品。主要有哪些？

曾乃梁

比較早的，有 1978 年與別人合作出版的《武術運動小知識》《武術基礎練習》。主編過一本體育欣賞論文，主要是太極拳欣賞方面。之後就是《體育大百科全書》《武術大辭典》的有關內容，參與了國家武術院的一些教材、規定套路的編寫工作。還出版有《六手太極功》《新編太極拳對練》等書。有的有外文版。

VCD 是 17 片，包括和佳敏、思坦以及我女兒一起拍的。

余功保

剛才說了，高佳敏、陳思坦他們拿了不少金牌，受到表彰。您作為培養他們的教練，應該也獲了不少獎吧？我前不久在網上還看到一個資料，您在加拿大獲了一個「武術終身成就獎」。

曾乃梁

這些年組織上、社會上給了我不少的榮譽和鼓勵。獲了兩

夫妻共同爲武術事業做貢獻

次「體育運動榮譽獎章」，1993年獲得國務院在社會科學上有突出貢獻的優秀專家證書，享受專家特殊津貼。獲得過一次「太極科技進步獎」。1995年在武林百傑系列評選活動中當選「中國十大武術教練」。省裏面得過五一獎章、省勞動模範、省優秀專家。我覺得自己做得還很不夠。有許多老師在太極拳、武術的發展中都發揮了重要作用，做出了突出成績。我們的成績也是來自於方方面面的支持才取得的。

余功保

您退休後還在做哪些和太極拳相關的工作？

曾乃梁

也有很多事情做。我對太極拳的情懷不僅在賽場上，從某種意義來說，我可能有更充分的時間做些推廣、研究的工作。在全

女兒曾衛紅的太極功夫

父女同場表演太極拳

國、國外一些地方做些訪問、講學、交流。另外跟我太太、女兒一起成立了一個福建華武功夫中心，現在有 1300 多名會員，建立了 40 多個站。我們有很多研究、培訓和義務服務的講座，省民政廳註冊批准的。我想能為太極拳的普及發揮一些作用。

太極拳既然作為了我一生的一個重要選擇，路會永遠走下去。

余功保

太極拳的路相信會越走越寬，越走越遠。前景遼闊。

三、訓練是一門科學

余功保

從上世紀 80 年代開始到現在，作為太極拳教練，從運動成績方面來說，拿太極拳冠軍您是最多的，應該說您是中國乃至世界上最著名的，也是最優秀的太極拳教練。

現在太極拳教練也分不同的類別、層次，有省的，有市的，有專業隊的，有武術館校的，也有學校的體育老師、健身俱樂部的……各種太極拳的比賽也很多，專業的、業餘的。現在太極拳發展很快，對於教練、教師的需求也很強烈。這種強烈一方面指需求量很大，另一方面，甚至是更重要的方面，是對高水準教學品質的需求。

因為過去太極拳一直是口傳心授，傳播範圍不廣，很多方面還沒有對太極拳的教學方法進行系統總結。但太極拳要發展，要提高運動水準，系統、科學的教學方法是必需的。要普及、要推廣就離不開教學。要提高教學品質，首先是要提高太極拳教練的教學水準。

您認為作為一名優秀的太極拳教練應具備的最重要的素質有哪些？

曾乃梁

我覺得，要成為一個優秀的太極拳教練，應該具備的素質是很多的，其中最重要有四條，歸納為八種精神。

第一條，要有敬業精神與奉獻精神。

就是對事業應該有執著的追求，有比較高的目標，不達目標永不甘休的、為事業拼搏的這種精神。引用軍事上的說法就是，不想當將軍的士兵不是好士兵。我想，作為專業教練來說，如果不想培養冠軍的教練，應該不是好的教練。首先應該有這個動機，有這個追求，你才會一步一步地去做。專業教練是很苦的。我帶隊帶了 20 年，有切身體會，白天訓練，晚上值班，還要出早操，有的時候還要犧牲節假日。我們大年初一經常還要練，出個早操，或者練半天，就不能放假。所以說，很多家庭或者子女都有照顧不到的地方，那就要作出犧牲，作出奉獻。你沒有敬業精神不行，過去也有個別教練，佈置一下，就跑了，去辦私事了，你跑了，隊員也就放羊了，訓練質量就無從談起了。或者你是坐那兒，人在那兒，沒有很詳細、很科學的計畫、科學的手段，你不動腦筋，也同樣練不出很好的材料。所以我歷來講，運動員跟教練員是相等的，好的教練員要必須去找好的運動員，好的運動員一樣要找好的教練，這樣才能出好的成果，兩者缺一不可。

培養運動員，你教練員還要有青出於藍而勝於藍的胸懷，要讓學生超過你，一代更比一代強，這樣武術發展才有希望，我們民族，我們國家才有希望。我經常跟他們講，你們應該有超過老師的思想，對不對，這樣才能夠有發展，你不想超越不行。老師就應該有一種甘當人梯的蠟燭精神，燃盡自己，照亮

別人，有當鋪路石子的思想。

就像您剛才提到的，我的運動員、學生是全國政協委員、全國人大代表。有的人問我，老師您是什麼？我笑著說，我是「家庭政協」，還是「副主席」。

我剛才說的黨和人民給了我很多很多的榮譽，我自己做得還遠遠不夠。這不是謙虛的話，是內心的話。所以我已經非常滿足了，還有多少教練是無名英雄呢。所以我就想，教練必須有一種甘當人梯的思想和胸懷。

第二條，要有開拓精神和科學精神。

開拓精神就是不能夠墨守陳規，故步自封，要開拓創新。老一輩的、古人、前人，給我們留下很多很寶貴的文化遺產，非常好，但那是那個時代的產物，我們現在時代在前進，我們必須要與時俱進。太極拳必須要有不斷創新。

余功保

我曾經寫文章說過，一部太極拳發展史，就是一部創新史。

曾乃梁

比如說孫祿堂先生，他把太極、形意、八卦融為一體，創造了孫式太極拳，這就是創新。

余功保

對原有的技術理論根

曾乃梁擔任中國武術隊主教練

據科學、文化的發展，進行新的解釋也是創新。

曾乃梁

這樣才能讓更多的人接受和理解。你就用深入淺出、通俗的語言，表達太極的意識，就是一個總結，一個前進，非常需要這種創新。對運動員，對競賽訓練，不能只用舊的語言和舊的規範。

余功保

相對於發展來說，當今太極拳的研究、創新意識還是不夠，不充分。當然，創新不能違反傳統的基本原則。

曾乃梁

開拓精神和科學精神對於實踐很重要。舉我自己的例子，當時福建省剛建隊是很難的，不像現在福建隊很強了。當時條件差，你不能夠怨天尤人，你一定要想辦法，還要拿成績，你沒有成績，就沒有你的地位，就保持不下來，因為我們差點就被取消了，更要幹好。所以有些事兒就是要努力，要看準方向。於是在艱難條件下，我就看準太極拳和南拳。太極拳在什麼場地都可以練，南拳是我福建的土特產，我這兩項狠狠抓住了，於是南拳慢慢超過廣州，太極拳慢慢超過雲南，超過北京，超過河南，慢慢就開始拿冠軍。

余功保

選擇實際上也是一種科學，你要不講科學，你就選不準。您的選擇合乎兵法「示之以虛，開之以利」。

曾乃梁

所以選準突破口是很主要的。還要科學製訂計畫，科學製訂訓練計畫。多年來，我們的年計畫，月計畫，週計畫，課計畫，都是非常細緻的。要培養好運動員，你教練員要有一個科學的東西。我就抓四個科學：科學的計畫、科學的選材、科學的訓練、還有科學的管理。

余功保

科學本身一定是一個系統的工程。

曾乃梁

科學的管理一個方面就是幫助運動員抓住機遇，特別是重大機遇。要能拼。

余功保

我曾經聽林秋萍、陳思坦跟我講過您在重大比賽前帶病為他們訓練的事。有一次林秋萍說，我戴上這個牌子，站在領獎臺，第一個想到的就是曾老師，沒有他那個時候帶病為我們訓練，就沒有我現在的這個金牌。

曾乃梁

第三條，要有專業精神和求知的精神。

不能夠一知半解。你一知半解，怎麼給學生講啊？專業的精神，就是不光敬業，還要對你的項目、運動員非常瞭解。

比如說秋萍，她原來在全國比賽的時候拿過第三名，後來

學生林秋萍的太極拳勢　　　　　曾乃梁輔導林秋萍練太極拳

掉到第五名，甚至到第六名後。我覺得她在不斷進步，但卻掉到六名之外去了。她動搖了，說是不是老師騙我，我不行呀。那時候她還小。我就對她說，不是，我絕對沒有騙你，我說你這塊金子快到面上了，只是還蓋了一層薄薄的沙子，剝開沙子，金子就露出來了。相信我吧，你再加錘煉就成了，我保證你會拿冠軍，你有冠軍的潛力。結果，1989 年拿全國冠軍，1990 年拿國際比賽冠軍，一發不可收。

余功保

自信、信心很重要。有自信就有感覺，神采就會出來。專業精神是以精湛的業務能力為基礎的，否則信心從哪裡來？業務能力的提高還要具備綜合的知識。

曾乃梁

對，除了本門的武術、太極的業務知識以外，還應該有起

碼的哲學知識，太極拳充滿了哲理、對立統一的規律，你沒有一點哲學知識是不行的。還要有生理學的知識、心理學的知識、力學的知識、醫學的、兵學的、美學的，甚至還要有一些舞蹈的、戲劇的、音樂的及其他相關的藝術形式，都會給太極拳帶來啟發。有些知識，你不一定很深，但要有，有的知識就要深。你學是一大片，用是一條線，為我所用，這才能夠達到更好的效果。所以當個好的教練，也是非常不容易的，要求是比較高的。因為競爭非常激烈，那你要想脫穎而出的話，你自己沒有比較厚的底功是不行的。

你不能滿足於一城一池的事，要有長期打算。特別是運動員拿了成績後，你還要找出他的問題，讓他信服。運動員拿了冠軍也可能會翹尾巴啊，感覺我現在是最好了。那我就對他們說，運動員就像金子，只有百分之九十九點九九，沒有百分之百的，你這裏我還能挑出很多毛病，你信不信，我挑出來給你看，他們都心服口服。這就要教練員不斷提高。對運動員拿了成績，既肯定他的進步，祝賀他的成績，又老給他敲一下尾巴，老跟他說他不足的地方，老給他指出一個他應當追求的方向。

余功保

這也是管理科學。

曾乃梁

我覺得我自己的人生

曾乃梁太極拳勢

也是這樣，過去的成績都是零，每一步都有一個新的轉捩點。自己要給自己定一個新的計畫，我的下一步怎麼走，有一個新的挑戰。這樣，我覺得人生挺有意思的。

余功保

挑戰有主動性的，有被動性的，能主動挑戰未來，挑戰自己，就能站住先機，並且以一種健康向上的態度對待世界。這也是太極拳的生活態度。太極拳從本質來說是一種積極的人生觀。

曾乃梁

求知、鑽研，善於很好地汲取前人的研究成果，又要有批判的態度，根據不同的情況區別對待。舉例說，許多經典的著作，講得非常好啊，「一動無有不動，一靜無有不靜」「周身上下，節節貫穿」，這些都是很經典的語言。要嚴格遵守，但有些過去的一些講法就要區別。比如有的講「重意，不重形」，作為自己練習健身，可以，它是強調重內在的東西，不能丟本質的東西。但是其實並不是說不要形，你學套路、學動作，沒有形怎麼練？一舉動就有形呀。作為比賽這個層次來說，作為表演來說，不能不重形，不重形就沒有規範。但也要重意，所以我給它改為「先重形，後重意」。還有一種說法是「用意不用力」，任何運動都有力量啊，怎麼能不用力呢？是用意不用拙力，不用僵力，是不是可能就更確切呢？

余功保

這裏涉及一個如何解讀古典拳論的問題。很多拳論由於漢字的含義問題，有的一字多義，還由於不同層次不同的理解問

題，還有修辭的習慣以及特點，大家解釋都不完全一樣。對待拳論要客觀、要動態。

客觀就是不獵奇，不為解「玄」，越解越離譜，讓人看不懂就解對了，這是虛無的思想。要動態就是不死板，不固定，因為有的拳論講的道理就是從發展的眼光來說的。

曾乃梁

作為好的太極拳教練，首先對太極拳的本質、太極拳的一些基本要求，包括它的要領，包括它的訓練方法，一定要理解透。

第四條，要有從嚴的精神和協調的精神。

從嚴就是嚴格訓練，嚴格管理，嚴格要求。這是不能含糊的。訓練是很苦的事兒，既要嚴，還要儘量有方法，有趣味。比如我在訓練中有一個辦法，就是當你完成了主要訓練計畫之後，我來給你加點東西。運動員這個時候會說，啊，老師，今天的腿很脹啊，下次再來吧。我會說，今天沒有可不行，累了少加點，今天來五組。他做完兩組後說，啊呀，太累了，歇會兒吧。我說這樣吧，你做的品質好，我就一個當兩個，更好、最好的，一個當三個。這樣做調動他所有的積極因素來完成，調動他所有的生理和心理的因素。這個時候他想早點下課，早點完成啊，就要做好品質。這實際上就是從實戰出發，在你最累的情況下，完成你經常容易失誤的動作。

比如說擺蓮，比如說分腳、蹬腳，或者一些平衡的動作，這種辦法就有效。我就達到了我訓練的目的，在你最累、最困難的情況下能完成這麼好，那麼你到比賽的時候，在身體、心理調整都處於最佳狀態下，你臨場發揮會非常好。所以運動員上場，我沒有擔心他們會失誤的，不會失誤。

有的教練在賽場不敢看隊員比賽，怕失誤，我不怕，我到哪兒都會非常自信，我的自信就是從平時嚴格訓練來的。我們平時就是從最難的情況出發，這是周總理說的，實戰出發，從難著眼。他對部隊有個指示，講到從實戰出發，從難從嚴，講得非常好。我們對隊員的訓練，不是為難而難，為嚴而嚴，而是為從實戰出發，我們的實戰就是比賽。

　　從難從嚴，還要讓運動員很好接受。你跟他應建立感情，對運動員的生活、思想多關心。比如原來陳思坦住房很狹小，他拿了冠軍後，我就借這個機會幫他爭取一套住房，解決他的生活問題。這些都是主動為他們考慮一些事。

　　對他們的狀態要準確把握。嚴格一定要講方法。在訓練課結束的時候，也就是在比較累的狀況下，不能做跳躍動作，因為容易受傷，此時可以做一些平衡的、控腿的動作。原來這些就算比較難，好多選手都在這裏失誤了，但是我們做得很漂亮，我想是平時的功夫積累。

　　所以我講，從嚴，也要寬嚴適度。比如說，今天練到最後，一看臉色，確實有點兒不行了，確實太累了，好，去吧，下一次把它完成好吧。他們也很高興。總之是不能夠頂牛，要循循善誘，要誘導他完成。要摸運動員的思想脈搏，有的時候也要跟運動員適當溝通溝通，請到家裏來啊，聊聊天啊，吃吃飯啊，也是跟運動員溝通的很好的途徑。訓練也是以人為本嘛，這就是人性化的管理。

余功保

　　這也是「和諧訓練」。教練員和運動員之間要和諧。訓練的各個要素之間要和諧，和諧才能產生共振。

曾乃梁

對，和諧了，潛能才能最大限度地發揮出來。他覺得很苦，你也覺得很苦，那臉對臉都是苦的，都是板著臉來練，我想這樣是練不好的，也容易受傷。現在他很自覺練，他在這裏邊有享受，雖然苦，但覺得有新的收穫，一堂課一堂課這麼積累起來，宏觀是從微觀來的。應該說，最後是功夫不負有心人。

所以這裏要講的精神，我歸納了以上四個方面。

余功保

一個優秀的太極拳教練具備了良好的素質，具備了上面您說的四方面八種精神外，要出好成績，還要有一套很好的訓練方法。把這些精神貫徹到具體的行動中去。很多年以來，太極拳比賽的大部分冠軍都讓您的隊員拿去了，不是一兩個人拿，也不是一兩次拿。有人說，曾老師在太極拳訓練上有「絕招」，他有一套「曾氏訓練法」，有理論有實踐。那您的「曾氏訓練法」歸納起來核心是什麼？

曾乃梁

「曾氏訓練法」不敢當。只是有一些想法和做法。有一些經驗。我也是在不斷地總結。

我總結歸納了太極拳的十大教學法。裏面有共性的東西，也有個性的地方。

第一個，講解法

這個是大家都知道的，就是由講解來解惑，來釋疑，這是一個很重要的教學方法。但是我覺得，這裏講解的難度有一個

不同物件、不同側重點的問題，還有個講什麼的問題。比如我是老年人，就會覺得，這個為什麼會對身體有好處，好在哪裡，為什麼太極拳能夠延年益壽，為什麼這樣做就對，那樣做就不對。你要更多地從養生、健身、修身這個角度給他講，他容易接受。運動員就不是這樣的，他要問我怎麼做得更好，怎麼才能拿成績。有些運動員，開始訓練的時候很小，秋萍練是12歲，佳敏練是13歲，都是屬於少年時期。你給她要用一些形象的比喻，多一些風趣的、形象的語言，深入淺出。「講解」中有很多不同形式的講法，我特別注意在實踐中運用各種表達方法，讓隊員從不同角度去理解認識。

比如我講理論，一般的是按照我的要求你來進行練習，有時候我練你講，我來做一個動作，我不直接說你的毛病，我做一個你來看看毛病在哪裡。我更多的在教學上採取啟發式、互動式來進行。講解也是這樣的，不要你一味地講，你有時候講

曾乃梁指導高佳敏練太極拳

弟子高佳敏的太極拳勢

得太多他聽煩了聽不進去了，就你來做他來講，讓他看看你做的毛病在哪裡，他就要動腦筋，這樣印象就比較深刻，效果就比較好。還有的時候，讓別的學員練，由你來評述。

余功保

師生互動教學法。

曾乃梁

我經常用的是「練拳先講」。我先指出來一堂課解決幾個問題，你這裏是幾個毛病，你要注意什麼。不要多，只三個就可以，解決這三點，就算完成了這堂課。我就看你這三個問題。這樣他就會集中精力去解決這三個問題。這就是一塊一塊吃的道理，去解決他主要需要解決的矛盾和問題。

還有一個是「邊練邊講」。運動員在練的時候，他一邊在練，你一邊在講，「注意腳，我這堂課就看你把腳給我做好」。對於經常出現的問題、頑固的問題，你老講他老是改不了的，就用這種辦法，效果挺好的。

「練後自述」。練完了你覺得怎麼樣，剛才那三點你覺得你注意得怎麼樣，下次再注意什麼，哪點提高了、哪點進步了。就是讓他每次練都要動腦筋，每次練都要有所收穫，把枯燥的訓練變成一種主動的、有興趣的活動，練完了也覺得很有收穫。

「練後講評」。由老師來講評。

這裏我就列了我講你練、你練我講、他練你講、練前先講、邊練邊講、練後自述、練後講評七種不同的形式，這也是自己在教學方法中去摸索去總結，便於互動，便於教練員和運動員互相動腦筋，而不是填鴨式的，應該是一種啟發式的教學。

余功保

「講」是教學的一個重要方式，「嘴把式」也很重要。過去有的老師不太重視講，認為武術能做就行了。

曾乃梁

既要做，也要講。

第二個，示範法

就是做。這是武術中最常用的一種直觀的方法。示範要正確優美，示範目的明確，是整體示範還是局部示範，示範位置、示範方向、示範面等。我覺得示範也是不同的形式，應該掌握不同形式。正常速度的示範、慢速度的示範、局部的示範、邊示範邊講解、他示範我講解、你示範我講解、他示範你講解、練後再示範、講解後再示範、示範後你做等等。關注點在於，示範如何和別的教學形勢結合起來，以達到更好的效果。在運動員訓練初期，示範的作用更重要。對水準低的人示範就更重要了，水準高的你給他一比劃一講他就明白了。示範對於初學者非常重要，而講解對於高水準的就顯得更加重要。所以我現在帶老年人覺得比帶專業隊還累，要很好地示範。

第三個，領做法

這是武術太極拳中獨特的、經常使用的一種方法。老師領著做，籃球就不能領做，我投籃你跟著，無法同步，總有先後，而武術則是同步的，你做他跟著。我以 24 式拳為例，在這裏畫了圖做了一些說明，這是武術太極拳獨特的教學方法。

第四個，分解法

把完整的動作分解、拆開來，有些動作開始容易囫圇吞

棄，不清楚，你給他分成三個、四個、六個小動，一、二、三、四，一到哪裡、二到哪裡。這樣初期掌握可能會更加準確一些。分解可以是上下肢分解，還有就是把一個完整動作分成幾個分動，比如蹬腿：1. 兩臂掤；2. 舉起來，邊分邊蹬；3. 收腳收手，屈腿收手；4. 落步抱拳；5. 弓步掛拳。這樣一個一個分動來解決。或者先練手，再練腳，然後再兩個合起來。比如42 式的掩手肱捶，很多人掌握不好，分解來做就能更快地掌握。另外，你不能這次這個口令，下次那個口令，而應把它分好，這都是需要事先備課的，每次都按照同樣的分法、同樣的口令，一到四就是這個動作，這就要求教練員首先要理解透。

第五，正誤對比法

不怕不識貨，只怕貨比貨。正確的和錯誤的加以對比，這裡也是可以互動的。學員的毛病他自己看不出來，你在做的時候可以誇張一點，但是，你不要讓學員感到你在諷刺挖苦他，所以還要掌握好分寸。以正為主，不要過多地做錯的，以正確的動力定型來改他錯誤的動力定型。

比如掤和野馬分鬃是不同的動作，你把野馬分鬃做成半掤了，你看看錯在哪裡，野馬分鬃和掤我給他歸納出四點區別。比如如封似閉和按有三點大的區別，列表來說，這樣一目了然。從動作幅度、起止點到攻防含義的不同，他們會覺得原來如此，知道怎麼回事了。

不管業餘的、專業的我都要求，剛才跟你們指出來的毛病你們自己去練、自己去改。你可以練習三遍到五遍，你練沒練我不管，一會兒過來你再做，逼著他動腦筋。有時候你說完了就走了，你走了他又忘了，上十次八次課還是這些老毛病，還改不了，所以要落實，把正誤的概念搞清楚，正誤是很重要的。

余功保

正誤對照是符合人的生理和心理規律的。過去練傳統太極拳的老師也有自己對著鏡子反覆觀察自身的正誤來練拳的，效果很好。

曾乃梁

第六，切塊提高法

切塊和分解還不一樣。切塊，如將太極拳一套分成四段，四個塊，段裏邊又分成組合，組合裏到動作，動作又由幾個方面組成，切塊掌握。我平時訓練很少全套訓練，一段一段改、一段一段摳，四段都改完摳完後，回來再摳一遍。幾次的錘煉，人家說百煉成鋼，我們經過幾次的錘煉也基本上就把雜質都去掉了，讓動作的規範更好地體現出來了。我指的是一般的運動員，高水準運動員像思坦需要解決身法上的毛病，高佳敏這段主要解決眼神怎麼體現。隊員很明確，你也很明確，就切這個塊，你把這塊給我解決了。

傳統的訓練方法不同，有的人教學就是整套練，來就來一套，實際上就失去了講解應該達到的目的，沒有切塊。

切塊就是各個擊破，集中力量打殲滅戰。先解決主要矛盾，主要矛盾解決了再解決次要矛盾。像思坦、秋萍他們，同樣一個套路在比賽的時候就是能打出跟別人有點兒不一樣的地方。這就是在各個擊破時細緻摳出來的。有一次比賽前的場地練習時，有一個教練說高佳敏怎麼加了這麼多附加動作？我說哪裡加了什麼動作？他再仔細看，說是沒加，但是覺得味道是更濃了。

曾乃梁武姿

余功保

形上沒有多餘的動作，可能神采更豐富一些了。感覺上就多了東西。

曾乃梁

同樣的東西要練出跟別人不一樣的效果，這就是訓練所要達到的目的。切塊是為了整體，當然比賽前就不能以切塊為主了，比賽前兩個月就要開始收了。二分之一套的訓練，加強套

的訓練，加強時間的監測，每段都有時間的監測，每打完一段我給你報時，時間掌握好。所以，我不怕運動員比賽中時間不夠或者超時，因為平時練的八九不離十，就是練的 5 分 30 秒到 5 分 45 秒之間，平時都按照這樣練的。他平時就練習慣了，習慣於這種節奏了，這是賽前的訓練。

到了快比賽前半個月，多套訓練，超套訓練，加大強度，減少數量。如果還有問題需要解決的話，今天數量多強度就小，明天就是上一個強度，五套六套，打完一套還要再加一段兩段，非常累。一套練好了後邊三套都免，練好的話就可以減少數量，逼他去完成精品、完成高品質的，因為比賽不就一套嗎。教練員還要機動靈活地實現他的計畫，沒有一個計畫是一成不變的，計畫不能成為繩索把自己捆住。

余功保

有一位戰略家說，計畫的屬性有兩個，一個是用來執行的，一個是用來改變的。很深刻。寧信書不如無書，死執行計畫不如無計畫。

曾乃梁

要根據現實情況調整，目的是為了更好地提高。賽前量不多，高質量完成五至六套，練多了也不一定好，不是越多越好。一週也就兩次三次，多數情況還是分段測時，分段打一套兩套就完了，最多的一天六套就可以了。品質第一，場下十年功，場上一分鐘。比賽前還要調節一下，降量、給你憋著勁，把身體、心理調到最佳狀態，比賽的時候能夠發揮出最好的水準。

第七，阻力糾錯法

這是我自己提出來的。用阻力來糾正你自己的錯誤，阻力就是限制，也有助力，也有阻力，更重要的是用阻力。比如有的運動員腿先弓好了，手還沒完成呢，變成腿先到手後到。我就用手托他小腿，讓他注意腿慢一點手快一點，你給他稍微加一點阻力，就慢了，就和手一起到了。這就是阻力。

再比如，轉身推掌，有的運動員手往前推身體往後去，我起名叫「南轅北轍」，讓他注意身體也一起往前，給他稍微阻攔一下，他想往後往後不了，有那麼幾次，他慢慢就習慣了。你要給他手，讓他體驗怎麼往上、往外掤的力量，怎麼捋，我捋你，你捋他，他捋我，要互動。

第八，教具誘導法

我經常用的是一把尺子、一個小球、一個短桿。手揮琵琶、提手上式，手多高，尺子量一量，膝蓋腳尖是不是一條線，尺子一擺就出來了。雲劍擺腿很難做，雲劍要雲得高，擺腿也要擺到一定高度，我用一個尺子、一個球，你擺腳要碰到我的球，腿要跨過我的尺子、短桿。就這麼簡單的教學，他們就挺有興趣。「我怎麼碰不到了？」「我又提高了。」每次都有生動的指標。

我們的幾個全國冠軍，別人看了他們都很驚訝，腿怎麼擺得很高、又那麼穩，跟雲劍還能同步，就是獨特的方法。光用肉眼看不成，用一個東西誘導它。比如躍步刺劍，特別是業餘的做不出來，躍步蹬不出去。要先練腿，用一個尺子、一個球，你去夠，過去刺我的球，前面有一個目標，感覺自然就出來了。

我在菲律賓訓練女子太極劍冠軍斯特拉文森，語言不通，有一個華人跟著練，邊練邊當翻譯。有時候翻譯沒來，我就給她比比畫畫加英語，再加上這些教具，她挺有興趣的。

余功保

形象教學是有效的溝通方式。人的興趣一旦激發，創造力就出來了。

曾乃梁

第九，攻防體驗法

攻防是武術的精髓，攻防體檢也是十分重要的教學方法。有些人就是擺架子，特別是女性，往往對美注意得更多，怎麼用注意得很少。太極拳屬於武術，當然有攻防的意識，有了攻防意識，你動作才能做到家。比如野馬分鬃，分得太大，一下腿跑到前邊去了，我說你再分我早跑了，靠不了人家。腿在背後給他阻擋一下，卡住他，他如果再向沒有支撐點的方向用力，就會馬上站不住，失去平衡了。你做他做，互相做，明白原來是這麼回事。力量在哪裡，在肩和上臂上，掤在前臂上。光有一般的闡述，沒有帶著攻防的體驗來做他體會不深。理解了攻防含義，他記得更深刻、更清晰。

還有一條是不要較勁、不要頂牛，要互相配合、避免受傷。比如抹劍和帶劍怎麼區別，撩劍和截劍怎麼區別，撩是進攻性的，截是防守性的；帶是往回，防中有攻，在實際的攻防中一目了然，一下就清楚了。

武術中兩個意識是主要的，一個是攻防意識，一個是美的意識。因為畢竟是透過表演來展示美感，光美不行，還要有攻防意識，缺一不可，要找到結合點。武術和體操、和舞蹈不一樣，它們也美，但是是不同的美的形式，武術有攻防的美，精氣神在裏邊。

余功保

武術的攻防性永遠不能丟，丟了就不是武術了。攻防要體現在動作上，更應該體現在意識的深處，在精神層面上。

曾乃梁

第十，錄影分析法

就是看名家、優秀運動員的技術錄影，再看自己的，進行對照，差距在哪裡，怎麼提高。隊裏經常用這些手段，注入到現代訓練中去。我們往往是一邊看，一邊討論。有時還結合看掛圖、看書裏面的圖片來進行。

除了上面說的十大教學法外，其他還有口令指揮法、分組復習法、教學比賽法等很多。重點是十大教學法。我去年在西安組織的武術裁判員培訓班裏講了一堂太極課，其中也講到了十大教學法，大家反映總結得還是比較系統的。

四、風格是一種心性

余功保

運動員成才如何，訓練、努力是一種過程，但作為教練來說，第一步是選材，成才之路始於選材，苗子選不好，雕琢起來就費事，甚至無法成器。一個運動員最後風格的形成、定位，訓練的手段，與他本身的條件是相聯繫的。您在選材方面有什麼標準？

曾乃梁

一定要選準運動員，看他有沒有這個天資，還有他的心理素質、個人品質，有沒有向上的願望、毅力、勇氣等。身體素質是個基礎。

太極拳和其他武術還是不太一樣，需要柔韌的素質，柔韌性要好。很僵的那種人，力量型的不一定適合，打陳式還湊和。其實打陳式也需要協調，彈抖折疊纏繞。所以從素質上來講，第一就是柔韌協調性比較好。

從外形上來講，胳膊最好比較長一些，手大，和彈鋼琴選材有點兒相似，手指要長，動作舒展。腿適度就可以，更重要的是內在的，眼神。有的人長的就木木的，你讓他去表現，他不善於表現，眼睛要能說話。

很多行家評價林秋萍，說她眼睛能說話。林秋萍眼睛特別靈，有神。就跟選演員一樣，有的人不用說話，眼睛裏就有戲。不光是眼睛大，還要有神，善於表現。

武術教練員的崗培教材中關於高水準太極拳訓練那一部分是我寫的。裏面講如何培養好的運動員，第一就是選材，選柔韌性、協調性好的，比較靜的，心理狀態比較靜的。吳秋花練太極拳就不成了，她適合練南拳、練刀，很快。思維是快型、爆發型的，那就得練南拳、長拳。我們這幾個太極拳運動員都是比較靜的。

余功保

這種影響也是相互的，他們長期練太極拳，對心境、性格、思維也是有影響的。越練越靜，良性循環。

曾乃梁

對。心理狀態比較靜。對動作把握很細緻。手臂長、手指長，腿能長一些做腿法也很漂亮。但是，針對現代競技只能選擇中等身材，因為套路中加了很多跳躍、難度、轉體、旋轉的動作，720°都有，就需要中等身材。眼睛有神，就有表現力，此時無聲勝有聲，用太極動作表現太極語言，運動感情就是由眼神表現出來。我提出太極語言、太極感情的概念，就是在太極拳水準的第四階段，叫「雕風」的時候，雕出個人不同的風格。高佳敏就是拳情並茂，慢慢地看，更要看內在的東西、高層次的東西。

余功保

您所說的太極拳水準四階段是哪幾個層次？

曾乃梁

四個階段就是塑形、重勁、求意、雕風。

塑形：

初級階段。這個階段打基礎。這個階段主要做好三抓：步型步法、手型手法、路線起止點。要規範，塑造正確的形體。就像寫字，要先寫楷書，要先方後圓，然後才慢慢方中見圓，方圓結合，最後圓中有方。第一階段就是正確、準確、規範。

重勁：

重勁力，這是中級階段。要做到剛柔相濟——剛柔勁，虛實分明——虛實勁，飽滿圓活——圓撐勁，協調完整——完整勁。一般的太極拳要重視這四種勁。陳式還要加上纏繞勁、折

疊勁、彈抖勁等。重點要解決身型的變化問題，過程要柔，定點要剛。手上的虛實、腿上的虛實比較容易體現，長拳是九一，太極拳是八二，兩分的勁。身上的虛實不好做，不光是用腰，我比較重視胸腹的展含。大展大含、微展微含，這些就是在身法的虛實上來體現，是第二階段重要部分。

求意：

意識、韻味、氣質、神采，這是高級階段。透過眼神來體現運動感情，內外兼修、形神兼備。眼神方面我提出了隨眼、定眼，手眼相隨，一個為主一個為次。有的動作是手領著眼走，有些動作是眼領手行，什麼時候手領眼隨，什麼時候眼領手隨，在訓練具體動作的時候跟他們講解。

我在訓練運動員的時候特別重視眼神的訓練。這是更有學問的、更高層次的東西，要表現出勢斷勁連，勁斷意連，體現動作、呼吸、意識、神采的統一。

雕風：

精雕細刻，能夠成為獨特的風格，頂尖階段、特級階段。形成自己的風格流派，就像京劇中馬連良有馬連良的派，梅蘭芳有梅蘭芳的派，各個流派各領風騷。書法也有很多體，隸書、草書、篆書、行書等，同樣是草書，也有區別，毛主席的草書就有他自己的風格。繪畫、音樂、美術，都有不同的風格流派，為什麼我們不能從相關的文化形式中吸取藝術營養來塑造不同的流派、不同的藝術風格？要善於從各種藝術中得到些啟示，形成不同的風格。

一般的運動員只有三個階段，到了求意就不錯了，對冠軍運動員來說，對於要在世界上稱雄的運動員來說，就要提出更高的要求。這是根據運動員個體的形體機能、技術乃至性格、

心理、天資的條件來精雕細刻，體現出各自獨特的風格。最後去掉雕刻，不留痕跡，顯示出自然美。雕刻實際上很難，雕刻最後不顯山不露水，能夠很自然，成為運動員心性的一種自然流露。

余功保

風格形成後，一定是自然的東西，否則就是做作。一種成熟的風格必然成為人的心性，心性在風格形成過程中也是全面滲透。心性不一定是性格，是更內在、更深刻的東西。是人拳合一，人與自然合一，是外部各種因素對人的影響而形成的積澱。

曾乃梁

前三個階段是太極拳的階段，有了第四個階段才到了太極拳藝術的階段。自成一派，自成一家。

要完成好這四個階段的步步提高，確保品質，還要做好「三定三訓」。

三定就是「定進度、定階段、定重點」。

重點是定階段，我邊看運動員邊想，你到底屬於四個階段中的哪個階段。你現在屬於第一階段或者有第二階段一點兒成分。如果重點是第一階段，那我就重點給你講怎麼規範問題，就跟中醫號脈一樣，你是病在表面呢，還是已經到了肌肉，到了骨，病入膏肓了，對症下藥的問題，首先要定階段。

三訓就是「技術訓練、身體訓練、心理訓練」。

技術訓練主要講四個階段。身體訓練主要練柔韌、協調、力量、耐力。結合太極拳的特點，多做一些小力量的練習，有時候也加一點力量的站樁、力量的柔韌練習。但腿功訓練很多，很多業餘運動員說怎麼專業隊員腿舉得那麼高，我說這你

不能太過強求，年齡有限制，而且專業運動員有很多很系統的身體訓練，壓腿、耗腿、擺腿、控腿的方法，樁功，光腿功、腰功就很多的練習方法。光注意腰腿還不夠，肩的柔韌性也很重要，我編了一個「太極熱身功」，裏邊就有胸腹含轉。身體訓練是為技術訓練服務的。高層運動員有心理訓練，想功、過電影、集中注意力的訓練。往往運動員賽前容易緊張，有時候採取誘導轉移的方法。一邊做準備活動一邊還聽音樂，實際上你就讓他聽，轉移。賽前讓他默想，這場上場要重點解決哪個重點動作，自我暗示、放鬆，從上到下。你也可以提醒他，腦袋放鬆、肩放鬆、左肩右肩。有的運動員喜歡這樣，有的運動員就喜歡默念、想動作。

很重要的一點就是，教練員在賽前指導一定要正面，肯定為主，不要說這麼做不能成功，要說怎麼做能夠成功，使用正面引導的語言。表像訓練，是讓他想成功體驗的表現重現，上場前在腦子裏清晰地重現自己過去獲得成功時的最佳表現，體驗當時的身體感覺和情緒狀態，有利於增強信心，提高運動成績。

有一次，陳思坦說今天怎麼老覺得動作不順。我說怎麼不順，很好呀，他十一屆亞運會是最滿意的一次，我說你就想那次，你那次是怎麼練的，其他都拋到腦後邊去，想想再訓練。

還有區別對待，不同的運動員不同對待。三個頂尖的運動員就不同。林秋萍最好是全跟，從準備活動到上場一直跟，你跟著她她心裏就踏實。1982 年在杭州比賽，比賽前來例假，她說老師我腿軟，怎麼做都覺得抖。我說你再做幾個，很好嘛，怎麼會抖呢，我給你按摩一下，她再一做，也覺得好了很多。鼓勵她沒問題，心理暗示，結果效果很好。

陳思坦是半跟，比賽前跟他說，講一些，到快上場之前不

理他，他自己去想一想。

高佳敏就不用跟，上場之前給她測一下時間，簡單交代兩句話就好了，她說老師行了，你不用管我了，她自己默想。

在比賽前還要注意信息回避，避干擾。比如前邊的運動員得多少分呀？他得多少分是他的事，你只要把自己的最高水準發揮出來就行。但也有的運動員喜歡信息公開，比如吳秋花，看別人得多少分，9.7 分？很高，好，我比她強，我一定要超過她。就喜歡看別人，看完別人更來勁超過她。

余功保

練太極拳如何達到形神兼備、富於韻味？

曾乃梁

武術區別於其他相近項目，比如體操，「神」不一樣，我們的神體現在攻防藝術。在掌握動作之後，很重要的一點就是加深對動作的理解，對攻防含義的理解，「攻防之神」，這都區別於其他運動、區別於體操、舞蹈、雜技。武術動作是由單練體現出攻防意識。通過眼神也很重要，你的眼神如何很好的表現，平時要把幾個點睛動作抽出來練，什麼時候隨，什麼時候定，隨怎麼隨，什麼時候是眼領著手走，什麼時候是手領著眼走，這需要細心揣摩。

隨眼和定眼還要抽出來練，我經常給運動員練的是抖手。手在體前走一個圓圈，頭不准動，眼睛隨著手循環，練眼睛的靈活性。定眼，練習專注，定 2 秒、5 秒、6 秒、8 秒、10 秒，目不轉睛，定住一點。眼神要聚，入木三分，看得很透，看得有穿透力。再練習挑眼、挑眉，精氣神就出來了。手眼配合也

要抽出來練。然後休息一下讓運動員做眼睛內觀，往裏看，進一步做到心靜，深呼吸後再開始練，注意力可以集中。這方面有專門訓練就跟沒有訓練不一樣。中級階段之後下這個功夫。

氣和呼吸的配合也很重要，蹬腿、分腳往下的動作，如果沒有聚氣的話，就做不好。我讓他們體會，呼氣的話氣勢就下來了，很容易失誤，吸氣也容易失誤。要在吸完後微微有一點屏氣，蹬出去、分出去的一刹那稍微屏一下，就穩了，這是有生理學、力學依據的。一屏氣胸廓固定了，再加上兩個手的支撐，幫你維持平衡，腿很自如地出去，很好地表現腿。

攻防東西過去是要求的，舊社會必須講攻防，現在也要講武術攻防意識，健身也應該有攻防。既然是武術，攻防就是少不了的，但現在是提高修養，不是以武逞強，這就要求在攻防的基礎上更強調美，強調技能和身體素質的發揮。

除了眼神可以體現韻味，還有一個就是節奏問題、節律的問題。不是平鋪直敘的，不是老頭拳練著練著就睡著了。太極拳裏邊有節律。當時我去請教李天驥老師的時候他就說過，太極拳既要連綿不斷，又有段落和動作的節分。我自己理解這個節分就是在定勢的時候停半秒，不到半秒不行，停多了就勢斷、勁也斷了，停半秒左右的時間就可以做到勢斷勁不斷，勁斷意連。跟書法一樣，筆斷意連，我們練拳和書法是一樣的，異曲同工。

另一個體現韻味之處就是要吞吐自如，虛實分明，運柔入剛。虛實分明，在胸部和腹部是胸腹展含，胸部就是一個展和含的問題，處理好展和含、微展和微含的問題。

有的女運動員喜歡挺胸，覺得美，其實含的動作往裏收，更美。含更突出了展，展更突出了含，一展一含也不累了，同時也更協調、更美了。所以如果能夠做到節律、眼神以及勢與

勁、勁與意的良好處理，韻味就更加突出。

韻味當中還有神采，也可以表現出氣質。這個氣質不是矯揉造作的，特別是有陰陽的東西，手往下按、氣往下沉，神往上領，一個往上，一個往下。很多動作都是這樣。比如摟膝拗步，一手往前推，另一手往下按，這樣就能更好地飽滿圓撐，它是對立統一的。太極拳是哲拳，很有哲理性，所說內涵很深就在這裏。

余功保

您所帶的這幾個冠軍隊員林秋萍、高佳敏、陳思坦都形成了自己的風格。您對他們技術的風格如何評價？

曾乃梁

這三個運動員基本上都達到了第四個階段，雕塑自己風格的階段。但各自風格上也有所不同。

高佳敏屬於端莊派，細膩，可以概括為十六個字：柔美細膩，典雅端莊，拳情並茂，體靜神舒。動作細節很考究，一個懸腕、一個抱球都很細膩，以靈帶動穩。

曾乃梁演練太極槍

乃古乃今為楝樑——與著名太極拳家、優秀教練曾乃梁的對話

陳思坦屬於厚重派，風格是沉穩舒展，運勁抽絲，飽滿圓撐，樸實渾厚。骨架大，和性格也吻合，沉穩，穩中有靈，靈中見穩，以穩帶動靈。

林秋萍的風格是清秀淡雅，和順大方，輕靈圓潤，會意傳神。如水上芙蓉，最後雕刻得不留雕刻的痕跡。她的眼睛塑造得很傳神，挑眉挑得恰到好處。

長拳要表現威，看得遠看得透；南拳是狠和入；太極拳是行雲流水，連綿不斷，像小溪、小夜曲，柔情抒情。由於具有了獨特的風格，他（她）們的運動成績也都不錯，林秋萍蟬聯六屆全國冠軍，一枝獨秀，三次冠軍邀請賽冠軍，中日賽也是冠軍，沒有趕上世錦賽和亞運會；高佳敏和陳思坦獲得全國以上 32 枚金牌，都是「大滿貫」得主。

拿過全國冠軍的還有一批，也都有不同風格。包括其他運動隊的，也有很優秀的運動員。

五、古今是一種融合

余功保

現在全國、全世界各地學習、練習太極拳的人很多。您原來作為專業隊的教練，現在還從事太極拳的社會化推廣工作，您對大家如何練好太極拳有哪些指導性的意見？

曾乃梁

練太極拳總的來說，第一是循序漸進，一步一個腳印，打

好基礎，也就是上面我說的四個階段中的第一個階段，塑型。打好基礎，動作做規範，姿勢做正確。基本功練到底。練好基本功，手、眼、身、步。初學者覺得不好練，因為它慢於一般人正常生活的速度，長拳和南拳就快於一般生活的速度，平時生活的速度最好練。

洪昭光教授講最好的運動是步行和太極拳。太極拳好在內外都能兼修，開始應該重外而不重內。如果開始講得很深，內外合一、形神兼備，初學者掌握不了，所以最早應該把姿勢做正確。可以分開掌握，先練手法，再練步法，再練基本動作，再慢慢體驗昇華，最後眼法，一步一步做，手上和步上動作分開做，手上動作慢於生活動作。

比如說做原地的左右分掌分靠，野馬分鬃，甚至能夠不動腿地體會手上的動作，習慣於走慢走弧線，找到主要特點，鑰匙就打開了。步法不是隨便地邁步、點步，進步腳後跟先著地，整個腳掌最後踩實。退步的話，腳前掌先落地。很多太極拳書說「腳尖」，不太確切，芭蕾舞才是腳尖。步法上還有滾動式的特點，由點到面到實，由實到面再到點。步法離不開進步、退步、側行步，應掌握特有的特點和規律。手上體驗弧形，雲手、分手都是體現弧形的。

把典型動作做出來，抽出來分解做，上盤、下盤，上下盤結合起來，再練中盤。練習中盤就跟坐轉椅一樣，半蹲著轉動，能夠坐腰轉胯，轉腰沉胯，胸腹含轉。還要有腰功的練習，腰的轉動、吞吐自如。這些練好後，再開始練基本動作。

手型手法上要注意體現處處弧形、運柔入剛、膀隨腕運、腕隨掌轉、沉肩垂肘、舒指坐腕。比如起勢，手提起來，手帶著肘，肘帶著肩，梢節帶中節、中節帶根節；往下按就反了，

根節帶中節，再到梢節。順序如果顛倒，就做不好了。如果一開始就肩帶，必然就會聳肩，要注意順序如何運用。太極拳處處都是圓，大圓、小圓、橢圓、半圓、扁圓都有，說弧型更準確。入門是塑型，手上、腳上的功夫很基礎。

身法上強調鬆腰斂臀，「斂」比「垂」更準確，往前收斂，在脊椎形成自然的直線，減少彎曲度，更便於氣的運行，中正安舒，以腰為軸帶動四肢。初學者一般是兩個手轉，並沒有以腰為軸。含胸拔背，吞吐自如，五臟六腑得到血液循環、微循環得到改善。

眼法也有虛實，手、腿好做，身法虛實難一些，眼法的虛實就更難。攻防意識，美在其中，手領眼隨，眼領手隨，隨眼柔和，定眼專注。剛柔相濟、虛實分明。眼法的虛實以前沒有看到過、沒有提過，我在實踐中覺得確實有，我注意更加強調突出之。

入門打基礎還應該練一練內功，如練混元功，練樁功，增強腿的力量，增強對身體的控制力。腿的力量增強就穩固了，同時，經常站樁也有利於氣沉丹田。

隨著年齡的增長，慢慢地氣血上浮，正好跟衰老和死亡是對

開展太極拳的社會輔導活動

抗的。每一個動作都可以作為樁來站，腿上穩固了，做動作就不會飄忽。

練太極拳還要注意「專」的問題。開始不能練的太雜，應該選一兩套練精，這一兩個套路結合樁功練好，效果就不錯。

余功保

這就是少而精，不練內功就精不了。再少也不行。

曾乃梁

澆花不能光澆樹葉，根也需要養料水分。內功，如腿功、樁功就是根。手上動作很好看，根沒掌握好，這就是初學者常常犯的一個錯誤。

有的人練拳一套接著一套，看著挺花哨，但都不得要領。當然，你在充分掌握了幾個套路的技術要領，練的不錯的時候，增加練幾個套路也是可以的。

余功保

太極拳是一項優秀的健身運動，但和其他很多好的鍛鍊項目一樣，如果要領掌握不準確，也可能對身體造成損害。比如有少數人反映練習一段時間後膝蓋有些痛，這個題目在一次太極拳的學術研討會上還被提出來過。您認為這是什麼原因造成的，應該如何避免？

曾乃梁

這種情況在國內外都有，主要是練習不當造成的。我和我太太在日本神奈川曾做了一個調查，400人當中，多數是好反

應，經由練習太極拳明顯改善了身體素質和身體健康狀況。也有 7 人說膝蓋有痛的感覺。

我認為這種情況是由於六個原因造成的，也要從六個方面來避免。

1.正確的要領。從一開始學就要注意正確的要領，膝蓋超腳尖或者過分地外撇、內扣，不符合身體的規律，時間練長了，膝蓋就容易受傷。這就是沒有掌握正確的要領。

2.適度掌握運動量。幾個動作做起，可以高姿勢地做或者高低交替做，不要一開始就練得太多，運動量的掌握上要循序漸進。

3.練中稍息。一天練 5 套、8 套、10 套都可以，但是練完一套要走一走，放鬆一下，休息一下，再練下一套。

4.要有充分的準備活動。汽車發動也要預熱，打拳前關節稍微運動運動，做幾個動作，幾個組合，還有身體、心理、技術的準備。

5.整理活動。打完拳以後拍拍腿，抖動抖動，放鬆，走一走，哪怕兩三分鐘也不能忽視。

6.採取一些保養的措施，按摩、沐浴等。膝蓋要經常按摩、溫水泡一泡。

要注意防止膝蓋受傷，太極拳是有百利要防一弊。這不是太極拳本身的問題，而是你沒有科學訓練導致的毛病。

余功保

您前面說到循序漸進，開始可以把一些典型動作提取出來重點練習，您認為哪些動作技術含量比較全面，比較有代表性？

曾乃梁

野馬分鬃、攬雀尾、雲手、下勢、分腳、擺蓮、如封似閉、肘底捶、倒捲肱，這些動作都有一定的代表性。

每種流派的太極拳代表性的動作有相同的，也有不同的，練哪種式子要選擇最能體現該流派太極拳技術特點的動作。比如孫式，原地半蹲開合手可以經常練，進步、跟步、進步、退步、結合手法反覆做懶紮衣，這是最基本的，左右的再做進步搬攔捶，跟別的不一樣，很獨特。吳式就是做摟膝拗步、斜中寓正，野馬分鬃和別的也不一樣，步型上練川字步型，輕靜柔化。陳式是纏繞折疊發勁，左右當頭炮，掩手肱捶。這些能體現獨特風格的式子，都是練習的重點。

余功保

當代太極拳在各個方面都有很大的發展。太極拳競賽水準不斷提高，傳統太極拳習練的人也多來越多。近幾十年來，出現了一些新創編的太極拳套路和簡化套路。但對這些內容存在著不同的看法。有的人認為傳統太極拳和競賽太極拳是不同的兩種類型，一個是古，一個是今。您如何看待這個問題？

曾乃梁

在社會上的確存在著對太極拳競賽套路不夠理解的問題，同樣也有從事競技的覺得傳統太極拳是過時的落後的想法。我覺得都是有偏見的。

應該說太極拳傳統套路和競賽套路是不能截然分開的，本來就是一家的。因為傳統太極是一個源泉，競賽套路就是從傳

統套路走過來的，沒有排斥。從另一方面來講，競賽套路新編套路我叫它「新派太極」，在原有的基礎上有所發展，有些方面更符合時代的要求，所以這兩個東西應該是互相補充的。

新派太極無論是新中國成立後編的 24 式、48 式、88 式，還是後來的 42 式、32 式劍、42 式劍等等套路，我覺得是在原有基礎上加以提煉而來。從全球範圍內來說，24 式簡化太極拳都是很受歡迎的。

我有一個統計資料，1998 年在日本教學做了一個神奈川 400 人的太極拳問卷調查，98.95％練 24 式，練 32 式太極劍占 65.53％，48 式的 54.47％，42 式 38.42％，楊式 26.32％，陳式 6.32％，吳式 0.79％，孫式 1.32％，武式 0.26％，42 式太極劍 10％，推手對練的 0.79％，其他傳統套路 3.16％。從我的統計表中可以看到，24 式在日本廣大太極拳愛好者中普及最廣，接下來依次是 32 式太極劍、48 式太極拳、42 式太極拳。當然這個資料面還不夠廣，也不能作為最終的一個定論，但還是具有一定的代表性的。

余功保

練 24 式簡化太極拳的人最多這是事實。很多人從它入手，有的又轉學傳統太極拳。有的傳統太極拳名家還專門提倡學生開始學習時先練簡化太極拳，以此感受一下基本要領。

曾乃梁

我在福州也做過相似的調查，但是還沒有資料處理，絕大多數的朋友都從新編的入手，然後喜歡什麼式再深入練。這就體現了新編套路的優越性，因為它首先來自於傳統，是從傳統

中過來的，又去繁就簡，把重複的東西去掉，省一些時間，左右對稱。

很多傳統套路只有左沒有右，或者只有右沒有左。比如雲手、單鞭，現在的新編套路更注意到它的勻稱。左右對稱，對健身更有好處。同時更有可比性、競賽性。一些新編套路在編排上比傳統套路更科學，前進了一步，不應該排斥。

余功保

有幾個新套路的編創工作您也參加了吧？

曾乃梁

1988 年我參加四式太極拳的審定工作，1991 年參加創編 42 式太極劍的工作。當時徐才先生作了指示，在編排中要注意傳統性、科學性和競賽性，科學就是對身體鍛鍊更全面了，競技性就是更有可比性更便於比賽了，首先強調的是傳統性。所以新編套路不排斥傳統性。

余功保

這是在進行太極拳套路研編中始終要遵守的一個原則。

曾乃梁

我也參加了楊式的編排，有些人覺得吳式的旋腕轉膀推出去

曾乃梁在首屆世界太極拳
健康大會上做名家示範

乃古乃今為棟樑──與著名太極拳家、優秀教練曾乃梁的對話　　367

接單鞭這個動作很漂亮，很有味道，想給它吸取到楊式裏邊來，我就不同意。要原汁原味，楊式就從楊式裏邊取，吳式就從吳式裏邊取，保持它的本質特點。

余功保

就是現在說的，要保持原生態。

曾乃梁

競賽套路跟傳統套路沒有矛盾。之所以要新編，主要是要更符合競賽規律，要有統一的、科學的標準。

過去，練習太極拳的人很少，關起門來傳授。1959 年我到的北京，1960 年在鄭州全國武術表演賽上我參加了太極拳的裁判工作，當時只有十幾名裁判，男女各取前六名，裁判和觀眾看得都很累。到了 1988 年中日表演賽，88 式比賽，5 分到 6 分怎麼打？只能打到第二個十字手就收了，我那次就感覺到太不科學了，一套完整的都沒有，當時我們一些同好就認為應當編規定套路。

林秋萍拿冠軍是以楊式為主的，丁傑是陳式的，多年來都是這樣。把五個式子都統一在一起比，又出現問題，缺乏多樣性。新編競賽套路以後就有了統一的標準。更符合競賽規律，由五六分鐘、三四分鐘就能夠比出高低，能夠看出水準。應該認識到新的有它的優越性。

我們在編四式太極拳競賽套路時，編定哪個式子都有哪個式子的代表人物在。楊式當時有楊振鐸、李天驥、張文廣、張繼修，專業隊有邵善康和我，陣容很強大的；陳式有闞桂香，吳式有李秉慈，孫式是孫劍雲老師指定的學生去的。大家都沒

有互相排斥。

由於歷史的原因，過去都做傳統套路，新生的東西被人們接受需要一個過程，但古今是完全能夠融合的。

余功保

古融合了今就有了新的活力，今融合了古就有了悠遠的厚重。

曾乃梁

如果不帶偏見，要進行競賽，選擇競賽套路更有時代性。要進行健身，從簡便、入門考慮，一些簡化太極拳套路更符合人們健身娛樂的需要。但也不要排斥有很多人就是喜歡練功夫、練傳統套路，我覺得這沒有矛盾。

余功保

這實際上是涉及一個繼承和發展的問題。

曾乃梁

我認為太極拳要很好地繼承，繼承老前輩的好東西，有些地方還是繼承得不夠，功法以及一些名家練的獨到的地方，一定要學。帶徒弟，把絕招精華的東西傳下來。在繼承方面有很多東西要做，但是也要發展，與時俱進。武術界和其他領域一樣，也有一些人存在固步自封、墨守成規的習慣，絕對地認為越老越好。老的東西有的很好，是當時時代的產物，不能覺得我們現代人還不如過去。

掌握發展的觀點，我倒覺得現在很多人還不如老前輩。楊

露禪他們的魄力比現在許多人大多了，他們可以創，很大膽地創。孫祿堂先生把形意、八卦引進來，並且活步，更適於中老年人。我們要學習這種精神。

曾乃梁演練太極扇

余功保

我聽說您自己創編了一套太極扇？

曾乃梁

是。叫「華武太極扇」。我根據創新的思路創編的。教授給大家很受歡迎。

南方很多人來學，培訓班裏，浙江、廣東、江蘇、香港都有學生來學，日本、加拿大也有人來練。裏面加進了一些八卦的東西。這也是太極拳研究的一個成果，嘗試把太極拳與一些現代元素相結合。在這方面我做了很多嘗試。比如在加拿大和朋友一起做的太極冰球杆兒、水上芭蕾太極、水中太極，還有蝶戀花的拳劍、太極和長拳的結合等。

我覺得要發展，創新和探索是免不了的，不發展是不行的，這是潮流，是歷史的要求、時代的要求、社會的要求、群眾的要求，不是哪個人能夠阻擋的。

太極扇，現在好多老拳師還不承認呢。我問過，他們說這個東西不屬於太極拳吧，一句話就給你否定了。客觀上群眾在開展，你說它不是太極，它是太極的風格，你說它不能健身？

它沒有攻防含義？為什麼就不予承認呢，這是觀念上的問題。

像太極扇、太極刀、太極長穗劍、太極雙扇，以及近幾年發展起來的太極拳的集體專案，更適合表演，特別是大場合的表演，更有氣勢。隊形的變換，五彩繽紛呀，更培養大家的協作精神，更美，大家動作、隊形動作不同，不單調。武術太極拳錦標賽就有這種集體比賽的項目。這樣使太極拳更富有時代性、科學性、健身性和觀賞性，這是任何人不能阻擋的一個潮流，這是歷史發展的必然潮流。

余功保

要發揮太極拳更大的社會價值和社會功能，必須要有貫穿古今的思路。

曾乃梁

太極拳應該兩條腿走路。一方面適應國際交流、體育比賽的需要，做競技比賽，可以是高、難、新、美；一方面適應大眾健身娛樂休閒的需要，可以是簡化的，也可以是傳統的套路。我們作為太極拳愛好者、專業者，應該有與時俱進、開拓創新的觀念，不要把自己的手腳捆住，固步自封。

在競賽中對傳統可以進行最大程度的保留或借鑒，但需要革新的地方也可以進行改動。1979 年、1980 年比賽太極拳的腿舉得是不高的，你看那些老的拳架裏邊腿是不高的。

這有三個原因，一是有的拳師身體素質的關係，不是從小壓腿，腿不一定舉得很高。第二講攻防，如果腿抬得太高容易被對方一翹，你就翻了，不利於技擊。還有一個原因就是這些老拳師拍照、傳授時很多都是五六十歲，腿也舉不了了。

現在的青少年運動員為什麼不要舉高？他能舉高，身體又不會破壞，還是中正安舒的，舉得更高，控得更好，那不是更漂亮嗎。對身體素質要求更高，對身體健身的意義更大，同時也更美，為什麼不行呢？

我記得最初我們拿了冠軍後，徵求大家意見，進行討論。當時有個裁判長就問我，說老曾你腿舉那麼高，那不是太極拳，是長拳呀。後來我們討論，取得一致意見，覺得可以用高腿，這就是發展。到後來舉辦論文報告研討會的時候，我就提出這個問題了，我說為什麼腿不能舉高，舉高有什麼不好，容易被對方掀倒？那長拳也得改，都得改。你這要退到民國之前、清朝、明朝去了。它現在既然屬於體育，你就應該考慮如何健身效果更好，如何符合現代觀賞性，這是觀念的改變。

我去年編的碟戀花的拳劍，也大膽地吸取了一些長拳裏邊的動作，表現情感，帶一些舞蹈，我開始叫「武舞」。後來報項目說你別叫武舞，叫「新拳新劍」吧，叫武舞很多人還是接受不了。我想還是有觀念問題，後來就叫「新拳新劍」。其實最古老的時候武術和舞蹈也是結合在一起的，武舞祭祀，慶祝戰爭勝利。現在我們不敢用了？我覺得這還是觀念問題。

余功保

您從事太極拳也有幾十年了，可以說一生大部分精力都貢獻給了太極拳事業，對太極拳也有深刻的認識和深厚的感情。您對太極拳如何看法？

曾乃梁

太極拳充滿了哲理、醫理、運動力學等，把中國文化層面

的東西都包含在裏邊了。我們的前輩確實是充滿智慧的，所以太極拳是高層次的充滿活力的運動。21世紀，人們更加重視自我保健，太極拳也是自我保健的需要，所以，它是能夠調動人類潛能的一種高情感的活動，是資訊時代快節奏、激烈競爭的一種平衡和調節，所以，我覺得太極拳還會發展得更好，發展得更快。

五洲四海有100多個國家都有太極拳的組織來推廣這個專案，這體現了人們對太極拳認識逐步深化的過程。我個人總結太極拳從誕生到現在已經走了七個階段：

1. 陳式太極拳的問世，標誌著武術技擊中以柔克剛、後發制人的思想被充分地體現，並首先在廣大的農村中流行。陳家溝從目前來看確實有史料、有很好的群眾基礎。這一階段是明末清初，或者說17世紀的中期。

2. 楊式太極拳的誕生，標誌著太極拳向著健身、養生方面發展了，並開始傳入城市，這是太極拳發展史上的一次革命，時間大概在19世紀的中期。楊式太極拳進入城市、進入宮廷，上升到知識界，不能做那麼多竄蹦跳躍和發勁的動作，更向著健身和養生方向發展。

3. 各派太極拳的出現，標誌著太極拳運動技術體系的形成，使太極拳的功能更加多樣、內容更加豐富，出現了五彩繽紛的局面。這個時期是清初到民國的時代。

4. 新中國成立以後簡化太極拳的創編與推廣，標誌著太極拳運動進入了大普及、大發展的嶄新時期，具有里程碑的意義。如果沒有24式太極拳，太極拳不會像現在發展得這樣快、這樣普及。當時編創簡化太極拳的武術家應該說有很大的歷史功績。當然也受到不少攻擊，但是，新的東西出現受到攻擊也

是難免的。

5. 太極拳運動進入學校、進入競賽，加強了科研和對外的傳播，使太極拳在科學化現代化的道路上闊步前進。這是在 50 年代到 70 年代，也是很重要的時期。

6. 太極拳競賽套路的誕生。這是太極拳運動推向世界的新的里程碑。如果說 24 式太極拳對於太極拳大普及、大發展來說是一個嶄新的時期，太極拳競賽套路的誕生是太極拳進入競賽殿堂新的里程碑。競賽是很重要的槓桿，一項運動如果沒有競賽，就沒有它的生命，沒有競爭就失去了它的生命。現在全國各地有很多邀請賽、表演賽，都是促進發展、推廣和提高的。42 式拳劍現在在國內外也都相當普及。這個階段是上世紀 80 年代、90 年代到現在為止。

7. 太極拳系列實行武術段位制，以及難度動作進入太極拳，標誌著太極拳也能兩條腿走路了，可以向著全民健身和量度競技兩個方面的深度去發展。這裏必然就會創造很多新的東西。

我還有一個估計，太極拳運動的明天很有可能從武術大體系中脫離、獨立出來，成為與武術平行的獨立的競賽項目和普及項目。我在 1987 年、1988 年做論文的時候，在答辯時有人提出來，你說的這個太極拳的獨立體系，那不是就跟武術平行了嗎？我當時的回答是還

與弟子陳思坦表演太極拳推手

不能平行，武術是大體系，太極拳是小體系，從屬於武術。到1996年在多次講座中我就講了，很可能太極拳將來發展成為和武術平行的一個項目。

我無論是去菲律賓、新加坡、加拿大，他們都說不練武術劍，只練太極劍，我說不對，給他們糾正半天，我說那叫長拳劍，長拳劍和太極劍都屬於武術這個項目。隨著時代的發展，順應時代的潮流發展，現在太極拳普及到100多個國家，3歲到103歲都能做。我女兒3歲就開始跟我抱球、跟著摸。我們這兒有103歲還能表演24式太極拳，照樣做分腳，做下勢，腿照樣能舉得起來，適應面非常廣，老少皆宜，可以成為一種終身都可以鍛鍊的終身體育。

我跟我太太編的站勢、坐勢的動作都有，坐勢更適合於機關幹部，也適於殘疾人、坐輪椅的人練。我在加拿大就教了幾個坐輪椅的練，他們跟著比劃、跟著動，也挺有味道的。

余功保

以前也有人提出來過，中國群眾體育健身的一半是武術，武術的一半是太極拳。

曾乃梁

我還有一個「小太極」和「大太極」的觀念。小太極就是從太極來研究太極拳，楊、陳、吳、武、孫怎麼互相滲透、互相移植、互相借鑒，這是個小太極的概念。大太極，兩個含義，一個是它和其他拳種之間的借鑒，和八卦、形意，把八卦融入其中就不是相對均勻的速度了，就有快有慢了。

陳式太極拳本身就快慢相間。上海有吳式快拳，上海運動

員參加比賽也打得不錯，這幾年慢慢沒有出現了。所以我認為太極拳的節奏也會隨著人們的需要慢慢發生變化的，但還是應該以慢為主、以柔為主的。完全可以穿插著變化，我們現在就大膽地把長拳的東西引入其中了。

我新編的太極對練套路，裏邊除了加入了八卦，還加入了一些長拳的東西，表演起來就更有觀賞性，比原來套路就更精彩了，運動量也更大了。這些東西大家可以試驗，一切經過試驗，也可以爭論，真理總是越辯越明的。我想大太極的概念就是怎麼與其他項目的相互補充、相互滲透、相互借鑒和移植的問題。

還有一個就是和其他文化形式的結合。我這裏有一個京劇唱得很好的學生，邊唱京劇，邊練太極拳，這也是一種表演形式。還有男女聲邊對唱邊表演太極劍，彈古箏和太極拳配合，也都是表演太極拳。把歌舞和太極拳結合起來，這就是大太極的理念，把太極和其他文化藝術形式很好地結合，增加藝術感染力。我在做試驗，失敗了再重來嘛。我願意在這方面做些探索，也算試驗性的吧。

1987 年論文中我就提出了，西方體育很多都是配音樂的，太極拳能不能比賽時也配音樂。現在就規定了專業隊比賽都要配音樂，應該說更有觀賞性，更多樣性。與時俱進，我覺得思想觀念跟的還不夠快，不能停留在原來的高度上。過去毛主席講停止的論點、悲觀的論點都是沒有出路的，應該有前進的觀點。

一種傳統的說法，一講太極拳就是五大流派。我認為應該給新中國成立以來這些集體和個人創作的東西給以證明，給它一個應有的地位。現在沒有它的名分，一宣傳就五大流派，那

24 式、42 式、48 式屬於什麼派呀？42 式劍、32 式劍是什麼派呀？不屬於楊、陳、武、吳、孫，又是群眾中普及面最廣的。是新派。這些普及最廣的卻沒有它的名分，它正是新中國成立後我們老一代武術工作者和新一代武術工作者結合新舊創造出來的更適合於普及和提高的套路，凝聚了很多人的心血，卻沒有名分，沒有地位。能不能叫「新派」，叫什麼需要大家來定，是一個品牌，對開拓創新的結果要予以充分的肯定，在認識上，在娛樂宣傳上，都要有充分的肯定。

余功保

您也訪問過很多國家，帶隊比賽，去交流、講學、考察。您認為應該怎樣更好地推進太極拳的國際化發展？

曾乃梁

太極拳這十幾年來確實是風靡全世界。武術代表中華民族文化，什麼是品牌，一個是武術，一個是中醫。現在在 100 多個國家有太極拳的組織，這是一個很好的組織構式，要更好地在國際上發展，我提幾個建議：

1. 發揮多管道的作用，綜合運用社會資源來發展推進。比如發揮有關國際組織或者是領頭人的作用，加強相互的交往。100 多個國家，數以萬計的組織，怎麼更好地溝通、交流？我覺得要走小政府大社會的路子，既要發揮武術專業組織的作用，還要發揮民間各位拳師、教練及個人的作用，更好地建立起一種網路。我們的海外兵團作用也是很重要的。國內出去的運動員、教練員在國外推廣太極拳的很多。我的學生陳思坦、高佳敏都在美國普及太極拳，林秋萍在德國。此外高校也是一

個重要基地。

2. 更好地發揮段位作用，促進提高和普及。利用段位提高大家的興趣，促進各省更好地開展段位制工作，也要加強對國外段位制的推廣。

3. 扶植出版外文的太極拳書籍、VCD 教材，促進太極拳運動的科學化、規範化方向發展。1988 年我去杭州參加第三屆國際武術邀請賽，來自東南亞的菲律賓、新加坡、印尼的許多朋友業餘請我去指導。他們誇林秋萍是他們未見過面的老師，是從錄影帶裏學的，她是第一個拍太極拳錄影教學帶的。林秋萍比賽後很多人請她簽名，說她是老師，因為看了她的錄影帶。現在也一樣，經常有人說看到了 VCD。國內的朋友中文版大家看得懂，但外文版的少，國外的朋友看難度就大些。要做外文版的。這是個很重要的工程，這也是個產業，獲得經費可以繼續發展事業。我們自己看到這個市場，個人力量卻很難。沒有教材怎麼發展，先要有理論，這是基礎建設，既有社會效益又有經濟效益。

4. 適應所在國社會各個階層的需求，與他們的國情民情相結合。我在加拿大，朋友做太極拳節，集體表演 24 式、48 式，我表演 48 式太極桿。朋友提議我做太極冰球桿，結果掌聲最多，最受歡迎，冰球是加拿大的國球，還有冰球桿撥球和射門的動作，都用太極拳動作糅和其中，發力、射門、插步、撥，他們都覺得短，還想看，非常受歡迎，這就與國情相結合。每個國家都有它的國情，要把東西方文化高度結合、高度交融。加拿大每個賓館、很多家庭都有游泳池，我們編水上太極芭蕾 8 式，現在已經在那邊教了。水裏有一些阻力，結合水的阻力的特點編了一些東西。

余功保

麥當勞、肯德基這些風靡世界的飲食文化，都是每到一個國家，都和那個國家的飲食探索結合起來。取得了很大成功。

曾乃梁

林秋萍說她在國外也不是表演完全的太極拳套路，而是從坐盤開始，好像在練氣功，慢慢抬起來，再過渡到太極拳，很受歡迎。

我在美國講拳的時候發現年輕人很多，於是我就創編了太極拳16式，帶著發勁的，把五式都糅進去了，他們覺得很活躍，練起來很新鮮。

要和所在國的民情國情相結合，更有群眾基礎。小平同志講發展是硬道理，不發展就沒有生命力，只有發展才能走向更加輝煌。

余功保

要發展還有一個關鍵點，就是必須加強研究。研究理論、技術，也研究發展。學科發展必須有研究，目前太極拳的研究與發展還不相適應，不開展研究會制約今後發展，研究方向、方法不適當，對發展也會構成阻力。您認為太極拳研究應如何開展？

曾乃梁

太極拳研究現在的確是理論落後於實踐，實際上理論應該是實踐的先導，但是現在太極拳重術輕理是一個普遍的現象。

太極拳沒有系統的理論不行，有傳統理論，也要有現代的科學研究理論。太極應該有新的太極學，我覺得太極拳研究應該重視以下幾個方面：

1. 太極拳運動要走向多學科，多學科要走進太極拳。

我們現在研究的太極拳和先輩研究太極拳不一樣。先輩太極拳就武術論武術，多數是就太極論太極，也講一些哲理，但是更多的是太極拳怎麼練。到了現今多元化的資訊社會，太極本身有很多哲學、醫學、生理學、心理學、解剖學、養生學、兵學、力學、美學、數學等。論文報告會是一個很好的形式，應該進行豐富多彩的論文研討。有些研究過去做過，但沒有堅持。比如清華大學徐致一是研究吳式的，他當時講了分力、合力這些理論來解釋太極拳，但是，我現在還沒有看到進一步的太極拳和力學結合的書籍，很少。要把太極拳作為一個學科來建設。

2. 論壇和邀請賽的形式結合。

邀請賽可以做研究，論壇可以把演練、學術研討、講座、培訓結合起來，使研究有個載體。

3. 發揮其他相關行業的積極性，整合社會各個方面的力量。

要依靠社會的力量開展研究，北京、全國有那麼多科研機構，很多科研人才，完全可以結合來研究，可以組織專案，組織聯合攻關，出系統成果。

太極拳研究應該當做百年大計、千年大計來做，立意長遠，措施到位。

梅墨生簡介

　　梅墨生，1960生，河北人。著名書畫家、美術理論家、太極拳研究專家。又名覺公。

　　1981年畢業於河北輕工業學校美術專業，1991年修業於中央美術學院國畫系。1998年入首都師範大學書法藝術教育碩士研究生班。於書法、繪畫創作與藝術史論研究卓有成就。作品曾獲首屆全國電視書法大賽一等獎、中意杯龍年國際書法篆刻大賽書法金獎、當代國際水墨畫名家展金獎等。作品多次入選重大展覽及作品集，名錄收入多部辭典。曾任教於中央美術學院國畫系。在書畫理論研究、創作上均卓有成就。為中國書法家協會會員、中國美術家協會會員、中華美學學會會員。現為中國畫研究院理論研究部主任、國家一級畫家，為榮寶齋畫院特聘專家，曲阜師大、山西師大、河北理工大兼職教授，中國文物學會特聘講授鑒定專家，國際書法家協會常務理事等。

　　少年習武，從啟蒙老師俞敏練內家功夫。長期習練太極拳，師從李經梧。於理論、實踐均有突出造詣。在深厚傳統文化修養基礎上，潛心研究，文武兼備，感悟太極理法融入書畫藝術創作，獨具意境。所書《梅墨生小楷太極拳譜》為拳、藝結合佳品。

拳爲心畫

——與著名書畫家、太極拳專家梅墨生的對話

拳無優劣，拳家有高低。

一招一式，簡簡單單，武學大家演來，能於質樸中透析萬般機關消息。

拳術流派與其說是技術的分別，不如說是拳家心跡的差異。體悟，一在體，一在悟，體在形，悟在心，體悟到家，風格自然形成。

文武相通。

通的是體悟之道，剛柔之理。

毛筆乃柔豪所就，但在盈尺之間，可激揚凜洌之氣，萬丈豪情，雷霆萬鈞，直如疆場奪帥，縱橫無匹。此爲柔剛轉化。心氣有多大，神意就有多遠。

拳家的修養與功夫同等重要。修養爲柔和之氣，能氤氳溫和五臟情志，化解戾烈肅殺，成爲手中有拳，心中無拳，自強而不凌人，通達而不示弱，張弛有度。如此能海納百川，活水不斷，

參天棟樑茁茁成材。

　　中國文化的許多要義講的就是修養的功夫。修養的一個重要方面就是對太極的體證。

　　陰陽剛柔的平衡學問隨處隨地。書畫與武道同源，不明陰陽不可爲書畫，不明陰陽不可爲拳法。行拳如陳墨，一套拳如一幅畫，虛實相生，點線嵌配，運勢佈局，有明應，有暗合，出入無方，盈虛有象。拳品高下，畫品高下，自在其中。

　　李經梧先生廣研武學，於陳、吳太極尤其精深，拳品、人品爲一時之翹楚，爲武林稱頌。梅墨生先生爲當今書畫名家，從學李經梧，長期研練，由文入武，蹊徑獨闢，視野廣闊，爲文武相合的典型實踐者。

余功保

一、拳道　書道　畫道

余功保

中國武術和書畫在根本道理上是一脈貫通的。我始終認為，書畫家都應該多少瞭解一些中國功夫，特別是太極拳的理論和實踐。這將會大大有助於書畫的理論研究和實踐水準的昇華，同時也能為太極拳注入活力。前輩大家中有範例在先，如李苦禪先生等。可能理論上研究的人也不少，但能親身實踐，得正傳，並深入三昧的卻不多。您在太極拳上可謂師從名門，並經年不棄。

梅墨生

我小時候就很喜歡拳。小時候看古代的武俠小說，崇拜武俠。在家鄉的時候，大約在十四五歲的時候，我認識了第一位教拳的武術老師。這位老師近乎於一個隱居的狀態，我得到了機會跟他學拳。我當時主要跟他學的是形意拳，但其實他不止是練形意拳，練的功夫很深，不常見。這位老師本身非常懂中醫，點穴、按摩等的修養很深。我跟他學拳，是因為生在國家三年困難時期，先天不足，體質早年一直不好，學拳主要是強身健體。跟他學武術大概一年左右，體質就轉弱為強了，效果非常好。當時練的主要是站樁。

余功保

站樁是中國武術獨特的練功方法，形式簡單，內涵豐富。

有培本固源之效。

梅墨生

站樁練的是「氣」，內氣，和「靜」。這種靜、氣是中國文化的高級涵養功夫，於書道、畫道也是內功。

余功保

「每臨大事有靜氣，不信今時無古賢」。可見

梅墨生的畫作

將靜、氣列為先賢的高標準、高格調。我曾經說，判斷一個太極拳家功夫如何，看其拳架、拳勢是一方面，觀其氣度是否穩定、從容也是一個重要方面，如練了幾十年拳，心浮氣躁，難以稱為大家。

梅墨生

從 14 歲左右，我一直跟這位老師練到 18 歲，練了四五年。後來我上美校就離開家鄉了，但放假的時候還回去練。我這位老師中國文化修練非常深，通易經，通醫學，對中國文化很有體悟。他對我的影響挺大。

我即使在美校讀書的這幾年一直也沒有間斷。那個時候學習很艱苦，條件很簡陋，我們也都很用功。每天要上晚自習，學校在晚自習後要熄燈，我是每天熄燈以後，跳過學校一丈多高的院牆，或者是收買當時的門衛，從大鐵門躥出去，到外面

大概要練一兩個小時，再翻牆跳回來。校外有一片農田和樹林，跑到那裏去練拳、練功。

余功保

的確是發自內心的喜歡，如此體驗也更深刻。

梅墨生

當時同時練鐵砂掌。那個時候沒有中藥洗，鐵砂掌打完以後手底下全是腫的，回來又不能洗，班主任問我我也不敢說。練習鐵砂掌是需要自己配藥、熬藥的。就想各種辦法，還專門請求當時的單身老師，借他們的宿舍用火爐子煉中藥來洗手。那個狀態現在想起來真是往事如煙。自己當時挺執著的。

因為客觀條件的限制，鐵砂掌練了半年就練不下去了，因為手腫得畫不了畫，交不了作業，老師一再追問，最後才說明情況，班主任知道了，就沒法再堅持練鐵砂掌了。但是形意拳一直在練。

余功保

我知道您後來迷上了太極拳，師從李經梧先生。我在李秉慈老師的一本吳式太極拳書中的傳承譜系中看到，作為李經梧的弟子，您的名字是在內的。您是如何學上太極拳的？

梅墨生太極拳照

梅墨生

我對內家拳有一種自然的喜好，可能這和內家拳的理法特點有關，比較注重內在的東西。

1981年畢業以後我就到秦皇島工作，當時單身，在這種情況下，練形意拳更是非常賣力氣。每天晚上除了寫字畫畫交朋友，練拳是重要的一項生活內容。還有就是去看電影，也是電影迷。

余功保

每個人年輕時都有夢，都經歷過夢，有的夢後來成了現實，有的夢成為了美好的回憶。

電影和練拳是兩個寄託夢的好方式。電影能讓人的精神無障礙的暢遊，拳能讓人的形體和精神獲得自如的體驗。

梅墨生

那時天天晚上都是一兩個小時的練拳。站樁我站得很苦，一個樁至少要站一小時，多的時候兩小時以上。

我當時在報社工作，要採訪一位太極拳家，我就計畫去採訪北戴河的河北省工人療養院的太極拳教師呂德和。他當時剛在全國工運會上得了銀牌，金牌是陳小旺。但他堅持不讓我採訪，他說「不要採訪我，如果要採訪就採訪我的老師吧，我老師李經梧是個高人」。我說我早就知道，李老師當時是秦皇島市武協的主席，我就說李先生能不能接受我採訪呀，他說沒問題，我帶你去。於是，我們就真的去了。

那也是我第一次見到李經梧老師。見面後，李老師一再說

「我沒有什麼可寫的」，一再謙虛，推辭，我就反覆勸說他，好不容易說服了他，做了這麼一個採訪，在當時的秦皇島日報上作了半版的介紹。

太極拳名家李經梧

那個時候李經梧老師的家就在北戴河，在療養院外邊。當時他已經退休了。

認識李老師以後，由接觸，我油然而生了一種敬仰之情。為什麼呢？為了他體現出的一種風範、人品、氣度，很淡泊、謙和、樸實，給我的印象特別深。這麼大的一位拳家，這麼高的功力，但是沒有絲毫架子，很謙和，不驕狂。

余功保

真正的拳家，得到的越多，付出肯定也越多，對很多東西體會就深刻，對一些表面化的東西就看淡很多。驕狂的人是膚淺的，和太極拳的規範也是背道而馳的。

梅墨生

我覺得真正的太極拳家應該就是李老師這樣子的，我當時的感覺就是這樣的。但是那個時候還沒有入太極的門，對太極不是很有研究，懷著幾分神秘，說心裏話，還有著幾分疑惑。

我在公園也看過打太極拳的，我就在想，太極拳究竟是不是像傳說中的那樣，功夫那麼厲害。

後來我就經常到李老師那裏去，一是請教，再者就是多瞭解一下太極拳。我幾乎逢禮拜天就去看他，有時候是一家三口

去，他也都接待我，留我吃飯，一直很客氣。一來二去的交往，使我對太極拳加深了認識，對李老師這個人也加深了認識，被他的功夫深深折服。

最初，總想跟他體驗體驗、體悟體悟，總想跟他試試手，看看太極功夫到底是怎麼樣的，看看李老師的太極功夫到底是怎麼樣的。因為我也畢竟練過很多年的形意拳，在此之前也沒少跟人家試過手，打西洋拳擊的、八極的、少林的、摔跤的、練形意的都曾經試過，也不輕易地就願意臣服於誰。李老師一般不和外人試手，後來，他看我的確喜歡這個，就讓我試。我當時也是年輕氣盛，但跟李老師推手的時候就感覺到莫測高深，我把手放在李老師身上的時候，始終找不到力點，只是失去自己的重心。其實李老師並不用放我，我就知道我已經輸了。李老師總是謙和地一笑。完後就跟我講，拳呢，沒有好壞，只有功夫有好壞，功夫有練到沒練到之分。

他說：「形意功夫我不懂。你的形意拳，我感覺勁路是挺好的，氣魄也很好，但是你學太極就要把形意的勁路放下，完全要換一種勁。換什麼勁？換太極勁。」他說這個叫「學拳容易改拳難」「把原來的勁路放下並不容易，但是你必須要這麼做。這並不意味著形意拳不好，而是兩個門派的勁路不同」。

李老師說自己傳統、保守，從不敢說創新，更不敢說創造。

余功保

從另一個角度說，這也是一種「專心」。

梅墨生

這也代表了李老師的觀念，太極觀念。他說，我只是把我

跟前輩學到的功夫傳給你，當然我傳的過程當中肯定有我的體會，有我的理解，有我的取捨，前輩的東西不是不假思索的全盤接受，也不一定都全是對的，有些要不斷地發展。我要經過嚴格的體悟、研究、揣摩，多年的體會才去做一點這樣的事情。所以融會貫通、開宗立派談何容易？這是老師當時經常跟我講的話。他認為，「現在有的人動輒就改變一些什麼、創造一些什麼，立一個什麼派的太極，這個我不做」。

但是李老師說創派不是說不可以，那真是要集幾十年的功力心血，開宗立派不是那麼容易的事情。他說，「我還到不了那個程度」。其實李老師的太極功夫在太極拳圈內是公認的，可以達到抬手就有的功夫，但是他永遠說不敢開宗立派，他只是要把老祖宗留下的好東西傳下去，不讓它們在他的手上失傳。

余功保

保持傳統是需要耐心、勇氣和定力的。因為要面對太多的誘惑。

梅墨生

李老師時常說，我現在教給你們的就是陳發科老師教給我的，當然其中有我的一些勁路的體會，太極也不是僵死的，要有個人的悟性，個人的氣質。每個人的體質不一樣，悟性不一樣，但根本的東西是經典的，是

李經梧太極拳照

不能隨便動的。這其中既體現了李老師的理念，也表現出他的為人。李老師始終有一種報恩的心情，他總是說一句話，「陳家的拳、吳家的拳」「我受恩於陳家、吳家，我得到了人家的，學了人家的東西，我就要老老實實地傳」。

他說：「我不是創新派我是保守派、傳統派」。

我覺得這樣的人讓我信服。後來我想要拜在他門下的時候，他一再說，他已經關門了、退休了，歲數大了，不帶徒弟了，總之是拒絕。那時，和我同時還有好多人想拜在他的門下，李老師一概都是不收的。他說，你願意學什麼我就教你什麼，我教不動了就讓我的徒弟教你。他說你不必入門，入門有很多規矩，不自由。但是我一再表示，很執著，終於精誠所至，大約用了三年左右的時間，他同意收我們這一批，應該是最後一批，十來個人，那是 1988 年。

我們雖然 1985 年就認識，但一直就是以學生的身份向他學習，後來我入門後我們也變得很親密。

我印象中比較深的，也是比較有意思的一件事就是關於座位的事。

他的生日，是在秋高氣爽的日子，全國的太極拳愛好者和崇拜李老師的學員、弟子及再傳弟子等都要過來，一起為李老師祝壽，每次都是十幾桌二十幾桌。在拜師之前，我都是緊挨著坐在李老師的旁邊，作為非常尊貴的客人，但入了門以後呢，就坐到旁邊桌去了。後來我的師兄們說，這就說你已經進來了，原來你表面上坐得最近，其實是客氣，實際上是遠的。

余功保

這也是一種獨特的中國社交文化。

梅墨生

我從此就跟李老師學太極拳，也反覆跟許多同門師兄交流。我深深地感到李老師的人品和功夫的修練達到了如何的程度。

我現在人到中年了，也算經歷了不少、見識了不少。許多事、許多人如過眼雲煙，但是，李老師我卻經常懷念。他為人誠實，在武術界也是有口皆碑的。在老一輩的太極拳界都知道他尊師重道，勤奮好學，質樸謙虛，這幾個中國人所宣導的傳統美德李老師身上都有。

余功保

我接觸很多武術家，有些是和李老師有過不少交往的，大家對李老師的人品、功夫都是有口皆碑的。

梅墨生

我是從事中國傳統文化的，我覺得武之為道，品為上，德為先。這一點書法、繪畫也完全一樣。

余功保

無品，格調不高，你的技術、技法再花哨，也是雕蟲小技。無德，境界不高，胸懷就大不了，融不了三山五岳，容不下江河湖海，

梅墨生的畫作

胸中無物，在拳，輕飄飄，在書畫，筆下空蕩蕩，始終難以入流。

梅墨生

修養是一等一的功夫，品德服不了自己，下筆難以自信，難以從容，心不正，拳不正，筆不正。品德服不了別人，書畫作品就難以產生穿透心靈的感染力，太極功夫也難以去僵化柔。

余功保

最難去的是心的羈絆，神的僵滯。

梅墨生

「心死神活」，死的是雜蕪、碎亂之心，活的是靈動之神。

我跟李老師學習太極拳的過程，就是一個養心、養神，學技、學功的過程。

余功保

當時是怎麼學的？

梅墨生

李老師經常給我們講拳，講拳本身，也講一些關於拳的典故。開始主要是跟老師早期的一些學生、我的師兄們一起盤拳架子，然後李老師進一步給我們解拳，逐一糾正。

我是一個學什麼東西都很著迷的人，喜歡打破砂鍋問到底，追根刨底，好問很多問題。有時候禮拜天到他家裏，就我

們爺倆坐著的時候，總是問問題。自己當時也年輕，不管該問不該問，沒有什麼禁忌，許多別人覺得不好問的問題我都問，但是李老師基本上都是有問必答，而且他實事求是，不能回答的他就說「這個事我也不懂」，這一點讓我很感動。那個美好的時光現在歷歷在目。

後來 1991 年我就來到北京，有時候一年回去幾次，再去拜訪他，再去跟他討教，直到他 1997 年去世。應該說我跟他學前前後後有十年的時間，中間是間斷性的。

二、梧桐棲鳳，經權爲武

余功保

李經梧先生是 20 世紀 40 年代北京太極拳一個人才輩出的時期中的傑出拳家。

梅墨生

據我所知，李老師早年是跟王茂齋和吳鑒泉共傳的弟子趙鐵庵學吳式太極拳。在 20 世紀 40 年代初中期他已經是北京著名的太極拳的五虎上將之一。大概那個時候，他也跟陳發科學陳式太極拳。

抗戰勝利前夕，趙鐵庵離開北京走了，不知所去何方。趙鐵庵臨走把宋遠橋留下的《宋氏家傳源流秘譜》送給了我老師，一個原抄本，說：「我從此走了，你也不要找我了。」

當時我老師主要還跟王子英學拳、學推手，我老師在王子

英師伯那裏得到了許多推手的知識。

李經梧太極拳照

余功保

王子英是王茂齋的兒子，據說推手名重一時。

梅墨生

當時王子英的推手在北京是數一數二的。李老師跟陳發科學陳式太極拳也非常用功，是陳發科最傑出的弟子之一。可以說進入陳式後，陳發科非常賞識他。李老師學拳有他一些客觀的條件，他當時做生意，家裏有資產，因為老師的岳丈大人有錢有財產，在北京開買賣。所以我老師當時有經濟上的條件，學拳相對便利一些。比如說請車接送老師，安排時間、地點等。加上他用功、有悟性，深得陳發科真傳。

余功保

陳發科是陳式太極拳在北京的發揚光大者，他培養了許多優秀的弟子、學員，對後來陳式太極拳的發展起到巨大作用。

梅墨生

李老師對陳發科感情很深，他經常和我們說起陳師爺的一些往事。

聽李老師說，陳發科教拳也很有特點。陳師爺人很樸實，

他以教拳為業。陳發科滿口河南土話，別人開始都聽不太懂。他的功夫實在是太好，但不善講，所以跟他試手的人很多，佩服他功夫的人也很多，真能跟他學拳的人並不多。因為他手很重，又不善言講。你若問他怎麼推手，他就告訴你說：就這麼推。親自給你示範，勁一發出去，一般人受不了。所以當時能夠跟他接手，敢跟他接手的，也就三五個人，其中就有我的老師，還有孫楓秋等。因為孫楓秋是吳式同門的師兄弟，又跟他同時拜在了陳發科師爺門下。他們感情也很好。當時在小五洲百貨，我老師是老闆，孫楓秋是副老闆，所以他跟我老師特別好。他們又是山東的老鄉，幾乎就是同時先拜吳式門然後又拜陳式。

陳發科一生與人交手無數，從無敗績，但是不長於交流，一般人也不敢跟他學。我老師 175 公分的個兒，山東大漢，身體也很壯，按我們老師的話就是份兒大，但是和陳老師推手，基本上搭個三兩個圈就被發出去，也很難受，多推就受不了。

李老師對陳發科師爺從心裏佩服、敬重，在生活上也很照料他。他跟我們說，你們陳師爺那功夫，是真正的過硬，是一代大家。

余功保

陳發科的貢獻不僅在功夫上，他第一個全面、系統地把陳式太極拳從鄉村帶到城市，又破除舊的成見、規矩，大範圍傳播陳式太極拳，是陳式太極拳的中興人物。

在他之前，北京，包括全國各地，對陳式太極拳的瞭解認識很少。他讓社會上很多人知道了陳式太極拳，學習陳式太極拳。從這一點來說，是太極拳發展史上具有突出歷史地位的人物。

梅墨生

李老師的另一位師父是楊禹廷先生。

那是在新中國成立初期，我的老師因為慕楊禹廷師爺的名，佩服他的為人、人品、風範，就正式拜在了楊禹廷師爺的門下。

余功保

北方的傑出吳式太極拳家大多都出自楊禹廷先生門下。楊老性情淡泊，品格超卓，功夫精純，為太極名師典範。九十多歲，無疾而終，得太極真髓。

梅墨生

楊禹廷師爺德高望重，特別是為人厚道，在武林廣為稱頌。所以，實際上李經梧老師是跟趙鐵庵、陳發科、楊禹廷這三位正式拜過的弟子。王子英屬於受益很多但始終沒有正式拜師，但是，很得王子英老師的厚愛和指教。王子英家裏本身有買賣，不以傳拳為生、為業，再者就是王子英這個人脾氣大，極為暴烈，他也不怎麼教人；第三就是他的功夫高，自恃甚高，與人交流少。所以他的名氣並不很大。不是專門研究太極拳的人並不知道他。

余功保

新中國成立後李老師也參加了一些重要的太極拳活動。

梅墨生

是。李老師參與過國家體委簡化 24 式太極拳、88 式太極

李經梧與李天驥等名家合影

拳的編訂工作。新中國成立以後，國家體委推廣太極拳運動，他就受聘在一些部委教太極拳，也受聘擔任過武術專業隊的太極拳的教練和裁判工作。後來一個機緣吧，就到了北戴河氣功療養院工作。舉家都遷過去了。

北戴河氣功療養院是我國第一個政府辦的氣功療養院，主要研究、運用中國傳統健身方法進行健康康復治療。李老師就去那裏做了太極拳的教練，一直到退休。

余功保

李經梧先生在太極拳上是比較全面的，精通陳、吳兩種流派。

梅墨生

其實他會的還不止兩派太極拳。現在流傳的六派太極拳，李老師會四派：楊式、孫式、陳式、吳式。他在孫式、楊式上

也進行過鑽研，和名師進行交流、切磋。他練武那是一等的素質，他的功夫確實是把陳式的剛柔並濟、吳式的柔化、孫式的靈活和楊式的舒展大方融會一起，後來已經形成了自己的風格。這也符合他的武學主張。

李經梧吳式太極拳勢

他認為，各種拳法本質上是互通的，經權互用，不管練哪種拳，必須要掌握最根本的規律，那是基礎，也是最高級的，掌握了它，你的拳就活了，往來縱橫，隨心所欲。他教人也是注重發揮每個人的本身特長，讓你最大程度開發出自身潛能。

余功保

李老師一共教過多少學生？

梅墨生

他這一生教過的大概得過萬人，上世紀 40 年代在太廟教，50 年代在北京教，在北戴河更是一批一批的學員，每年療養院都有很多慕名而來的學員。教的什麼樣的人都有，而且傳播到海內外，全國很多省級的武術教練，那都是很成名的人，都對李老師的功夫和人品十分佩服。特別是改革開放以後，海外慕名而來的人更多了。

我的中國畫的老師李可染先生，那是大師，都曾經向他學

李經梧誕辰 90 周年紀念會

過拳。

李老師對待學員都很誠懇。但他自己不大談對人的好，為人也極淡泊，很少背後去說人家的好或者不好，但是就功夫的角度來講，他跟我們弟子也還是說一些評定的東西，因為這樣可以幫助提高我們的分析、鑒別能力。他主要是說可以跟誰來學東西，誰是有真東西，誰沒有真東西。在內部教學時，他還是有他的一些說法，那是屬於課堂教學的方式。但是對外他不會去評價別人，而且也對我們諄諄告誡，少去說別人的是非長短，要靜下心練功夫。

【鏈 接】

李經梧自傳（節選）

余祖籍山東掖縣。14 歲至哈爾濱謀生。因居處簡陋，難禦風寒，至罹風濕症，延醫無效，轉而習武與疾病抗爭，遂與武術

結緣，至今已 65 年矣。余 17 歲在哈爾濱拜劉子源先生爲師，習秘宗拳，十度寒暑，晨昏不輟，頑疾逐漸痊癒。武技亦有小成。後聞人云太極拳至爲精妙，余心嚮往之。然苦無師授。後有幸輾轉入京、才得遂夙願。

余 27 歲拜趙鐵庵先生爲師習吳式太極拳。趙師乃吳式太極拳傳人王茂齋、吳鑒泉兩位大師之親傳弟子。蒙趙師悉心傳余拳技與推手，又以《太極拳秘笈》相授，遂決定余一生從武之路。

30 年代，北京太廟（現勞動人民文化宮）設有太極拳研究會，余曾任該研究會理事。每晨到太廟練拳，又得到拳師楊禹廷先生的指點傳授。楊先生拳架工整，推手手法細膩，爲人正直誠懇。余敬慕楊禹廷先生之拳技與武德，於趙師謝世後又拜在楊禹廷先生門下。在太極拳推手方面，又得到了以推手見長的王茂齋大師之子王子英師叔的悉心指點。在老師和師叔的教導下，使余打下了較爲深厚的太極拳基礎。

40 年代初，余聞陳式太極拳十七代傳人陳發科先生在北京傳藝，余仰慕陳式拳的的「纏絲勁」，再拜陳發科先生爲師，習陳式太極拳和陳式推手。余除按時去陳師處習拳外，還每週二次專接陳師來敝舍授藝（舊稱「教館」），甚得陳師厚愛。口傳心授，歷十數載，直至 1957 年陳師仙逝而止。

50 年代，國家體委提倡太極拳運動，普及太極拳，並以楊式爲基礎整理出「八十八式」太極拳和「二十四式」簡化太極拳。余在參與推廣工作中，遂又學到了楊式拳的手法和勁路。國家體委以余之掌架，特邀拍攝了全國第一部《太極拳》科教片。

60 年代初，余又與友人交流互學，研習了孫式太極拳的手法和勁路。對於陳、楊、吳、孫四家太極拳，余悉心揣摩了各自的勁路，受益匪淺。有的習武者認爲學拳以精於一家爲善，這也

許有一定道理。然而在本人來說，吳式的黏隨柔化之功、陳式的纏抖剛發之力、楊式的舒放灑脫之勢，孫式的靈活緊湊之巧，余均博而採之。嘗有友人觀余之行拳和推手，謂余：身架工整、柔韌、雄渾而瀟灑；聽勁至靈，應變之速，已臻應物自然之境界。此或過譽之辭，若謂得其一二，則全賴四家拳技之共同滋養也。

余本原從他業，武術乃業餘愛好。新中國成立後，由於國家對武術之重視，余遂成爲武術專業人員。1956 年余在北京市和全國性兩次太極拳賽事中奪魁之後，受到國家體委的重視，先後安排余在鐵道部、鐵道學院、中國科學院、衛生部、市體校等單位任太極拳教練。並曾出任過北京市武術運動會總裁判和全國武術裁判。爲普及太極拳、培養師資和運動員做了一定貢獻。

1958 年，受國家體委委託，由余和李劍華、李天驥、唐豪、顧留馨、陳照奎等共同編寫《陳式太極拳》一書。其中「陳式太極拳」傳統一路動作說明，由余和李劍華執筆、由陳照奎拍插圖照。完稿後因某些原因未能及時出版，此稿由顧留馨帶走，在後來出版的《陳式太極拳》一書中被採用。

在 50 年代，河北省北戴河氣功療養院住院者均爲縣團級以上幹部。爲把太極拳用於醫療保健事業，秦皇島市委決定調余到北戴河氣功療養院任教。余到任後，除教授住院療養員學拳外，並辦培訓班數期，爲全國各地培養了一大批普及太極拳的師資和骨幹，從余學拳者逾萬人。

1960 年，由余口述，余的學生張天戈執筆整理了余的《太極內功》。初作爲教學用內部資料，後於 1968 年由人民衛生出版社出版而公諸於世。1964 年余寫出論文《對太極拳纏絲勁等問題的體會》發表於 1964 年 10 月 21 日《體育報》。

十一屆三中全會以後，百花齊放、百廢待興。尊重知識、尊

重人才的風氣日盛。太極拳運動在一度沉寂之後又得到了恢復和發展。過去從余學過太極拳的一些有成就之士，以及慕名帶藝求師者，紛紛投帖拜師，余只好俯就。數年中，余在全國各地之入室弟子已達七十餘人，其中不乏出類拔萃者。余退休後，常有學生來家問難求教，欣然與之切磋，興趣盎然，絕無退休後的孤寂之感。此亦因習武得來晚年之樂趣。

八十二歲叟　李經梧

余功保

有的拳家本身練得很好，但不一定很會教。李老師長期擔任教學、培訓工作，也培養了很多優秀學員，他在教拳上有什麼特點？

梅墨生

我有很深印象的是，李老師說，很可惜，他的書讀得少。所以他深知懂理的重要性，就儘量少讓別人走彎路。他把自己幾十年練拳所經歷的每個階段，結合拳架細緻地給我們講。

另外，練太極拳一定要有悟性，要練，如果不練，讀再多的書也沒用。如果沒有悟性怎麼練也練不成上乘的功夫。所以他非常重視實踐，幾十年如一日，即便是在他八十高齡的時候，還在走一些套路，儘管一些低的式子他不再下去了，但還是一直在

李經梧太極拳勢

走。有時候他坐在椅子上以意打拳，活到老，練到老。他也是這樣要求我們。

余功保

很多道理，必須要把拳打到一定的量，才能體會出來。

梅墨生

他說打拳就是「由著熟漸悟懂勁，由懂勁階及神明，先求開展，後求緊湊」。他說我年輕的時候練過非常剛的陳式，那個時候我在場子裏一震腳，那真的是很剛的，後來隨著年齡的增長，功力修養的加深，就慢慢收斂了，由剛變得越來越柔，由開展變得越來越緊湊，其實就是變得越來越內斂。

他說太極開始要畫大圈，後來要小圈，到最後沒圈。變到沒圈的時候，便成一個點，就在這一個點上就有了陰陽、有了虛實，得了太極勁，就可以讓你失中或得中。最後連這個點好像都沒了，化於無形，全體透空，無形無象，歸於無極。這個時候就渾身無處不太極，渾身無處是太極，用時則有不用則無。

他說，「有時候我把人發出去，我其實不知道是怎麼發出去的。我太極功夫上身的時候，用意則有，不用意則無，有的時候還是在有意無意之間，所以不要執著於形象」。

開始學的時候就像寫楷書，寫毛筆字要從規矩學起，開始要一撇一捺到位、筆筆送到，不能劃過，轉折之處要交待分明，曲直、方圓、藏露都要交待清楚。

他對我說：「你情況特殊，你對中國書畫有功夫和專長，所以你來體會太極拳有你的便利之處。」他說太極拳領悟的悟性到最後，每個人都要根據自己的氣質和靈氣來領悟，「你要

從這個角度一定有你的與眾不同之處」。

　　他給我們解釋，說：「我自己七八十歲了，現在提一籃子雞蛋都提不起來。但是你一旦朝我有擊打之力，你給我意、給我力，我感到了你的勁力我就要還給你，這個時候就要有意，我這個有意就還給你了。而且你給我的力越大，我還給你的也越大，你給我的越多我還給你的越多。這個東西就叫化勁，他說我就是渾身處處都有，怎麼用都得手。」

　　這一點我們在日常跟李老師摸手或他給我們餵手、說手的時候，都有體會。他想放人，他想往哪個角度放，就給你放哪個角度，他可以同時兩次給你放同一個角度。

　　所以他反覆強調，練太極拳要從理上參透，同時身體要練到。他說太極拳不是說來的，太極拳是悟來的。他不講哲學，但是，他的話裏充滿哲學的道理，渾身無處不是太極，一身就是太極，處處一太極。「當我的意念放下的時候，我是普普通通的一個老頭，跟其他人沒什麼兩樣，一籃子雞蛋都提不起來。所以，太極拳借力打力就是這樣，你要先給我一個力，我才能還你，如果你不給我力，我就不打你」。

　　太極拳很少主動去打人的，不把自己進攻的勁路暴露給別人，所以它等著別人，後發先至，以逸待勞。他說太極拳的意是直線，但勁路是曲線，是圓的，由大圈到一個點。所以接你這一個人的時候，你的力越整，發得越遠。所以，打練過功夫的人反而比沒練過功夫的人發得更遠。如果他要有打我的力，不管他練沒練過，勁兒發的越猛越大，還回去的越大。

余功保

　　太極內功是他傳授的一個重點，也是重要特色。他在講太

極內功的時候是如何說的？

梅墨生

　　他是很實事求是的人，反對不著邊際的虛浮。在 80 年代初，他出版了一個太極內功的小冊子，這個也是對武術界和氣功界的一個貢獻。講的都很實在。那上面一些東西是他多年練功秘不外傳的。

梅墨生與李經梧老師合影

　　我曾經就後來的一些氣功問過李老師，他說：「那些氣功老師的東西有的我看不懂，不懂就是不懂，我不知道那些個東西怎麼樣，但是我覺得有點兒玄。」這是他的原話。他說人的所有的能量不能離開人的本身來說話，但至於在本身能夠發揮出多少，產生多大的健身效果，那要看個人的修練。他說「太玄的我看不懂，那跟咱們不是一路」。

　　他的太極內功除了受益於陳家和吳家，還受益於胡耀貞，胡也對他有過指點。

　　李老師教拳非常重視練拳要從規矩學起，要一招一勢做到家。他很重視盤架子，但同時重視推手，要從推手中體會勁路，知己知彼。他也感歎太極真功越來越失傳，現在在公園練的很多都是太極操而不是太極拳。當然太極操動動比不動強，但那已經不是太極拳內功養生的真諦了，太極真正養生的功夫失落了很多。他說我不能絕對地講太極功夫一定是老輩的比現在的強，因為每一代都有好的有不好的，但是，總體來說現在

的人不如老人那樣專心致志。

李老師說，「像你陳發科師爺，一天甚至打幾十趟拳，所以你陳師爺的手一般人根本接不了，一抬手，眨眼之間，一二三就已經決出勝負了」。新中國成立之初全國有一次討論太極拳比賽的規則，說多長時間決定勝負，有的說要半個小時、二十分鐘、一刻鐘，陳發科說用不了，就一二三，連喊三都不用。如果不是練出真功夫而是假名家，怎麼能夠做到這一步呢？

余功保

過去干擾也少，誘惑也少。現在動搖情志的東西太多。正因為如此，才更需要發揚太極拳。因為現代，所以太極。

梅墨生

李老師說拳從來都是樸樸實實的。他說拳來源於實踐，來源於生活。

余功保

生活的本質就是樸實的。

梅墨生

他從生活中悟拳的一段典故很能說明這一點。那是 40 年代的事。李老師回家探家的時候，跟母親推碾子，牛犯懶不走，李老師拿著掃米的笤帚，向前去打這個牛。這個牛拉著碾子猛地往前一跑，李老師一下拍空，差點沒閃身摔了。他突然從中頓悟太極拳勁。碾子中間有個軸，這個中心軸就是太極拳「守

中」的中，中定，中軸，不失中。牛一轉，就給你一個一晃的圓轉的力，就把你的勁給卸了。牛接了一下他的勁，雖然沒有還給他，但至少把他的勁給化了。太極接人化力，理同於此。他說從那以後他就不斷地揣摩，好像一下子貫通了。所以師傅教你，修行在個人。

他還給我們講過王茂齋悟拳的故事，也是來源於生活。王茂齋和吳鑒泉都是全佑的學生，有「北王南吳」之稱。一開始王茂齋推手推不過吳鑒泉。吳鑒泉是他的師弟，王茂齋也是山東人，跟我們老師是老鄉。有一次王茂齋回家路過一條小河，坐渡船，他看那個艄公划槳、搖櫓，王茂齋於是頓悟太極勁，回北京再跟吳鑒泉推手，就平手了。吳鑒泉很奇怪地說：「師兄，原來推手你不行，現在你怎麼忽然一下好像行了？」王茂齋如實相告，說我回去看船夫搖櫓悟了太極勁，波浪起伏、往返虛實。李老師跟我講到這件事的時候說，每個人領悟太極拳勁的因緣不同，但都是用心。

余功保

就像拳論說的，「雖變化萬端，而理為一貫」。有心萬物皆有源。

梅墨生

除了前邊說的他強調規矩以外，李老師講太極拳還很細緻地講「鬆」。不能鬆，就難入太極之門。但是鬆到什麼程度，如何鬆？不能像現在老頭老太太在公園裏練太極拳那樣的，像摸魚一樣，太極功夫永遠不會上身。他說，要鬆而不懈，鬆的對面是緊，要緊而不僵，但何時鬆何時緊，此中大有學問。太

極功夫八門五步八法，掤、捋、擠、按、採、挒、肘、靠，太極功夫有的人善打掤勁，上手就掤住，不讓你往前動，把你的來勁一下子悶在這兒。還有的人善用引勁，往後引代，接住你的力點，往後畫帶，這也是一種接法。八法，他說能真正得一兩個勁已足以成名家，但所有這些勁要很好運用，都要做到「鬆」。

李經梧太極拳勢

余功保

得「鬆」者得太極。

梅墨生

李老師說，太極拳真正修道得道，渾身無處不是拳。十三勢，渾身全是，四正四隅，八面八方全都圓了，無凹凸了，那就是真正得到了太極拳渾圓的功夫。太極拳無非是開合、陰陽、虛實、剛柔，這些自如的轉換，不完全「鬆」就做不到。

李老師教拳都是從切身體會中來的，沒有故弄玄虛，很高深的拳理他都用很形象的比喻。我印象最深的，就是他解說「虛靈頂勁」。這是太極拳最重要的一個要領。他說虛靈頂勁的一個核心就是「不丟頂」，關鍵是「頂頭懸」。怎麼體會「頂頭懸」？當時因為我練形意拳出身，有時候放鬆得不夠，李老師就從牆上摘下來他的一件上衣。他說，你看，我一拎這個領子，所有的前襟後擺袖子自然就垂下了，這叫提綱挈領，

他拎著衣服一抖落，衣服全都順下來了。他說你在打拳的時候，虛靈頂勁的時候，你只需要往那一站，想著這個地方是你的領子，一拎你這個地方，整個下邊前後左右中全部鬆垂下來了，這個時候的鬆垂狀態就是太極的鬆、空。

我一下就明白了。像他這種教法一輩子都忘不了，特別形象。到今天我練拳，我往那兒一站，馬上就想起李老師當年跟我說的那個鬆的狀態。現在我有時不打套路、不盤架子的時候，只是往那一站，就能迅速地進入太極狀態。

余功保

因為李老師拳都是切身體驗過來的，假傳萬卷書，真傳一句話。真在哪裡？真在實踐。

梅墨生

這樣的教學很生動，而且可以舉一反三。比如拎衣服，你把衣服拎起來，一抖落，只要你一鬆垂下去，胸腹是空空的，是鬆垂的。如果你不能把衣領提起，那就光是鬆了，就癱下去了，那個叫鬆懈。太極拳練的就是不丟頂，不丟這個衣領提起的頂。你不要去想那個不緊的地方，你要想那個一下就能讓你整體空下去的地方。

余功保

您覺得李經梧先生在太極拳上主要有哪些突出特點和貢獻？

梅墨生

他的貢獻是多方面的，但最突出的我想有以下幾點：

第一，破除門戶之見，開放式的學習交流。融會四家的功夫於一身，成為自己的一個拳風，等於是自開一門。雖然李老師一直不這麼說，但是我認為他的確是融會貫通。他沒有任何成見，只要能學可學的，他就學習，非常好學。

余功保

我也聽原來北京匯通武術社的老師講，李經梧先生也經常去那裏和大家一起切磋。他的思路很開闊，這在當時是很可貴的。

梅墨生

第二，功夫精純、精深。李老師的太極拳推手功夫、技擊功夫是公認的。他自從到了北戴河以後，幾乎不參加外邊的事情，不宣傳張揚。那個時期，只有我和師兄王大勇在 1989 年《中華武術》上發表過一篇文章，他還一再不讓寫，虛懷若谷。這使得他把全部精力放在了拳的本身上，功夫一再提升。

第三，把太極拳運用於養生保健。因為他後來在北戴河一直做這個事情。不斷探索，很多人在跟他練了太極拳以後轉病為健康，轉弱為強，例子不勝枚舉。

第四，實踐和宣導太極內功。他認為內功是很關鍵的，他最早明確的、系統地提出太極內功的概念，還出版了關於太極內功的書，非常暢銷。李老師生前曾讓我摸過他的丹田，我覺得從丹田到命門，有一個整體的、大約半尺寬的氣帶。

第五，真正做到了拳人合一，功夫和他人生境界修養品行合一。自然淡泊、恬淡虛無，這是真正太極拳練習合道的境界，是中國道家文化哲學的境界。他絕不像社會上有些人說的一套做的一套，他真正達到了這個境界。我非常敬重他這一

點，視名利如浮雲，不愧為一位太極大師的境界。

三、那一「線」的風情

余功保

您是專業從事書畫研究和創作的，成就卓然，同時對太極拳又有很深入的研究。從文化的角度透視太極拳，是研究、發展太極拳的一個很要緊的環節。

文化是體，太極拳是用。

梅墨生

太極拳與中國傳統文化，這是我很感興趣的一個話題，也是我研究的一個課題。

我過去在中央美院教了幾年書，在全國各地也辦過很多場講座。在各大藝術院校和一些綜合性大學，如北大等，我都是在講，中國的文化是文武之道，一張一弛。

孔子說：「文質彬彬，然後君子。」我所理解的文質彬彬的「質」實際上就帶有武的含義，帶有俠士的含義。我認為先秦文化是在「儒士文化」的同時還有一個「俠士文化」。

書道、武道相通

余功保

這種結構影響了中國文化幾千年。

梅墨生

當時有很多著名的縱橫家，也有一些著名的俠客，比如荊軻等，有一種俠士的文化在。中國的文化從來就是說文說武，文能安邦，武能定國。

余功保

俠文化是滲透在中國人骨髓裏的東西，可以說是一種激揚的情志，也可以說是一種浪漫情懷。後來武俠小說、功夫電影的流行，和這種內心深處具有的情懷很有關係，提供了一種接受的土壤。

梅墨生

這些都是武術發展的基礎。是人文的、社會的土壤。所以從很早就開始。武的定位就不是簡單的技術層面，不是打打殺殺的工具，它包含了社會責任、人的價值等因素。

余功保

就使它成為「道」具備了社會基礎。

梅墨生

我從小好文好武，好文好武幾乎是同時的。我好武比好文稍微晚一點，自打好武以後我感覺對我來體悟中國文化很有益

處。

比如我進行的中國藝術理論史論方面的研究，從理解藝術、理解文化的角度，我感覺武術特別是太極拳，對我幫助很大，給我啟發的東西非常多。所以，我在許多大學和全國各地的藝術講座裏，曾經多次提到太極拳學、太極文化，提到中國的武學，它絕對不僅僅是爭勇鬥狠，或者說是「粗人」的事情，真正的武術大師也決不會是一介武夫，只逞匹夫之勇。一介武夫成不了武術大師，真正開宗立派的很多都是文化修養很高深的。

從我個人來說，我愛好太極拳第一是養生，第二是養性，再下去才是技擊什麼的。我不是僅僅抱著技擊的目的去練的。張三豐也講過：「詳推用意終何在，益壽延年不老春。」實際上太極拳的創立恐怕就與中國道家養生哲學有關係。我覺得太極拳的上乘功夫就是要練到這種境界。人的心態，陰陽匹配、平衡陰陽、不剛不柔、不溫不火、溫良敦厚，練到這種生命的境界。但我覺得在練習中技擊的東西也必須要懂，要明白，要練。

余功保

有很多的要領只有在研究技擊原理中才能體會到，

梅墨生在講解太極之道

才能展現出來。其實，現代社會抱著單純追求技擊練法的目的去學太極拳的人相對較少。

梅墨生

我把太極拳作為體悟中國傳統文化的一種手段，一種捷徑。

太極拳本身就是一種文化。太極拳以一個中國古典哲學的名詞「太極」來命名，這就非常獨特。中國內家的三大流派形意和八卦也有這個意思，其他的拳法則很少。

「太極」是中國古典哲學的一個最高的範疇、最終極的一個範疇。用最大的一個哲學概念來命名拳法，這本身就說明它有包容天地、含納文化的性質。我迷戀太極拳和這個有很大的關係。它不僅是一個簡單的愛好，這裏邊有很深的文化情結在裏邊。

太極拳的包容性在於它給不同的人都提供了理解和體驗的空間，有什麼層次的人就能體會到什麼層次。同是一個太極拳，見深見淺，見高見低，真的是因人而異，因修養而異，因功夫而異，因師承、傳授、見識而異，是一門難測高深的武學。從這個角度拿它來體悟中國文化的時候我就想，太極拳論是非常好的哲學著作、美學著作，用於中國書法繪畫許多理念都是最高級的。

余功保

許多優秀的古典拳論，都可以當做純粹的哲學文章來讀。有些指導原則，直接用於書畫等藝術創作實踐都有很精確的對應性。這說明中國文化的一貫性和大同性，也說明太極拳理闡釋的是生命運動很本質的規律。

梅墨生

我將來要寫一篇文章，寫太極拳論和書論、詩論音樂理論的相通關係，這是一個課題。我作為一個太極拳的習練者、傳承者，作為一個太極拳學的愛好者、研究者，這是最抓住我的亮點，就是它絕不是一個簡單的生理運動，一個技擊的功夫，它的背後有非常深的豐實的文化內涵。這個文化內涵非常具體微觀，我甚至可以運用到中國書法的一點一畫，用到中國書法體式的創作之中。

余功保

太極拳和中國書畫都講究「生動」，拳不能練得死氣沉沉，要充滿生機，內氣運轉，心康體健。書畫雖為靜態，但靜中有動，要有一種活潑潑的靈動之態。

梅墨生

太極拳要有精氣神，書畫同樣要有精氣神。書畫的精氣神是以人的精氣神為基礎的，人沒有神作品難以有神，所以提高人的內在的修養是作品昇華的要素。太極拳對提高人的素質修養，特別是對內在的修養大有裨益。

過去很多大書畫家在綜合修養上是很注重的，現在的一些書家、畫家在創作上顯得不厚重，作品顯得單薄，為什麼？一個根本點是自身的「內功」不足，元氣太弱。這是和形體強壯不同的一種感覺，就是你有沒有大的平衡感，大的格局觀。太極拳就必須要有這種大氣的感覺，練起來如長江大河，連綿不斷。

梅墨生書寫的《太極拳論》

余功保

連綿就是氣要通，氣足才能不斷，無源之水非斷不可。

梅墨生

太極的一個要素就是「和」，和諧，陰陽平衡，剛中有柔，開中有合，斜中有正。整個系統渾然一體。

余功保

太極拳的「中」就是一種動態平衡原則，「和」就是動態平衡的狀態。太極圖是太極理論的意象圖，核心關鍵，全部奧妙在於中間的那條「Ｓ」線。「中」不一定是「直」，「Ｓ」線是曲的，隨曲就伸就是「中」。Ｓ線的弧形，體現了剛柔相濟的運動模式，既有含，又有張，用意不用力，與外周圓形交融，靈動中有渾厚，婉轉流暢，若即若離。陰陽在這條線上融合，不分彼此，這就是「空」，也是「實」。那一線之間蘊含

千般玄機，一線兩邊運化萬種奧妙。

梅墨生

線條是書畫的基本元素之一。從小中要能見大，一筆中要能把盈虛消息、百般韻味體現出來。初練時，張弩之氣還很明顯，如練拳，大圈鼓蕩，功夫精純了，就叫筆法老辣，什麼是老辣，就是不做痕跡，大巧若拙了，形式的東西少了，沒有了。如練圈，小圈，無圈了。氣清了，東西厚重了。

李老師在推手上就講，技擊的高境界是沒有招，有招手就低了。他在後期和人推手時基本上兩腳平穩站立地面不動，手上舉重若輕。

余功保

我仔細看了李先生的一些推手錄影，在落實太極拳論中所闡述的敷、蓋、對、吞幾個字上很生動。深得陰陽運化之妙。

梅墨生

他的推手給人的感覺很有活力，即使在八十高齡時，推手所展現的氣勢還是很充沛。這就是內在的修為。靠力是不行的。

余功保

比年輕時更有韻味，更加沉雄。年輕時的銳利已經化為厚重了。

梅墨生

這和作畫一樣，體現出老而彌堅的風骨。

余功保

太極拳行拳的「勢」與書畫創作的「勢」，它的套路的結構與書畫的章法佈局都有呼應之處。

梅墨生

我就想，懂了太極勁的人，體會了太極功夫的人，你再從事書法創作的時候，你的氣象、用筆用墨的勁力，對於內勁的表達，肯定跟不體會太極的不一樣，所以，我的字畫當中總有這種因素在。

宋朝的大詩人、書家蘇東坡說「剛健婀娜」，即含剛健於婀娜之中。大書畫家米南宮說「沉著痛快，剛柔並濟」，這就和太極拳所要求的是一樣的。太極拳要求修練行功沉著、輕靈，這是一對矛盾，但是這對矛盾要體現在你舉手投足之間。在書法上一樣，如果一味地使勁，強調物理的勁、表面的力，就不得其法。把宣紙戳破了就有力嗎？那絕對不是。書畫中線條的有力絕對不是簡單的外表的力，它是一種內在的力。這種內在的力就是所謂的內涵。

太極拳要求既要往下沉實，又不是鐵樹生根的沉實，這與外家拳不同。氣往下沉的時候，還要邁步如貓行，落地無聲很輕，既沉實又輕靈，跟書畫非常一致。中國畫大師黃賓虹畫的畫，用筆就如同一位太極拳大師。我經常用這樣的眼光來看書家、畫家，也用國畫大師、書法大師的筆法來看太極拳家的行拳走勢，用太極拳家的行拳走勢來揣摩中國書畫的揮毫用墨，他們之間有一致性。

當我談某個太極拳人的風格的時候，我完全可以用談詩的

風格、談音樂的風格、談書畫的風格來比喻。比如行拳自然、舒展、行雲流水、氣勢功力深厚、沉雄、拳勢浩邁、拳勢綿密、手法細膩等等。

【鏈接】

中國畫傳統與中國文化精神（節選）
梅墨生

中國文化既有激揚蹈厲雄強開張的一面，也有柔忍含蓄和平靜穆的一面。縱眼望去，中國文化的精神物質文化日用的方方面面都有這種剛柔並濟性、陰陽互補性。如中醫藥學講補瀉法，同爲補法便有峻補（猛補）和緩補（柔補）之別。如中國武學，以太極拳最富哲理，爲武學之冠。筆者曾師從著名太極拳家李經梧先生習太極，他生前曾指點在下說：眞正的太極功夫是「損之又損，以至無爲」（老子語）的修練，是一步一步去蠻力、去火勁、去外招的功夫。是積柔成剛，百煉剛化繞指柔，柔極而化，至柔才能至剛的功夫。聯繫前面所談中國畫理之「畫到無痕時」「若有能，若無能」，眞是道理相通。我們只要看看徐渭、董其昌、石濤、石溪、八大、龔賢、金農、惲南田、吳昌碩、齊白石、黃賓虹等人的精品，便可一目了然於中國文化之間的「通」處，剛柔並濟處以及柔中寓剛處。

如中國書畫共同遵守的用筆法則是「如屋漏痕」「如蟲蝕木」「如印印泥」「如折釵股」等，無非都是自然而然的感覺，反對強努和生硬使力與做作。黃賓虹的用筆就是極爲自然化的，他的山水與花卉筆墨已到自然美的境界。所以我說他好像眞是得傳統筆法之奧的「太極拳法大師」。

必須指出，中國文化理趣的重視自然美必須從人工美不斷修練而來，這是一個漸變過程。因此，它的出現有時需要年月，當然還有悟性。就如積柔成剛的太極功夫，不可一蹴而就。更重要的是，柔至極點必須能返剛才行，否則就是疲軟了。

在形與神的關係上，中國畫重神似輕形似，這是一個主導觀念。說是主導觀念，是因為還有非主導觀念的形神兼備。尚神觀念，氾濫於中國文化的眾多領域。如中國武學理論《太極拳經》說：「名家一運一太極。」認為太極拳的最高境界是「一片神行」——對拳法形式招術作徹底性的否定。當然中國文學有「神韻說」，京劇裏也十分重視「傳神」，中醫也強調「神旺氣足」則體健，中國古代相學也說「神為貴」等等。神，即精神、神氣，是生命體的生命活力之謂。

余功保

到了水乳交融的地步就是「拳不是拳，畫不是畫」了，手上有拳、有畫，心中只是太極。

梅墨生

書法如心畫，任何一個筆法、一個點劃出手都是一個人心性的顯現。剛性的人寫出來的線條是比較剛的，比較柔和的人寫出來的線條筆調就比較溫柔，大氣的人他的線條是比較開放的，一個比較瑣碎的人他的筆調相對是比較內斂的。

字如其人，如其人的什麼？如其人的心性、氣質。太極拳千變萬化，每個人都會打出各自的氣質，會因為個人的體質、修養、悟性不同而不同，太極拳的魅力也在這裏。它是同中有異，異中有同，大同而小異。這一點也說明了太極拳的包容性

和它蘊含的東西特別豐富。它不是枯燥簡單的套路，何況太極拳本身還有六大門派，六大門派本身還有那麼多傳人。就像中國書法一樣，那麼多體式，就字體來說，真、草、篆、隸、行五體，這和太極拳也有些內在的巧合。

同樣是楷體裏又有萬千風格。太極拳同樣是楊澄甫所傳，一門楊家，打出來以後由於弟子傳授的不同，差異就有了。鄭曼青打的那麼內涵文雅，董英傑打的就那麼浩蕩沉雄，同樣都是楊澄甫的弟子。

有些門派同一個招術、架式，有許多式子由於傳承的不同，演化的不同，有差別。比如同樣的白鶴亮翅，在楊式是這樣打的，陳式就是那樣打的，吳式是另一樣的。有的連名稱都不一樣，有的叫倒捲肱，有的叫倒攆猴，一本萬說。過去禪宗有一個說法：月映千川。天上的月亮只有一個，然而映到下邊一千條河流裏就有一千個月亮，當我們看形而下的月亮的時候，河裏的月亮是一千個，看天上的月亮卻只有一個。太極拳也是這樣。

余功保

禪宗說「一花開五葉」，也是這個意思。五葉各不同，但均為一花所開。

梅墨生

對，這個「花」就是中國文化之源。

太極拳的發源創始究竟是陳家溝還是武當山，是張三豐、陳王廷還是其他人，目前還有爭論，有些史據還在記考。但太極拳衍生於中國博大精深的古老文化，這是事實，這是源，無

論你認誰為祖，這個太極拳的源變不了。

真正的源是中國文化，包括道家文化，儒家文化，甚至佛家文化等。

太極拳相對來說我認為道家的東西占六成，儒家的東西占三成，佛家等其他的文化也有一定的比例。比如講中道、中庸、平衡，這是儒家的東西，但是道法自然、以柔克剛、以退為進等思想是道家的東西，在太極運動裏體現的更多一些。

所以說太極拳是中華文化整體塑造的武學學問、文化、功夫，這是沒有問題的。

所以太極拳本身也是一門藝術，更是一門學問，還是一門功夫、文化，完全可以說是「太極拳運動文化」。為什麼要加運動？因為如果我們只說太極文化，那也可以是哲學文化。

余功保

太極拳是以運動的形式體現文化的精髓。運動中蘊含精神。

梅墨生

中國易經講：形而上者之為道，形而下者之為器。太極拳是以它的運動方式來體現中國的文化之道，極抽象的哲學的高度和最具體的形而下的具體的招式圓融在一起。

張 全 亮 簡 介

張全亮，1941生，北京市大興區人。回族。吳式太極拳家。

1953年開始習練武術，先後學習了摔跤、少林、通背、彈腿、查拳、形意拳、太極拳，打下了良好的武術功底，是一位造詣全面的武術家。

1974年隨李子鳴練八卦掌，1985年隨王培生學吳式太極拳，全面系統繼承了吳式太極拳精華。不僅自己刻苦鑽研和學習八卦、太極等武術套路、理論和技擊功夫，同時還把繼續傳播所學，培養下一代，將武術後繼有人視為己任，熱心太極拳、武術的推廣工作。

從1963年開始堅持利用業餘時間向群眾傳授武術。其弟子、學生遍佈全國眾多地區和海外。經常率弟子參加北京市、全國、國際武術比賽和技術理論交流活動，獲得優異成績。多次擔任全國、國際各類武術比賽的裁判、裁判長、總裁判長和仲裁工作。積極組織、參加各類武術活動，為北京地區具有代表性的武術人物。

積極開展武術研究工作，發表200多篇武術、太極拳研究文章，出版多部武術著作，主要作品有《吳式太極十三刀》《八卦三合功》《八卦掌精要》《八卦掌答疑》等，公開發行有多種太

極拳教學光碟。

　　為北京大興建築工程公司黨委書記。北京市武術協會委員、北京吳式太極拳研究會副會長、北京市海內外體育工作者聯誼會會員、北京市八卦掌研究會顧問、北京市武術文史理論研究會特約研究員、中國藝術研究院東方人體文化研究中心特約研究員、中國醫療保健國際交流促進會醫療養生康復專業委員會委員、日本八卦掌研究會顧問、美國中醫藥太極拳國術研究院特約教授。

平和控制
——與吳式太極拳名家張全亮的對話

心理學家認爲，緊張是人類無法消除的情緒感受。

甚至，適度的緊張還有利於人的健康。

太極拳提倡放鬆，但並非孤立、武斷地理解它。這是因爲，首先，做到「鬆」不可能一蹴而就，從緊張到放鬆是一個過程，這是一個需要正視的過程。鬆是有程度、層次的。其次，達到相對鬆以後，還要善於利用「緊張」。比如，太極拳的最後一擊，就要高度緊張，越能鬆，便越能「緊」，這就是矛盾的運動。

「鬆」「緊」之間的訣竅在於——控制。

有序化的緊張，也是一種放鬆。這就是控制的作用。有序使系統各組成部分、各相關元素之間的阻力、能耗減到最低，潤滑貫通，平和對接。太極狀態中，身體達到高度有序化，各生命系統間、各器官、功能之間平和共振，並與外界實現有序溝通，物我兩忘，又物我如一。

太極拳是一種具有高度控制技巧的學問。太極拳技擊，要能

「控人」，沾、黏、連、隨、掤、捋、擠、按都是控制對手的技術。太極拳養生，要能「控己」，抱元守一，氣沉丹田，精神內斂，都是「控己」的要則。

從起勢到收勢，太極拳便進入了一個控制程式之中，一舉動，合乎法，順乎理。只是到了高級階段，控制便成為自然，不帶一絲火氣，平和流暢。

不深入理解控制，難以全面把握太極精奧。

王培生先生曾經大力提倡將現代的信息論、系統論和控制論與太極拳傳統理論相結合，進行太極拳的研究和實踐。張全亮先生得其太極精華，並與八卦等內家功夫相結合，變中求衡，動中求靜，於不動聲色中呈展拿吞吐之象，得平和控制之化境。

余功保

一、內家功夫　妙法在心

余功保

我的印象中，您是一位非常用功的武術家。用功是武術家的必要素質，功夫功夫，用功是基礎。一個人習武天分再高，恃才懈怠，就難成大器。

張全亮

用功是由於發自內心的喜歡，否則難以幾十年堅持下來。你喜歡了，用功就不是一種苦，雖苦有樂。

余功保

所以用功和刻苦還是不一樣的。我歷來主張要提倡快樂武術，就是大家從習武中得到健康，也得到快樂，沒有快樂的健康不是真正的健康。健在身，樂在心。要有大喜悅感。

張全亮

練太極拳尤其要如此，從內心深處對拳有感情。感情來自哪裡？來自身心合一的享受。

余功保

您習練的武術內容很豐富，好像在八卦、太極這兩種內家功夫上尤其突出。您認為這兩者之間有何異同，有何關聯？

張全亮

歷史上很多武術家是八卦、太極兼練的。他們之間一是有相通之處，二是有互補之處。

我的八卦掌從學於傑出的武術家李子鳴先生，太極拳從學於傑出的武術家王培生先生。這兩種拳術在技術風格上的確有所不同。比如八卦掌善變，變化的形式很多，練起來讓人有眼花繚亂的感覺，往往出奇制勝。身法上也很靈活。太極拳相對比較穩重

張全亮的八卦掌勢

一些，外形上緩慢一些。但它們的共同點更多，都講究陰陽，講究虛實，變化怎麼變，就在虛實之間來變化，「示之以虛，開之以利」。

最緊要的是，他們都強調內練、內養，是修內、修心的功夫。要練好它們也必須用心去體會。這兩者結合起來練是可以互相體證的。

余功保

您學習其他拳種時，您的兩位老師有什麼看法？

張全亮

他們在武術的思想上都是非常開通的。老一輩武術家的胸懷都很寬廣。其實在過去，傳統武術家們是提倡交流、博學的。

余功保

在過去有一大批很有造詣的武術家本身都是轉益多師的。在太極、形意、八卦幾個方面兼修的更多一些。

張全亮

很多老武術家文化水準不一定很高，但他們在武術上的見識的確很高。這源於他們對傳統武術文化紮實的基本功訓練和理念的吸收。

余功保

您長期研練太極拳，對於它有什麼體會和認識？

張全亮

由這些年研究太極拳、練習太極拳，我覺得太極拳文化品味極高，是一種高品味的拳術。

張全亮的太極拳照

它的內涵非常豐富。開始的時候，我練拳就是練拳，但是經由老師的指導、講解，才明白太極拳與生理、醫學、美學甚至和一些邊緣科學都有很深的關係，也理解了為什麼古人窮畢生之精力去學習，越學越覺得有味，因為太極拳的文化內涵和科學內涵都很深，同樣一趟拳，常學常新。

而且太極拳是與時俱進的。根據你功夫的提高，根據環境的變化，根據人和人之間的差異，高、矮、胖、瘦，性子急、性子緩，根據對手的變化，都可以產生變化。

練習太極拳可以提高智慧，開發智慧，開闊思路。

練習太極拳還可以提高控制能力。人們往往遇事不冷靜、急躁，太極拳可以讓人冷靜、鬆靜沉著，頭腦清醒，只有頭腦清醒才能辨別陰陽、發揮優勢，找到對方的薄弱環節。一急躁、一煩、一怒就完了，所以要制怒，提高控制能力，才可以冷靜地審時度勢。在平常的工作和生活中也可以用太極拳的很多理論來指導。

余功保

太極拳對人性有砥礪作用。

張全亮

太極拳也是一種解扣的技術。人的一生會有很多扣，有了問題就有了扣。但沒有解不開的扣。解扣就是一門學問，太極拳處處都在解扣。它研究扣是怎樣形成的？用什麼方式解最有效率等。

此外太極拳還是一種鍛鍊親和能力的拳術，利用「和」，拉近距離，在交往中，由「和」來化解，在技擊中，和則近，

近戰，就什麼都能發揮出來了。

余功保

「和」是中國哲學中的一個重要概念，「和」代表一種妥當的解決方案。「不戰而屈人之兵」就是一種「和」。

張全亮

太極拳是絲絲入扣的。想問題想得細緻，在整個過程中進行控制。太極拳是一種高科技拳，

張全亮的太極刀勢

強調程序控制。人體是一個很大的網路，透過練太極拳這種科技含量很高的拳種，由人體入手，研究自然，研究社會，研究萬物，以武術入手研究社會發展。

余功保

太極拳理論就是古典的控制論。含有現代控制論的許多核心元素。它所講的控制不是單純的外向性控制，而是把自己作為整個系統中的一個元素，參與控制的全過程，這樣就更全面。太極拳的控制，無論是對自身的健康控制，還是對他人的技擊控制，都是平和控制，建設性的控制。

張全亮

太極拳講究精、氣、神，是最高級的拳術，是一種整體的拳術，是科學拳、文化拳。太極拳可以陶冶性情，一練就覺得

特別舒服、優美、自我陶醉。把自然萬物的道理返回到自身就是太極拳。

比如一年四季的道理和拳的道理是一樣的。冬天最冷的時候，就好比拳發力發到極點的時候，陰生起，開始沒勁，下到最低點的時候，徹底沒勁了。開始陽升起時，到春天了，然後慢慢到夏天，陽最盛，四時有陰陽交替的變化，宇宙也是這樣，夜裏 12 點是最黑、最冷的時候，就是在那個點轉化陰陽，開始變亮，到中午 12 點最亮，又開始轉化陰陽，逐漸變暗。這是自然規律，研究這個自然的規律，利用它，才可以健身、保事業，讓你立於不敗之地。

練太極拳就要研究這些道理，體會這些道理在拳中是怎樣體現的。

所以太極拳是一種規律性拳術，是符合自然規律的拳術。就好比車行駛是靠車輪轉動的道理一樣，拳是腰動，胯、膝動，關節動，動有動的規律。

余功保

掌握規律比練好要領更重要。

張全亮

拳的要領是身體去做，拳的規律就是法，需要用心悟。

余功保

心手相連，就是知行如一，把規律活化為要領。

張全亮

太極拳是一種人性化的拳術，講究人情世故，研究人，以人為本。太極拳的柔不是柔弱無力，是螺旋形運動，波浪型發展，是宇宙規律。讓你覺得很弱，實際不是那樣，這才是高的地方。

大多數人練拳就是比劃、健身，但是太極拳內涵豐富，是一門綜合性的科學。過去說「太極十年不出門」，說的就是社會這個層次。

余功保

您從什麼時候開始學習太極拳的？據說您學拳時跑的路很遠。

張全亮

我 1953 年練摔跤，1956 年開始練武術。先後習練過查拳、彈腿、太極拳、八極拳、通背拳及佛道氣功等。1974 年拜八卦拳名家李子鳴先生為師學練梁式八卦拳。接觸太極拳是1971 年，先是楊式太極拳，後來又經已故著名武術家張旭初師兄介紹，向王培生先生學練吳式太極拳，1985 年正式進門。

我向王培生老師學拳的形式，一是經常到他家去請教；二是創造條件，請他到我工作的地方講課；三是堅持每週兩個晚上，到北京西城區少年宮聽他講課。

那時，南城一個點，北城一個點，我們是北城的點。那時向王老師學拳的人很多，院裏總是滿滿的，有入門弟子，也有學生，有五六十人。當時我在大興建築工程總公司工作。開始

聽課是開車去，後覺開公車去聽課影響不好，就改乘公共汽車。過了一段時間又覺得來回倒好幾次汽車太麻煩，有時下課晚了還趕不上車，又改為騎自行車。

因不常騎車，路也不熟，開始由大興縣城騎到西城區少年宮需兩個小時，過一段時間路熟了，騎的也快了，一個半小時就到了，後來鍛鍊的只需一個小時。

我每次都風雨無阻，傍晚下了班，騎車就走。我路最遠，但一般都是先到。晚

著名武術家王培生

上八點左右老師開始講課，講一兩個小時。老師走了，師兄弟們還要在一起互相切磋，多是到十一點多才散場。我回到單位時就十二點多了，有時一點多。

當時跟我一起學拳的有四五個人，都是我的學生，他們誰也沒有堅持住，我一直堅持到那個學習班停止，大約有近四年的時間，學習了不少東西。

老師系統講授了吳式太極拳三十七式、八十三式、太極刀、太極劍、太極槍、太極粘杆、尹式八卦掌、八卦六十四散手掌、太極推手、乾坤戊己功、祛病健身小功法等。從理論到實踐，從規範到實用，一招一勢講的非常細緻、認真，學的非常過癮。雖然每次往返要騎車走100多華里，但也不覺累。

那時生活很困難，每月工資30多元，開始下課回家時路過牛街花3毛錢吃一碗朝鮮冷麵，但後來就覺得花不起了。就在下班時買兩個饅頭、一塊鹹菜放在辦公桌上，冬天放在暖氣上，下課回來再吃。雖然苦點，但因學到了真東西，又覺苦中有樂。我的刻苦精神，曾得到老師的讚賞，對我也常有特殊關照。

二、拳本無法，動即是法

余功保

您的太極拳主要是跟王培生先生學習的。王先生在武術的技術、理論上有很多突出的成就，在太極拳的推廣傳播上也做了大量工作。是一位負有盛名的武術家。您作為王先生的重要傳人之一，您的印象中王先生是一位怎樣的人？

張全亮

王培生老師以吳式太極拳、推手技藝和技擊實戰享譽武林，著稱天下。但是他武學淵博，根紮八方，基礎雄厚。

他從9歲的時候開始習武，先後師從多位武壇名師，學練過查拳、彈腿、八卦掌、形意拳、通背拳、八極拳、劈掛拳、太極拳等。他13歲進吳式太極拳門，師從於太極拳大師楊禹廷先生，並承蒙王茂齋師祖親傳密授。

經王培生先生數十年如一日的苦練研摩、教學實踐、實戰總結，有機地融入了所學各派名師名拳的精髓，形成了風格獨特、自成一體、具有王式特點的吳式太極拳。

王培生先生一生不二，武壇耕耘七十餘年，其從武時間之長，從師之多，經驗之豐富，功力之深厚，學識之淵博，理論之深透，技術之全面，著作之廣泛，門人之眾多，經歷之坎坷，特別是不畏強手，勇於實戰之精神，在當今武壇上屈指可數，可謂獨領風騷、獨步當代。

王培生太極拳勢

　　我向王培生老師學拳，深深感到王老師的功夫高深莫測，博古通今，博學多才。他從理論和實踐的結合上，把吳式太極拳發展到了一個前所未有的高度，也可以說是前所未有的新階段。

　　他善於以理，包括拳理、生理、物理、倫理、哲理來論拳；以拳曉法，解析技擊之法、做人之法、做事之法、健身之法；以法示道，講天道、地道、人道、三才合一之道；以道育人，培養文明禮貌之人、博學多才之人、開拓進取之人、見義勇為之人、無私奉獻之人。

　　他善於把祛病強身、技擊抗暴、挖掘人體潛能，為人處世等理論知識有機地融於吳式太極拳的一招一勢、一動一法之中。把吳式太極拳發展成為如《易》道之「無所不包」「無所不統」「無不受益」的特色科學，特殊文化，至尊至上之藝術，其拳理至簡、至深、至易不易。

余功保

您覺得他在武學上有什麼主要特點？

張全亮

我感到王培生老師的
功夫有五大特點：

第一是神

看王老演拳，觀之神
足，悟之神妙。使人如觀
奇景，如臨妙境，心曠神
怡。鬆靜體悟，如沐春

王培生太極拳照

風，場勢效應極佳。用王老的話說就是：「我練這趟拳，感到
很舒服，大家看了也覺得很舒服，我自己受益，大家也都受益
就對了。否則，這趟拳就沒有練好。」王老發人奇招妙手層出
不窮，出神入化，純任自然，一應神光，犯者立仆。

第二是隱

就是虛靜空無，不顯不露。觀王老演拳，靜如大地復蘇，
萬象更新。心如止水，形似山嶽，四俏齊發如萌，靜中寓動，
內含無限生機和活力，巨大能量潛運其中。看王老發人如風似
電，無形無象，所向披靡，跌翻絕妙，靈境難以言傳。看似至
柔，實則至剛，看似至剛，實則至柔，剛柔兼備，陰陽合德。
動靜緩急，隨心所欲，神意內藏不顯外相。

在他看來，拳本無法，動即是法。出手不見手，出手就是
手。

第三是速

王老發招如矢赴的，如電擊人，至疾至速。觀王老演拳，
動如江凌直下，氣勢磅礴，不可阻擋。行拳走勢，身如江河，
手似漂凌，動中寓靜，靜中寓動。打手發人，勢如風吹浪湧，快

王培生向張全亮傳授推手功夫

若閃電雷鳴，使人無隙逃脫，無力掙扎，無可奈何。

第四是險

就是危機險象臨近之謂也。王老演拳渾然無跡，中氣實足，威懾力極大。觀其行如履薄冰也隨之提心吊膽；看其動，如蟒蛇穿林，亦有驚慌失措之感；觀其神，如聽虎嘯猿啼，感到毛骨悚然。與王老交手，不動則已，動則如臨懸崖，如踩毒蛇，頓感傾心吐肺，失魂落魄，險象橫生。王老周身無處不是軸，無處不生鉤，無處不翻板，無處不彈簧，無處不機關。扶之則傾，按之則翻，觸之則發。

第五是博

王老武功和武學知識博大精深，其拳理拳法有極深的文化和科學內涵，跟他學拳就好像上學術課。每學一招一勢不但讓你知道其動作規範，技擊用途，健身作用，還能讓你學到很多相關的哲學、力學、倫理學、生理學、心理學、美學、醫學，特別是針灸經絡學和現代科學之三論（即信息論、系統論、控

制論）等廣泛的知識，讓你心胸開闊，使你開智開悟。

余功保

您認為王培生先生在武術上有哪些貢獻？

張全亮

王培生老師對武術事業的貢獻是傑出的。

王培生太極拳勢

第一，他精簡創編了吳式簡化太極拳 37 式。吳式太極拳老架 83 式，全趟學下來需要很長時間。1953 年王培生先生在北京工業學院教授吳式太極拳時，由於安排課時較少，不易在短期內教完全部課程，多數學員要求在保留主要招式的前提下加以簡化。王老為了使吳式太極拳便於普及，應廣大學員的請求，以創新的精神，把原來老架 83 式去掉了重複的動作，刪定為 37 式，178 動，按運動量大小做了科學合理的順序安排，並根據歷來太極拳家強調的練太極拳「用意不用力」的特點，在每一招式或每一動作中加入了「意念」和「感覺」的說明。

這趟太極拳的創編，很快得到了廣大太極拳愛好者的認可和喜愛。先後用多種文字在國內外多次印刷發行，均被搶購一空。吳式簡化太極拳的創編，對吳式太極拳的傳播、普及、發展起到了巨大的推動作用。

第二，他把自己數十年積累和體悟出來的武術健身治病的經驗，總結提煉創編了《乾坤戊己功》和數百種「袪病健身小

功法」，公開傳授、公開發行，為廣大武術愛好者和廣大人民群眾提供了一套簡單、科學、易練、有效而又不用花錢的治病健身的奇招妙法。實踐證明，這些功法不但有很好的技擊抗暴功效，同時具有很好的祛病強身效果。既是對武術事業的貢獻，也是對人類健康事業的獨特貢獻。

第三，他經由數十年的苦練研究，給太極拳提出了新的定義和新的理論學說。他給太極拳提出的新定義是「實用意念拳」。強調練拳要先想後做，先看後行。要求太極拳在技擊和治病時，只意想某一穴位，強化意念的作用就可以取得出其不意的效果。他創造性地提出的太極拳的新的理論學說主要有三個方面，一是「以心行意，按竅運身」；一是「神意不同處」；一是「身外之六球」。

按竅運身就是在運動時要想穴位，用穴位領著身體走。比如兩手上抬時想十宣穴找勞宮穴，用手指找手心，兩掌下按時想外勞宮，動作即輕靈又隱蔽，能充分體現出太極拳用意不用力的精髓和特點；「神意不同處」是指在練套路或技擊發招時，眼神向上而意念向下，眼神向前而意念向後，眼神向左而意念向右等等，充分體現出太極拳及一切事物的對立統一，奇正相生的運動規律和最佳功效。

所謂「身外之六球」就是要求在太極拳演練和推手技擊時，欲要兩手兩足的開合時，先要想兩眼球之開合，即兩眼球管兩手兩足和發放之遠近；欲要兩肘兩膝開合時，先要想兩腎球之開合，即兩腎球管兩肘兩膝和身體之左右旋轉；欲要兩肩兩胯開合時，先要想兩個睪丸球之開合，即兩個睪丸管兩肩兩胯和上下之起伏。

另外，王老還透過大量實踐和研究體悟，科學地提出了

「形意拳主直勁，八卦掌主變勁，太極拳主空勁」。

王培生老師給太極拳提出的新定義和新理論，使太極拳在體、用兩個方面更加規範，更加

王培生銅像揭幕

科學，更加精細，更加形象。從而使太極拳更增加了獨特的魅力和神秘的色彩。

第四，他把太極拳和八卦掌變成了傳播科學文化知識的載體。王培生先生講課，從不乾巴巴地講動作規範，而是把大量生動活潑、豐富多彩的科學文化知識，自然有機地融入太極拳和八卦掌拳式動作之中，使學者在學拳的同時還能學到很多科學文化方面的知識，特別是傳統文化理論知識，從而會使你對太極拳、八卦掌的內涵和外延瞭解得更加全面、更加深透。

實踐證明，跟王培生先生學拳既能強身又能開智，既能提高防身抗暴技能，又能提高認識客觀規律、解決各種矛盾的能力。把太極拳、八卦掌的拳術價值推進到了一個前所未有的新階段。

第五，他以自己的實戰功力，充分體現了太極拳的真髓妙諦，為太極拳的技擊作用正了名。他在數十年的武術生涯中不畏強手，勇於實戰，敢於和各門派與他較技的武林朋友切磋技藝，從不推託，不保虛名，也從未輸過手。曾經多次挫敗日本武術界高手的挑戰，捍衛了中國太極拳的技擊聲譽。這些事蹟

在《人民日報》《武林》雜誌等十多
家報刊都有報導，日本《阿羅漢》雜
誌進行了專題報導，稱王培生先生為
「東方武林奇人」「中國十大武術家
之一」。

　　第六，多年以來他長期奔走於北
京各大專院校，《人民日報》《中國
日報》等多家新聞單位，講學教拳。
他經常應邀到全國各大城市和國外教
拳傳藝。他廣收門徒，弟子逾千，學
生數萬。使吳式太極拳和中國傳統文
化得到了廣泛傳播。

弘揚太極拳
造福全人類
癸酉年暮春　王培生題

王培生題詞

　　第七，他著述頗豐。他把自己從
多家武林前輩中學到的拳術技藝和經過自己多年實踐總結的經
驗體會，都毫無保留地無私地奉獻給社會。他經常通宵達旦地
奮筆疾書，先後出版了《太極拳推手技術》《吳式簡化太極
拳》《吳式太極拳三十七式行功圖解》《太極功及推手精要》
《乾坤戊己功》《太極拳的健身和技擊作用》《吳式太極劍》
《吳式太極槍》《健身祛病錦九段》《八卦散手掌》《祛病健
身小功法》《吳式太極拳詮真》等十餘部經典專著，並公開錄
製發行了吳式太極門的一系列拳術、器械和治病健身的錄影教
學片。

　　內中姿勢規範，文字確切，理論新透，內涵豐富，風格獨
特，很多不傳之秘盡含其中，是一套挖掘國粹，繼承傳統，全
面研究吳式太極拳、械源流發展，理論技術、文化內涵，健身
開智效果的絕好教材和珍貴文獻。

平和控制——與吳式太極拳名家張全亮的對話

第八，王培生先生在教學方法上也是獨樹一幟的。他在教學時，非常注重對學生的頭腦開發，他教拳常以說拳為主，他能把自己所學的拳、械套路，從頭至尾有多少式子、多少動作、動作名稱、動作規範、技擊和健身作用、有什麼歌訣等，都如數家珍準確無誤地背述出來。他強調學生要博文強記，他說太極拳是「頭腦功夫」，是「文化拳」，如果沒有文化，沒有知識，思想不開竅，武功也不能達到高層次，練多好也只是把式，不是武術家。王培生先生弟子門人中，名人輩出，與其科學獨特的教育法也是有重要關係的。

王培生先生一生坎坷不平，但一身正氣，剛直不阿。他愛國愛民，一生忠於武術事業。數十年如一日，執著研究中國武術的精髓，全面繼承，大膽創新，碩果累累，但卻淡泊名利，從來沒有以武術謀取個人功名和利益的意識。他毫無門戶之見，毫無保守思想。

他白天教武，晚上寫武，把一生心血都無私地獻給了中國武術事業。他說：「傳藝是我的職責，益人是我的享受。」

王培生與眾多弟子合影

「前人的東西雖然來之不易，但是我不能把它視為私有，更不能把它帶走，要把我之所學和我之所悟，全部奉獻給祖國，奉獻給人民，這就是我唯一的願望。」

我認為，他是一位真正的、純粹的武術家。

【鏈 接】

王培生談太極拳的化、引、拿、發

太極拳的基本八法掤、捋、擠、肘、靠、按、採、挒都是按照化、引、拿、發四個字，四個字就是四個勁，即化勁、引勁、拿勁、發勁。過去通常講是引、拿、發，要把對方發出去，必須有引、拿，才能發。但是在引、拿、發之前還必須有個化。若對方進擊，你不化開，沒有破了對方的攻擊力量，那你就會失敗，也就談不上後面三字了。所以每一個勁之前必須有一個化。

化的方法有所不同，掤勁化的一般是對方的按勁，即對方下壓力很大，所以要用掤勁，但如果你開始就想著接觸點，這就犯了雙重之病。拳譜上說得很清楚：「每見數年純功不能運化者，率皆自為人制。」就是說練了好多年太極拳了，但與人交手總不能取勝。

下面又說：「雙重之病未悟耳。」你沒有明白雙重的毛病，這「化」字就不行了。怎樣才算雙重呢？就是對方按你時有個接觸點，只要你一想到在這個點上對對方施加了壓力，這就算雙重，有時兩手用力或兩腳用力與對方對抗，也算雙重。雙重都有其位置、時間和方向。再往細說，就是思想意識，如與對方相對而行，你躲他，他也躲你，躲了半天還是躲不開，這就

是雙重。太極拳裏不能有這種現象，否則，前面所講的四個字就做不到了。首先要把雙重之病弄懂，懂了之後你才能進行。

當對方由上而下壓來時，我們不去想那個接觸點，而是把意念放在腳心上，只想腳掌、腳心著地，這樣對方上邊來的力便能化解了，他再動也沒有什麼感覺了。試驗一下，你就往身上推或往下按，我呢，你這手往前方來力時我一點都不能抵抗，想都不想，我稍微一想就僵了，你在這一按，我站都站不住，如果加力抵抗就力大者勝了。這力怎麼來化？把這接觸點忘掉，不管它，我就把這個腳跟著地想腳心，你再按，想腳心，腳掌起……這點叫化。

拿的時候我再想鼻尖跟腳大趾一去，這時候叫引，又觸動一下，拿的時候左手心與右腳心一空就行，發的時候右手心凸出、左腳心凸出就發出去了。拿起來以後再發就好發了，拿不起來發不出去，必須把這勁掌握好，得實際多做。

在引的時候拿鼻尖跟腳大趾上去，給他觸動一下，這點是柔中剛，你說有勁又沒勁，說沒勁又有勁，沾連黏隨就在這裏面。

就這麼一去，這裏面好像有彈簧似的，觸動一下，然後再一空，人就起來了，拿嚴了。

放的時候不要惦記推他，推他還是雙重。想哪兒呢？想命門往胯上落就行了，前手心凸出，後腳心凸出，重心往下移，前頭後頭對

王培生演練太極十三刀

稱，這是一個平衡，自己本身採取一個平衡，對方就不平衡了。所以裏面的氣也平衡舒展了，對方就不舒服了。

剛剛開始的時候，你那會兒挺舒服，他一按你再發力，我再一頂，他還舒服，這時我就難受了，他再把氣呼出來就到我腰上了，就站不住了。那個時間我就大大咧咧這麼呆著，他一伸手我就迎，這就不行了。就是他在上面進攻，你把意放在底下，如調虎離山之計，或者他進攻你大本營，你抄他大本營的後路。你由上頭進，我從底下進，你再進就起來了。你要回去，我把底下收，追上頭就追到身上了，把你的力變成直力，我變成按，拇指跟膻中平，只要對方一伸手，盯住還回去，就是一個方向。

這裏結合力學的道理，操縱是心理學，就是思想意識變化。在這地方要有聽勁，偵察對方來的力，看他力的方向，是直力？還是斜上力？如果是斜上力用捋，你由下往上打，你看我這捋，這個勁。上頭講的是挒，再講一個打肘用「採」破。對方用進步頂肘，我用採破肘。

練習的方法：兩人對立正面站好，甲方進肘，乙方給他一個點，點就是靶子，這種做靶子在原來的教學方法中也有，等招、接招、還招、餵招，我剛才做靶子就等於餵招。餵招呢，看我這方向，我如果讓你進右腳，我把左腳前伸，就是伸到你襠口。對方打肘要腳踏中門，中門就是在對方兩腳之中，一插襠，也就是插襠步。插襠插多少要注意它，你就不管離多麼遠，要是遠了就使墊步也到這點，即把右腳跟貼到對方的左腳跟，最起碼得到這一點，多一點更好，不夠不行。

做靶子也不要害怕，就為鍛鍊膽量，眼神盯住，兩人要先練習好。就是我不化，避免真頂上，以防傷著內臟，你也有一個尺寸，就是腳跟到尺度數就行了，不要發勁。發勁時頭頂天，腳踩

入地，一想無限遠，這人就出去了，肘勁就出來了，如果沒有這個意念，打上也不礙事，就這樣腳到尺度就行了。這時乙方就鍛鍊膽量，來勢很凶，但頂不著，就跟戲劇武打似的。乙方鍛鍊膽子，也不要眨眼，一害怕就不行，一害怕全身都散，要頂上還好不了，這種勁容易打透。

對方進肘時，乙方撤步為動作一。二是膝蓋尖跟腳尖垂直，肘跟中指垂直，再想拿的時候，把膝蓋尖找腳腕，一找腳腕，你看這手就起來了。然後再往後頭一合，就是一個前採，後採一個勁，把他整個提起來。這兩點這兒發，練習一下。當他腳後跟與我腳後跟沾上了，我把左手往前伸，右腳往後撤，就留這麼個襠口，你續力打，我把膝蓋尖與腳尖一垂直，你看，老差這麼多。你發力時拿手心找肩井（別彎，直的），我的手往哪兒去？就是內勞宮跟對方的外勞宮相貼，這是陰陽合。合了以後使自己的合谷穴找自己的外曲池，這一找，你現在拿手心一找肩，這都是意。破的時候，怎麼破？你剛感覺腰這兒難受，這會兒你想鬆左肩墜左肘，左手指尖一貼曲池，這頂勁馬上就過來了。你先想一下手心往我這兒一找，你感覺腰難受，這會兒過來了。這時你把肩放鬆，肘下沉，手往前走，這會兒你還是頂朝天腳入地，我這往後一招你就頭朝下了。這採，就是拇指跟鼻子必須要平。

撅時手按地，腳踏地，拔地騰空而起，這叫騰挪。必須把步子選準了。按的時候是騰，騰起來，直接起，然後入的時候由裏邊入，還放到原地，要迎著他的大腿10公分（一個拳頭大），還往原處落，落早了不行，落遠了也不行，都沒有用。一落就是，再加上手一個圈，這人打出去很遠，這叫順手。

步子聯手是這樣，肘還擋著你，然後再一個圈，一個平圓圈，打螺旋的。我再想命門和胯，往上端，這是掤，橫豎勁同時

用，都是意念。先練習一個進步的，等待著，什麼時候才撤步？注意他，聽著對方的腳後跟，與自己的腳後跟貼上再撤，不要早了，如對方還沒有進呢，你這一撤步，你剛一撤他也頂上了，就是這時間火候。腳後跟與腳後跟一貼，這就差一拳，他還往裏沖，又一拳，他在續勁的時候你這裏拍，拍多少？拿虎口找曲池，打上邊找。然後這兒撤找少海，這是合谷和曲池合，到這兒跟少海合。這會兒撥這腳就起來了，連扒勁帶起，再入，再圈，然後接著就擠，頂肘，肩打靠。

甲方用肘進攻，自己用採破肘，這個研究熟了之後，再反覆地練，掤進捋化，然後擠進攻，按破擠，肘進攻用採。

在打擠時一定要合轍，就好比桌子的榫一樣嚴實，翹一點也不行，要拿準拿穩。準是指什麼呢？就是要入榫，入榫是什麼？好比遇見一個不會拳的，他就是提溜搭拉的，架子是散的。遇到這樣的人得把他拿準了，你拿不準拿不穩，他心裏不服你。你拿得要嚴絲合縫，好比抓一個東西，你還缺什麼？不缺什麼就跟著走，這時候想往哪兒發就往哪兒發，發勁要這種勁。

今天講的大家有一個概念，回去按著這個去做每一個勁。那引勁很重要，你不能把對方的重心引起來，你就拿不準。他站得很穩，你不能起來就走，他不聽你的話，他皺皺著勁哩。他聽你的話好拿，你稍微拿鼻子往這兒一去，一擁他，就這麼一下又回來了。就跟打籃球的欺騙動作一樣，那球還沒有出手就又回來了。跟藝術體操耍藤圈似的，一扔又滾回來了。就是鼻子往大趾上一盯又回來了，他就起來了。這種勁叫作「沾」，也是引，再細講是沾連黏隨，引進落空，捨己從人，裏頭都是陰不離陽，陽不離陰，剛柔相濟。

拳譜上說的要懂勁，須知陰陽。陰陽的配合，講究時間，還

王培生的弟子們在表演吳式太極拳

有方向。時間就是火候，什麼時間它配合？有時不是看一剛一柔正往這兒走，這會兒就拿你拿不著，非得它這個陰陽相合。練成什麼樣子呢？就像一個完整的蘋果，用刀子一切，讓它出一個紋。這個紋是什麼？這叫「中極」，蘋果兩半謂之「弦」，中極之弦亦陰亦陽，非陰非陽。蘋果一半爲陰，一半爲陽，左爲陰，則右爲陽，這一陰陽可以變化，也可以變動，也可以變靜。剛才我說的最巧妙的一點，就是做得準，不能離得太遠。你分開了半天你再對，不容易，就是剛有紋，你一合還是整的，合起來就是太極，叫「靜之則合，動之則分」。拳譜上說的這兩句話就指的這麼點東西。

　　動之則分分什麼？就是分陰陽。靜之則合，它又還原了。這趟太極拳練的就是分陰陽，合陰陽，合完了分，分完了合，處處來回這麼轉。一個主動，一個被動。動之動，恒動。靜之靜爲靜，動之動爲動，這點要把它搞清楚就行了。

什麼叫靜？什麼叫動？動之動，主動的爲動，相對的也爲動，它那動是一個被動，就像行進中的儀仗隊中有個排頭兵。他怎麼拐彎，後邊一點兒也不管，只管跟著走，排頭的聽指揮官的口令，但一迷糊就把隊全給散了。把太極之理懂了以後就一通百通，一看便知。它有一個主輔、賓主，要把它結合起來。剛才講的都是圍繞太極之理，還是沒有離開太極之理，還是動靜相間，陰陽相合，老得這麼配合起來才行。

三、生命在於體悟運動

余功保

吳式太極拳是當代重要的太極拳流派，習練人數越來越多，大家對吳式太極拳的理法也十分關注。您認爲吳式太極拳有什麼主要特點？

張全亮

對於吳式太極拳，李秉慈老師總結過「輕靜柔化、緊湊舒身、斜中寓正、川字步型」，很有代表性。其中「斜中寓正」有一些爭論，我在這裏邊稍有補充。「斜中寓正」這句話沒錯，但還可以在前邊加上「中正安舒」，每一式必須保證中正安舒。中正還得要安舒、舒服，這樣才能靈活，如果跟柱子似的正，就不靈活。中正安舒，斜中寓正。川字步型，我加了一個「虛實清楚」，楊師爺傳下來的拳虛實要清楚。每邁一步的時候，這腳想出去、很有出去的願望，安排好了再出去，出去

還不放心，還得抻著點，別讓你滑下去，好比往低出去，拿繩子拽著。一點兒一點兒試，如履薄冰。一個腳趾行，倆行不行？五個行不行？前腳掌行、後腳掌行不行？都行了，再鬆。原來很緊張，一下鬆了，大實大虛。虛實分清楚。

張全亮太極拳勢

手也是一樣，左重則左虛，右重則右杳，實者靜，虛者動。接觸這點是實的，這點就是虛的。如果這麼一動的話，左重則左虛，右重則右杳。實者靜，虛者動。打人接觸後接觸點不能動。講究陰陽、虛實、剛柔，把這些東西弄清楚了，這拳水準就高了。

我還加了「細膩連綿」，沒有斷續的地方。運動過程細膩，就像山洪從山上下來，到地下之後如千軍萬馬一般，到身前像無數條蛇一樣，水是無孔不入的。

說「生命在於運動」不是很科學，「生命在於靜止」也不對。我提出，生命在於體悟運動，就是在運動時加上思想的體悟。由腳而腿、而膝蓋、而腳、而腰、而肩、而肘、而手。意在肩，氣到肘；意在肘，氣到手。運行中是細膩的，越細越好，一尺一尺走，練思想，練穩定性，除暴躁。手法細膩，接觸點不動，就像大樹根深葉茂。形要下，氣就上，神要往上想，形就往下去，要是往下去，神就往上來。

在技擊中我剛接觸對方，鬆腰、鬆胯，手就長了，沉穩有力。

神意不同處，比如雲手，這個手走的時候，意念在另外一

個手，像車輪一樣，推著往前走。過程整個環節都很細，細膩連綿，靈活多變。純任自然，一年四季、公轉自轉都是自然的，這是大的方面。要向前先要往後，要向下先要向上，這都是自然的東西。在運動中，中正安舒，有運動之勢再去動就是純任自然了。如果純任自然了，每個動作都很舒服。

純任自然，自然那點在哪兒，這種學問和竅門，沒有師傳，沒有經過人指點，你不知道。沉肩墜肘，到底該如何沉肩墜肘？由這個學問找到那個學問，你練著不舒服，用的不舒服，或者別人看了不舒服，可能就都是不對的。找到這個點以後讓它自然成型。純任自然，純以意行，往哪兒走都要想。

余功保

最舒服的狀態就是最對的狀態，這是一種純任自然的觀點。

張全亮

自然最簡單，也最難做到。

余功保

本來自然是人的天性，現在需要精心地鍛鍊才做得到，說明後天人的干擾因素太多。

張全亮

練功中「後天返先天」就是這個道理。

余功保

練習太極拳的方法很多，您認為應該如何練習才能達到比

較高的水準？

張全亮

要練好太極拳，我覺得有這麼幾點需要注意：

第一，弄清規範

這一點非常重要。每個式子都要規範，怎麼是正確的，應該怎麼去練。動作必須準確，不能囫圇吞棗，稀裏糊塗大概齊地練，那樣練出來只是一個外形，裏邊沒東西。

第二，緩慢精進

練拳要慢，「精進」就是你練出來的東西是精品。行家一伸手，便知有沒有。跟書法一樣，一個式子、一個式子練。現在教學生跟過去不一樣了，過去可能站樁站半年老師都不搭理你。現在我是劃道，我重點給你說一個式子、兩個式子，先讓你比劃，再一個動作、一個動作糾正，然後從量變到質變。不同階段體會不一樣，慢慢體會，多說。

第三，明目開智

拳技之道貴在精純，成功之道貴在堅持，為人之道貴在誠信，育人之道貴在開竅。明目開智，舉一反三，給他講自然的規律。形象比喻，有的動作老做不好，我說把你的手上放一塊豆腐，顫顫悠悠，快了不成慢了也不成，還有鬆緊的感覺。說到了他就明白了。比如公轉自轉，我說你想你自己是長著尾巴的貓，你追你自己的尾巴，自然就圓了、靈活了。背向後走，胸向裏旋，腳向外走，正好符合公轉自轉、太陽地球的關係，也符合陰陽魚，你把這些道理講清楚了。當然這些可能在過去都是不傳的秘密。根深葉茂，萬物負陰而抱陽，樹根往下紮，營養往上，根越深，樹越茂。明白了，開竅了，思想變化，實

際動作也就正確了。

　　第四，練知己，練知彼

　　知己就是自己練，知彼
就是跟別人接觸、推手、技
擊，需要實踐經驗。知己後
需要到外邊跟不同的人接
觸。人的高矮胖瘦不同，脾
氣秉性不同，思想感情不
同，在你對他用手的時候，
會有很多的區別和變化，這
些都需要在實踐中積累經

張全亮太極拳勢

驗。沒有實踐經驗只有書本知識沒用。

　　第五，體用兼修

　　在一開始學拳的時候就應該貫徹，怎麼練，怎麼用。知道
怎麼用，再練才記得牢。瞭解了練起來才有趣味。

余功保

　　傳統太極拳是一種很講究技擊的拳術，過去很多太極拳名
家都是技擊的行家。但現在懂得太極拳技擊的人相對少了，有
些技擊的要領、方式也不得法。太極拳技擊是不能丟失的東
西，丟失了，太極拳的靈魂就沒有了。健身和技擊並不矛盾，
相反，練習技擊對於練神、養性是大有裨益的。如何提高太極
拳的技擊水準呢？

張全亮

　　在太極拳技擊訓練上，以下幾方面的功夫要重視：

1. 築基

要想掌握太極拳的技擊方法，提高太極拳的技擊水準。就需要打好根基，即拳的根基。如果不重視這些，上來就要打，不行。特別是傳統的東西，很豐富，有很多內涵和外延的東西。太極拳過去講「十年不出門」，練習摔跤是一招一招怎麼用，練武術不是，一開始先要站樁、再練套路，有個過程。太極拳根基很深，重視打基礎，動作基礎要打好。提高技擊水準就要從根基上下工夫，站樁、盤架子、散手散招，高架、中架、低架，前邊後邊、左邊練右邊練。反常態運動，太極拳實際上就是反常態運動，它慢，所以健身。挖掘潛能，老在左邊練換一換右邊練，把不適應機制、把那些已經沉睡了的機制調動起來。

2. 知己

打好基礎後，還要手法靈活，上下相隨，根基深、氣勢壯，內外如一，腰中節不滯，所有關節靈活，每個關節裏都有眼一樣，可以轉可以看，每個式子都能做到意領神行，氣血暢達。知己應該練到這個程度。

3. 從人

平時可以這樣做，等到和別人接觸的時候還能做到這樣，跟別人接觸的時候還能不能鬆、能不能靈、能不能活、圓轉自如、能不能把對方的力卸掉。捨己從人，沾黏勁。

太極拳練習局部反射，不通過腦子，一摸勁就反應，整體勁、鬆柔勁、聽勁、合勁。神領意注，不經過一定的知彼訓練，往往自己練的時候活，一搭手就僵。螺旋力。先知己後知彼，反覆練，練到周身無處不是軸，摸哪兒哪兒是軸，無處不翻板，無處不彈簧，無處不機關，無處不電門，一觸即發。最

高層次練到這樣。

4. 練空

技擊不能只限於推手，推手是鍛鍊太極拳技擊的一個過程，不是終點。點、打、拿、發、摔，發是太極拳和武術中比較難做的一個，而且發得很輕鬆自然，這是很難練的。但是現在的誤區是把這個當做終點、最高境界，這只是一個過程一個階段。練習推手主要是練習空對方、合對方，不讓他擱在垂直點上。空是一種境界。空裏有活力，是辯證的空。

5. 練合

不一定你的力量大速度快，但是用你的勁，最後練到扶之則傾、按之則翻、觸之則發，合一的效果。

余功保

太極拳學會容易學精難，學拳容易改拳難。如果從一開始儘量避免一些錯誤，特別是一些典型錯誤的發生，對拳的水準提高會大有幫助。您認為太極拳練習中容易犯的錯誤有哪些，如何避免？

張全亮

典型的錯誤有：

1.不中。不中正。不垂直就是雙重，垂直不垂直頭都很重要，眼睛要平視。

2.不鬆。僵。從生下來吃奶就使勁，到現在要反先天，不使勁。太極拳，泰山崩於前無動於衷。空，勝很多招。吳式拳要求鬆到什麼程度？就像衣服領子掛在掛衣鉤上。

3.不圓。所有的運動都要秉承螺旋規律運動，每個式子都

是圓的，外形不圓，思想和意識也要是圓的，不能直來直去。

4.不活。太極拳要圓活。處處弧形運動就是圓，流暢的圓就是活。

5.不合。身體表面處處要合，內外也合，把合練成一種習慣，不合就散了，神意散亂。

縱論太極功夫

6.不整。練的時候整、用的時候不整也是毛病。

這些錯誤表現在練拳時就是不鬆軟、僵硬用力；表現在技擊上就是頂、偏、丟、抗，癟、聳、跩、瞎。這些毛病要想克服，沒別的辦法，明白道理多練，反後天，就像小孩一樣，無所畏懼，無欲則剛，逐步往先天上返。我們有了辨別和抵抗能力，返回先天純任自然，大智大勇，多學多練、多實踐、多體悟，去掉思想裏的雜念。

余功保

吳式太極拳在養生方面久負盛名，有很多高壽並且十分健康的名家例證。

張全亮

吳式太極拳具有很好的養生健身價值，是因為它緩慢，緩慢不滯。慢就周到，在運動過程中細胞、脈絡、血管、神經受到緩慢刺激，沒有滯連。其實練習太極拳就是一個修理保養的

過程，各個基件有沒有問題，五臟六腑，緩慢運動加意念，全走到了，健身效果就比過去強，對心臟、血管各方面壓力不大，緩慢無滯，減少刺激，細緻周到。

鬆靜自如，氣血暢通。哪裡疼就因為不通，氣血周流舒暢，中醫講氣滯血淤，把它都通開了，病就沒了。

圓潤自然，有趣味。如果練一種東西，沒有趣味，像一般體育運動那樣，練完就完了，那麼對深層的鍛鍊效果就不好。練的時候有趣味，本身興奮，精神起來了。練拳主要是精神，精神一起來就無遲滯了。暢通、柔和緩慢，血管彈性增大。

太極拳是規律運動，對健身和技擊也有很大作用。

掌握規範，多聽、多看、多練、多悟、多寫，總結總結，多琢磨。人的認識是沒有窮盡的，不斷提高。事物在不斷變化，健身也一樣。吃的喝的和過去不一樣，原來可能吃的喝的不好，但是空氣好，腦子裏不亂，沒那麼多干擾、那麼多不平衡的事。對健康也得有新的認識。

余功保

練習太極拳核心就是運用意念，這是它不同於體操的地方。練拳中如何運用意念？

張全亮

運用意念我覺得就是先想後做。做每個動作之前先想，先看後想。訓練的是整體勁，上下相隨，這樣就不會出現拙力，不會出現頂抗。以心行意、以意導氣、以氣運身、以身入神、以神領形。

若有若無，不能太多，像溫火熬藥一樣，不能意念太重。

趣味運行，自己哄自己，玩物之趣，有活力，不滯，也不累。一遍一遍練消耗體力，再慢也是練，加上輕鬆愉快的有趣味的意念指導就不累。

絲絲入扣，體悟運動。不著急，氣血貫穿像鏈條一樣。生命在於運動和生命在於靜止之間，也運動，但是，是在運動中體悟。

關於呼吸，開始練的時候不要刻意想。開始如果一想就不自然了，要順其自然。練習一段之後，呼吸再與意識配合。

以心行意、以意導氣，以自然的規律指導練拳。如水淹山、根深葉茂的練法，趣味運動，精氣神就自然出來了。

此外，眼神是一種無形的力量，眼睛是能量的窗口。吳式每個動作都有眼神的要求。開始練習時眼神要有意念的配合，練習到一定程度，眼神與動作的配合就自然了。

余功保

除了拳法以外，吳式太極拳還有一些器械套路，主要都是哪些？

張全亮

主要有太極刀、太極劍、太極槍、太極粘杆，也有棍，主要是這幾種。常練的是太極刀、劍。器械的特點和太極拳的特點是一樣的，中正安舒、沾連黏隨、不丟不頂，器械也基本一樣。練習太極拳的器械速度也很緩慢，太極拳的器械就等於太極拳手

在紀念王培生老師逝世
1周年紀念會上講話

臂的延長，用身體代替器械，練習時也要一想、二看。

余功保

如何練太極拳的內功？

張全亮

太極拳本身是拳禪合一、拳道合一的。太極拳本身就是一種氣功，本身就是一種內功、內勁、內氣。

太極拳的樁法是練功的一種重要方式，比如：

馬步站樁。可以去掉浮力，重心下移，練習鬆沉勁，把氣沉到丹田。想命門、腳跟吃力，想膝蓋、找腳尖，想命門、想膝蓋，來回想，去掉浮力，有鬆沉勁，也可以健身。

川字步樁。近似三七勢、三體式。兩腳在兩條線上，軀幹在中間那條線。正步隅步。膝蓋不超過腳尖，想往前推，想後邊，背後有人推你，想前邊。這種狀態在技擊時具有價值，發人有力量。

一字立體樁。分為和掌勢、撐掌勢，這就是後來王老師說的八卦相對的坎樁、離樁。姿勢高點兒低點兒無所謂，中指相對，拉開的時候想合上，合上的時候想拉開。手的黏勁很大，對氣血周流暢通效果很好，老這麼練內氣充足。坎中滿，往外去沒勁，往裏有勁；離中虛，往外有勁，往裏沒勁。撐掌勢，前邊有東西想背後，背後有東西想前邊。同樣是一組矛盾，力量大。結合八卦的方法，體系很完整。

樁要和練拳結合，練拳不練樁不行，練樁不練拳也不行，練拳慢練也是樁。主要從拳上找。

余功保

如何練太極拳的內勁？

張全亮

練好內勁就要多站樁，多盤架子，多實踐。

所謂內勁就不是表面上的，是裏邊的東西。開始是靠意念領，意就像銀針，神就像艾草。走八卦，趨一步想三裏。裏邊的神、意、力、氣，不顯於外，實際也是能量。由太極拳、站樁的形式，鬆靜下來，慢慢意守丹田，稍加意念，內勁按照規律自然就慢慢出來了。爆、柔、緩、急，不同時可不同。我感覺內勁就是一種能量，是一種人體的微量元素。在意念指導下的內氣能量運動，當然也要加上技巧和引導。

余功保

學習古典太極拳論是深化太極拳研究的一門必修功課。您認為哪些傳統太極拳論最為重要？

張全亮

傳統太極拳論很多，大體上分就是三大家：王宗岳、武禹襄、李亦畬，都非常全面、具體、深透，我認為都應該學習、比較、篩選。王宗岳的《太極拳論》當然非常重要，《十三勢行功歌訣》《打手要言》《十三勢行工心解》《四字秘訣》《五字訣》《撒放秘訣》等都是精闢之作。

有的拳論是宏觀概論，有的是把某一方面細化、具體化。這是我們在研讀中要注意的。

學拳論我認為最重要的是活學，不要一定框在什麼含義上，死扣字面，最後把自己套進去，要結合練拳體會。可能在不同階段你的體會不一樣，拳是活的，所以拳論也是活的。

余功保

現在總體上看來，太極拳的發展還是不錯的，人數眾多。但要實現更大範圍內的長期、可持續性發展，就需要對傳統太極拳進行很好的研究、繼承。您認為在這方面還應該注重開展哪些工作？

張全亮

傳統太極拳應該是太極拳發展的主要部分。無論從健身效果還是技擊效果來看，傳統太極拳都非常好。因為傳統的東西是冷兵器時代形成的，在生死搏殺的過程中產生的，為了保護自己和國家的安全形成的，本身帶有實戰技擊的，沒有花招虛招，再經過若干時代實踐、總結、篩選、提高，經過考察、考驗，保留下來。在健身上，過去沒醫沒藥，就打拳、打坐、練內功。傳統太極拳的確健身有效。

現在有的太極拳套路注重表演，這也是一個方面，但不能舞蹈化，不能只考慮表演效果。吸收現代的一些元素可以，但太極拳的傳統精神、傳統技術要領不能丟。我覺得太極拳要回歸傳統的本質，才能繼承、發展。想挖掘繼承傳統，盡可能恢復太極拳本來面目。

陳思坦簡介

陳思坦，1967年生，福建省福州市人。著名武術運動員，太極拳世界冠軍。

自6歲始隨祖父習練羅漢拳。1975年入福州市鼓樓區少體校，1977年入選福建省武術隊。1981、1982年獲全國武術比賽男子太極拳第三名，1988年獲首屆中日太極拳比賽男子A組冠軍，1989年獲全國太極拳劍賽太極劍冠軍，1990年獲第11屆亞運會男子太極拳冠軍，1993年獲第7屆全國運動會男子太極拳全能亞軍，同年11月獲第2屆世界武術錦標賽男子太極拳冠軍。

1991-1997年，蟬聯7次全國武術錦標賽男子太極拳冠軍。1997年獲第8屆全國運動會男子太極拳冠軍，同年還獲得第4屆世界武術錦標賽男子太極拳冠軍。

至1997年，共獲得國內外各類太極拳太極劍比賽金牌32枚，被譽為「太極王子」。

1988年國家體委授予「武英級運動員」，1994、1997年兩次授予體育運動榮譽獎章，並先後獲得省政府記大功2次，三等功1次，以及福建團省委授予的「福建省新長征突擊手標兵」，福建省總工會授予的「五一勞動獎章」，1995年當選「中華武林百

傑」。

1984 年參加《木棉袈裟》電影拍攝。擅長演練太極拳、太極劍、槍、劍、八卦掌、醉劍、長穗劍等武術套路。

1989 年參加拍攝國際教材規定套路《四十二式太極拳》錄影的示範演練。先後攝製出版了《太極拳大系》《中華太極譜》《四十二式、三十二式太極劍》《楊式太極拳》《八十八式太極拳》等太極拳教學片及《精練 24 式太極拳》武術著作；2002 年應中央電視臺《聞雞起舞》欄目邀請拍攝段位太極拳等套路教學。

曾多次隨中國福建武術隊出訪、比賽、交流講學，到過日本、新加坡、韓國、菲律賓、馬來西亞、義大利、波蘭、羅馬尼亞、瑞士、香港、澳門等十幾個國家和地區。

為福建省武術協會常委、福建省第 8 屆政協委員、福州市第 9 屆政協常委、福建省武術教練。2003 年當選全國第 10 屆政協委員，中國武協委員。

氣吞萬里如水
——與世界太極拳冠軍陳思坦的對話

　　健康應該是一種常態，由內及外的暢達順遂。

　　健康不是雕琢，當其需要雕琢之時，已經偏離了健康的指標。真正的健康是不費力的，因此是快樂的。快樂得不僵不硬，如陽光從心底升起，溫暖肢體，這叫「順遂」。

　　看陳思坦練拳，有一種輕鬆的感覺，他放鬆你輕鬆，輕鬆得親切。那動作，如同很多年的朋友相遇，自然握手，發自內心，毫不做作。

　　練習太極拳需要想像力。

　　想像的空間有多遠，拳的自由度就有多大。

　　想像有時是外拓的，有時則需要內視，向外有無際，向內也有無限。如同我們不能漠視外在一樣，我們也不能忽視內在。

　　只有放鬆、輕鬆，才能具備想像，想像的天敵是僵化。

　　規矩是想像的翅膀——這是當你把握了規矩的度以後。規矩從來都是開始時要恪守，最終要破除的，因爲那時你的一舉一動都是規矩，已經不再需要規矩的限定，這就是所謂的「超越」。這時規矩就是你騰飛的助力器。當然，這中間會有一個千般錘

煉、萬般磨礪的過程。

　　陳思坦由規矩入手，在嚴格的規矩下訓練並登上太極拳競賽最高領獎臺。可貴的是，他並沒有爲規矩束縛，在規矩中逐步領悟，獲得了想像力的翅膀，並爲自己騰出一片廣闊的空間，太極世界在他面前豁然開朗，完成了從優秀太極拳運動員到成熟的太極拳專家的自然轉換，如水百轉千回，奔騰入海，得萬里氣象。

余功保

一、爲太極議政

余功保

您曾經作為政協委員來北京開兩會。在全國政協委員中，武術界的不多，感受如何？

陳思坦

這是一個機會，為武術說說話的機會。我覺得這不是我個人的事。作為代表，我要盡可能地為武術多做宣傳，多呼籲一些。武術界的領導對我們代表很重視、很支持。這兩天還專門邀請我們幾位武術界的兩會代表到國家武術管理中心座談，為我們的工作提供支持。

余功保

武術從過去的山野村夫走向城市、走向國外，也走向議政的殿堂。這是一個巨大的變化，巨大的進步。您在會上都為武術提了什麼建議？

陳思坦

為武術宣傳、建議不僅僅在開會期間，平時只要有機會，我都會進行。一年一度的兩會期間我更是抓住一切機會來為武術「造勢」，因為有很多意見會被歸納並得到回饋的。有的記者說，我是處處給武術做「廣告」。

陳思坦被授予「當代十大武星」

【鏈接】

給武術做廣告（代表、委員專訪）

《人民日報》2003年3月5日 記者 鄧建勝

在19位體育界委員中，陳思坦是唯一穿運動服出現在會場內外的委員。

他從6歲起開始運動員生涯，30年後的今天還是覺得穿運動服最舒服。

陳思坦1993年成爲國內第一個世界太極拳錦標賽冠軍。從6歲習武到30歲退役，他一共獲得32枚武術比賽金牌。這位「太極王子」在國內武術界享有盛名。「但在武術界外知道我的人不多。」現爲福建省武術協會常務理事的陳思坦流露出一絲酸楚。

酸楚不是因爲他個人，而是爲了有著漫長歷史的武術事業。

他說，包括太極拳在內的武術是凝聚了數千年中華哲學精髓的文化載體。因爲未被列入奧運會正式比賽項目等原因，這一運動基本處於自生自滅狀態。爲此，陳思坦十分難過。

「在爲數不多的被英語接受的東方辭彙中，中國功夫（GONGFU）引人矚目。許多對東方文化幾乎一無所知的西方人，談到中國功夫（武術）都要豎起大拇指比劃幾招，你可以想像它的影響力。」陳思坦笑說。但是，長期以來武術在正規體育比賽中受重視有限。儘管在亞運會、全運會上有這一項目，但觀衆不多。

「日本相撲也沒有列入奧運會專案，但日本人觀看相撲比賽的熱情絲毫不亞於西方的拳擊比賽，甚至可以與籃球和足球抗衡。」陳思坦說，「只要引導有方，武術也能成爲讓中國人引以自豪的民族體育項目。」

「我有一個夢想：今後的『太極王子』，也能像『體操王子』李甯一樣，不但在競賽時能吸引如癡如狂的觀衆，還能把自己的形象做成知名品牌。只有經由這樣的途徑實現產業化經營，作爲傳統文化載體的武術，才能真正發揚光大。」陳思坦充滿希望。作爲全國政協委員中唯一的武術界人士，陳思坦覺得給中華武術做「廣告」，責無旁貸。

【鏈 接】

陳思坦委員：武術需要更多關注

《中國體育報》2004 年 3 月 10 日　記者　王　靜

來自武術界的陳思坦委員呼籲全社會給武術更多關注。

他說，武術是國粹。武術不僅是體育，更是一種中華傳統文

化的體現。武術的精髓世代流傳，影響了中國，也傳播到世界。武術特別是太極拳已經成爲中國的文化符號，成爲世界認識中國的最好媒介。在申奧宣傳片中，以及在很多關於中國的形象宣傳片中，太極拳已經成爲不可或缺的代表中國的鏡頭之一。李小龍、李連杰、成龍在世界範圍內掀起了中國功夫熱，成爲傳播中華文化的大使。

在國內，武術也是非常普及，全國各地練武術的人成千上萬，特別在中老年人群中擁有重要的地位。太極拳是很好的開展全民健身的項目之一，與群眾武術的普及相比，競技武術的地位卻不無尷尬。目前，無論從宣傳力度還是體育部門的重視程度都還未體現武術作爲國粹的地位。全國武術冠軍除了武術界或者運動員所在省沒有幾個人知道，武術冠軍的知名度遠遠無法與其他項目的世界冠軍相比。單純從競技角度來說，沒有武術冠軍能夠做到全國知名，像李連杰、趙長軍還是因爲影視被大家認識。

陳思坦認爲，造成這一現狀有一定的客觀因素，其中之一是體育界沒有給予足夠的重視。例如每年十佳運動員的評選，從來沒有武術選手能夠進入候選名單。他說，武術選手不要求非要評上十佳，但是列入候選名單至少也是對武術的一種有效宣傳。全運會中保留非奧運項目只有一個武術，而且武術正在申請進入2008年奧運會，需要首先在國內營造一個氛圍，如果本國都對武術沒有給以真正的重視，又怎麼能指望國際上給予扶持呢？

當然武術自身也需要進一步的改進，包括競賽規則的完善等，武術界正在進行這方面的工作。

陳思坦希望體育管理部門能夠給武術更多的扶持，媒體給武術更多的關注，促進武術的發展。

余功保

您覺得武術，當然包括太極拳，應該如何發展？

陳思坦

我覺得首先是地位的提高。

當然，現在比起以前，武術的地位是發展了很多，全世界都有人在練太極拳。但我覺得還是不夠。在資源利用上，在投入上，在宣傳上還可以做很多工作。

武術對於健身、弘揚民族精神、繼承優秀傳統文化都有極大作用。這是財富，不充分挖掘就是浪費。

比如說學校裏開展武術，我們也在推動，但很多學校並沒有將武術作為體育課的重要內容，練習的時間也遠遠不夠。我們做到了讓每個學生會一套拳嗎？為什麼不能做到呢？

余功保

這裏面有多種因素，師資的因素、教材的因素，當然主要的是措施、觀念因素。

陳思坦

武術內容豐富多彩，有很多適合青少年練習的，但要研究，精選針對青少年練習的技術，可以新編，可以簡化。

陳思坦的賽場英姿

余功保

武術在青少年中得不到大面積的普及，就不能說武術在國家中得到了很好普及。

陳思坦

對。青少年是武術真正的基礎。這個基礎是不能忽視，更不能失掉的。不僅運動員要從小練，就是非專業人員也應該從小練，因為精神的培養要從小抓起的。

余功保

現代心理學研究表明，人的早期記憶對人的一生影響的比重很大。武術對青少年的精神培養很重要，它至少有幾方面內容：

一是自強，從內解決自強的問題；二是正義，武術培養的是一種正義的強大觀念，武為國所用，為民所用，為義所用；三是勇敢，不怕苦，不怕難，敢於拼搏。

陳思坦

武術對於精神的培養和冶煉往往比形體更重要，因為一個人可以隨年齡的增加，身體會有變化，有強弱變化，但精神應該越來越強盛。

二、感受太極

余功保

您練了很多種武術，但後來主攻太極拳，取得成績最輝煌的也是在太極拳上。這麼多年了，你對太極拳是一種什麼樣的感受？

陳思坦

有感情。

我覺得太極拳是活的東西，有生命力的東西。這種活的東西隨著你練習時間加長，會滲透到你的神經、骨髓中去的。太極拳給我的益處遠遠不止於運動成績上，他使我積累了對人生感悟的很多方法，這些方法隨著時間的推移，顯現的價值越來越大。有些事情我們當時可能不覺得，但時間越久，價值越大。

余功保

當了很多年運動員，退役後是一個大的轉變，以前金牌是唯一的目標，金牌之後呢？

陳思坦

作為運動員的時候就必須要拿金牌，不想拿金牌的運動員就不是好運動員。當然拿金牌的因素很多，關鍵是自己的實力，需要千錘百煉。可以說當運動員的過程就是磨礪的過程，

心理上的、體能上的、也有智力上的。形成風格，沒有智力的成分是不行的。我覺得我在當運動員時候訓練積累下來的東西，退役後還很有用。

太極拳對我來說不僅僅是一個拿金牌的項目，還是一種獨特的感受。退役不是太極拳的結束，而是一種新的開始。

我退役後希望能夠轉向從事太極拳的文化推廣傳播這一塊。傳播康復健身、文化修養等多元化功能。

余功保

會進行教學工作嗎？

陳思坦

應該會。但教學可能更多的是面向社會上的一些培訓，內

陳思坦與著名運動員趙長軍在首屆
「中華武林百傑頒獎會」上

氣吞萬里如水——與世界太極拳冠軍陳思坦的對話 475

容應該以推廣為主，比如簡化 24 式等。目前中青年學習太極拳的人逐漸多起來，他們還是側重簡單易學的。

另外，我想在太極拳產業方面進行一些嘗試、開拓，要找尋另外一個發展的空間。要做的事情考慮長遠一些。

余功保

從競技體育到社會體育、到文化體育、產業體育不僅是形式的變化，還有更多的思維方式的轉變。這種轉變您感受到了嗎？

陳思坦

逐漸在感受。

競技武術和傳統武術有區別，但本質上，在文化層次上應該是統一的。是武術大系統的不同表現類別。

競技太極拳首先是量化的，從前六名、前三名到第一，目標就是金牌。從某種意義上來講，獲得了冠軍就是成功，沒有獲得冠軍就不算是成功。競技體育鍛鍊的是一種意志力，錘煉的是為國爭光的一種理想。

我從 10 歲開始就從事競技，一晃 20 年過去了，有成功，也覺得身心有些疲憊，也需要做些調整。另外，我也覺得太極拳的領域不單單是在競技，還有群眾、健身這塊。太極拳是中國的文化瑰寶，學習的人很多，普及面也很廣。這幾年我從事太極拳教學發現，總的來說大部分從事太極拳運動的還是中老年，如何加強青少年這個群體，如何擴展太極拳的受眾面，讓年輕人也可以喜歡學習，這是一個課題。

余功保

這是關乎太極拳發展未來走向的大事情。您認為應該如何解決這個問題？

陳思坦

我也做過調查，為什麼年輕人不喜歡？還是認識問題，認識問題的原因是我們宣傳、介紹的還不夠。他們覺得太極拳太慢了，不像打球之類的運動富有朝氣。如何理解太極拳的慢？太極拳的慢是一個哲學的東西，它的內涵在「慢」中顯現得很豐富，這是需要一定的修養才能理解的。但我們如何向青少年介紹？這是需要做工作的，還要善於做工作，推廣，要推，有的時候要用現代的推銷手段。

余功保

文化也是需要行銷的，不要認為自己陽春白雪就坐等。武術包括太極拳是要克服兩種思想的，一種是妄自尊大，老子第一；一種是妄自菲薄。這都不利於發展。

陳思坦

我覺得老年人從事這個運動具有康復作用，對他們有吸引力。年輕人喜歡它不能只從體能消耗方面去切入，而是要從太極拳文化方面，包括中庸之道、隨曲就伸等哲學角度。

太極拳的道理與人生聯繫密切。練拳與做人相關，比如不走極端、做什麼事都要持之以恆、貴在堅持等。每個人人生過程都有起伏，透過太極拳可以學習到，在你春風得意、輝煌的

時候如何以低調的平常心對待，在你不如意、遇到挫折的時候如何挺起腰杆。因為太極拳是講求陰陽的文化，陰陽就是一種應對變化的方式。

陳思坦太極拳照

所以，我這幾年在太極拳理論方面不斷加強學習。過去是做一個選手，主要是如何和教練員配合，從競技角度講是如何最好地發揮，最後拿到金牌。現在這個階段已經告一段落了，我要從另外一個領域切入，並不是離開它，而是更好地弘揚。

余功保

關於競技太極拳和傳統太極拳的問題，一直也有不同的看法。作為過來人，您怎麼看？

陳思坦

國家規定的競賽套路等競技太極拳，是為了使比賽更具有操作性。要競賽必須有規則，必須使不同的人盡可能在同樣條件下比較，比如在同一個套路裏、同一個時間裏進行一個比較。因為競技比賽本身就是要有可比性、量化性、可操作性，不然大家各打各的，風格都不一樣，沒有評判的尺度，就無法評定，就會帶來更多的不公平。就好比跑步、跳高要有一個具

體的量化指標一樣。

　　在某種意義上來說，太極拳的規定套路是為了在同一個條件下進行更好的評判。其實是為了更好地普及。當然也有利弊。每個人都有他自己的特點，有些人適合練習規定的，有些人練習傳統的可能更能發揮自己的長處。過於嚴格的統一可能對個性化的發揮會有一些限制。如何平衡解決是需要研究的。

　　現在的比賽形式很多，在許多比賽中多樣化的情景都是允許存在的。像我們看到的那些太極年會，焦作的、永年的，都是各家各派的，各種流派在一起交流，這些都是太極拳的精華。中國武術博大精深，應該百家爭鳴、百花齊放，它不是單一的，從各個角度都可以去詮釋它。

余功保

您怎麼評價目前太極拳的產業狀況？

陳思坦

　　我認為太極拳產業是一個大的產業，它和人的健康相關，是真正的朝陽產業。人類社會是不斷進步發展的，大家的生活水準不斷提高，對健康的要求也越來越高。太極拳在這種社會需求中有很大的產業價值。

余功保

　　在太極拳的產業化發展中還有很多問題需要解決。有許多觀念需要更新。這樣才能有效地應對社會發展的需求。

【鏈 接】

太極拳產業的基本格局
（在北大文化產業研討會上的講話）
余功保

太極拳是一項具有悠久歷史的中國優秀的傳統文化。是中國古代勞動人民在生產和生活實踐中研究、總結產生的防身、健身方法，經過長期的補充、完善、修整，形成了具有完整的技術體系和健身原理的科學，具有技擊、養生、怡情、養性、表演等多項功能。因其具有的文化性與實用性相結合的特點，在現代社會中體現了強大的生命力。

太極拳鍛鍊方法十分豐富，具有多種流派，適合不同愛好的鍛鍊者選練。還包括了太極劍、刀、棍等各類器械練習方法。廣大群眾的長期實踐證明，太極拳運動具有良好的健身作用，對於增強體質、防病治病具有突出作用。中國的科技工作者也對太極拳健身進行了系統的科研，研究成果表明，太極拳的健身方法，符合現代科學原理，具有很高的健身價值。

中國政府對於太極拳這項有益的運動一直大力支持、推動。毛澤東主席曾指出要宣導登山、游泳、太極拳等鍛鍊活動，鄧小平還親筆題寫了「太極拳好」，予以充分肯定。政府的體育主管部門也花大力氣組織專家對傳統的太極拳進行整理、挖掘，使之更加科學化、規範化，並進行了簡化，編定了一些更加有利推廣的新套路。這些措施都有力地推進了太極拳運動的發展。

太極拳也得到世界各國人民的喜愛，已成為一項世界性的運動，傳播到五大洲的一百多個國家和地區。每年在世界各個國家

都舉辦各種類型的太極拳交流活動。練習人數也呈逐年遞增趨勢，影響越來越大。

太極拳是中國武術的一種，由於其具有的獨特價值，影響力遠遠高出其他拳種。在體育界有「太極拳是武術的一半」之說。成為現代體育產業的重要組成部分。

太極拳已成為中國在世界上最響亮的「著名品牌」。據1999年世界有關研究機構估測，「太極拳」作為可供經營的品牌，在世界範圍內的經濟價值還在「長虹」「海爾」「紅塔山」等著名中國產品品牌之上。

太極拳項目的運營具有以下特點：

(一)形象健康，社會效益、經濟效益雙豐收

太極拳健身技術經數百年以上的歷史及數億計的群眾實踐檢驗，確立了其堅實的科學性。從理論到實踐，都有著良好的健康形象和廣泛的群眾基礎。在世界範圍內被認為是無可爭議的健康良方。受到各國政治家、科學家、體育家、醫學家等共同大力推薦。

推廣、普及、發展太極拳，會得到各方面的大力支持，不僅有巨大的經濟收益，也是造福人類的一項偉大工程。中國曾鮮明提出太極拳等武術專案「源於中國，屬於世界」。

(二)巨大的消費群體

自20世紀50年代以來，中國政府有計劃地宣傳、推廣太極拳，80年代後，在國際上也開展了對太極拳的重點推廣工作。現在每年中國國內共舉辦各類較大型的群眾廣泛參與的太極拳活動（包括比賽、交流、教學等）數十項，各類綜合性運動會也將

太極拳列爲團體表演、交流專案，其中第 11 屆亞運會開幕式中日太極拳聯合表演、1998 年天安門廣場萬人太極拳演練、2001年三亞首屆世界太極拳健康大會、2003 年長城萬人太極拳演練、2004 年洛陽牡丹節 3 萬人舞太極等活動在國際上產生了巨大影響。

　　世界各國每年也舉行各種形式的太極拳活動。據有關資料統計，目前中國國內習練太極拳者達三千萬人以上，世界上共有太極拳組織一千多個（不包括中國），參與人數衆多，每年國外都有大量的入境中國學習太極拳者。

（三）多樣化經營方式可提供多種收益增長點

　　太極拳在其發展過程中已自然形成了多樣化的收益模式，其中主要包括：

　　A.教學培訓：對初學太極拳者的入門教學和對太極拳愛好者的提高培訓（太極拳的流派和技術套路衆多，對於一個學習太極拳的人來說，在其一生中永遠是無盡的，這也就註定了太極拳的教學、培訓潛力無窮）。

　　B.健康旅遊：以太極拳爲線索，參觀太極拳名勝、太極拳家遺址，並結合學習。近年來這一專項旅遊項目逐漸發展起來。入關後更會促進這一項目的發展。

　　C.圖書、音像製品：太極拳圖書、音像製品數十年來暢銷不衰。據統計，每年中國國內出版發行太極拳類圖書幾百種，銷售量巨大。有的太極拳經典書籍再版幾十次。圖書、音像等出版在我國產業改革中也全面展開，爲這一領域的太極拳產業發展提供了條件。有的出版機構將太極拳類產品作爲支柱性收益專案。

　　D.器械用品：包括練習太極拳所需的各種器械及輔助設

備。如刀、劍、棍、槍、球、健康坐墊。

E.服裝：練習太極拳穿的練功服。包括各類便服及表演服。還可開發自主品牌的健身服裝。

F.飲品、食品：根據傳統秘方，結合現代生物科學原理與技術製作的健康輔助飲品、食品、藥品等。

G.交流活動：各種太極拳健康年會、太極拳節、比賽等活動。如河南省舉行的「焦作國際太極拳交流大會」、河北省舉行的「永年太極拳年會」等。各太極拳流派每年都舉辦有交流活動。隨著社會的發展，還需要各種新的多種形式的太極拳活動。

(四)政府的政策支持力度大

中國政府對太極拳發展的支持是一貫的。2000以來，這種力度更是空前加大。黨和國家領導人毛澤東、鄧小平等都專門宣導。近年來由於中國政府提倡「反對封建迷信，推廣科學健身」，又給太極拳提供了良好的發展機遇。

(五)社會的發展給太極拳帶來無窮潛力

現代社會的物質生活越發展，人們在健康和精神上的追求就更強烈。太極拳在各個國家的不斷升溫也說明了這一點。可以預計，將會有越來越多的人練習太極拳，關於太極拳的書籍、音像資料、用品將大大增加。

(六)中國技術、人才資源的權威與壟斷性保障收益的穩定性

中國蘊藏有大量世界一流的太極拳人才，有取之不盡的太極拳技術資源，並且在世界上具有絕對的權威性。這一點大大提高

了中國公司在運作該領域的項目中的競爭優勢地位。

（七）採用新的推廣模式，拓寬發展空間

充分利用資訊化的手段，運用網路技術發展太極拳。互聯網技術給人們的學習、生活帶來巨大革新，解決了許多的「障礙」問題。網上教學手段與資訊傳遞手段，一方面滿足了人們的需求，另一方面也刺激、擴大了人們的需求。

互聯網技術的運用，消除了傳統傳授方式的限制，解決了許多太極拳練習者的實際困難，如不能接觸名師，難以獲取資料等，會激發人們的學習欲望，吸引大量人群加入到學習中來，成爲新的消費者。而這一部分人與互聯網的關係更加密切。網上電子商務的發展能滿足全球對太極拳產品的消費。

陳思坦

在太極拳產業發展中要用現代化的思維，可以堅持傳統的特色，這是技術風格、練習要領上的，但要產業化，就要現代化。一些其他項目的發展推廣經驗我們可以借鑒。比如簡化問題，太複雜就不利於推廣，所以將之簡化是應該的，必然的。

比如表現形式問題，可以借鑒一些其他文化藝術的表現方式。思路要開闊。在經營理念上，應該引入現代行銷的技巧，要端正一種認識，運用太極拳來從事產業是太極拳社會價值的體現之一。

三、太極世界

余功保

您表示今後會把太極拳教學作為自己的一項重要工作內容。作為世界冠軍，您的教學可能會吸引更多的人來學習。我國的老一輩教育家提倡，每個行業的尖端人才都應該從事一些教學工作。

陳思坦

我既是冠軍，而且還很年輕，可能有一定的感召力。由我的演練可以給別人一種美的感覺，知道原來太極拳是這麼一回事。因為很多人看到的是公園裏老頭老太太練的，同專業隊運動員相比較，是很不一樣的。下一步他們就願意跟我學。

當然這些人的基礎是一張白紙，教學是相當辛苦的，需要耐心講解，但是，我覺得這個工作還是需要的。雖然辛苦，但為了他們不走彎路，步子正也是值得的，因為「學拳容易改拳難」。我現在練習太極拳的目的就是為了更好地教學，進一步發揮我的技術特長。

我除了教太極拳動作、形體以外，還融入一些個人的理解，包括太極拳的起源、發展、流派，把太極拳理論和文化的東西融會到太極拳教學中去，這樣的教學就顯得比較生動活潑，不是那麼生硬。有些人有什麼問題過來請教的，我也耐心給予解答。我把自己對太極拳的感受盡可能傳遞給別人，讓他

們同樣去感受。

余功保

看到和感受到不一樣,他一旦感受到了,太極拳也就對他形成了吸引力。

陳思坦

讓更多人的世界裏有太極,讓太極在世界普及更廣。

對我自己來講兩個效果達到了,第一個就是讓人家接受太極拳、喜歡太極拳,另一方面也是鍛鍊自己的耐心,面對不同的群體,面對水準高的、水準不高的,都要一視同仁地耐心去對待。這也是對自己的提高。

余功保

您從普通運動員到獲得多項太極拳世界冠軍,其間的路也是不平坦的。我聽您的教練曾乃梁先生也介紹了不少情況。成為一名優秀的太極拳運動員是很不簡單的,要付出巨大的努力。

陳思坦

我曾經獲得過 1993 年第 2 屆馬來西亞世錦賽冠軍、1997年義大利世錦賽冠軍、1997 年八運會冠軍。最艱難的冠軍應該是 1990 年亞運會和 1997 年上海八運會。1990 年亞運會是從不成名到成名。之前在比賽中取前三、拿第四比較多,1987 年六運會取前六、拿第七。正是因為這樣多年的磨礪使自己更加的成熟。開始技術可能也還沒有到那個層次。太極拳不像南拳,特點不一樣,太極拳是隨著年齡的增長,經過不斷的動作的雕

琢才形成規範。

所以，現在很多運動員喜歡看我的教學帶，喜歡看高佳敏的，看的就是規範。從這點上來講，說明我們的動作是經得起推敲的，是得到公認的，也就是說過去的積累是值得的。一步一個腳印走到今天的確是靠精雕細琢的。

我覺得挫折並不可怕，關鍵是你對挫折對失敗的看法，在挫折和失敗面前如何取得經驗。主觀上當然要努力，有時候自己努力也不見得就意味著一定成功，不要感到後悔，只能是遺憾。就像八運會，最後拿得到拿不到金牌我心裏也沒數，但是自己努力了，即使最後拿不到，我覺得也問心無愧。拿到了也沒覺得特別高興，覺得這只是一個過程。從領獎臺上走下來的瞬間這一切都成為歷史，一切都歸零了。

對我來講我很早就出成績了。我的前進路程始終是起起落落的，今天的歡呼並不等於明天的歡呼，成功和失敗都要總結。我看到現在運動員的風光也不會羨慕，只是覺得自己解脫了。自己付出的努力早已經有回報了，已經過去了。我也希望那些新的選手透過自己的努力，可以達到他們理想中的高度。後起之秀多了，這個事業才有發展。

余功保

太極拳成為一項國際化的運動，在國內外有很多人練習，大家有各自不同的認識角度，有的從健身，有的從技擊，有的覺得很美，有視覺欣賞價值。您是怎麼看待太極拳運動的？

陳思坦

太極拳是源自中國民間傳統的體育專案，現在世界上對它

的關注也好喜歡也好，應該主要是從健身這一塊體現它的博大精深。在運動隊，太極拳本身既有體育比賽功能，又有表現欣賞性，更多的是醫療康復保健這塊。

陳思坦和高佳敏虛心向楊振鐸老師救教

隨著新世紀的到來，大家對健康更加注重，現在是說「花錢買健康，不如花錢去流汗」。太極拳這項運動是一項終身的體育項目，就是因為它的博大精深。有很多人因為身體不好，我就建議他去打拳，經過練拳改善他全身的狀況。很多人都是發自內心地感謝這項運動給了他們健康。

現在隨著生活水準的提高，醫療改革，看病要花很多錢，排隊，費時又費錢，所以很多人練習太極拳的首要目的就是它能夠帶給人健康。再一個，太極拳理論上講陰陽平衡，陰陽、辯證、和諧，世間萬物離開了陰陽就不調和、不協調，人不調和就要生病。太極拳符合陰陽和諧的規律。

所以，對太極拳要清楚地認識每個不同階段最大的需求是什麼，這樣有利於發展。

余功保

2008 年奧運會在中國召開，武術正積極申請進入奧運賽場，太極拳也是其中的專案之一。您對此有什麼看法？

陳思坦

太極拳作為競賽項目，就是要拿成績，在有限的時間裏展示你最佳的技術水準。競技比賽從某種意義上來講是超越極限，心裏有壓力、有負擔、有一個量化的目標在那裏，透過比賽體現自身的價值，在國際賽場上為國家爭奪榮譽，這是每一位運動員的夢想和責任。

人家說現在競技體育是反映國家綜合實力的，是和平時期的戰爭。運動員是以自己的健康和青春為代價換取大眾全民健身的意識。在奧運會或者是世界錦標賽這種大型的比賽上，奏國歌、升國旗，反映著一個國家的精神風貌，是一個社會性的事件。

中國這幾年改革開放取得的成績是舉世矚目的，申奧成功本身就證明它在世界上的威望和綜合實力得到了承認。所有奧運會項目都是外來的項目，只有武術是咱們的國粹，已經進入亞運會、亞錦賽，媒體和社會大眾的關注程度也很高。希望在自己家門口，在13億人口面前，我們泱泱大國的古老的傳統文化精髓的比賽能夠進入奧運會大家庭，讓更多的人認識它。

武術申請進入奧運的過程就是一個大力宣傳武術的過程，最後的結果如何取決於很多因素，但對武術來說都是成功，因為在這個過程中更多地宣傳了武術、太極拳。

競技太極拳在發展，群眾太極拳也在發展。三亞、天安門、洛陽、長城等大規模的太極拳活動，影響都很大。很多駐外使領館也掛著天安門太極拳的圖片，這說明太極拳已經是中國文化和體育的一個視窗和象徵。

舉辦活動也是宣傳中國太極拳的一個方面。鄧小平同志題

詞「太極拳好」，毛主席也說過「凡能做到的，爬山游水打打太極拳」，兩位領導人都給了這樣高度的評價。太極拳是群眾體育開展最廣泛、最好的一個運動，它是友誼的橋樑，友好的使者，是文化。太極拳還蘊含著一種做人的道理。在國外，功夫太極拳和中醫一起被人們認為是中國的品牌。儘管我現在退役告別了拿金牌的那個人生階段，從另一方面還想把太極拳做一個更好的延伸，向另一個領域延伸，方式不同而已。

太極拳很難像足球運動那樣火爆，但是各種體育書籍裏太極拳選題內容所占的比例是最大的，就像中國地圖、百科全書，不會一時的爆熱，但永遠不會被淘汰。

現在社會，一項事物的發展都講究一種包裝、時尚，從文化方面包裝，還有商業化包裝。申奧宣傳片裏也有太極拳的鏡頭，就是因為除了太極拳別的都代替不了東方剛柔的韻味。申奧圖示有人說是單鞭、斜飛式，我覺得像野馬分鬃，無論哪個動作都代表太極拳。

余功保

競技太極拳界有「福建現象」之說，您和林秋萍、高佳敏等都是曾老師教出來的，您覺得曾老師在教學上有什麼特點？

陳思坦

他訓練最大的特點是動腦子，運用知識。他是碩士生，體

陳思坦太極劍照

院的高材生，書讀得很好。據說當時北大、清華都想招他去，但是他喜歡武術。後來家裏人都不理解他，好好的清華、北大不去，非要去學武術。但是他就是覺得喜歡的、執著認定的事就要堅持。畢業以後從河南到福建武術隊，堅持訓練。

福建為什麼要走太極拳這條路？一是福建隊剛建隊，二是太極拳在全國來講是一個冷門專案，還有根據隊裏邊的實際情況和訓練場地條件以及全國武術發展狀況。北方武術人才基礎比較好，爆發力比較好。現在隨著時代的發展都看中太極拳，而在 1978 年練習太極拳的卻不是很多。

曾老師根據每個人的特點，打好基礎，仔細雕琢，強調動作的意識、味道、勁力。另外，帶著我們去四處拜訪名師，例如李天驥、楊振鐸、李德印等一些太極拳名師，回來後把人家所說的總結一下，結合自己隊員的特點情況進行加工，融合。拿冠軍也不是短期的，不是一下子就拿到的，是多年的積累和心血，所以是經得起推敲、經得起考驗的。他認為，「10 個亞軍不如 1 個冠軍，爛梨一筐不如鮮桃一個」，所以抓重點。

總的來說，他是一位傑出的教練。

余功保

您在專業隊進行太極拳的嚴格訓練已經有很長時間，積累了很多寶貴的經驗，特別是在練習的專業化方面。在太極拳的具體要領上也有自己的深刻體驗。

陳思坦

運動是科學的，所有的運動都要講要領，要理解原理，任何一種要領不能想當然。比如呼吸問題，是涉及比較多的一個

問題。呼吸的一個衡量標準就是要符合人體生理規律，要感到舒適。一般來說，起吸落呼、開吸合呼可能比較順暢一些，具體做的時候不見得照本宣科機械地做，怎麼順就怎麼做。我感覺練習的時候根本就不用想呼吸，只要全身心融入太極的狀態、全身心投入就可以了。

唱歌與太極拳有相通的地方，起承轉合、抑揚頓挫、聲情並茂、動感、氣息的調節等都在式中。很多人說看我打拳感覺像有一種音樂的符號。我也是從唱歌得到過啟發幫助，對音樂感覺好，專注，投入進去有時候打拳真感覺像唱歌。

余功保

如何實現太極拳中的中正？

陳思坦

要根據太極拳具體的動作，總的框架是要求虛領頂勁，立身中正，支撐八面，也不是著意於每一個動作的。根據動作的要求，斜中寓正也是一種中正。中正中還是帶有一種含蓄，綿裏藏針，柔中有剛，很矛盾，抽象。在具體練習中要具體體會。我還是覺得在一開始的練習中不要求太多的外形。把基本的規格先打好，步型、步法先做清楚了。就像蓋房子，根基要打好。

余功保

如何實現鬆柔？

陳思坦

鬆柔是相對而言，不是鬆懈的、呆滯的，不是什麼力都不

用，其實鬆中還帶一點張力和
掤勁，不是懈怠，像泄了氣的
皮球一樣練拳不是鬆。應該是
節節貫穿，行雲流水，運勁如
抽絲，式式相連。

陳思坦太極拳照

余功保

如何理解太極拳的勁？

陳思坦

關於太極拳的勁，重要的
是貫通。太極拳講勢斷勁不
斷，勁斷意不斷。每個式子的結束就是下一個式子的開始，式
式相連，連綿不斷。所以人們把太極拳比作是一幅流動的中國
山水畫。這是要經過長期訓練的一個過程。

余功保

你們平時訓練時，練完整套路多還是分段訓練多？

陳思坦

平時練習根據教練的要求。一般首先是步法練習，這是重
中之重。也有一些內容是要專門抽出來練的，比如說指定難
度。階段不一樣，訓練內容就會不同。臨近比賽以全套為主，
平時訓練則以分段為主、組合為主。反覆地摳，一個問題一個
問題地解決，不是囫圇吞棗，眉毛鬍子一把抓，而是有階段性
的，細化的。

從技術來講，學習太極拳要跟寫字一樣，從一筆一畫打基礎開始。首先你要清楚手型、步型、方位、角度，慢慢地學習一些組合、套路。

余功保

如何掌握輕靈？

陳思坦

輕靈主要體現在下盤步法上。很多人為了體現輕靈故意懸空、踢得很高、出腿很高，這樣反而體現不了輕靈，反而矯揉造作。輕靈是要求腳提起來很乾淨，不能拖地，出腿的時候輕、柔和。

它要有一個過程，腳跟、腳面、弓腿，很順暢。要做到這樣，首先要多加強下盤功夫練習。深蹲、站樁、打沙袋。

余功保

太極拳中平衡動作不多，但每個套路都有，說明它是必不可少的。在太極拳競技中，平衡更是重要因素。如何把握平衡？

陳思坦

提高柔韌性，是提高平衡能力的一個基本功。我們為此經常進行綁沙袋、控腿的鍛鍊。教練給揎表，控一次 5 秒，一組幾次，一共做幾組，這是技術上；另一方面是心理上的自我暗示，不要去想站不穩怎麼辦，要想我一定能行，這種暗示很關鍵。多想過程不想結果。

亞運會開始比賽的時候我就放不開，到決賽倒放開了，想開了，多找心裏的感覺。當然實力來自平時的訓練，量的積累可以達到質的飛躍。苦練是基礎，巧練是關鍵；比賽時實力水準是基礎，發揮是關鍵。

　　我的教練說：「平常比賽的時候不要求百分之百超水準，只要穩中求好。」每個人特點不同，比賽型的有可能超水準發揮。每個運動員要尋找適合自己的一套方法。

余功保

那麼，上場怎麼才能做到發揮出色？

陳思坦

想像在家裏的感覺，就是在家裏訓練的狀態。

余功保

你們訓練有心理層面的嗎？

陳思坦

有，比如多辦比賽測驗、模擬比賽、適應比賽。在訓練中有意識地增加干擾，適應各種情況。

余功保

很多人平時練得挺好，上場就緊張，如何克服？

陳思坦

對勝負得失的看法要平衡，太看重了不好，太不看重了也

不好。技術好是前提，是基礎，更重要的是自身的修養和素質，把每次比賽當做體驗、享受的過程，別太看重結果，要看重過程。還有就是好的生活習慣，不暴飲暴食，對自己負責，愛惜自己。

陳思坦太極拳照

余功保

福建太極拳長盛不衰，這裏面有沒有一種「群體效應」，就是大家互相提高補充。你們隊員之間互相交流嗎？

陳思坦

肯定會有互相交流的。取長補短是要根據個人的具體情況，也不能一味模仿，因為個體差異大。男女還有區別，男的練太極拳要有陽剛氣，要渾厚；女的則柔美。但也要結合自己身體條件，比如蘇自芳個子大就比較舒展，梁小葵則小巧。

太極拳要經過長期系統的刻苦訓練，每天都要投入很多的訓練時間。從競技角度來講，像我們這些從不成名到成名的過程，跟教練的訓練計畫要很好的配合，按照外形、塑型、懂勁、求意、雕風的過程，塑型就是打基礎動作的規格，懂勁就是太極拳的勁道，求意就是意識的表現，雕風就是塑造個人的風格。

曾老師就覺得林秋萍的風格是舒展大方，芙蓉出水；高佳

敏是細膩柔美；我是渾厚，有陽剛之氣、大將風度。每個人都要根據個人的身體條件和技術狀況、性格特點來進行太極拳的詮釋。不同人不同風格的形成是多原因的。高佳敏的個子比較小巧，所以動作柔美；林秋萍的手腳都比較長，端莊秀美——太極之花；我是比較樸實，規矩中正，大氣。

余功保

您怎麼看待太極拳配樂問題？

陳思坦

從觀賞的效果來講，有音樂更好些，因為有意境，有綿綿不斷、抑揚頓挫的感覺，不枯燥。透過音樂也可以調整人的情緒，消除緊張。但如果音樂都用同一個曲子也不好聽，既然用音樂就不要千篇一律。

我覺得太極拳應該是多元化的，每個人可以選擇不同的曲子，同樣的套路用不同的音樂伴奏會產生不同的效果。

我現在的表演是用休閒音樂，現代的和古典的都試過，純粹用民樂也不是很有新鮮感。古為今用，洋為中用，把古曲用現代的手法重新演繹，注入新的活力。繼承和發揚，把好的東西注入新的活力。我更傾向於有朝氣的，有活力的現代感的音樂。這不僅不傷害傳統內涵，可能還擴大了傳統內涵。開闊思路，不能被既定的模式框死。

張勇濤簡介

張勇濤，1943年生，祖籍河北省，楊式太極拳名家。

出身武術世家，楊式太極拳第五代傳人。著名太極拳家崔毅士外孫。母親崔秀辰是北京楊式太極拳研究會首任會長。

自幼隨外祖父習練楊式太極拳，勤學苦練，潛心鑽研，秉承祖傳，盡得楊式太極拳械之真諦。

從20世紀60年代起，參加北京市和全國太極拳比賽，取得了優異成績。1963年曾榮獲北京市武術比賽少年組第一名；1978—1980年曾連續榮獲北京市武術比賽太極拳、太極刀第一名；1987年榮獲全國太極拳、劍、推手錦標賽劍術第三名；1991年榮獲北京市傳統武術比賽太極刀第一名；1992年榮獲北京市傳統武術比賽第一名。

專心致力於楊式太極拳的普及和推廣工作，多年來堅持教授楊式太極拳。曾多次應邀出國講學、交流。1988年參加全國太極拳推手暫行規則撰寫工作。1998年10月協助中國武術院、國家武術管理中心和北京武術院，組織天安門廣場萬人太極拳全民健身活動表演。

2002年8月協助國家武術管理中心和北京武術院，組織北京

天壇公園中國、日本、韓國大型太極拳集體演示，作為五式太極拳名家表演楊式太極拳。其學生也在北京市及全國太極拳比賽中獲優異成績。

出版有《簡化楊式太極拳》《傳統太極拳、劍養生 24 式》《楊式太極拳及其防身應用》《楊式太極劍》等多部武術專著，並錄製了《傳統楊式太極拳 126 式》《傳統楊式太極劍 51 式》《傳統楊式太極刀》等楊式太極拳系列教學片。在各種武術雜誌發表太極拳研究文章多篇。

為北京市武術運動協會副秘書長、北京市武術協會委員、北京楊式太極拳研究會副會長兼秘書長。

勇毅行天下
——與楊式太極拳名家張勇濤的對話

　　大勇若怯，眞正的勇，是透徹瞭解自身後的從容與堅毅，氣沉丹田，不動如山，沉靜如水，蘊積內斂而不張狂。

　　十年不出門，就是韜養內涵，養圓融之氣，而後沛然乎禦風，空明兮若流光，天下之行，處處得其所，形有所往，神有所駐。所謂「人身一太極，處處一太極」。無滯無礙，如此大勇，亦爲大智。

　　十年不出門，需要的是毅力與立意高遠的情志，否則身在門裏，心在門外，難入堂奧。

　　太極之毅有三：

　　其一，對拳的恒久錘煉。拳練千遍，其義自現，反覆不斷，心之所想，情之所繫，萬變不離其拳，久之，繁華褪盡，水落石出。

　　其二，對理的不懈深究。知其然，還知其所以然。拳是拳，拳非拳，拳可千變萬化，招可層出不窮，理爲一貫。練拳易，悟拳難，明知難，偏向前。

　　其三，對物的不斷包容。拳即人生，行拳，知拳，還要用

拳。用就是發揮在時空的方方面面。以拳出於物又容於物。物包括別人的拳，拳外的事。對他人的拳虛心觀摩、揣摩，對拳之外的事，觸類旁通，滿目青山入拳來，達拳拳無意乃真意的境界。

經過如此千錘百煉，當可仰天大笑出門去。

崔毅士爲楊澄甫高足，是北京地區楊式太極拳的主要傳播者之一，且影響廣泛。張勇濤先生作爲其親屬，幼承庭訓，潛心苦練幾十年，如今走出國門，傳太極理法，以健康包容天下。

余功保

一、志在太極

余功保

前些年我做有關太極拳傳承的調研，瞭解北京楊式太極拳的流傳情況時，就聽很多人介紹，長期在北京傳播楊式太極拳的，崔毅士為傑出代表。他在北京的主要時間和精力都放在了楊式太極拳的傳播上。崔老先生也是楊澄甫著名的弟子，作為他的外孫，您應該有深切感受。

太極拳名家崔毅士

張勇濤

我姥爺原名崔立志。就像他的名字一樣，自從學習楊式太極拳後，就以研究、傳播楊式太極拳為自己一生的志向。

這個志向雖不是什麼驚天動地之舉，但一生堅持下來，也是很了不起的。

余功保

與人健康，善莫大焉。志向無大小，能有為於社會，有用於大眾，就是上品。太極拳正是以無為的方法有為於社會。您後來也是致力於太極拳的推廣工作，感同身受。您是從什麼時候開始接觸太極拳的？

張勇濤

我自幼跟姥爺學楊式太極拳。當時我們家從東華門搬到了朝陽門南小街，我們住同一個院，他住東屋，靠著一進門，我們住南屋，是一個大院子，院子裏可以練拳。還算方便。

余功保

崔老先生是如何教拳的？

張勇濤

他對我們練拳要求比較嚴格。因為有很多人來練，一般先是大人練，大人練完了我們就練。

教動作他是一個動作一個動作教，不是從頭到尾把每個動作都教給你。比如打一個摟膝，我們就這一個動作，反覆練，一遍一遍重複，就這個動作，圍著院子起碼 10 圈以上，每圈打 30 到 50 遍。

我姥爺他根本就不說話，拄著拐棍，在旁邊看。我們院後邊是廁所，有時候時間長了，他去上廁所，在上廁所的過程中，經過誰的身邊，看見他練的不規矩，就拿拐棍「梆」一下，打得挺疼，讓你知道有錯的地方。

余功保

您也挨過不少打吧。

張勇濤

當時我挨打挨多了。一般是開始練新動作時被打的多，練

著練著，挨打少了，自己心裏就明白動作練得有點譜了。

他講拳很認真，他傳拳的時候不能隨便說話，他說他的，你要在旁邊仔細聽著，不能走神。我們年齡小，有時候不注意，悄悄說話，結果就受懲罰。懲罰你也沒別的，讓你院子裏打太極拳去。「打 10 圈。」經常是先練摟膝，摟膝練完了，再練野馬分鬃。

崔毅士太極拳照

余功保

以練代罰。對你們家裏人和對一般徒弟有區別嗎？

張勇濤

都一樣。對於我們要求很嚴格，對他的所有徒弟們也一樣。練單鞭，他要求在練的過程中要開都開，要合都合。老先生每天在院裏，坐在那裏看大家練，他自己也坐在椅子上練拳。因為他年輕的時候腿摔壞了，所以從很早以前就編了一套坐功練太極拳的動作，打得特別瀟灑。

余功保

那套拳傳下來了嗎？

張勇濤

那套拳很可惜，沒傳下來。打得很自然，就跟坐著聊天一

樣。坐著練，從腰椎到脊椎到臀部都是自然放鬆狀態。當時我姥爺對他的學生們講，你打太極拳的時候，要是覺得特別較勁，你就坐在凳子上打，能有特別的體會。結果在院裏起碼擺了七八個板凳，外邊人一進來說這幹嗎呢，怎麼坐著練呀？老先生就是讓他們練習放鬆和節節貫穿的這個勁頭。比如起式，坐著練就很自然，野馬分鬃也是，不牽扯到腰的動作，腰就是以骨盆這塊來回地旋轉。

這說明他在教學上很用心，有一套教學方法。

余功保

他教學時講不講拳理？

張勇濤

我記憶中他講過《王宗岳十三勢歌》等一些傳統拳論。也會有一些學生問他有關拳論的理解，他一般結合動作，親身示範加以說明。比如有時候學生問他，「一動無有不動，怎麼個不動法？」他就說「怎麼不動你就看我」，他就坐在那開始練了，讓你仔細看，自己去體會。

余功保

除了在家裏教學，他好像還在中山公園等地教過。

張勇濤

從 1950 年開始，他就在原來的太廟、現在的文化宮教，從1951 年開始在中山公園教，一直教到「文革」，15 年左右。

在公園是很多人一塊教學，大家可以互相觀摩，互相交

流。他公園教完，有的學生願意深造的，就上家裏來學，學習時間長了，就建立了師生的感情，在家裏單個教練。

崔毅士太極拳照

余功保

那時他大概教多少人？

張勇濤

我們那裏屬於東城區，武術教學當時歸屬於東城體委領導。東城區要求每個教拳的老師每個月彙報有多少人學，我姥爺教學還都留有記錄，但記錄在「文革」期間被抄走了。我大概有個印象，每個月教的應該有100－200人。在中山公園占很大一片。那時候楊禹廷老師教吳式太極拳，在亭子裏邊；這邊是崔毅士；後邊還有教大悲拳、大成拳的。所有這些老師每個月都得彙報有多少人學，管理比較嚴。

余功保

您是怎麼跟著學拳的？

張勇濤

剛開始的時候，因為小，主要在旁邊看，後來慢慢跟著比劃動作。我主要是在家裏學，有時候也去中山公園。每次上中山公園，誰要去參加練拳的，都能蹭中午飯。中午的時候，學

生們一般請他吃頓飯。他就說誰要去中山公園練拳誰就可以吃中午飯，要不然就別吃。為了吃這頓飯，所以我經常跟著去。我剛開始跟著在後邊練，後來姥爺認為我稍微好一點兒了，就讓我在前邊帶著，做示範，喊號。我正經學拳是小學畢業，12歲左右。

小學畢業我們從成都到的北京。此前我姥爺也去過成都，跟李雅軒他們兩個師兄弟一塊聊拳，那是50年代。

從成都回來後，我就比較正經練了。從早晨起來開始，跟隨姥爺到中山公園，形影不離。從成都到北京，辦理轉學挺困難的，開始學校沒找到，也沒報上戶口，就暫時在家呆著，我姥爺說你就跟著一塊兒練吧。這段時間倒是練太極拳練得比較充分。

我覺得我學得最深的時候是初中到高中，每禮拜天跟我姥爺到中山公園，他教太極拳、教推手，教推手的時候用我做靶子，還有幾個徒弟也做靶子。因為擔心別人受傷，跟自己人推比較容易掌握尺寸。

1970年崔老先生去世，我母親原來在東單公園教，姥爺去世後我母親就到中山公園去教拳了。

余功保

您母親崔秀辰在北京太極拳界也是很有名的人物，不僅全面繼承了崔毅士先生的拳技，在太極拳比

崔毅士手書《太極拳譜》

賽中也取得過很優秀的成績。

張勇濤

她是北京楊式太極拳研究會的首任會長。在繼承太極拳上是非常盡心盡力。我姥爺對她也很用心教。

余功保

崔毅士先生應該說是北京最重要的楊式太極拳傳人，對楊式太極拳在北京的發展起到了重要作用。他也是楊澄甫的重要弟子之一。現在在楊式太極拳的源流研究中，不管在什麼場合，大家都會提到他。

崔毅士手書《太極拳論》

張勇濤

老先生是楊澄甫的徒弟，在北京當時主要是「崔、閻、王」，即崔毅士、閻月川、王旭東，他們三個人也比較要好。

我姥爺很忠實地繼承楊澄甫的拳架原則。我記得他曾送給我一幅楊澄甫的拳照，那是 20 世紀 40 年代拍的拳照，我用拳照對比我姥爺的拳架，是比較接近的。那時候中央電視臺還拍過崔老先生的拳，可惜拍完了以後在「文革」中丟失了。

他在技術上比較全面地繼承了楊澄甫的功技，但他遵循規矩又不死守規矩。比如說現在楊澄甫的照片是 124 式，後來我姥爺搞了 126 式。我以前就此事問過我母親，我母親告訴我，

我姥爺加了兩個動作。一個叫高探馬帶穿掌，楊澄甫有穿掌的動作，高探馬有文字的東西，中間過程省略了。在拳照上只有穿掌這個姿勢，後來我姥爺就把這個給加上了。據說我姥爺跟楊澄甫在廣州教拳的時候曾經問過，高探馬帶穿掌為什麼只有穿掌沒有高探馬，楊澄甫說「這個是跟原來一樣的，那兒有高探馬，這兒就不用練了，你練也行，不練也行」。後來我姥爺就加了高探馬。還有一個就是撇身捶帶白蛇吐信，楊澄甫的拳照只有白蛇吐信，沒有撇身捶，後來老先生又把這撇身捶加上，然後再做白蛇吐信，更完整地解釋這個拳式和拳法，使文字和練法能夠對上。所以我覺得老先生練拳動腦子，練完後經過老師的同意、基本上認可後予以補充。

他練拳、教拳幾十年，和他接觸過的人對他評價都很好，認為崔毅士有武功、有武德。

【鏈接】

崔毅士傳

崔立志（1892-1970），字毅士，河北省任縣人。師從楊式太極拳名家楊澄甫先生。

崔毅士先生自幼酷愛武術，喜舞刀棍，善練石鎖，在家鄉向鄰村老拳師劉瀛洲（清末名鏢師）習三皇炮捶。與邢臺李寶玉（李香遠）是摯友，共同習練開合太極拳（即武式太極拳）。1909年，慕楊澄甫先生大名進北京拜其為師，成為入室弟子，得其真傳，從此開始了太極生涯。入室後精心習拳，潛心練功，深得楊澄甫教誨與器重，得其真髓。1928-1936年跟隨楊澄甫南下，巡迴授拳於南京、上海、杭州、漢口、廣州等地。1936

年又代師獨自授拳於南京、武漢、萬縣、西安、蘭州、蚌埠、合肥等地，1945年返回北京。此後一直居住在北京，以拳會友，廣交武林朋友。

新中國建立初期成立「北京永年太極拳社」，親任社長並榮任北京市武協委員。在六十多年的練功及授拳研修過程中，崔毅士先生不僅完全繼承了楊澄甫當年授拳時的「以明規矩，而守規矩，脫規矩而守規矩」的作風，教學嚴謹，一絲不苟，對教和練要求甚嚴，而且加之多年隨師授拳，深得楊澄甫真諦和畢生精心研修苦練，終於成為北派楊式太極拳的代表人物。

崔毅士先生為人淳樸善良，性情耿直，豪爽有節，一生專攻楊式太極拳功夫。凡楊式太極拳、刀、劍、大杆（槍）、推手，無不得楊式大師之真傳，功底深厚，造詣精深，尤以推手為最擅長。善化善發，出手綿軟，柔中有剛，輕靈機敏，虛實分明，聽之至靈，動之至微，刮之至長，發之至驟。凡身受者未覺其動，而已騰空跌出丈外，令人驚歎折服。

崔毅士先生久居北京，在中山公園古柏蔭下授拳，畢生練功和授拳研修，使崔先生的技藝達到爐火純青的地步，有「崔派太極」之美譽。其拳勢寬大柔綿而舒展，別具一格，使楊式太極拳日臻完美得到進一步的發展。

舒展大方，均緩柔和，輕靈沉穩，結構嚴謹，剛柔相濟，渾厚莊重是楊式太極拳的特點。以其動作簡捷、外柔內剛、體態瀟灑、神態安詳、體舒心靜、優美自然、開展大方深得國內外廣大太極拳愛好者所喜愛。楊式太極拳在練習方法上突出整體性、連貫性、圓活性和內外身心的統一性，端正自然，不偏不倚，舒展大方，旋轉鬆活，以腰為軸，完整貫穿。從起式到收式，前後連貫有如一線貫通，銜接一氣，上下表裏，自然貫通，勢斷勁不

斷，銜接和順，周身完整。動作沉穩中帶有輕靈，輕靈而不飄浮，動而不急動，靜而不僵滯，即所謂輕而不飄，沉而不僵。外柔內實，綿綿不斷，剛中寓柔，剛柔相濟。不論虛實變化、起伏轉換都是式式相連，猶如行雲流水，沒有絲毫停頓間斷之處，更沒有忽忽忽緩帶有棱角之處。正如《拳論》所言，「由腳而腿而腰總須完整一氣」「其根在腳，發於腿，主宰於腰，形於手指」「綿綿不斷」。

楊式太極拳要求在意識引導下，呼吸勻細深長，氣沉丹田，運勁如抽絲，邁步如貓行，心靜，才能「用意不用力」，在寧靜的情緒下，身正體鬆，意識、呼吸、動作三位一體，密切結合，進行有節奏的練身、練意、練氣。因之太極拳乃是內外兼修、形神合一、動靜結合、上下相隨的高級行功的運動方式。太極拳不同於其他運動，實乃從精神到形體的一種柔和的運動。

崔毅士先生畢生致力於楊式太極拳的研修和普及工作。1964 年在楊式太極拳基礎上創編了一套保留楊式太極精華和風格特點、簡單易學、更適宜工間進行練習的「楊式簡化四十二式太極拳」。此套路推出後受到了廣大太極拳愛好者的喜愛，廣為流傳至今。崔先生又根據自己多年練習體會，並結合武術中棍術的特點，創編了「楊式太極棍」，為繼承和發展太極拳運動做出了積極的貢獻。

崔毅士先生終生授拳，一生中從學者極多，除嫡傳女崔秀辰、孫崔仲三、外孫張勇濤外，在眾多從學者中入室弟子有：和西青、吳文考、吉良晨、楊俊峰、劉高明、張海濤、殷建尼、白志銘、馬祥麟、李鴻、王永楨、黃永德、沈德豐、崔彬、邱佩如、孫正、方甯、李連生、曹彥章、陳連寶以及朱習之、王守禮、滕茂桐、姜煥亭、張家駒、崔少卿、鈕心玉、楊樂安、宋翊

三、陳志強、於家嵐、陳雷等。

　　眾學者中不乏軍政要員如：原海軍司令員蕭勁光上將，原中宣部部長周揚，原中顧委委員王首道以及著名學者丁玲、周立波，表演藝術家金山、侯喜瑞，畫家李可染，還有外國駐華使節、中外專家，有來自總政、海政等軍政機關，高等院校，社會團體，有工人，農民，學生和普通百姓，可謂桃李滿天下。

　　崔先生對家人傳授更爲嚴格。無論拳術、器械都嚴格遵循楊式前輩教誨進行系統嚴格的傳授，並以武德第一、寬以待人、嚴以律己的作風傳於子孫。其女崔秀辰（1918-1992），秉承家學，幾十年武術生涯，造詣較深，對傳統楊式太極拳的發展起到積極推動作用。崔先生之孫崔仲三（1948-）幼承家傳，深得祖父器重與偏愛。崔先生還傳其外孫張勇濤（1943-）。崔家第三代人仍致力於太極拳的推廣活動。崔家祖孫三代人幾十年不懈努力，積累了豐富的教學經驗。爲繼承和發揚傳統楊式太極拳和普及太極拳運動做出積極貢獻。

二、心有太極天地寬

余功保

　　練太極，一練身體，二練心性。所謂心性包括心胸、見識、氣度等方面。您認為要達到這些效果，關鍵在哪裡？

張勇濤

　　關鍵在準確把握傳統的精髓。太極拳是傳統的，只有保持

傳統才能把握住太極拳的內核。

余功保

一些傳統的信息在傳遞過程中容易丟失。所以瞭解傳統容易，全面把握傳統就需要用工夫了。

張勇濤

太極拳是發源於中國的，但是現在來說屬於世界了。不單是中國，在世界上都發展得很快，不管是陳、楊、吳、武、孫傳統套路，還是其他簡化推廣套路，都有很多人練。但是，練習太極拳我認為中國的一些傳統的東西不能丟，傳統的東西最珍貴。要推廣，為了推廣做些簡化是可以的，但應該是量的變化，質不能變。變了質味道就變了。

很多外國朋友學太極拳，身體素質很好，蹬腿的高度可能很高，但太極拳的傳統味道學起來更難，這也是吸引他們的地方。

我在國外教學，美國、瑞士、澳洲的，他們看著動作覺得簡單，但做起來好像感覺不太對，他們問難在哪兒？我說就是中國傳統文化的東西在拳裏面，這個要用心去體會。

比如「摟膝拗步」一個動作，不是一個手心向上、一個手心向下這麼機械，這些姿勢看似容易，但不是一轉動就推出去那樣簡單。

余功保

姿勢之外還有姿態，姿態之外還有心態，心態之外還有心氣，心氣之外還有神氣，神完氣足，才是太極。

張勇濤

這就是咱們中國老祖宗傳下來的東西的內在精華，太極拳沒有內不叫拳。所以太極拳套路長短不是主要問題，可以長，也可以短，關鍵是內的鍛鍊。用心練太極拳，用心感受太極拳。

余功保

所以，您認為繼承傳統和簡化套路並不矛盾？

張勇濤

不矛盾。因為咱們不但要繼承，也要發展到世界上去。我在教學中也運用簡化套路。傳統套路中 100 多個動作，重複的動作很多，主要的動作也就 30 多個。過去楊式太極拳有過簡化的套路，我這兩年編了一個楊式養生 24 式太極拳，還有一個楊式養生太極劍，把我姥爺教的很多內容都融進去了。

比如我姥爺坐著練的時候練推手，掤、捋、按、擠他坐著練，我就把這些動作放在楊式養生 24 式太極拳裏邊了，讓剛開始練習太極拳的時候就有一個推手的順序，推手的順序跟練習太極拳的順序是不一樣的，練拳是掤、捋、擠、按，推手的動作是掤、捋、按、擠，最後兩個動作是顛倒的。

現在很多人尤其是外國人，經常問你們的套路動作應該如何運用到推手中？你這個套路中怎麼看不到推手的影子呀？所以我就這個問題，根據老前輩的平時練習，改編了一套，起式完後，先打推手掤、捋、按、擠完了以後，再打掤、捋、按、擠。然後其他動作就走一個，走直趟，一共 24 個動作，這個套

路已經出版了。

余功保

這套楊式養生 24 式太極拳有什麼特點？

張勇濤

這套拳的編創原則就是在普及傳統楊式太極拳的過程中，既適應現代生活，又保留傳統特色。動作佈局還是比較合理的。全套一共分四段動作，第一段五個動作，著重於基本手型和手法練習。在轉扣放方法上突出楊式太極拳「實腿轉跟」的獨特風格。第二段七個動作，由易到難，從平穩過渡到平衡，突出柔韌和協調完整性練習。重點是分腳、蹬腳和獨立平衡，對初學者有關素質和身體機能提出一定的要求。第三段七個動作，著重於掌、拳法練習，重點是擺手、雙風貫耳、穿掌等動作。要求步法和身法的順逆、直橫、靈活轉換，展現出楊式太極拳各種捶法表現風格及運動特點。第四段五個動作，重點是上下結合的拍腳腿法、掌拳結合的搬攔捶法，逐漸趨於緩和收勢。這套拳經由教學實踐，大家反映不錯。

余功保

楊式養生 24 式太極劍套路的特點是什麼？

張勇濤

太極劍是太極拳的重要器械。練拳如果配合練劍，既增加趣味，又能提高功夫。楊式養生 24 式太極劍是在傳統楊式太極劍 51 式基礎上發展起來的。既體現傳統楊式太極劍的獨特風

格，又注入了嶄新內容，以滿足不同層次、不同基礎、不同年齡的練習者的需求。

也分四段，第一段五個動作，著重練習柔韌性和協調平衡。第二段五個動作，包括一些基本步型和基本劍法。第三段八個動作，是套路的高潮，包括一些步法和劍法，使習練者深刻體會太極劍動靜相間，剛柔相濟、意領身隨的特點。第四段六個動作，有身法的變化，步法的旋轉、劍法的靈活運用等。

張勇濤太極劍勢

余功保

這麼多年，不管是競賽套路還是傳統太極拳流派，都編了不少簡化套路，有成功的，也有不成功的，衡量的標準就是群眾喜歡不喜歡練，沒有生命力的東西就是不成功的。好的簡化套路，大家就會越練越喜歡。簡化的確不應該是問題，問題在於如何簡化。

張勇濤

好的太極拳套路不僅讓大家練起來身體上舒服，而且精神上舒服、心靈上舒服，讓內外得到放鬆。所以，就要保持傳統太極拳的基本特點。

楊式太極拳套路就要體現楊式的主要特點。楊式太極拳的主要特點是舒展大方，身法中正、結構嚴謹、練法簡練，尤其

是過程，下一個動作是怎麼跟上一個動作接起來的，很簡化，沒有那麼多動作，沒有很多圈，就一個圈往下接。

另外一個，它從勁力上來講是外柔內剛，動作簡捷，要求你動中求靜，在運動過程中求得安靜。楊式太極拳的這些特點適合各個階層練習，並具有很好的醫療作用，故推廣最為普及。所以國家在 1956 年剛開始推廣太極拳的時候就以楊式太極拳為藍本，從裏邊抽出來 24 個動作，改編成 24 式。

余功保

您認為怎樣才能練好楊式太極拳？

張勇濤

練習太極拳，首先要心靜，這是最主要的，尤其是對坐辦公室的人，因為思想特別緊張，所以需要利用太極拳調節。

再一個就是體鬆。所謂體鬆，就是全身放鬆，無處不鬆，你有一個地方緊張了，還會有別的地方緊張，全身就不能放鬆。有的人坐著時很放鬆，如果一動起來在某些地方就緊張了，練拳就是在動中全身放鬆，靜下來也一樣。要求身體的各個關節放鬆，肩、肘、腕、手指，一直到心都要放鬆。

氣和，從呼吸上自然。和就是不要勉強。有的書寫動作抬就吸，落就呼，不一定非要這樣，否則就太機械了。我們一開始練習楊式太極拳的時候就要求一定要自然，自然呼吸，在自然呼吸中自己有意識地用腹式呼吸，應學會用胸式呼吸和腹式呼吸兩種方法。

還有就是多練，練到一定程度才能掌握。我姥爺講過，你要想把太極拳打好，就要「拳打萬遍」。萬遍是個比喻，就是

多練。你打萬遍更好，打不了萬遍你不會一天打三遍？別人打一遍你打三遍，別人打三遍，你打六遍，一定要比別人下的工夫深，你才能把太極拳打順了。

另外，練好太極拳還要有恒心，就是和從事其他武術一樣，每天堅持，不能三天打魚兩天曬網。

學習太極拳對老師要尊重，只有尊師重德才能達到自己學習太極拳的目的。

有信心對學習太極拳也很關鍵。學習太極拳有可能一年學不好，可以用兩年，甚至十年八年。不要想一年就成大師，這樣容易把思想搞亂，不是為健身練拳。我練太極拳 40 年了，還不敢說自己練得很好，只是說積累了一些經驗，可以與大家交流。

三、看透屏障，從容人生

余功保

大家都說太極拳好學難精，做到精確不容易。練習太極拳的過程也是不斷糾正錯誤的過程。您認為練太極拳最容易犯的錯誤是什麼？應如何避免？

張勇濤

誰都會犯錯誤，不管是生活、工作還是練拳。錯誤是一道道屏障，要邁過去，首先要看清它、看透它，然後才能越過、避開。隨著水準、境界的不斷提高，錯誤會越來越少，障礙越來越少，就會越來越從容。

張勇濤與馮志強等名家參加中日韓太極拳交流大會

太極拳最容易犯的錯誤就是你不知道錯在哪裡。

所以要避免錯誤,首先要能認識錯誤,知道哪些是對的,哪些是錯的。因此,開始學太極拳時,必須要有名師指導,從基本的步法、身法、手法、眼法都要走正規。

比如很簡單的弓步,雖然有的老年人上步子小,但是弓步要奔著腳尖去,現在有的人劃拳,這就是典型的錯誤,不是直著往前弓,應該把勁力用在你的腳尖上,用在你的前腳掌上。他也用在前腳掌,但他是劃完圈再過去,這個就不對,容易膝蓋受傷。往前送勁的方法也不對,膝蓋劃圈以後他是從臀部先送過去,送的圈差不多了身體再往前壓,整個身體的重量全部壓在膝蓋上,能不受傷嗎?

楊式太極拳還有一個最大的特點就是實腿轉跟。現在有好多爭論,有的說實腿轉跟是楊式太極拳的特點,有的說虛後坐

之後再轉腳是楊式太極拳的特點。對這一點要有正確認識。從楊澄甫傳下來到我姥爺等人四代，他們這些人練時好像很少往後坐啟動。個別動作也有，那是因為動作需要。要求你再轉腳的時候你的膝蓋不能動，膝蓋和腳跟要一條線，一根軸一樣地轉，就不容易受傷。現在有很多人是將膝蓋先擰過來，這就容易使膝蓋受傷。所以，老師在教的時候就應該先跟學生說清楚這個問題。

還有的人練拳時氣血不通，較勁，使拙力。太極拳要求你不能使拙力，也不能疲查。從剛開始學的時候就要身體放鬆。這一點說起來容易練起來難，要慢慢一點點練，每一個動作中想辦法首先使思想放鬆。現在說用意不用力，實際上是指你的意念應該先到達動作將要到達的地方。

十三勢裏說的那些東西都很深奧，要細細體會。

余功保

太極拳練對了能養生，練得不對效果也受影響。所以，不是練上太極拳就萬事大吉了。

張勇濤

太極拳肯定有很好的養生效果。但前提是要領準確。太極拳和醫學有很大的淵源關係，從經脈到周天、內氣，有一套理論和實踐方法。由練習太極拳促進血脈的流通，確實能夠延緩衰老。比如我現在六十多，身體感覺非常年輕，這就是練太極拳的好處。我姥爺練了那麼多年，除了腿受過傷外，身體很不錯。

由於太極拳主要是講究放鬆，因此，太極拳的理論要求用

意不用力，要求思想意識完全鬆弛下來。同時，在練拳時要求身體的每一部分、每一個關節都要放鬆，清除思想上的雜念，將主要精力用在練拳上，這樣對於長期從事腦力勞動的人有降血壓的作用，思想上的一些混亂狀態或渺茫狀態，也可以用太極拳加以改變。

張勇濤太極拳照

但練太極拳要得法，否則隨心所欲地練，無明師指點，也同其他運動一樣，容易出現偏差，起不到應有的作用。

余功保

在練習太極拳過程中，很多要領是涉及開合的，在太極拳的開合中最應該注意的是什麼？

張勇濤

開合有動態和靜態兩種形式。一般人比較注意動態的開合，而對靜態的開合關注較少。動態的開合就是動作中有開合，外形有開合，內部也有開合。靜態的開合就是身體的形態時時都要有開合的意思，在練拳中雖然動作在變化，但開合貫穿始終。

比如太極拳的襠部要領，各式太極拳要求不完全相同，陳式要求裹襠，但不是夾襠，不能夾起來，而是開中有合。現在有些人就誤解為夾襠了。楊式也要求裹襠，但要求體會出開襠

的勁，要求開圓開順。在合中有開，開中有合，這種感覺在練拳中要始終保持。如果不懂開合，過度的裹襠會造成膝部受傷等毛病。

余功保

如何理解「含胸拔背」？

張勇濤

「含胸拔背」是太極拳的基本要求之一。楊澄甫在《太極拳說十要》中專門提到這一條。這個要領其實是個很自然的事，簡單來說，不挺就是含，就像平常坐椅子走路一樣，胸部微微自然放鬆。但練習太極拳也有特定的要求，在放鬆的同時，要做到呼吸自然，呼吸不自然，就會憋悶。用胸式呼吸不行，要求儘量用腹式呼吸。拔背就是指尾椎骨一直到大椎以下基本要形成一條直線。不是有人理解的像羅鍋的背，弓起來，那叫拱背。只有「含胸拔背」精神才提得起來，身體才能保持正直。

余功保

楊式太極拳的器械主要有什麼？

張勇濤

楊式太極拳從上邊傳下來的有三個體系的東西，第一就是楊式太極拳長拳；另外就是推手，推手是用法、方法；第三就是器械，包括劍、刀、大杆等。這三者是密不可分的。器械也是練勁，對拳和推手都有作用。比如大杆，練抖勁，很長功夫。劍、刀是比較常見的。其實你掌握了基本要領，用什麼器

械都可以，把太極拳勁、方法、原則用到什麼器械上，都成了太極器械。

1978 年北京市比賽，全能必須得有長器械，因為杆子沒法上，一共只有四個動作。於是崔毅士老先生就編了一套太極棍，讓我上去比賽，我就打了一套太極棍，拿了一個第一名。後來姥爺又發展了，把太極拳的 42 式編成了棍。

張勇濤太極拳照

余功保

太極拳內功是其體系的重要組成部分，在內功方面崔老先生有什麼見解？

張勇濤

開始練的時候，我們不敢問內功的問題，因為水準還不夠，沒那份兒。開始老先生也不給我們講，動作還沒練好，問那麼多幹嘛？但我們感覺他是非常注重內練的。後來逐漸地，他給我們講內功就多了一些。

我們觀察，他練太極拳丹田部位是不斷運轉的，有時候在練完太極拳之後，他肚子裏好像有兩個肉球在裏頭滾，在外面是可以摸到的。他坐在板凳上練，天熱的時候光膀子，拿來一塊麵，能把麵團整個兒貼在肚子上。練拳時，他一動，麵團就在外面也動，慢慢地稍微一運勁，麵團像有彈力一樣，兩邊能借勁來回晃。

很多學生都看到過，大夥兒覺得特奇怪，我也看到了，心裏還琢磨，這老爺子怎麼拿肚子揉麵呀，後來才知道，這就是太極拳的內功。可以直觀地看到丹田內氣怎麼發出來，利用皮膚表面發到一個物體上，讓物體運動。

他還有一件有意思的事。我姥爺胖，最重的時候體重達到260斤，上公共汽車很難上。他上車的功夫有點絕，就拿一個拐棍，兩邊輕輕一弄，一條腿上去了，上去後那拐棍再那麼一勾，就上車了，用的是太極拳的借勁。260斤，整個一個大凳子他坐了一大半，旁邊人說：「大爺，得，您一人坐吧，我們不坐了。」他說：「你坐著吧，我給你讓出來。」他這麼一挪，不知道他身體裏頭怎麼搞的，身形一下就縮小了很多，座位一大片空檔就讓出來了，愣給小夥子讓出一個座來。

後來問他是怎麼回事，他說練太極拳有內功，具體怎麼做的，他也沒說。

他在臨去世的前一星期對我母親說：「什麼時候如果我肚子上這個球沒了，內功就散了，內功一沒了，我也就沒了。」說這話的時候我當時也在旁邊。這種內功確實不好練，但確實是有。

現在大眾化的內功，就是你在碰到任何事物的時候怎樣用你的柔來克剛。柔不是沒勁，太極拳在運動過程中是慢，在技擊最後一瞬是快的，決不能慢，拳頭都打來了，慢怎麼起技擊作用呀。內功是由太極散手、技擊作用發展出來的。

余功保

您認為楊式太極拳最重要的傳統拳論是什麼？

張勇濤

應該首推王宗岳《太極拳論》，裏面講的原則的東西是習練太極拳必須遵循的。還有就是楊澄甫《太極拳說十要》，他講明了楊式太極拳練習的具體要領，是指導方針。

我姥爺是很用心研究傳統拳論的。我記得我姥爺收藏有一本舊拳論書，是手抄的，他當做寶貝。輕易不拿出來，自己經常看，因為那時候這種書不好找，加上是手抄的，比較珍貴。

我曾經看過一次，偷偷看的。因為我天天早上給他打綁腿，看見他把書放在一個小箱子裏，有一天他不在，我好奇，就拿出來看了看，抄的全是太極拳譜。

余功保

這本書留下來了嗎？

張勇濤

沒有，後來「文革」中給抄走了。

其時很多傳統拳論是通用的，不光練習楊式，練習其他拳也能用，例如「邁步如貓行」「以心行氣」「用意不用力」等，各個拳種，陳、楊、吳、武、孫都是這樣練的。到了拳論這個層次，總結的都是千錘百煉的東西，有高度，越有高度，覆蓋的面就會越廣。

馬偉煥簡介

　　馬偉煥，1937 生。楊式太極拳名家。從師於楊澄甫長子楊振銘，系統、完整地學習了楊式太極拳拳械功夫。

　　20 世紀 50 年代末期，就讀於上海同濟大學，開始學習太極拳。1962 年移居香港，長期在香港推廣太極拳，在香港多處設立太極拳輔導站。於 20 世紀 70 年代宣導成立「香港太極拳學會」，任名譽會長。1975 年受聘為香港康體處太極拳導師，同年任第一屆師資訓練班導師，培養楊式太極拳師資人才。經常組織香港太極拳代表團參加內地的各種太極活動。其行拳舒展柔和，靈巧身活，神氣貫通。太極刀劍純熟，並精於太極長拳。

　　2004 年主持組織了「2004 國際楊式太極拳邀請賽」，在海內外產生廣泛影響。多次作為太極拳名家應邀參加各種大型太極拳、武術交流活動，進行名家演示與講座。

　　潛心太極拳的理法研究，在太極拳發展史、太極拳技擊、太極拳器械等方面均有突出的研究成果。

　　為廣東省武術文化研究會顧問，香港楊氏太極拳學會創會會長。

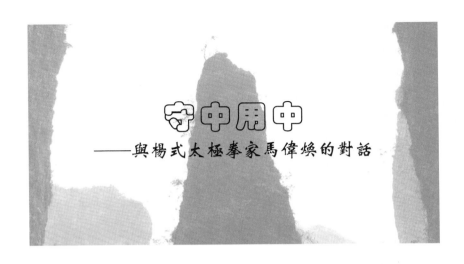

守中用中
——與楊式太極拳家馬偉煥的對話

　　拳勢是水做的，婉轉流暢，不僵不滯。

　　拳勁是火做的，騰然彌漫，發收灼烈。

　　拳招是風做的，倏然幻變，隨體附形。

　　拳法是陰陽做的，剛柔互用，形神合一。

　　陰陽的核心是和諧，和諧即爲「中」，中道遑遑，守中用中。

　　「中」是一種動態平衡，於運動中得靜止。於變化中求恒定，定則生慧。

　　守中，一舉動陰陽分虛實，中自在其中。心中常存一個「中」字，隨時不偏不倚，重時有輕靈相隨，飄時有沉著一體。能守中則心無旁騖，摒除雜念叢生，行拳無過不及，放得開，收得回，縱放自如。遠在天邊，近在眼前。

　　用中，「中」與拳相行，處處是拳，處處爲中。中藏於規矩之中，中又脫離規矩之外，此時「中」化爲「圓」，形不露尖，意不破體，體用兼備，中莫大焉。

「中」並非僵化的左右逢源。用中是一種有所爲有所不爲的凜然，用中也是一種敢爲天下先的進取，用中還是一種後發先至的機動。

楊振銘先生爲澄甫長子，功夫爲同輩翹楚，其行拳處事宇如其人，得「中」之精要。在港傳拳多年，培養衆多太極人才，馬偉煥先生等人皆爲突出代表。

能以鬆挺展達之勢盡顯「中」之奧義者，得守中先生神髓。

余功保

一、東方之珠，瑰寶閃亮

余功保

在楊澄甫的眾多後人、弟子、學生中，長子楊振銘是非常傑出的一個。但他因長期居住在香港，為人也比較低調，與外界聯絡、參與活動較少，所以，大家瞭解的也比較少一些。請您介紹一下他的有關情況。

馬偉煥

楊老師是楊式太極拳的一位重要人物，不僅功夫精純，在太極拳的傳播發展上也做出了很大的貢獻。

楊振銘，字守中，生於 1910 年，1985 去世。自幼隨其父楊澄甫先生學拳，經過嚴格訓練，得楊澄甫真傳。因為功夫傑出，楊澄甫外出教拳時，帶著他一起，隨其父到上海、廣州等地授拳。在教學中，楊澄甫進行講授，楊守中老師經常進行教學示範，他的架式酷似楊澄甫，推手功夫非常出色。

楊式太極拳名家楊振銘
（守中）

1949 年定居香港，三十多年進行太極拳的教學、傳播工作，培養了很多海外弟子，為楊式太極拳在海外的推廣發揮了重要作用。

余功保

當時在香港有幾位太極拳的重要代表人物，如楊振銘、董英傑、吳公儀等，是早期向海外推廣太極拳的老師，應該是太極拳國際化推廣的開拓者。

馬偉煥

他們共同為向世界各地介紹中國的太極拳做了大量工作。

余功保

楊守中老師好像後來一直沒有離開過香港。

馬偉煥

對，但他的學生去了世界上很多地方。

余功保

他給你們講課教拳是怎樣教法？

馬偉煥

楊守中老師在香港一直教拳，但沒有開武館。我們那時候跟他學拳是到他

馬偉煥與太極拳名家楊振鐸、傅聲遠、趙幼斌、郝宏偉在香港合影

家裏。他教拳很嚴格，一個一個來，大家看，你做，往中間一站，有什麼毛病，藏都藏不住，他再逐一給你說。

他很注重拳的實用性，教每一個動作，一定要你明白用法，是幹什麼用的。他說，你不知道怎麼用，你就不能真正掌握要領。

因為在家裏教，所以人不多，教得就仔細。他經常和學生們試手，讓你體會。所以我們收益很多。

余功保

楊守中先生的主要弟子有哪些？

馬偉煥

楊老師在香港教拳 36 年，培養了很多優秀太極拳人才。其中早期的如黎學荀、張世賢、葉大德、宋耀文等，後來又有我、徐滔、羅瓊、馬容根、朱振舜、朱景雄等。

余功保

在楊守中先生去世後，你們成立了香港楊式太極拳總會，開展太極拳的推廣工作。近年來還積極參加內地的一些太極拳活動。您是該會的創會會長，請您介紹一下有關情況。

馬偉煥

香港楊式太極拳總會前身為香港楊氏太極拳學會。於 1999 年正式註冊成立。它是太極拳愛好者組成的非牟利團體，宗旨是弘揚楊式太極拳，並推動楊式太極拳的健康發展。香港楊式太極拳總會的目標是希望加強太極拳術的理論和研究，探索楊

式太極拳的淵源、風格和特點；掌握其真諦並發揚光大，提高太極拳運動水準，使這項運動更廣泛、更普及和深入的發展。

我們也邀請內地和國外太極拳名家來港作學術交流，還經常組織香

香港楊式太極拳國際邀請賽

港的太極拳愛好者參加內地的活動。2004年，我們還承辦了香港楊式太極拳國際邀請賽，取得圓滿成功。香港已經成為了世界太極拳交流、發展的一個重要區域。

【鏈接】

楊式太極拳傳人馬偉煥在香港
張　章

「非信廉仁勇，不能傳兵論劍，與道同符，內可以治身，外可以應變，君子比德焉。」這是武術家馬明達教授摘抄《司馬卷·太史公自敘》的短句，也是香港楊氏太極拳學會辦公室牆上懸掛的條幅，以啓示弟子們應具備「信廉仁通」，習武的功能是「內可以治身，外可以應變」，要時刻向德行高尚的人學習看齊。

1985年楊振銘宗師在香港辭世後，馬偉煥和同門師兄弟們

繼承楊宗師的遺願，致力於推廣楊式太極拳，在香港沙田、銅羅灣、九龍、大埔、灣仔等地公園和練功場，都設有楊式太極拳推廣站，由馬老師的得意門生林周龍、楊振明、梁運乾、李健民、彭玉嬌、關鎮海等人分別擔任導師或總教練。

每逢週日，上午9點鐘，各太極拳教練及骨幹學員，匯聚到九龍公園功夫閣，集體演練楊式太極拳、劍及刀術，馬偉煥老師親臨練功場，爲弟子們輔導、講課、糾正改進動作，並規範統一動作要求。

馬老師授拳傳藝30餘年，廣植桃李，學生分佈海內外，早年投師入門弟子張深明、陳漢輝在北美洲義務教拳20餘載，影響頗廣。

隊伍壯大了，弟子們的武功水準提高了，馬偉煥又將香港楊氏太極拳學會的影響擴展到內地。近些年來，他不斷組織團隊參加在全國各地舉辦的各種規模的太極拳交流大會，足跡踏遍中國的東西南北。馬老師演示的楊式太極刀，受到名家的一致好評。2001年10月在「中國武當拳國際交流大會」上，女弟子彭玉嬌參加了楊式太極刀術比賽，獲成年女子組器械第一名，另一名弟子伍錫群榮獲太極拳組第二名的好成績，並獲團體優勝獎盃。

香港楊氏太極拳學會使用的太極劍、太極刀製作風格獨特，從整體造型流線，刀劍的配重、樣式，尤其是護手和手柄均依循傳統型製配合現代工藝更新結構，便於在使用時更順手和充分調動內勁發散至前刃尖部。馬老師曾多次赴浙江龍泉劍廠，對各種刀、劍不斷完善和改型，因此馬偉煥被廠家聘爲高級顧問。

馬偉煥老師跟隨楊振銘幾十年，爲楊派嫡傳，深得宗師眞傳。他行拳舒展柔韌有餘，架勢適中，靈巧身活、神氣貫通。其刀法純熟，表演中刀隨身走，步隨刀形，寒氣逼人。其劍出鞘之

馬偉煥太極拳照

快，令人生畏。整套劍法似游龍出水，上下左右翻飛，表現得出神入化。

馬偉煥老師有個和睦的家庭，馬太太特別支持丈夫的拳業，有時候陪丈夫練拳，有時候幫助整理資料及練功心得，協助做好學會文件的發送工作，這使馬老師更能靜心疾筆寫書，將數十年的學習心得，及楊家太極拳完整的武術系統，就所見所知全部寫下來。艱巨的工作仍在進行中。馬偉煥老師希望香港楊氏太極拳學會能將楊式太極拳正脈承傳，繼續發揚推廣，使更多人受澤。

余功保

2004 年的香港楊式太極拳國際邀請賽辦得很成功，影響也較大。請您介紹一下有關情況。

馬偉煥

我們原來是楊式太極拳第五代傳人的一個聚會，為了溝通

信息，大家彼此交流交流。在內地開過幾次會。後來逐漸發展起來，規模越來越大。我們根據自身情況，決定2004年在香港承辦一次國際楊式太極拳邀請賽。這次活動得到了世界各地楊式太極拳傳人的大力支持。

這次活動原本計畫辦一個大約400人參加的活動，但各地報名實在太踴躍，規模不斷擴大，增加到了700多人。到了活動開始，還有一些臨時來的代表隊，最後實際參加活動和比賽的人數達到800多人。這反映了大家對楊式太極拳的激情和投入。特別是當代楊式太極拳的代表人物楊振鐸先生不僅攜兩個孫子楊軍、楊斌到會，還帶來了數十人的山西代表團，為大會增色不少。

那次大會匯集了海內外楊式太極拳的主要傳人支脈，眾多名家均攜弟子到場。河北、北京、四川、上海、陝西、臺灣、香港等地楊澄甫先生主要傳人的後代紛紛亮相，有老朋友相聚，也有新朋友初逢，共同為太極拳發展切磋研討。

大會進行了比賽和表演活動。比賽項目全面展示了楊式太極拳、械的各種功夫，是楊式太極拳「普及工程」的一次大檢閱。而名家表演則是「精品工程」的成果展。

以楊式太極拳的第五代傳人為主體的各地太極拳名家紛紛登場，盡顯楊式太極拳的魅力。上場表演的不僅有年過七旬的老者，還有一批三四十歲的年輕後輩，他們文武兼修，顯示了楊式太極拳的後繼有人。

那次活動不僅有豐富的技術交流內容，還突出了學術氣氛，專門組織了太極拳學術講座，就太極拳的源流問題、傳統武術與現代競技武術如何協調等內容進行了研討。那次活動總的來說是為大家提供了一個交流、學習、提高的機會。大家商議

馬偉煥在香港楊式太極拳國際邀請賽上做名家示範

楊式太極拳的國際交流活動將形成傳統，每年都要舉行。2005年是在西安舉行。

二、源頭活水，縱虎歸山

余功保

您對於太極拳的源流問題非常關注，也非常用心研究，做了大量工作。我聽說為了研究楊露禪在北京的教拳情況，您專程從香港到北京的恭王府，進行實地考察。

馬偉煥

這純屬是個人的學術愛好。喜歡太極拳，總想把相關的一

些問題做得清楚一些。我原來的確專門到北京去考察過，還拍了照片。近幾年到北京更多了。河北永年也去了很多次。還參加了《永年太極拳志》的研討。

余功保

永年太極拳志是一項有意義的工程，對太極拳的承轉脈絡的梳理有益處。關鍵是立意要高，要以一種開放的胸懷來操作。

透過研究，您在太極拳源流問題上有什麼見解？

馬偉煥

太極拳源自傳統文化，古文化是它的活水。但太極拳的出現為時並不太古遠，是近二三百年間的事。雖然常說「太極」一詞最早見於兩千年前的《易經·繫辭》中。《易經》是我國古代哲學經典；然而並不是太極拳的文字記載，無法把太極拳的歷史與易經等題並論，易經中有「太極」這個詞，而「太極拳」三字以名詞出現，最早還是見於《王宗岳太極拳經》。應該是先有太極理論，後有拳術，拳術與太極理論由長期實踐相聯繫，產生了蘊含奧理的太極拳理論。

太極拳包含著一個武術體系，它的指導思想有很深厚的傳統文化基礎。然而關於源流問題，眾說之中多推張三豐為始祖，更有遠朔上老子和軒轅黃帝。這都是師承相傳，各有所依據，若作歷史考證，就欠缺足夠的文字理據了。但從傳統文化的角度來說，尊奉張三豐為太極拳祖師是沒問題的，要作歷史考證則很難弄清楚。正如我國很多專門行業都各尊奉祖師，建造業尊奉的是魯班先師、紡織業尊奉嫘祖等。武術是中華傳統文化的一部分，各個武術門派各有源頭，各自有尊奉的祖師。

從今天來說，那都是精神文化歷史所傳下來的。

余功保

關於楊式太極拳的產生與發展過程應該是比較清楚的。

馬偉煥

馬偉煥太極刀勢

楊式太極拳的發源地是河北永年。今天廣府鎮即是永年古城，地處邯鄲東北60里，古稱曲梁郡，後魏改為廣平郡，北周於郡置洺州，隋末竇建德稱帝時（西元611–612年）建都於此，遺跡至今還保存。明清以後設廣平府，並設有文武考場，為冀南經濟文化重鎮，冀、魯、豫、晉四省商客雲集。至民國後改為永年縣。

明崇禎七年（1635），有河南懷慶府溫縣人、陳姓藥商在城西大街的道北開設了一家「泰和堂」藥店，由於經營有道，店務興隆。逾百年後，至清嘉慶十八年（1814），泰和堂為第五代店東陳德瑚執掌。「泰和堂」後來改為「太和堂」。東家陳德瑚是河南陳家溝人，因社會治安不好，聽說家鄉陳家溝有鏢師陳長興，精通內家綿拳，原來押鏢走冀魯，後賦閑在家。於是邀聘陳長興來永年太和堂為其看家護院，並教陳氏子弟及店員習武護店。陳長興到永年，最初教陳姓弟子炮捶，後永年人來學，則傳授一種動作柔緩的綿拳稱太極拳。

少年楊露禪是永年人，也因此有機會得陳長興授以太極拳。後來楊露禪學成，父子到京城設帳授徒，對所學的太極拳也做了一定的改造，使之更有利於推廣，將太極拳發揚光大。百年間經四代傳播而普及全國，使永年廣府鎮成為楊式的太極拳發祥地。

陳長興後來返回陳家溝，傳說楊露禪與同里李伯魁往溫縣訪陳長興以求深造長達 18 年。但楊氏門人相聞是隨陳長興走鏢，追隨習藝。學成後，楊應邀授拳於太和堂，廣府的望族武禹襄兄弟跟隨他學習。

至 1850 年，陳長興 80 歲大壽。當時武禹襄在北京教拳，往返不便，便讓楊露禪前往賀壽，並可以順便再深造一下。這些事被傳為「楊露禪三下陳家溝」。由此可見，「太和堂」在我們太極拳歷史上曾起過重要的傳承作用。

余功保

永年不僅是楊式太極拳的發源地，還是武式太極拳的發源地，也產生了武禹襄這樣的大家。在太極拳理論上，武禹襄有巨大貢獻。

馬偉煥

這和武禹襄的經歷有關。他也是廣平府永年縣人。據記載「稟貢生，性至孝，仗俠義」。他的長兄武澄清，曾任河南舞陽縣知

馬偉煥參加《永年太極拳志》討論會

縣，二兄武汝清，進士出身，曾官至刑部四川員外郎。兄弟三人皆喜愛武術，武禹襄應鄉試武科，內場文策，輕易通過，但技勇弓馬不行，於是發憤追隨楊露禪習武。後來武禹襄去陳家溝擬拜訪陳長興，進一步探索太極拳奧秘。途經趙堡鎮距陳溝不足七里，投宿住店，店東告訴他陳長興已故，並介紹他去訪趙堡鎮陳清平，他就去了。「研究月餘，而精妙始得，神乎技矣」。

到了清咸豐四年（1854），武澄清赴任河南舞陽縣縣令，在任期間，在鹽店發現《王宗岳太極拳經》等五篇殘抄拳經。後來武禹襄據之深入研究，承王宗岳太極拳論的法理，發其精微，參合兵法奇正虛實之機，參悟透澈，以其深厚的儒學修養，將心得經驗寫出了「十三勢行功心解」「十三勢說略」「打手要言」等文章，成為流行至今的重要太極拳經典。

武禹襄又以其心得創編了一套融技擊養生健身為一體的新拳架，與楊露禪原有「十三勢行功架」並駕齊驅。這就是後來的武式太極拳。

余功保

應該說，楊式太極拳與武式太極拳同源同理，風格不同。其實太極拳的一些流派在基本原理和理論上是一致、相通的，所以一些經典的太極拳為各派太極拳所共同強調。雖然這些拳論的出處現在有的還有不同看法，但拳論

馬偉煥太極拳照

中所闡釋的原則、要領還是為大家所公認的。

馬偉煥

我以前對傳統拳論也做了一點研究。太極拳傳統拳論很多，比較重要的經典是以下幾篇：《十三勢論》《山右王宗岳太極拳論》《十三勢行功心解》《十三勢歌》《打手歌》，合稱為五篇經典。

五篇經典的《十三勢論》原注中說：「此係武當山張三豐祖師遺論」。第二篇也署「山右王宗岳」，其他三篇就未有明確是何人所作。至今已普遍流傳，為太極拳的法理準則。但這些經典的發現，地點、時間和人物，在當今可見諸文字的簡錄如下：

最早是李亦畬於光緒辛巳年（1881）在其《太極拳譜跋》中寫：「此譜得自舞陽鹽店。」50年前，唐豪先生作《太極拳研究》一書中寫出如下一段：「禹襄大約於1851年（咸豐元年，辛亥）以露禪問業。1852年，其兄澄清中進士，官舞陽縣知縣。禹襄赴澄清任所，便道過陳溝時，長興年已八十二。或因老病不能教，故訪赴堡鎮陳清平以學月餘。至舞陽於鹽店得王宗岳譜，旋里後於1853年以技教亦畬。」

1982年，顧留馨先生在《太極拳術》一書中就訂正了，是武澄清得拳經於鹽店而不是武禹襄。原文如下：「1852年，禹襄在赴兄任所河南舞陽縣時，便道去陳家溝，擬訪楊露禪的師父。在途經趙堡鎮時，知悉陳長興已老病，遂改訪陳清平學拳。澄清在舞陽鹽店得王宗岳《太極拳譜》，武禹襄見而讀之，頗有所悟。」

根據永年縣誌及武氏家譜等史料顯示，武氏三兄弟簡歷如下：武澄清（1800—1884年），咸豐壬子年進士，甲寅年補舞

陽縣令，在任五年後回籍。武汝清（1803–1887年），道光庚子年進士，官刑部四川司員外郎，後辭官主講清暉書院十年。武河清（1812–1880年），道光三十年（1850）由二哥引薦晉京設帳，1852年以「日上事慈闈」歸里。1854年薦楊露禪進京。

從以上資料可以分析得出地點：此譜得自舞陽鹽店，無異議，但時間和人物就要討論一下。長兄澄清是1852年（壬子）京試中了進士，同年，武禹襄和大哥都從北京回歸永年老家，孝奉母親。乾嘉年間，人口激增，一般京試學子，雖然考取了功名可喜，但官補額有限，未能即派官職，有的得個候補官位虛銜，等了一輩子都未上任。武澄清還算好運，只等了兩年，甲寅年（1854）就獲補舞陽縣令。武澄清以54歲赴任，偶獲《王宗岳太極拳論》於鹽店，實則喜出望外。清中葉，食鹽是受政府專門管制的重要稅務物資，官員往鹽店查核，是職責內事。武澄清因而偶獲《王宗岳太極拳論》於鹽店，屬意想不到的歡喜。就時間而言，當在上任以後，也就是1854年以後在任的某一年。唐、顧說的1852年當屬不確。只有赴任後才能在舞陽縣鹽店得《王宗岳太極拳論》手稿，所以唐、顧之說的1852年應修正為1854年以後。

另一個問題是永年縣誌載武禹襄「河清應豫撫之聘，便道訪陳家溝，又訪武陟縣趙堡鎮陳清平」。唐豪和顧留馨先生增寫了：「禹襄赴澄清任所，便道過陳家溝，長興年已八十二或因老病，不能教，故訪趙堡……」當時是咸豐庚申年，即1860年，其實陳長興早已在6年前（1853）辭世。所以武河清在赴其兄武澄清任所舞陽途中已知悉陳長興不是老病而是已死了6年，兒子陳耕耘未得父傳而在陳有本那邊學炮捶。無奈，才步行二里路到趙堡，改投陳清平，「研究月餘而精妙始得……」

後來武氏有了兩路炮捶，在永年亦流傳至今。

　　所以結論是，太極拳經典是武澄清在 1854−1860 年官舞陽縣令任內，得之於舞陽縣鹽店。武禹襄乃得見而讀之，1860 年攜返永年而傳世。從此該系列經典拳論得以風行天下，拳譜面世如虎入深山，得其所在。

三、拳法在心，拳功在身

余功保

　　在研習太極拳中，特別是在傳統太極拳的領域，大家經常討論的一個話題就是「真功夫」的問題，涉及到「什麼是真功夫」「怎樣練才是真功夫」等。

馬偉煥

　　每個人都想學到、練到真功夫，這是很自然的。大家關注這個事，說明假的或者不太真的功夫還是有一些的。

余功保

　　每個領域都有

馬偉煥在太極拳名家研討會上發言

假，但太極拳這種和人的健康密切相關的事，對真的要求應該尤其高。太極拳家應該有這種責任感。

馬偉煥

我曾經在 2003 年的一次國際太極拳研討會上專門談過這個問題。我覺得有真功夫的拳家還是不少的。

我們首先要端正一個觀點，有一個正確的標準，真功夫是什麼？社會上對「真功夫」還是有些誤解的。比如有的人認為，真功夫就是能打，能抗打，刀槍不入，能凌空發勁、發人尋丈，還有超乎常情的功力表現等。這也許是小說情節與宣揚文字所起的效應。

「真功夫」在不同的範疇有不同的衡量標準。例如，推手比賽、觀摩表演的金牌得主、運動員在國際比賽中拿冠軍等，他們都是經過嚴格訓練，依循規範爭取到的成績，他們也是有「真功夫」的，是優秀運動員的真功夫，是經過艱苦訓練獲得的。搏擊散打也有散打的真功夫。

余功保

標準不一樣就會帶來不同的結論。

馬偉煥

其實，一切體能動作技藝，都與身體先天條件和年齡密切相關。有些太極拳高手年事高了，安坐輪椅。能說他沒了真功夫嗎？

所以我說，衡量太極拳的真功夫要分兩方面，首先是對太極拳理念的徹悟深度、學養層次和對武術文化的認識。由長期

實踐，將太極拳的理念轉化為生活智慧，融入社會生活和家庭生活中，使精神生活素質提高，而對社會起和諧穩定作用。

余功保

這不僅是真功夫，這是大功夫，是上乘功夫。

馬偉煥

另一方面，太極拳是武術。真正的太極拳，練拳行功日久，功力隨之而增長，達至內勁充盈運轉、勁節貫通、內勁隨意透出，絕對不是「握拳顫腰，捶腹頓足」，那與太極拳毫無關係。假如練「太極拳」只是一種操作，而未及心法，雖然不是高功夫，但仍能「慣勤肢體」，不失為良好之體育活動。高的太極功夫，有練上身的拳功，還有握在心的拳法、法度、法理。

真功夫的衡量，不是以曾打敗多少人為真功夫，應以個人的德藝修養獲得廣泛尊崇，培養出多少超乎自己而肩擔傳統的人才，才是較高層次的真功夫。

現在國內太極拳的潮流是新編套路種類繁廣，眼花繚亂，只是潮流，我看不是主流。因為主流在泛汛期是看不見的。主流有歷史源頭，更重要的不是寬度而是有深度。這要靠各人自己去領悟了。

馬偉煥太極刀勢

余功保

　　楊守中的弟子多提到「太極長拳」的概念，據說為楊守中先生所傳授的特色。請您介紹一下有關情況。

【鏈接】

　　太極長拳也有人稱快太極拳。馬老師說：「太極長拳必須在基本功法練到位之後，經過由鬆入柔，運柔成剛，表演中做到以意行氣、以氣運身、內勁運化，經由數年的恒心、毅力去實踐，才能建立學習長拳的基礎。也可以說長拳是太極拳的延續。」楊振銘門下資深弟子多數習練太極長拳，而馬偉煥堪稱佼佼者。他表演太極長拳僅數分鐘便可完畢，起腳迅如閃電，風聲可聞。整式演練中連綿不斷，氣勢渾厚，如長江大海之滔滔不絕，意氣神和內勁節節貫通。達此境界者，可算功到自然成。

　　太極拳長拳在社會上練的人不多，知道的也不多。一般以為是另一種套路，因此在社會上出現了「太極長拳五十八勢」「一零八勢太極長拳」和「一二九式太極長拳」等等，也都各有師承出處。楊氏門人中有些習練長拳的，但都很慎重，都很珍惜之。

　　過去楊澄甫先生在上海等地應邀表演太極拳，有時只有幾分鐘就完成，而且起腳迅如閃電，風聲可聞。當時有人稱之為快拳。楊守中老師嚴肅地說，我們應該稱之為太極長拳，就是拳經中所講的「長拳者如江河大海，滔滔不絕也」。現在一般說楊式太極拳都是指八十五式的傳統套路，也就是舊稱「十三勢行功架」的太極拳，或者說是楊澄甫所定型的架式。

　　太極長拳在理法和拳勢方面和原初的「十三勢行功架」是一致的，但必須在基本功法到位之後，也就是經過由鬆入柔、運柔

成剛，以達剛柔相濟。在實踐中要做到以意行氣，以氣運身，內勁運化那麼一個過程。這個過程必須掌握正確的練習方法，由數年的恒心毅力去實踐，配合推手、器械等練習，才能靠近《太極拳經》所講述的理法，才能建立學習太極長拳的基礎。也可以說長拳是太極拳的延續，是延向較高的層次上去。各個拳勢型式和原太極拳架基本一致，主要區別是在演練中連綿不斷，氣勢渾厚，渾然貫通。能練拳到此境界，意氣神內勁節節貫通，長拳將不求而得。換而言之，功到自然成。假若基礎還未打好就強行習太極長拳，恐有畫虎不成之累。

因爲太極長拳的練習難度大，不容易像「行功架」八十五式太極拳那樣便於普及推廣。外界亦難睹其眞貌。

上海太極拳家瞿世鏡老師在《楊式太極是一家》一文中說：楊式技擊架稱「太極長拳」，其速度快慢相間，動作剛柔相濟，步法要走滑步，發勁吐氣出聲。這也是從觀賞角度對楊式太極長拳的一種描述。

余功保

對於太極拳的理解不僅在於拳法套路上的甄別，主要是集中在三大方面：一是拳架，涉及到具體練法、要領；二是拳理，就是太極拳的文化、科學等內涵；三是拳論，特別是如何理解古典拳論。

馬偉煥

特別是對幾篇重要文獻的理解一定要深入體會，細心求真。這裏我舉個例子。有的拳論單從字面上看很簡單，但容易理解偏差。比如《十三勢行功心解》中有兩句：「先求開展，

後求緊湊。」如何理解？字面上很容易，詞義並不艱深。很多人認為，這兩句說的是練拳的順序，練習太極拳先要練開展，手足運行的幅度要大，熟練以後，再將架子收小，為緊湊。我覺得這樣理解是不對的，或者說是不全面的。

馬偉煥太極劍勢

開展是練習太極拳的基本要求，不僅在開始練拳時這樣，練習熟練了這個要領也不能有絲毫改變。開展的含義是說我們行拳時起腳、開步、運腰、出手都要達到最適當的幅度，恰到好處，不是越大越好，太大、太誇張就是散亂了。

「後求緊湊」，是練拳的比較高級的要求，這種要求是建立在開展的基礎上的。沒有正確的開展，就不可能談到緊湊。緊湊不是放棄開展來縮小，而是在行拳時由內而外體認到縝密而不露間隙。開展與緊湊並不矛盾，不是非此即彼的關係。如果認識偏差，就會帶來練拳的偏差。

還有就是對「往復折疊」的理解，有的人從字面上看，認為折疊就是身體動作的屈伸折疊。其實折疊不是單純指動作的折疊，而是保持內勁連貫的一種要求。一般來說，在動作變化中，在舊力將盡、新力未生的時候，是有弱點產生，出現「中斷點」，練拳要讓這個中斷點消失，不讓這個薄弱點出現，要由往復折疊，達到圓潤、暢達，無使有凹斷處，使意氣連貫，勁勢如一。

翁福麒簡介

　　翁福麒，1931年生，遼寧遼陽人。滿族。吳式太極拳名家。

　　7歲在天津從李耀庭學形意拳。1946年在北平從高紫雲學太極拳。1956年在北京拜楊禹廷為師，專修吳式太極拳械。長期苦練探索不輟，系統掌握傳統吳式太極拳技術、理論方法。

　　1953年起開始傳教於人。1957年受命詳細記錄、整理吳式太極拳動作，協助楊禹廷出版《太極拳動作解說》。1966年寫作完成《試談太極拳》書稿。80年代與李秉慈一起在北京中山公園傳授吳式太極拳。1989年與華藝音像公司合作拍攝了《吳式太極拳》電視教學片在國內外發行，1990年與李秉慈合著《楊禹廷太極拳系列秘要集錦》。

　　20世紀90年代開始在北京中醫藥大學等處義務教拳，十多年堅持不斷。勤於研究、著述，以全面、系統繼續傳統太極拳為己任。積極開展太極拳的推廣組織工作，為宣傳吳式太極拳開展了大量工作。文武兼修，所著太極拳研究論文在國際重要太極拳活動中獲獎。

　　先後被選為吳式太極拳研究會秘書長、副會長、名譽會長兼秘書長。為北京吳式太極拳研究會的重要骨幹人物。

雲生水起
——與吳式太極拳名家翁福麒的對話

「雲手」是太極拳最著名、也是最經典的招式之一。

其立身中正，左右回旋，上下貫通，盡含太極之妙。名稱也起得好，「雲」為意態，輕靈、飄灑，「手」為形體，變化無窮，形意相合，沉著宏大又百轉千回，有「野竹分青靄，飛泉掛壁峰」的自然真趣。

太極拳是水做的。象水之形，取水之法，彰水之功。

水之形為無形，能和萬物，與之共處共榮。水之法尚柔，無堅不摧，載舟覆舟，在不動聲色之間，其無窮在一個「整」字，滴水穿石，鍥而不捨，百川匯海，浩蕩無垠。水之功在於養，養世間百草，天地生靈，潤物細無聲，綿綿不絕。

有的太極拳家一生便做了雲，不著世俗塵染，高風宗範，乾淨地來，飄灑地去，留下一段傳奇在人間，當人們回望宇宙深處時，他在雲中笑。

有的太極拳家一生便做了水，辛勤灌溉，要留生機滿園春，

參天大樹枝繁葉茂，他便落葉歸根。

楊禹廷就是雲生水起的太極拳家。

淡泊中有摯熱，那是對太極拳深深的愛。

也正是源於這種愛，翁福麒先生立志要將老師楊禹廷所傳的太極理法繼承下來，傳播開去。他認爲，與先人相比，有很多方面我們做得不夠，但對於後人而言，有許多事情我們卻不能不做。

余功保

一、陰陽分天地　太極衍大道

余功保

在不同場合聽您多次講到「楊禹廷太極拳」這樣一個概念。您和師兄李秉慈先生合著的一本書書名也是《楊禹廷太極拳系列秘要集錦》，您認為「楊禹廷太極拳」具有什麼特點，強調這樣一個概念的意義是什麼？

翁福麒

楊禹廷老師是吳式太極拳的重要傳人，是太極拳大家。為吳式太極拳的發展做出了巨大貢獻，可以說，北方的吳式太極拳學生，大部分是楊老師所傳下來的支脈。我是楊老師的弟子，別的拳我不太瞭解，幾十年來我只是研究楊禹廷所傳的太極拳，我也只能講楊禹廷太極拳，其他的拳我沒有發言權，我只講我有些體會和認識的東西。這是一個原因。另一個原因，楊禹廷太極拳具有鮮明的特點，具有濃郁的傳統性，有系統、有理論，有實踐，講楊禹廷太極拳，研究、發展它，我認為是對傳統太極拳的忠實繼承。

余功保

楊禹廷先生是吳式太極拳承前啟後的人物，拳功、風骨為武林後人敬仰。為人超

太極拳名家楊禹廷

楊禹廷在北京太廟晨練（1948 年）

然、淡泊，這與其武功修為也有很深關係。我始終堅持認為，一個拳家功夫如何，觀其氣度是重要指標之一。

翁福麒

楊老師可以說在內外修養上都達到了很高的境界。

余功保

楊禹廷在北京中山公園中山堂前練劍（1956 年）

吳式太極拳由全佑始，後來有「南吳北王」之稱，即上海吳鑒泉、北京王茂齋，都有眾多傳人。王茂齋最主要的傳人就是楊禹廷先生。禹廷門下拳家名人輩出，為北方的中流砥柱。

雲生水起──與吳式太極拳名家翁福麒的對話　553

您認為楊禹廷太極拳主要的特點是什麼？

翁福麒

如果簡單地說，我覺得可以用一句話來概括，就是「規範化、科學化、合理化的楊禹廷太極拳」。

它的技法特點為：立身穩正、體神鬆淨、意形並重，返璞歸真，支撐八面，靈活自然，身心雙修，天人合一。

它的理法特點是：理源太極，法示陰陽，用以科學，顯於人體。

以上是我對楊禹廷太極拳的體會和總結。

【鏈接】

太極拳一代宗師楊禹廷先生生平傳略
李秉慈　翁福麒

先恩師楊公諱瑞霖，字禹廷。祖籍北京。生於清光緒十三年、歲次丁亥九月二十九日（西元 1887 年 11 月 14 日）；逝於農曆壬戌年十月初一日（西元 1982 年 11 月 15 日）15 時之後，無病而終。享年九十有六。是有記載的太極拳老拳師之中的高壽者。

先師繼承太極拳衣缽並發揚光大。在前輩先賢凝築的基礎上加以整理和提高，使古老的太極拳走上了規範化、科學化、合理化新的征途。他用畢生的心血譜寫了太極拳的新篇；他用辛勤的兩手耕耘在太極拳御園之中；他用堅實的兩腳蹬踏在太極拳的巔峰；他用七十多年堅韌不拔、排除萬難的毅力，終生不二業地矗立在太極拳教學崗位上，塑成一位太極拳老拳師可敬佩的高大形

象。他是弘揚中華民族寶貴遺產——太極拳文化的一位典範宗師。

現就作者所知的點滴事蹟略述於下。以敬仰、緬懷、紀念老人家既普遍而又突出，既平凡而又偉大的生平。

一、從小立志、獻身武術

泱泱中華大國，在 19 世紀之後被帝國主義列強的堅船利炮轟開大門，成爲鯨吞的食。因此，更加重了腐敗的清朝政府對人民的壓榨和剝削。雖然位於皇帝腳下的北京御城，百姓們也是掙扎在民不聊生、水深火熱的貧困線上。

恩師出生在平民之家，幼小時體弱多病。在缺醫少藥的條件下，只可嘗試以習拳練武來祛病和強身健體。1900 年八國聯軍攻陷了北京，他目睹了洋鬼子的獸行，燃燒了幼稚的心胸，激勵了少年的意志，更加全身心地投入到習武鍛鍊，發憤圖強，以身報國。此後，他投拜了周相臣、趙月山、田鳳雲、高克興（子明）等武術名家爲師。

由於老師們殷切教導和他自己虛心好學、刻苦用功、爲人謙和、孜孜以求，二十歲時即馳名京城武壇。他精於彈腿、回民彈腿、長拳、摔跤、黑虎拳、形意拳、八卦掌與劍、刀、鉤、棍、槍、戟、鐺等拳械。將近民國又多次地投拜京城太極拳大家王茂齋先生，都被以「你已經是個武術家了」的話回絕。最後只好請求高子明先生親率前往，才被列入門牆。同時，也得到了師叔吳鑒泉先生的指教。從此以後，他就專門致意地從事於太極拳的修練、教學、研究和深求。歷經千辛萬苦，克服重重困難，踏過七十多年的人生路途，直至逝世前一日。

二、治學嚴謹、技藝精湛

　　恩師對武學方面的追求，廢寢忘食、刻意求真，達到了治學嚴謹、技藝精湛。因此他在學、練、教等方面都有獨到之處，這與他虛心好學、不恥下問、刻苦用功、努力鑽研是分不開的。當時的武術老師們都知道他這個徒弟很不好教，不但要將每個拳式、每個動作都要按規矩做準、做好、找正確，還要仔細追問為什麼要這樣做，以及勁路的來龍去脈，不弄明白絕不甘休。

　　他在王茂齋師爺處學太極拳時，每天都是第一個到場，最後一個離開。與人推手每次都是「打通關」（要和所有在場的人都推一遍）。

　　不僅如此，甚至自己回到家中每天琢磨姿勢動作，要像木瓦匠似的「吊線瞧活」找出正確的感覺。他去城外練拳時，往返數里，常常是一步一個拳勢，或一步一個「摟膝拗步」地苦練。練槍的基本功時，每天都要紮八百多槍。因此，他的黑虎拳、摔跤和八卦掌的技藝，在當時都是很有名的。他四十多歲的時候還能在城牆垛子上豎倒立。他常說：「藝精必須功勤。」

　　他傳授拳技時，對每一招、每一式、每一動都認真研究，反覆改進，使之合情合理。從 20 年代起，他就寫出教學講義，推行以奇、偶數表示開合的分動教學法，創造性地製訂了「八方線」，利用圓周角度代替了玄奇難懂的八卦名詞。以八方線為準，找正了步法、身法、手法的正確方位，使整套拳式有了規矩、方圓可循，確定了動作的進退變轉的合理路線，並加強了眼法、神志的訓練和用意念引導領動的部位與中間的變轉，以顯示內在氣質的變化、特殊作用，從而使這套古老的太極拳逐步走上規範化、科學化、合理化的新征途。

由於恩師的精湛技藝、嚴謹態度和認真治學，登門求教者日益增多。他一生所教過的學生數以萬計。新中國成立後知名的人士就有：劉秀峰、陳雲濤、李星峰、周學鰲、

楊禹廷與王子英、王培生等名家在中山公園合影

傅作義、楚溪春、趙君邁、葉淺予、戴愛蓮、張雲溪、曾維琪等人。他傳授出來的成名弟子有：王培生、李經梧、孫楓秋、趙任情、鄭時敏、馮士英、王輝璞、馬漢清、戴玉三等人。此外，還有不少國際友人和使館人員，真可謂桃李滿天下！

三、富貴不淫、貧窮不移

在舊社會，恩師表現了愛國主義的民族氣節和富貴不淫、貧窮不移的高尚品質。1928年國民政府從北平遷至南京。當時有個顯貴在北京時就請他做家庭教師，南遷時也請他隨去想繼續學拳，並在鹽務總署給他安排了既顯赫又有油水的職務。他因為無法正常教拳而不為金錢所動，不到三個月就跑回北平，仍心安理得地甘當窮拳師。

他夫妻哺育幼小兒子時，最好、最有營養的嬰兒食品是豆漿。這豆漿是自家把泡好的黃豆放到缸中搗碎再榨擠出漿來，而捨不得花錢去買成品豆漿來餵孩子。他們的生活竟是如此艱苦。

老兩口四十多歲得的第一個兒子尚且如此，可見一斑了！

日偽時期，侵華日軍頭領岡村甯茨（甲級戰犯）曾派人請他去敎拳，他斷然拒絕了。日本投降後，物價飛漲，普通老百姓難得果腹，民不聊生，無計可施。恩師爲了一家糊口，只得狠心賣掉了唯一的貴重値錢之物——代步的「中字牌」自行車（一輛手工製作品質低劣的舊車）。他每天要從德勝門內後海河邊走到太廟（現勞動人民文化宮）去敎拳。過後眾多學生才知道，老師寧肯賣了車步行十餘里，也不多收學費或向學生張口。大家都非常感動，自願湊錢相助，卻被他謝絕。寧肯「食不果腹，衣不遮體」地甘心敎拳，而絕不去巴結那些軍、警、憲、特，欺壓平民百姓，攫取不義之財。

四、尊師愛友、崇尚武德

恩師非常注重武德，認爲這是練武、學藝、敎拳的靈魂。他一再告誡我們：「練武的人首先要講武德，武德是從武之人的本分和天職。德爲技本；德高技榮。只有這樣才能繼承、發展我們民族的武藝。」他尊師重道、敬長愛友，決不以武欺人，逞兇鬥狠。恩師雖少年成名，亦不驕不矜，不喜強好勝，也不自吹德能，貶斥他人。

當年高子明先生去南方講學，由他支撐門戶，承敎高老的場子。每月他將所收學費買兩袋白麵，親自扛到高師母家中，表示對老師的敬意和對師母的孝心。

他爲人忠誠可靠，茂齋師爺忙於做買賣，也把多處的家館讓給他敎。他都是兢兢業業很好地完成任務，照樣是將敎學收入送至師爺的櫃上，由師爺付給他的所得，絕不把敎館工資直接裝入自己腰包。因此，他得到老師們的器重和信任。

1957 年舉行的楊禹廷收徒儀式合影

　　1934 年曹幼甫師叔等數人跟他學拳幾年後，欲拜他爲師。
他非常謙遜地說：「上有老師健在，下有諸師兄在前，我學識和
功夫淺薄，不能收徒。」遂薦介到王師爺處拜師，結爲師兄弟代
傳太極拳術，共同研究技藝。恩師在他們師兄弟之間，友善相
處，謙恭和藹，敬兄幫弟，取長補短。所以，大家都願意與他練
拳習手，切磋探討，研究提高。

　　恩師太極拳術功純技高，勁力圓韌，輕靈細巧，意念順隨。
而於拳學，精心參悟，已臻神形意化。從 20 年代起，他曾擔任
中法大學、民眾教育館、智化寺、北平太廟太極拳研究會（經南
京國術館批准，設在故宮博物館分館，即現在的勞動人民文化
宮）太極拳教員。1950 年初遷至中山公園內投壺亭（十字亭）
畔設場教拳。「文革」中（1969），在眾多學生的懇切請求下
又去景山公園、故宮筒子河北岸、闕東門外等處義務教拳，一直
堅持到唐山大地震。他的武術教齡長達70餘年。

恩師一貫忠誠篤實，平易近人。他終身均以義、禮、信、謙、和待人，胸懷若谷，坦蕩無私。年事愈長，道德愈高，廣結武界善緣。在與人研究技藝時只是點到而已，推手時候，多化少發，絕無傷害，不使對方難堪。稱得起德藝雙全，敵怨無人。50-60年代，經常在公開場合做拳架及推手表演，皆以實事求是的精神，認真地對待觀眾，絕不故弄玄虛，毫無嘩眾取寵之意。

　　恩師尊重各門派之長，不計較個人名利之得失。有的學員慕名前來求教從學，當他知道來者曾經練過別的拳種時，就主動地爲他們推薦更合適的老師。如學員確實願意跟他學時，他總是誠懇地說：「我教得不好，你先試試、看看再說。」又如，弟子之中的某些人跟從老師多年，都有了名氣。他們又去學陳式太極拳和24式簡化太極拳時，老師欣然支持，從不阻攔，毫無嫉妒之心或慢待。

　　舊社會，武術界中間入門的界限很嚴。如果有拜師弟子或所教過的學生「跳門檻」再向別人學拳，常常會引起門派之爭，造成互不團結。而恩師卻不隨俗。在40年代末，年僅17歲的李子久同學即在太廟處跟從恩師學太極拳。李子久體質剛健，敏而好學，很受老師的喜愛。他學了幾年之後，經鄉親介紹又找到陳子江老師要學形意拳。陳老師說：「你要向我學，可以。但要取得楊老師的同意。」恩師得知後不但欣然應允，並且親自帶他去拜見陳子江老師。恩師常講：「哪位老師的武藝高，都可以去學。但是，無論跟哪位老師學，最要緊的是下苦工夫把技藝眞正學到手。」

　　新中國成立後，恩師更熱心於武術界各門派之間的技藝交流。使我們記憶很深的是，馬漢清師兄是老師最早期的弟子，他本人還願意學螳螂拳，老師不僅同意，而且親自參加了他的拜師

儀式。顯示了恩師尊重他人，無門派隔閡、寬廣胸懷和高尚武德。

五、真心誠意，在太極御園中耕耘一生

恩師對國家、民族充滿了真誠熱愛和深厚感情。在舊社會生活時，他都是剛正不阿地做人，勤勤懇懇地研究、深鑽、徹悟拳術理法，節衣縮食地致力於教拳育人。新中國成立後，黨和政府爲他教拳活動提供了便利條件，讓他吃飽穿好，安居樂業。這就更激發了他對教拳工作的滿腔熱情和願意爲勞動人民服務的決心。60 年代初，他年近八旬時，仍然寒暑無間，風雨無阻地堅持每天清晨五點多鐘第一個來到中山公園，爲上早班的學生教拳。直到中午 11 點多鐘才最後一個離開。他在講課時，十分注重言傳身教，循循善誘，耐心講解。他還不時地蹲在地上給學員畫、寫動作路線圖，直到每個人都看清楚、學明白爲止。更爲可貴的是他不保守，不固步自封，常常給自己出難題。

他啓發學生們說：「你們不但要好好聽講，用功練拳，還要多思考細琢磨，多多找難題，不懂就問，把我問倒了最好，這樣才能教學相長，共同進步。」

他曾感慨地說：「現在比以前好得多了，來這裏學拳的大多是勞動人民。有工人、幹部、學生和知識份子。大家都很尊敬我，我越教越高興，越教越有勁！」

恩師孜孜以求的是中華武術的蓬勃發展。他時時刻刻追求的是拳術技藝和拳法理論。在 60 年代初，他又重新整理了三十多年前寫的手稿《太極拳教學講義》，細緻認真地編寫出《太極拳動作解說》一書，內部發行，爲教學生涯打下堅實基礎。在拳術理法上有新的突破。恩師不但在太極拳架和太極推手方面有極高

的造詣。在太極劍、太極刀、太極杆等器械也都是精益求精，道理和方法上更是刻意求真。不斷努力地提高品質。探求深入太極拳真諦，發揚光大太極拳——民族寶貴的文化遺產。

晚年後，更時常告誡我們說：「拳術不是到我這裏就結束了，你們一定要繼續發展，流傳後

楊禹廷夫人觀楊禹廷練功

世。」「中華武術淵源流長，代有聖賢。我只是把前輩的藝業轉手傳給你們。這些寶貴的遺產，你們要珍惜它、愛護它，一代一代地傳下去。把它傳給千秋萬代！現在的社會比我年輕時勝強百倍，將來會更好，希望你們努力奮發圖強，將太極拳推向更高潮。」

1982 年 11 月 14 日是農曆九月二十九。恩師在人生道路上，走過了 95 個春夏秋冬。這天有很多弟子、學生和親朋好友都高高興興來給他拜壽。老先生的精神非常好，情緒也特別高，談拳說手熱火朝天。在吃長壽麵時，他還風趣地說：「你們這個年歲才吃兩碗麵，說明你們沒有用功。我年輕的時候，一頓飯要吃八大碗才行！」說完他自己先爽朗地笑起來。大家見老師有這麼高的興致，也都慰心地大笑著。

傍晚大家將要告辭之前，恩師又突然神情莊肅、語調沉重地向我們說：「我對不起你們的那幾位師爺！我沒能把人家那麼多

的好東西完整地傳給你們。在我這裏就斷代失傳了！」他的聲音有些發顫。我們都默默無言地低下了頭，心中想說：「老師啊！您爲中國武術已經做出了很大的貢獻，眞是用盡平生之力。諾大年紀還這樣自責，愧對前輩。讓我們無地自容了！」不想這句話竟成了恩師的最後遺言。

恩師、他老人家，用畢生精力、全部心血、終身不二業地獻身太極拳事業。爲太極拳文化樹起一幟光輝旗子，是令人尊敬的模範。

1982 年 11 月 23 日，在八寶山禮堂舉行了「楊禹廷老先生逝世追悼大會」，由北京市體育運動委員會副主任、北京市武術運動協會主席劉哲主持。由中國武術協會副主席、北京市武術協會副主席、北京體育大學教授張文廣代表全國武協和北京市武協致悼詞。同時，還有國家體委和北京市體委的領導們參加。全國各地的武術界知名人士、武術大師、武術家，絕大多數都是先師生前的友好、敬慕者，都來參加弔唁。衆人無不交口讚頌老先生的道德品質、精湛技藝和爲人處世。會上有幾位年過八十、長期跟從老師學拳的學生都痛哭流涕地說：「我們能活到這麼大的歲數，都是老師賞給的！不然早就病死多年了。萬萬沒想到，老師竟早我們而去，眞是痛心呀！」

追悼會進行得肅穆、莊重。規模之大，隆重之情，眞可謂武術歷史之最了。這是黨和政府對武術的重視和關懷，也是老先生一生用自己的正確、莊重腳步走出來的！

中國武術協會特地發來唁電：「楊老先生爲發揚祖國文化遺產，開展武術事業貢獻了畢生的精力，做出了卓越的成績。他的逝世是我國武術事業的一個難以彌補的損失。」

楊禹廷誕辰百年紀念會

余功保

楊禹廷先生一生育人無數，吳式太極拳在北方的主要傳人大都出自他的門下，他的弟子中比較突出的有哪些名家？

翁福麒

楊老師教的人很多，入門弟子中傑出的人才也不少。比較著名的比如李經梧師兄、王培生師兄、李秉慈師兄等，都在研究、推廣太極拳上做出了很大貢獻。

這裏再介紹幾位，趙安祥，他是楊老師弟子中年歲最高、入門最早的，1906 年生，1968 年去世。畢業於北京師範大學生物系，曾在北京師範大學、河北邢臺師範學校任教。

趙任情，遼寧撫順人，1900 年出生，1970 年去世。是早期北平太廟太極拳研究社的學員，有一定的文化水準，舉止談吐溫文爾雅，穿戴古樸，常談老莊哲理，特別喜歡推手，喜歡研

究，發表有《太極拳纏絲勁和抽絲勁的異同》等文章。

王輝璞，山東文登縣人，1912 年出生。20 世紀 50 年代拜楊禹廷為師，幾十年堅持練習、傳拳不斷，1983 年在丹東成立吳式太極拳研究社，任社長，弟子遍佈遼東。

鄭時敏，1914 年出生，1997 年去世。30 年代跟楊禹廷學太極拳，幾十年堅持業餘時間傳授太極拳，曾多次參加北京市武術比賽，獲優異成績。

馮士英，河北束鹿人，1914 年出生，2003 年去世，40 年代拜入楊禹廷先生門下，60 年代響應政府號召回鄉支援農業，並長期在農村教拳。

其他還有孫佩秩、張福有、李省三、石蘭田、馬月卿、王松年、李植林、戴玉三、邵瑟安等。

余功保

您是怎麼隨楊禹廷先生學太極拳的？

翁福麒

我是在 1956 年的春天，經一位遠房親戚的介紹，在中山公園開始向楊老師學習太極拳。開始我只是想學太極劍。後在學習太極劍的過程中，看到老先生給學員們講解太極拳動作，我也過去聽一聽，一聽，覺得非常入耳，非常合理，和許多人講解不太一樣，

翁福麒與楊禹廷、吳圖南等
太極拳名流合影

雲生水起——與吳式太極拳名家翁福麒的對話 565

比我以前學的太極拳高出很多，就產生了濃厚的興趣。比如他講鬆，就鬆得徹底，鬆得乾乾淨淨，只有徹底鬆下來後，才能產生最大的力。很講科學性。於是在學太極劍的過程中，也就同時學太極拳。

我以前練過楊式太極拳，那麼在小的動作方面注意區別，深入體會楊老師教的東西。楊老師也很認真，經常給我糾正動作，這樣我越學越入迷，就全心全意投入到楊禹廷太極拳當中去。在 1976 年，和 9 位師兄弟一起拜入了楊老師門下，楊老師也不斷加強我們對太極拳的認識和對要領的把握。

余功保

您對太極拳研究了一輩子，也寫了許多文章，是一位很注意總結的太極拳研究家，是用心在體會太極拳。您覺得太極拳的基本原理是什麼？

翁福麒

我在 1998 年曾經寫過一篇關於太極拳的釋義短文，講的就是我對太極拳的理解。我認為：太極拳從無極開始，無極生太極，太極分陰陽兩儀，即寓動靜虛實。

陰陽生五行，在太極拳中是為五步：乃前進、後退、左顧、右盼、中定。

兩儀生四象再生八卦，在太極拳中表現為四正、四隅之八手：乃掤、捋、擠、按、採、挒、肘、靠。

腳趾五行，為方，手舞八卦，為圓，共為十三。

這些哲學的理論看起來很抽象，其實在太極拳中都有很具體、很清晰的對應。

翁福麒太極拳照

余功保

所以有人說太極拳是中國哲學的生動注解。

翁福麒

要真正體會到這些關係，還需要深入地練一練太極拳，否則總是停留在抽象的階段。練太極拳時不僅要掌握動作，更要注意理解太極拳的法則。

余功保

太極拳的主要法則是什麼呢？

翁福麒

概括起來說，太極拳的主要法則如下：

陰陽相生，互為其根。虛實變換，首尾連接。開合交錯，周而復始。綿綿不斷，滔滔不絕，生生不已。無缺陷處，無凸凹處，無斷續處，以人體為小周天運行之。

太極拳的所有動作都是在這些法則下來運作的。

余功保

人體周天說是道家養生中比較強調的一個概念。

翁福麒

這也是中醫理論在太極拳中的體現。人體全身遍佈經絡，練拳時氣貫四梢，人體周天自然形成，這樣練拳，時間越長，氣血運行越通暢，人體各系統之間互為補養，久練必有強身作用。

余功保

太極拳的作用您認為主要是哪些方面？

翁福麒

太極拳練神意，理氣血，強髓骨，健體魄，敏皮膚，增智慧，修品德。制敵之勝，不在勢之強弱、力之大小，妙在變化之間。

余功保

太極拳就是講究變化的科學，研究變化的方式、變化的規律、變化的特點等，太極拳的方法就是以變應變、以變克變、以變勝變。

翁福麒太極拳照

翁福麒

太極拳的運動就是法以陰陽，動以心意，通於經絡，達於膚皮，而斂入骨髓。內外核心是變。身手的變化以腰腿為主，腳為根本。

余功保

是否輕靈沉著，全在腳下的挪移功夫。

翁福麒

在變化中要意領手動，眼、神要相隨，身法變，根起根落。體舒心靜，吸呼開合。

肌骨要鬆，皮毛要攻，節節貫串，虛靈在中。

太極哲理融合拳術，故命曰太極拳。其中一切道理皆可用「太極周天運行圖」來解釋。

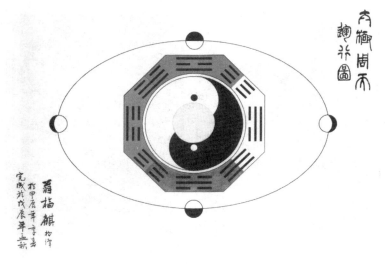

太極周天運行圖

太極周天運行圖

余功保

「太極拳周天運行圖」是您自己的體悟創作出來的？

翁福麒

是這樣的，我認為，它能概括太極拳的特點。這是我個人
的認識總結。

中間是大家經常看到的陰陽魚，我們給它加了五種顏色，
加了八卦，陰爻、陽爻。五種顏色代表五行，也是代表方向。
北京中山公園有五色土，社稷壇，表示天下的方位。八卦圖過
去有兩種，先天八卦和後天八卦，我這裏用的是後天八卦，先
天八卦代表自然的，後天八卦代表方向的。人站在中間的位
置，和八卦一起就叫九宮八卦。橢圓周圍的四個小圓就是地球
圍繞著太陽轉，四時季節也包含在其中。人和自然的關係，方

向正隅，太極拳的各種變化所依據的法則都在這個圖裏面了。

二、規範化、科學化、合理化的太極拳

余功保

具體來說，楊禹廷太極拳的規範化、科學化、合理化體現在什麼地方？

翁福麒

在規範化方面的一個重要貢獻，是楊禹廷老師提出了「八方線」的概念。

八方線是以練拳者自身的肢體為尺寸，以所處地域空間為方位，結合手、眼、身、步而進行鬆淨自然的運動佈局。是為

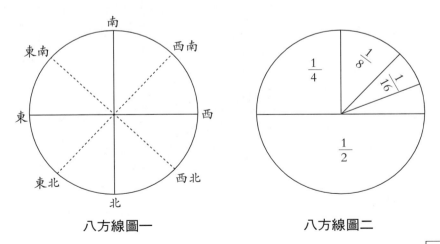

八方線圖一　　　　　八方線圖二

了準確精密地控制周圍環境設計出來的，它通俗易懂，生動準確地說明了太極拳的基本含義。

具體來說，練拳者平直端正地舒立在地面上，自己面前對準正方向的實線：前南、後北、左東、右西。對準隅方向的虛線：左前東南、右前西南、右後西北、左後東北。這就是五行、八卦中所說的東方甲乙木，震，左顧；南方丙丁火，離，前進；西方庚辛金，水，兌，右盼；北方壬癸水，坎，後退；四線之交點為中央戊己土，中定。此為自身站立之處。亦即是太極拳中所說的四正之手：掤、擠、捋、按和四隅之手。採：東北，艮；挒：西北，乾；靠：西南，坤；肘：東南，巽。

如此分出進退顧盼定和四面八方的合理佈局，以自己的步身手眼來進行周密的控制。

余功保

把太極拳的動作比較量化了。

翁福麒

這樣對於學習者就容易把握。這是教學方法上的革新。

余功保

楊禹廷太極拳在身形要領上是如何規範的？

翁福麒與太極名家李秉慈、李經梧、曹幼甫合影

翁福麒

在步型上，一般來說，兩腳不分前後左右邁開後都要平行。除「斜單鞭式」之外，腳尖都要對準正方向。支撐身體前後進退、左右旋轉的底面積——步型，其大小與間隔、距離都有一定的尺寸，就是以本人腳的長（寬）度為準。

正步是向前進、往後退時所用的步型。後腳尖在中點，前腳跟在斜前方的隅線上，組成以一腳之長為邊長的正方形。也就是前腳跟與後腳尖間隔一腳之寬，距離一腳之長。

隅步是朝向斜前（後）隅角方向進退時所用的步型。後腳尖在中點，前腳尖在斜前的隅線上，組成以一腳半之長為邊長的正方形。也就是前腳跟與後腳尖間隔一腳半之寬，距離半腳之長。

馬步是朝向左右兩側方向旋轉時所用的步型。兩腳尖平齊，間隔為兩腳長之寬，組成為 1：2 腳長之矩形。

這是拳式動作中所常用的完成定勢的幾種步型。

在身形上，太極拳的基本要求是「涵胸拔背、鬆腰溜臀、裹襠屈膝」。雖然口號如此，但實際做法大不相同。

前兩句主要是對椎柱（脊）的要求。在身體的上面有「虛領頂勁」，也就是「頂頭懸」的要求。其目的是將頸椎向前弓突之處即「頸曲」往上引領，使頸椎部分向上、往後伸展。為此有將第一胸椎節大椎向上、微後拔起之意，這就讓胸椎的上部分出現的前弓狀態向上往後舒直。而頸部也隨頂頭懸的引領端正地適當向上舒直，以支撐體重的十分之一的頭顱。

因為「涵胸」使胸部鬆圓，這樣附著於胸椎的腔骨和肋骨則是往下垂。同時，配合「鬆肩垂肘」兩肋鬆沉，膈肌下降，可使胸腔容積擴大，增加呼吸氣量，氣舒而心靜。達到平靜的

深長呼吸。

在軀幹的下端有「氣沉丹田」的要求。鬆腰溜臀則是具體的做法和正確的姿勢。因為人類站立起來行走，雖然解放了雙手，但全身重量就落於雙腳，整個軀體的活動加大了對地面的作用力。為了減少地球反作用力對腦部的衝擊，因而產生保護性的生理機制，使脊椎有三處彎曲的弓突處。頸椎向前為頸曲；胸椎向後為胸曲；腰椎向前為腰曲，此為最大的彎曲之處。同時，也使重心上推，更便於上體所做的用力活動。

事物存在和發展時，有利必有弊。人站立以後，在地面上形成的底面積縮小，而重心又上升，所以容易傾倒。脊髓在椎管內上下流通也增加了阻力。另外按中醫說法，人的五臟六腑在爬行時皆繫於脊柱之上，處於下垂狀態。站直後則上下相壓相擠。所以有人提倡人應該多做爬行運動。太極拳是為了讓自己在運動中處於最大、最佳的穩定、平衡狀態的拳術。

鬆腰是讓五節腰脊在不影響胸脊的情況下儘量向後舒直。溜臀是使骶脊下端由原來外翻的情況下向前下溜。原來人們習慣自然地往外凸出臀部，因為要鬆腰也帶動了骶尖下溜。「鬆腰」在我們的拳術中是關鍵之處，鬆腰可使重心下降的幅度最大。所說的「氣沉丹田」也就是在站立活動之時使重心沉降到體內最低之處——小腹的中央，以保證自身的穩定平衡。

「虛領頂勁、氣沉丹田」最簡單的要求就是讓脊柱平展地舒直後，使頭頂的「百會穴」與兩陰之間的「會陰穴」在沖脈上上下垂直對正。沖脈相當於頭與上體兩部位的「中軸線」。所謂「頂頭懸」「涵胸拔背」「鬆腰溜臀」就是讓頭部的周圍、胸背腰腹等器官組織均勻、協調地包圍在「中軸線」沖脈的四周週邊。

腿的方面，腿是體重的支柱。太極拳運動主要是屈膝，練拳者要在屈膝狀態下做好拳路中的定勢和動作。太極拳中有三種主要的屈膝定勢：

1.坐腿：用後腳的底面積承載100%的體重，身體的重心垂直於此腳的中心點，另一腿往前舒伸平直，後腳跟虛置於地面上。

2.弓腿：用前腳的底面積承載100%的體重，身體的重心垂直於此腳的中心點，另一腿往後舒伸平直，後腳底面虛置於地面上。

3.馬步勢：兩腳左右分開後，平均各承載50%的體重，身體的重心垂直於兩腳組成矩形的中心點。

習慣的說法，就是重心在哪隻腳上，此即是實腳。

屈膝的幅度和膝尖所處的位置，承重腿屈膝不得超過腳尖，初練或腿功不強者可以屈度小些。在腳尖之內。膝尖必須上下垂於地對正腳尖。

太極拳在定勢的時候對身型有嚴格要求。上身與腿、腳要很好地配合。頭部的兩眼、兩耳和上身的兩肩、胸向、背部、後腰、兩胯，除特殊要求外，一般都平直端正地對準實腳的腳尖。兩肩，包括上面所說的各部位，向下與腳的方向十字交叉彼此垂直。全身從頭到腳豎直、平穩、端正地站立於地面之上。再從前後兩方面看去，前面的鼻尖與膝尖、腳尖垂直對正；後面的後腦海與尾閭、腳跟垂直對正。如果是馬步勢，包括自然步、平行步的要求是兩膝尖分別下垂於兩腳尖，鼻尖垂直於兩腳尖連線的中點；後腦海與尾閭則垂直於兩腳跟連線的中點。

特別要注意的是：屈膝下蹲的時候，上身要垂直向下，上體與大腿根大約組成130°的夾角。

翁福麒縱論太極拳

余功保

身體在太極拳運動中如何變化？

翁福麒

運動起來有進、退、顧、盼等方式，特別要體會重心的變化移動。

1. 由坐勢變弓勢，重心向前移動

坐勢時重心在後腿，先由腰往腳下微微放鬆，前腳翹起的腳尖慢慢落地，再繼續向腳尖的上方虛進彎腿的膝蓋，此時重心才逐漸向前下移動。當膝蓋與腳尖上下對正之後，再繼續虛進胯，最後鬆腰立身使尾閭對正前腳腳跟。此時重心完全移到前腿，完成了由坐勢變為弓勢的動作。

2. 由弓勢變坐勢，重心向後移動

弓勢時重心在前腿，也是先由腰往腳下微微放鬆，後腿彎處慢慢鬆屈，再繼續向後腳跟的上方虛退尾閭，此時重心才逐

漸向後下移動。當尾閭與後腳跟上下對正之後，再繼續虛退胯，最後鬆腰立身讓膝尖對正後腳腳尖，此時重心完全移到後腿，完成由弓勢變為坐勢的動作。

3. 做馬步勢時，重心橫向移動

右腿承重，左腳外移成馬步勢的間隔後腳尖輕輕落地，右腿由腳下慢慢虛升，膝蓋向左前上微起，再向左落。此時由左腳尖開始腳底面逐漸落平，虛著地。再繼續虛落左膝，膝蓋下找腳尖，再虛落左胯，重心由右腿移過一半，最後鬆腰溜臀、折胯屈膝，兩膝尖皆下對兩腳尖。完成馬步勢的動作。

另外，雲手是比較典型的左右橫移的動作，還涉及到手的引動問題。我這裏詳細介紹一下雲手的移動：

1. 左移

左手食指尖由右臂彎往右前上方 45°角引領，右膝旋轉右前微升。左手立指尖鬆肘後往右上升，掌心對正中線而達最高點，與眼平，右膝彎舒直，右腿鬆立。在右腿鬆立之時，左腿亦隨長身也鬆立，此時重心平分於兩腿。左手由小指尖引領從掌心向內往左前外翻轉，至左前上方 45°角半落，左腿鬆屈膝，膝蓋旋轉左下微落。在左手逐漸俯掌轉至左側與肩平之時，左膝蓋已旋轉下落對正腳尖，左胯下落鬆合於左膝。右腿在右側舒直，右腳腳底面虛著地。此時重心完全移到左腿，完成「雲手」的第一動。

2. 重心右移

右手食指尖由左臂彎往左前上方 45°角引領，左膝旋轉左前微升，右手立指尖鬆肘後往左上升至中線而達最高點。當左膝彎舒直、身體由左腿鬆立長身處起時，鬆右胯，右腳收回至左腳右側一腳之橫寬處，此為自然步，落地踏穩。此時重心平

分於兩腿。右手由小指引領，從掌心向內往右前外翻轉，至右前上方 45°角半落，右腿鬆屈膝，膝蓋旋轉右下微落。在右手逐漸俯掌轉至右側與肩平之時，右膝蓋已放轉下落對正腳尖，右胯下落鬆合於右膝。左腿屈膝與左胯亦隨之右轉，左腳虛著於地。此時重心完全移到右腿，完成「雲手」的第二動。

雲手

在太極拳的運動過程中，除了應當明瞭重心移動的方法之外，還要注意以下幾點：

第一，重心移動時，腰以下的各個肢節要逐節順序地變動，不論是前進、後退或橫移，都必須由腳到踝到膝到胯到腰，漸漸放鬆，節節貫串，不可隔二跳三地去動。

第二，重心移動時，腰部不是直著向前、向後或橫移。在做前後移動時腰微向下再做斜前或斜後的曲線形變動。在做左右移動時，腰要微向上並加左右較慢的小幅度旋轉而形成曲線形的變動。在重心還未過渡到虛腿時，須將其各關節位置引好之後，再逐漸下落，到重心完全過渡之後變為實腿。腰部（重心）做這種曲線形變轉可以起到緩衝的作用。

第三，特別要注意，體重由實腿要逐漸到達於虛腿之上，亦即虛腿應該逐漸增加體重至全部時才變為實腿。以簡單的比例來說，原實腿所承的重量為十，虛腿所承的重量為零。移動時，由實腿往虛腿送重量，本身從十減至九、八、七……到一，最後為零。虛腿接過重量，是從零增至一、二、三……到

九，最後為十。它們之間的變化是相對地由多而減或由少而增，逐漸地同量轉變，決不能驟然猛變。

第四，練拳時一切動作變化都要符合太極拳「以意導體」的原則。在變動重心時，當初學尚未掌握好重心移動方法的時候，可以把注意力集中於此，等到熟練以後，「意念」仍應該集中於動作的規定部位，這樣在變動時才不會勉強、呆滯，才能使拳勢練到自然、安舒、輕靈、活潑、穩重的地步。

太極拳特別注意對重心移動的要求。是與其他形體活動不同的特點之一。尤其是我們這套太極拳，極其細緻入微地進行重心的移動和轉變。

余功保

手是人體的一個主要的動作部位，每一個動作都有手的變化。當然手的變化必須與全身的變化協調一致。手的形態和變化要求是怎樣的？

翁福麒

太極拳套路中的基本手型是掌和拳和鉤，除去五個「錘式」和少量的鉤手之外，多數都是用「掌」。掌有幾種：

1. 立掌

手心朝前、內凹、坐腕。五指分張開，虎口朝上。拇指尖與鼻尖相對正。此是往前外的推掌，故上、前臂舒直前伸而不可帶動肩膀前移，儘量舒展肩關節至掌心的距離，但是還要做到臂彎處橫紋朝上，肘尖垂地。

如往下按掌則手心朝下、內凹、坐腕。五指分張開，虎口朝前，舒臂下垂。拇指根微貼大腿外側正中處。臂彎朝前，肘

尖朝後。

2. 平掌

手心朝上為仰掌，手心朝下為俯掌，五指指尖皆朝上為豎掌。五指自然舒伸，各指之間微分開，不並不張。手心、手背與前臂的內外側成平直狀。在向外舒臂伸出時，同樣也要儘量做到臂彎處橫紋朝上，肘尖下垂。仰掌如需往側後方旋轉時，掌心如托物狀，要隨動作逐漸坐腕，至前臂垂直時，手心仍朝上微內凹。豎掌過頭頂時手心朝前，與肩平時手心朝後，兩腕交叉時手心各朝異側方向。

3. 右手虛鉤

手腕下垂，五指指尖虛攏在一起而朝下。此時，腕之中央處朝上，位置最高。右臂往右前外舒伸，仍要臂彎朝上，肘尖下垂。

4. 左手實鉤

五指指尖聚攏在一起，成啄狀。左臂在身後舒伸，鉤尖朝上，臂與上身約成 45°的夾角。在拳套中只有左鉤手是手臂在身後邊。

5. 拳

食指以下的四指皆回捲在手心處，拇指一節微貼於食指一節上，此時拳心要空而不攥實。往前出拳，臂如立掌前推與肩平，食指中節對正中心。「栽錘」向下，「指襠錘」向斜前下。拳在旋轉時手心翻朝上。「打虎勢」是手心朝下出拳。「彎弓射虎」是拳眼朝下出拳。拳在屈臂待發時腕裏側貼於右肋之下。配合出手的「虛拳」則是拳眼朝上置於另臂臂彎的下邊。

還有一些異型的手型，如「高探馬」「退步跨虎」「抱七星」等動作中的掌型。

手型是固定的，而手法是多變的，應該注意把握。

太極拳中出手的方向應以實腳腳尖的朝向為準。

立掌向前推出時，拇指尖不但要平正地對準鼻尖，還要與下邊的膝尖、足尖向內斜下相對正。此四點組成一個正前方向的垂直立面。「單鞭」的左掌也是立掌的要求，只是掌心朝向左前方45°角。因為要轉頭向左前看，所以拇指尖仍是平對著鼻尖。

向隅角方向的立掌，在拗步時，掌心朝向斜前方45°角。拇指尖向下垂落在「八方線」的同側隅角虛線上。此時拇指尖與前腿的膝尖、足尖和後腳足尖成一個隅角方向的垂直立面。因為手是轉向45°，所以，也帶動同側肩轉向22.5°，胯轉為肩轉的 1 / 2 角度，至此上下左右才能相合。

在順步時，向隅角方向進掌，手型為平掌，但手心要斜朝上，食指尖與同側的眉梢對平。掌心向下垂落在「八方線」的同側隅角虛線上。此時掌心要與兩腳的腳心組成一個隅角方向的垂直立面。

手向左右兩側伸出時，與腳尖成90°角，自然帶動上身旋轉，使異側之肩隨轉45°，胯轉22.5°。但頭頂心還要由重心垂直於腳心。在保持同側肩平正的寬度後，也要做到臂彎朝上、肘尖朝下的要求，此手的指尖要達最遠處。掌心與兩腳心組成左右兩側正方向的垂直立面。

鬆腕上提是太極拳中的一個典型動作。在從下按掌向上起手時，以腕中引動慢慢往上提起，手背與五指皆放鬆下垂，當接近與肩平時再往上提，則是關鍵。加強腕中引導，讓前臂漸漸隨上，上臂虛動，仍保持肘部下垂。切莫抬肩，牽動肋與膈肌上動。

如手在上邊，指尖上指時提腕。先由小指引導往內下鬆

垂，腕中再上升，漸漸靠近耳旁，成虛置狀態。

太極拳中有實手與虛手之分。意念所在之手，即設想應用之手為實手，是「意之顯」。意念未在之手，即配合動作之手為虛手，是「意之隱」。

手是人身體上最方便、最靈巧、最容易受意念支配和控制的「工具」，手在生活、生產、戰鬥中都起著主要作用，再加上整個身體的配合，能很好地完成各種任務。太極拳也應該本著這個原則來演練。所以，我們將手放在領動的崗位上，要求每一個動作都是手率領著身體的各個部位，有先後秩序地、「節節貫串」地進行。這也符合力學原理。

余功保

眼神是反映人的精神狀態乃至意念的重要器官，傳統太極拳論中也有很多關於眼睛鍛鍊的論述。眼神不聚則散亂，眼神太重則呆滯。眼神在練拳中應該如何注意體現？

翁福麒

「眼為心之苗」，是心靈的窗戶。眼睛可謂是神、意和內心活動表現之處。眼睛的任務是觀察、分辨體外的事物，所以「眼」應該是神志和意念的先行官，給大腦一個最先進入的直觀現象。其中包括了視線、注目點、眼光與姿勢動作的配合，以及神志、神情、神態、精神、氣概、氣勢、氣質等等與意念相結合的高級神經活動。

頭部動作是眼睛活動的基礎。我們先說「頭」。最上邊提到的是「頂頭懸」。頭頂處虛、靈地懸起，使頸項舒直，這樣做實際上就是讓頭、頸放鬆。不「綱舉」如何「目張」？頭部

端正與否是身體正常活動的本錢。所以我們要求「百會穴」垂直向上懸起，兩眼平前視，鼻準向下，唇閉齒合、下頜的中間垂直於兩腳間的地面。後腦海垂直於實腳的腳跟或兩腳跟連線的中點。對頭部的要求大致如此。

太極拳要求「神意貫注」，這就要依靠眼神來表達。眼神的移動與身體的運動變轉有很大的關係。練拳時所做的「起、落、進、退、屈、伸、俯、仰」等動作，眼神都要隨之有相應的變化，要密切地配合運動路線。眼神的移動若不合規矩，也屬於大的毛病。

一般地說，眼神達到的部位和意念所在的部位應該互相一致。但眼神並不完全呆板地集中在某一點上。特別在定勢時是要通過此點向前、向外、向遠處看出，要達到視野所及。瞳孔要保持在眼的中間，必須正目而視。除神志達到的目標以外，對視界內的其他景物應是視而不見，這樣才能做到心神意念專一，從而有利於身心雙修。另外，還應該要求視線以垂直於自己的中軸線為準，尾閭應與視線成反方向的運動。

翁福麒太極劍勢

雲生水起——與吳式太極拳名家翁福麒的對話

余功保

規範化必須建立在科學、合理的基礎上，否則就是錯誤定型，所以您強調三位一體很重要。

翁福麒

楊禹廷太極拳的要領、動作，它的實際操作和相應的理論都有科學的根據。太極拳要合乎科學道理，否則就違背了自然的、本能的正常狀態。

我舉例子分析一下楊禹廷太極拳練習方法的一些科學性。就從人在地球上腳踏地、腿支撐的道理說起。

人在行動時如向前進或後退，不但要有一定的距離，還要有合適的橫向間隔。往隅角時需要有一定的間距，還要有合適的角度。往左右時也需要橫向開寬有合適的間隔。有人主張步子越大越好，這不對。因為每個人的身高和腿長不等，邁步的大小要根據個人的重心移動的幅度。

舉例來說，我們看到做「劈叉」時人的步子最大，兩腳離得最遠，身體卻不能移動了，而兩腳併在一起時，身體也不能移動。由此可以說明，步子要由腳步的大小寬窄決定身體重心移動的尺寸才能保持平衡。

練拳時選擇雙腳平行為佳，因為兩腳尖朝正前時，膝蓋對著腳尖，膝彎朝後，又能使兩側的臀部朝向正後方，胯、腰、背、肩都是朝後，前後一致，達到「立身中正」，能保持肩胯上體平平正正地移動。如果有一腳偏置時，必定造成此側的膝蓋、膝彎、臀部依順腳型成同角度的歪斜，此側的胯要外展而偏擠了腰部。尤其是此腳偏斜此腿承重時，身體的中軸線不能

垂落於腳的中心。在往前邁進時，還必須掰動前腳而費時費事。同時，與兩腳平行組成的底面積也要小。楊禹廷太極拳中步型就是以練拳者本身肢體尺寸的適當比例而定出的活動於地面上的底面積，有利於前後屈伸進退和左右收放旋轉，使身體處於平衡穩定的狀態，而便於應付四面八方。

下面我說明一下太極拳的幾種步型是如何組成的和相應的依據。

自然步　是在練太極拳未動之時全身鬆淨、舒展直立的步型。兩腳的外緣相當於本身胯的寬度。兩腳內側有一腳寬度，兩腿承重，身體的底面積是一腳之長為長度，三腳之寬為寬度組成的矩形。

平行步　自然步站好，將重心移至右腿，身軀仍挺直站立。由腰放鬆至左腳，往左側橫移，以左大趾虛著地為準，然後由腳裏側擴至全腳底逐漸落平，兩腳尖平齊，其間隔也就是一腳之長。重心再緩移至中間，雙腿承重。兩腳外緣相當於本身肩之寬度，其底面積是一腳長為長度、一腳長再加一腳寬為寬度的矩形。

正步　一腿承重，屈膝下蹲，上身垂直下降成坐勢。重心穩固後，鬆腰舒膝，將另腳由平行步型往前邁出，腳跟虛著地。另一種情況是往前邁步或往後撤步時，鬆胯、腿，將另腳放鬆收回，經承重腿的踝旁邊再往斜前（後）舒膝出腳。向前時腳跟虛著地，向後時腳跟後撤全腳虛著地。重心前後移動可達兩腳長的距離，左右移動可達一腳長的間隔。步型是在此尺寸內的銳角是 26.57°、鈍角是 153.43°的平行四邊形，底面積是以腳長為 1 單位的，1×1，兩腳的外緣相當於肩寬。

隔步　一腿承重，屈膝下蹲，上身垂直下降成坐勢。重心

穩固後，鬆腰舒膝將另腳由自然步型順同側下按掌的食指尖的方向邁出，腳跟虛著地。另一種情況是兩腿和膝內側相近時，將虛腿往外移動至腳跟虛著地。重心前後左右移動尺寸都是一腳半距離。步型是在此尺寸內的銳角為 45°，鈍角為 135°的平行四邊形，底面積如上例則是 1 × 1.5。

馬步 右腿承重，屈膝下蹲，上身垂直下降成坐勢。重心穩固後，左腳從「攬雀尾」的最後一動的「八字步型」鬆腰舒腿將左腳尖往左伸展。另一種情況是「方後」的右側平掌，指尖再鬆長些，鬆腰至右腳底時將左腳往左側伸展，大趾虛著地。然後光腳裏側後全腳落平虛著地。屈膝的右腿在手的領動下，微向左、向上長起，重心逐步過渡到左腿，左腿屈膝承接，兩膝尖下垂於兩腳尖成雙腿承重。組成的步型是一腳之高，兩腳之長的矩形，底面積如上例則是 1 × 2。

這樣組成的底面積是重心前後進退、左右移動最大的範圍。如果再加上身法與一臂之長的進度時，可以達到最大的尺寸。

在身法上，太極拳要求身體移動應該是「隨遇平衡」，在改變姿勢和位移時不使重心忽然間升起，最形象的比喻就是球在地面的滾動。球的頂點、重心與地面的交點成為垂直線。所以球體永遠都不可能傾倒。我們就是要求練拳者要一腿（腳）承重。重心在兩腳之間移動時，用合理的底面積來承載，讓重心的垂線活動在底面積之中最佳的範圍內，做到不傾不仰，不偏不倚的中正安舒。

在練拳過程中身體的任何運作、拳勢變化儘量不給地球任何作用力，實際上只能做到越小越好，這其中也包括從上至下的關節和肌肉都要放鬆，以緩和與減少向下的各處作用力，達到自身的穩定平衡。在與對方接觸時要做到拳論中所說的不即

不離、不丟不頂、隨曲就伸的「捨己從人」之境。

　　手的運動，腳步穩定身體平衡才能充分發揮「手」的作用。手活動的上下、前後、左右的範圍是最大的，但要以身為主。因此，身體的動向是手的基礎。手在身前、左右兩側180°的直線內活動是最方便靈活的，如向側後就需由腰身旋轉、胯腿扭動來輔助。手往正前90°和側前的兩處45°空間置放，是控制180°直線前邊範圍內最佳、最合理的角度。同時，配合上用「八方線」組成的步法、身法就能發揮出最大的作用。

　　我們知道，如果在「摸索」中行動，首先需要意念指揮手和腳之「四梢」在先探求。練太極拳就如同在身體周邊內「摸索」運動。所以，我們主張「梢、邊領著主體動」，就是要求手、腳引導著身體動。任何一個物體不管進退還是旋轉時，都是朝向其最前端的一點率先動之，無論是從物理學或邏輯學上來講都是如此。

　　我說過一個笑話，人有三處最主要的部位，即身、嘴、手。先不提其他器官和組織，人的手是為嘴服務的，嘴是為身體服務的。這雖是笑談，但確是這樣的。我們練拳時暫不需用嘴，那就是腳為身服務，身為手服務，手為全身服務。在做動作時可按這個順序：手領身動，身變腳隨；腳實身正，手起作用。

　　在意念方面，人的任何動作都受意念的支配。但是，由於長期的生活影響，有很多「可控肌」不太接受意識的支配，因而時常達不到願望。同時也經常出現由意識支配的開始，卻無意願的結束，更談不上對中間過程的指揮和控制。我也常用「發放炮彈」比喻之。意識就是按組，炮彈出膛就是動作，能否擊中目標尚是個未知數。更何況彈發出之後還要使目標轉移了。只有望空長歎了。當然，現在科學進步已經有了可遙控的

導彈，達到「彈無虛發」的境地。

　　我認為太極拳就要像可控式導彈一樣。由意念指揮手，中途的路線需經過何處，到達什麼位置，實現願望，更要由意念控制做到隨機應變，隨遇而安，這才真正做到有始、有終，更有中間變化的全過程，才能恰當地應付、妥善地處理好事物的變化。這是科學的工作方法，科學的鍛鍊方法。

　　太極拳要求「一動無有不動，動要節節貫串」。何謂一動無有不動？就是要做到「全身都在動」。如前邊所說的「意領手動，眼隨身法變，跟起跟落」，還有「吸呼、開合」。也就是手在前面走，其後的腕、肘、肩、背、腰、胯、膝、踝都在做著相應的隨勢動作變化，以及由此引起的配合呼吸與內臟活動。而不像跑步那樣雙腳離地跨步，雙臂前後擺動，頭與軀體只是簡單地隨之位移。同時，在一動無有不動的要求下，各處的關節、部位還要按節奏有序地依次而動，絕不能隔二跳三地讓有些部位跑到前邊。如此高難度的要求豈能是一朝一暮，三五個月就能達到的。肢體的一舉一動，一屈一伸，都是在意識高度細緻、密切的引導、指揮、控制下來完成的。這對意識的訓練該有多麼大？這是少有的科學的訓練方法。

　　太極拳是一種對周身上下所有各部位的關節和肌肉進行全面訓練的綜合性鍛鍊方式。我們在練拳時要求，在做到一定正確姿勢、動作的條件下，全身所有關節、肌肉都要最大限度地「鬆淨」。只有將關節放開，肌肉舒展才能做到。關節銜接處的間隙鬆開拉長，配合動作的肌肉群都要放鬆舒展，最大限度地滿足屈伸、轉動的目的，這樣，所練的拳勢動作才能達到訓練的要求。此拳架進退的尺寸最長，旋轉的幅度最大。

　　再有，「一動無有不動」「動要節節貫穿」的要求，也是

讓肢體可活動的部位，包括平時不經常活動的器官、組織，也加入到運動的行列中來。它們都是獨立地有節奏、有目的地在其本身先天自然功能的範圍內從事配合全局的活動，以得到最好的鍛鍊。

另外，特別要強調的是，四肢的屈伸層體的進退都是朝著承重腿的實腳所指的方向前進或後退的，尤其是「手」由原屈或舒臂所在的部位和空間，更是要絕對地朝著實腳的指向進行有規律的曲線運動。身體的重心都是從原實腳往原虛腳上過渡，即由實變虛，原虛腳逐漸接受從原實腳送過來的體重，即由虛變實。周身的動作都在意識的統帥下進行，雖然在主觀上是做到「鬆淨」，不用力，但在客觀上肢體既然在空間移動，就自然地產生「力」和「力的作用」。

手與重心進退的方向一致，這是各部位運動的合力。若是分方向而動，那就是分力了。

太極拳的科學性和合理性是貫穿在每個動作和每個要領中的。理解了它的原理，更加有助於我們練拳。

三、太極拳要讓人學得明白

余功保

楊禹廷先生在太極拳教學推廣上做了大量工作，在太極拳教法上有創新。他雖然忠實傳統，但不拘泥傳統。他所提出的「分動教學法」是一個很有特色的內容。我在《中國太極拳辭典》一書中也將其作為一個辭條收錄。請您介紹一下分動教學

法的有關情況。

翁福麒

分動教學法是楊老師所開創的太極拳教學方法，它以奇、偶雙數相配，把太極拳的高深通俗化。有利於普及推廣。

太極拳在晚清時期進入社會，即興收徒面教。其教學方法大概就是：老師比劃示範，徒弟照貓畫虎；進而，老師再講解含義、要點。有的老師嚴格要求徒弟將少數幾個基本動作練正確、練好之後，再往下教，甚至有的人就連練拳套路的各式名稱都不輕易傳授，因為有的拳式名稱也含要義，以前的武術教學基本如此。

楊老師習武之後發現了這些問題，但在舊的習俗下，也無可奈何。等到他進入太極拳門內更感覺到，教與學是非常重要的事。由於他苦心琢磨，細心思考，在上世紀 20 年代開始逐步總結出「奇偶雙數分動教學法」。按不同拳式的動作數目分出單、雙數，並冠以動作名稱。定出單數的動作表示陰、退、屈、收；雙數的動作表示陽、進、伸、放。認真細緻地把拳式多樣複雜的動作，分解為較易的簡單動作，再相連接。這樣既明確方便，同時也將姿勢、動作用文字固定下來，避免了雖然此拳同出一家，卻大不相同。如此做法不但有利於老師教、徒弟學，更是進一步說明太極之理。將陰陽相生、互相轉化等等概念用拳式的動作表達出來。

楊老師在 1924 年用墨筆、毛邊紙寫出《太極拳教學講義》，並呈送王茂齋師爺審閱。王師爺看後說：「寫得很好！這樣做能教得明白，學得清楚。」楊老師不斷地積累教學經驗和探求、體悟太極拳至理。後來又利用圓周角度，製訂出「八

方線」和通俗易懂的道理，代替了八卦的玄虛奧妙，使學生能夠更容易地掌握方位。

所以我們說，楊老師開創的「奇偶雙數分動教學法」使太極拳的動作起止明確、陰陽清晰可辨，變化的中間過程講得清楚，讓學拳者有方向可循，有明路可走。

楊老師在教學中有一個指導思想，就是把太極拳變得讓人學得明白，不能越學越糊塗。

余功保

現在有個別太極拳師喜歡把簡單的道理往複雜處講，這讓很多初學者越學越糊塗，不明就裏。

翁福麒

這是不利於太極拳推廣的。明師明師，一要自己明白，更重要的要讓別人明白。

余功保

毛主席的很多哲學著作，把很艱深的道理講得很通俗易懂。這是大哲學家風範。

翁福麒

做到深入淺出很難，但你首先要想到深入淺出。

余功保

太極拳是一種運用意念結合動作的拳術，如何用意是練好太極拳的關鍵。不用意也能練拳，甚至外形練得很好，當你反

覆練習架式之後，動作熟練了，定型了，即使意識不集中，也能練得完整，練得漂亮。但用意不用意，在內，鍛鍊效果不一樣，在外，行家一看是有很大差別的。太極拳的美應該是一種神韻的美，如果沒有「用意」的環節，就不可能有太極拳的「韻味」出來，動作可能漂亮，造型可能漂亮，但和真正的太極拳美是不同的。太極拳美應該是和諧的美，內外結合的美，是人的精神狀態、精神境界、氣度的美，是對內外各種矛盾因素妥善處理的從容的美。

但太極拳的用意問題也是練拳的難點之一，教學中最難講的也是意念問題。您認為練太極拳的動作應該如何用意？

翁福麒

太極拳要「用意不用力」「意識引導動作」「純以意行」。理論上有很多論述，但關鍵是如何應用到實際的拳勢和動作中去。

上一個拳式完成之後，將要做的下一個動作，其「意欲何往」「意欲何為」「怎樣去做，路徑何處」，首先就在思想中產生。在意念的統帥下，往下一個拳式的定位處進軍。一開始就命令：往此方向前進的最前一點率先引領，其後按計劃按順序依次隨之而動。

根據意念控制先遣部隊、大隊人馬——也就是身體的相關部位，大本營——也就是身體的重心，它們的運動途徑、如何動作都有明確、細緻的點線概念。最主要的還有在屈伸進退轉換時，意念隨時隨地掌握著動作變化中間出現的隨機應變。待到安全無誤地到達目的地時，意念在所用之手，此為「實手」的顯現，這樣就完成了此動作的任務。如此，才可以稱之為

「純以意行」。由領動部位沿途所經過的各處之「點」所連成不同的曲線，就是「運動路線」。

翁福麒太極拳照

余功保

能否結合具體的拳式來細緻講解一下？

翁福麒

好。我就用「摟膝拗步」前進按掌的具體動作來說明意、手、眼、身、步、意的互相配合。

從俯身按掌開始。俯身按掌的原定勢是左或右掌、右或左腳在前的正步弓勢。舒臂前推的立掌，意在實手的掌心。拇指尖與鼻、膝、腳尖成一正前方的垂直立面。右或左掌的拇指根處在右或左大腿外側中間、臂垂直的下按掌。眼從前拇指尖之上寸許處，也就是鼻尖至瞳孔的長度平遠望出。

動作開始時，由意念指揮，左或右食指尖引領往前方下指，五指舒伸，帶動臂、肩、腰由胯根部往前下折俯。指尖逐漸下指，至與右（左）膝之前處約小腿之長度時，成平俯掌，意仍在掌心。視線由食指尖開始動時即隨之為前下斜角。

在實手動的同時，右或左下之虛手接掌隨即虛提腕中部，放鬆手背與五指，垂肘、鬆肩地慢慢上提與肩平。

由意念指揮，右或左腕中部再上提至耳尖平處，注意引動前臂上升，鬆肩往下垂肘，同時，頭頂向上豎起，兩眼平前視，上身長直，微鬆腰膝，右或左腳底面踏實，左或右腳的腳

跟虛起，鬆胯收回腳，從實腳內踝旁往前斜方向出腳，腳跟虛著地，成右或左正步坐勢。

向前進、推掌，耳旁的右或左手由無名指尖引領往前面左或右腳的裏側上方漸漸伸出。五指尖朝前，掌心微斜，鬆肘、肩，保持胸向正前。同時，重心微下，前腳鬆踝，讓腳底面放平虛著於地面之上，此時重心仍為零，上邊的手與之上下對正。左或右手自然鬆垂。

意念由無名指尖過渡到中指尖、食指尖，再從此下至掌心而逐漸成立掌舒臂前進。同時，重心從後腳之十順序減至五、至零。前腿膝蓋放鬆前進，重心由前腳之零順序增至五、至十。前手為實，舒臂進身，往前腳尖的前上方推出。拇指尖對正鼻尖，與前腿的腳尖、膝尖成一正前方向的垂直立面。後腿舒展，腿彎舒直，腳底面虛貼在地。虛手隨身之前進而自然下垂於同側實腿外側中部成接掌。意念在前掌心。視線從前拇指尖上方寸許處直達平遠方。

這是這個動作的全部意念結合動作的過程。我們所說的運動路線是在練拳動作中「實手」顯示出在空間的部位，經過每處的「點」所連接成不同形狀的曲線。與眾不同的是，它既有起止點，更強調其中間過程各處的銜接。而最主要的是前後、左右、上下之間的分割點，也就是經常所說的「陰陽變化的契點」。

如何確定此線的契點？一般是指在前進時，虛腳放平、重心即將過渡之時。如後退時，重心已到虛腳，原實腳再進一步完全地放虛，當處在此時實手所在空間，就是「陰陽變化的契點」。前半部分是「開中之開」或「合中之開」；後半部分是「開中之合」或「合中之合」。也就是說，手、腳與身體由合到開、由開到合的中心點。這就是本拳的最主要特點之一。

初學者在基本熟練地掌握了動作、姿勢之後，就要定出標準的運動路線，開始用意念「扶」之而動。由於長時間的設想和意化，自我感覺出有「線」的存在，再進一步就要用手「撫」之。經過長時間的鍛鍊、意想、體悟，最後感覺到此時的運動路線已不是線，而是活動的「點」在順循著運動路線而動。意念所在之手就要隨之而動，達到「點動手隨」。這是練太極拳「意識引導動作」的最高地步。也是練「體」達到了「捨己從人」的境界。

那麼，除實手有運動路線之外，身體的其他部位也都是同樣道理。在手法的變化中也相對地包括了虛手。此外，眼法、身法、步法在運動過程中也都有各自相應的運動路線。但它們都要隨實手而定，因為實手是完成、實現「目的」的第一位，餘者都是配合、輔助的「眾所歸一」，是鍛鍊、感覺，是體悟過程中隨之自然達到的自然歸宿。當然，如果有個別部位的運動路線不規範、不科學、不合理之時，也會在修練時出現毛病而影響整體的和諧、一致，若發現應及時糾正。

概括地總結起來就是一句話，「意領手動，眼、神隨，身法變，根起根落，體舒心靜，吸呼、開合」。

余功保

太極拳的內練中，有一條要領，是「氣沉丹田」，這也是用意的一個方面，您好像也做過這方面的專門研究，還撰寫了有關論文。

翁福麒

是的。因為我覺得這是一個需要認真對待的課題。為了真

正弄清楚「氣沉丹田」的意義，必須首先釐清「氣」和「丹田」這兩個概念，以及如何「沉」法。

「丹田」究竟在人體的什麼部位？有多種說法，還有上丹田、中丹田、下丹田之分。很多是氣功中的說法。武術中所說的氣沉丹田的丹田，我認為應當在小腹部。

什麼是「氣」？中國人對「氣」的認識是很複雜的，不僅僅是物理學上所說的氣體的「氣」。這裏所談到的「氣」是專指人體內在的

氣沉丹田

「氣」。中醫認為「氣」的由來是一個極為微妙和深奧的問題，也是現代人體科學發展到今天所要研究、探討的一個重要課題。

「氣」，沒有一定的形狀，看不見摸不著，但它是能夠自由散佈的物質。「氣」在人體中是流動的，周身上下、內外表裏無處不到，因為它是生於先天，稟於後天，所以又有先天祖氣、後天穀氣的名稱。

人體的氣，又稱為「真氣」。《靈樞‧刺節真邪篇》中說：「真氣者，所受於天，與穀氣併而充身者也。」這就說明了真氣的本身是稟受於先天，得到天之大氣，與水穀飲食之氣併合而成。它有充養全身的功能。

中醫所指的這些「氣」，是人體內能使各器官正常地發揮機能的原動力。顯然，這種「氣」不是我們所討論的「氣沉丹田」的「氣」。

在前面說過，「氣在天者，受之於鼻而喉主之」。這是說，在天的大氣從鼻入，通過喉進入肺與人體進行氣體交換。這個「氣」是實在的氣體，並能進入人的體內。這種吐故納新、吸氧呼碳的常識，任何人都知道。

「氣」如何沉法？

有的練功家有所謂的「氣貫丹田」，亦稱「氣沉丹田」或「丹田注氣法」等，即是當吸氣時自感有氣下行至小腹。呼氣時此「氣」由小腹徐徐吐出，並有意下沉，小腹產生感覺，此即稱「氣貫丹田」。當深吸氣時橫膈下降幅度增大，可以直接壓擠肝、脾、胃、腸等臟器，而產生下行之力。另外，由以意領氣，日久自然意到氣到而呈現氣貫之感，與力感合而為一，便形成氣貫丹田。氣貫丹田，可以行氣往下，能促使腹式呼吸的形成。同時，氣貫丹田時，小腹確有吸氣時凸出、呼氣時回縮的動作。

還有不少練功家，把「氣沉丹田」只解釋為：「在練功時儘量加深呼吸、加長頻率，把呼吸氣向下引到丹田處。」

分析這些解釋不難看出，講說這種道理的人是富有想像力的。稍有生理知識的人都知道，人體與外界的空氣進行氣體交換主要依靠肺部，空氣能出入的內臟只是肺臟，外界的空氣不可能穿透肺底、膈肌到達腹中，更何況深在小腹的丹田呢？應該說是：在進行「腹式深呼吸」有了腹部肌肉的收縮、擴張配合了胸廓的呼吸運動，加大了吸氣量而已。

還有人把「意守丹田」當成「氣沉丹田」。他們說，在練功時把精神、思想、意念集中在丹田處，由於長時間意領、意守就能意到氣到，此即為「氣沉丹田」。「意守丹田」是氣功鍛鍊的方法之一，氣功中的「導引術」就是在練功時把意念集中守於「玄竅」（上丹田印堂穴）、中丹田膻中穴、下丹田小

腹部等部位。進而把「意念（氣團、熱感）」緣任、督脈循環運轉成為「小周天」，功深後還能擴展到上、下肢的「陰維、陽維、陰蹻、陽蹻」等八脈進行運轉，成為「大周天」（這是氣功的功夫，而不是太極拳）。

太極拳只能把「意念」顯示在應用的軀體的部位上，不能把「意念」用到丹田、腳下或其他的部位上去。太極拳與氣功有很多共同、相似或接近之處，但絕不能就說成太極拳等於氣功。所以「氣沉丹田」絕不是「意守丹田」（意沉丹田）。

那麼，怎樣才能「氣沉丹田」呢？

首先應確定丹田的位置。我認為「丹田」具體的位置應當是小腹隆起的最高點與身體站立時的中軸線（沖脈）垂直交接處，並將此點擴大為團。此處完全符合「下丹田」條件的要求。中國人常說：精、氣、神各有所在之處，它們分居於下、中、上丹田。下丹田藏精，是「練精化氣之處」；中丹田藏氣，是「練氣化神之處」；上丹田藏神，是「練神還虛之處」。現在所說的「丹田」正是居於小腸之間，是營養精華輸出的總庫房，也是生殖精液的大本營。

太極拳所說的「氣沉丹田」之「氣」，實際是人體的「重心」。重心就像水平儀中的氣泡一樣，在擺放端正時，此氣泡居於中心。

「氣沉丹田」就是由身體姿勢的改變後，使重心沉降到這種說法的「丹田」處。

重心是物體各部分所受重力產生的合力。此合力的作用點就叫做這個物體的重心。人體的重心不像物體那樣恒定在一點上。因為人體內每時每刻都在進行呼吸、消化、血液循環等生理過程。而且更重要的是人體的體型各異，還經常改變成各種不

同的姿勢與運動狀態，所以，人體的重心是隨著身體處於生理過程的進行和體態姿勢的不同，在一定範圍內移動著。根據研究結果表明，一般情況下，端正站立時身體的重心位於第三骶椎上緣前方約 7 公分處，相當於髖關節額狀軸的後方高 4～5 公分處。

由於上述的種種原因，重心經常上下、前後、左右地搖擺在 5～10 公分的範圍之內。

如何能使重心沉降到丹田之處？

人在用力、挺立、僵直時都能促使自身的重心向上移動。反之，如果能將全身放鬆，即便是保持原姿勢也可以下降重心。

要讓重心下沉到小腹中間，最關鍵的兩個條件是：

1. 在體內要使膈肌活動。如果按照太極拳諸多的姿勢要求「涵胸拔背、鬆肩垂肘」，再加上深長細柔的「腹式呼吸」，則能使重心降下來。此時重心的升降，主要是依靠膈肌的提、收縮、沉舒。通常內臟器官的機能活動不受意識的控制，但骨骼肌和身體的活動確實能影響內臟、肺和膈肌就是最明顯的例子。相對地說，膈肌能起到調整某些內臟器官的適當位置的作用。因此，「內家」的功夫都主張要「胸空腹實」，就是讓膈肌舒鬆而促使重心向「丹田」下沉，氣息出入才能順暢，心情才能平靜，大腦才能排除雜念，進入專心致志的境界。

2. 在體外要使腰部向前挺緊或往後放鬆，就能使重心升降。因此，要使練功者的重心下沉到丹田處，首先必須要調整出正確的姿態。尤其是內、外兩個關鍵的要領。練太極拳必須要虛領頂勁、氣沉丹田、互相照應、上下一致，不可偏廢，並要練習好特殊的姿勢要求。如：懸頂豎項、兩眼平正、面部自然、唇貼齒合、舌舐上腭、用鼻呼吸、鬆肩垂肘、涵胸拔背、鬆腰疊胯、溜臀裹襠，屈膝折踝，展指舒掌。

這些要求都是為了讓周身的關節和肌肉放鬆，不能讓關節用力合攏和肌肉緊張僵直。同樣，精神、情緒、心境、意念也都要放鬆，平靜、安舒、專注。呼吸更要均勻、輕鬆、緩細、深長。內部因素也是促使人體重心升降的條件。

余功保

為什麼要強調「氣沉丹田」？

翁福麒

人體站立時穩固與否，取決於中垂線是否在支撐底面積之內，如在其內時則穩定，如垂點是在支撐底面積的中心最佳位置上，則最穩固；如靠近邊緣時，則有傾斜的危險；移出支撐面積以外，就會傾倒。此即是「立身須中正安舒，支撐八面」之實意。同樣大的支撐底面積，重心愈低，穩定角愈大，則站立得愈穩定，愈容易掌握自己的平衡。當然降低重心的高度，以有利於運動為原則。人體在站立或活動時，如降到適當的高度，則肢體能伸屈得更長，有利於進退舒展。

另外，按照力的平行四邊形圖解法則，人體站立向前推力時與地面形成的角度愈小，其合力愈大。重心低，站立穩固，則上體愈能舒鬆、輕靈、敏捷、運動自如，呼吸也能平穩、均勻、深長。重心低能使精神、思想、情緒達到安舒、集中、平靜。才能更好地用意識引導動作。

《十三勢行功心解》中說：「以心行氣。」「先在心，後在身。」楊禹廷宗師也說：「以意導體，以體導氣。」「意識是第一主導。」所以在塑造各種姿勢或完成要求的動作之時，皆首先要有意念的引導。要使自己達到「氣沉丹田」，意念的

先驅作用也是不可缺少的內在因素。所以，太極拳要求的「氣沉丹田」，就是在練拳和推手時，無論在定勢剎那之間的「靜」和在動作不斷進行時的「動」，都要運用「意識引導動作」和「體神的徹底鬆淨」。

余功保

在太極拳的眾多要領中，「虛領頂勁」也是很關鍵的一條，歷來解釋也很多，說法不一，甚至還有不同的寫法。但它又關乎太極拳的身法，馬虎不得。您如何看待這個問題？

翁福麒

「虛領頂勁」是太極拳最關鍵性的要求，是太極拳的專用語。

頂者，最高之謂也。人體正直地垂立於地面之時，最高之處是頭頂中心。為「百會」，乃百脈、百骸皆仰望朝會之所。任何一物體端立於地，則其頂端必朝向上，沖著天。如若頂上之處偏歪或下垂，不但觀之不雅，亦立之不正、不固。

占人體總重量將近 1 / 10 的頭顱，靠頸部支撐著。頭是人體最關鍵、最重要的部位，是司令部，為全身之綱領。中醫認為，百會之下、印堂之後是藏神之所，是腦組織的所在地，是人類感覺器官的集中地。

中國的醫學對此早有一定的認識，如認為：腦者髓之海，諸髓者皆屬於腦，故上至腦，下至尾骶，皆精髓升降之道路，「髓海不足，則腦轉耳鳴、脛酸、眩冒、目無所見、懈怠安臥」。這些論述都說明腦是人的精髓匯集之處，人的肢體運動、視覺、聽覺等功能都與腦有關。

用體態姿勢來褒貶人的外貌時，多把「頭歪脖扭」「低頭貓腰」「縮肩弓背」「藏頭縮尾」等詞作貶義。而把「機靈」「精神」「氣宇軒昂」等詞作褒義。

　　被誇讚的人都應該是「挺胸拔背」「頭直頂正」「兩眼圓睜」，給人以雄赳赳、氣昂昂的樣子。這種人只能是健壯的運動員或武術運動員的外貌。而太極拳的要求，則不是挺胸收腹、兩肩向後、頭頸挺直、眼睛圓睜，把一派「尚武精神」顯露於外，而是向上「虛領」頭頂中心的百會穴，使之朝上方垂直於蒼穹，此處好像被繫懸起來一樣，或用意輕輕頂起一個氣球，不即不離地懸在此處，因此又叫「頂頭懸」。頂懸則頭正，綱舉則目張，四肢百骸才能靈活地運動，奇經百脈才能通暢運行。《黃庭經》云：「子欲不死，修崑崙。」古人以崑崙山最高來比喻頭頂。所以道家講「上練神於泥丸」，佛家的「摩頂受誡」也修此重地。

　　有人認為「頂頭懸」這三個字好理解，而「虛領頂勁」的「頂勁」兩個字就不是那麼一回事了。如果一提起「頂勁」就會想起足球運動中的「頭頂球」。非也。在此提醒大家，千萬不要用力、用勁貫於頭頂之上，把物頂起來，把人頂出去。練太極拳絕不是練「油錘貫頂」的功夫和「撞羊頭」的本領。這裏所說頂勁的「勁」，可以加兒字音，是為「勁兒」，是用來形容精神、神情。譬如「瞧他那股帥勁兒」，或者是「精神勁兒」「真情實意的勁兒」。

　　太極拳是「身心雙修」「形神兼備」的功夫，是「用意識引導動作」的運動，是全憑心意進行的形體活動，所以把頭腦擺在至高無上的地位。只有全身放鬆、周身鬆淨的情況下，才能做到「虛領頂勁」。所以《十三勢歌訣》中說：「滿身輕利

頂頭懸」。

　　「頂頭懸」者，實際就是放鬆，就是舒展。別處都可以往下放鬆，唯獨頭頂不能往下。如其往下沉，必然壓住肩和胸腔，使脊柱在頸、胸部分的生理性彎曲程度增大。只有頂頭懸起之後，才能減小頸椎向前的弓曲。同時，也矯直了胸椎向後彎曲的上半部分。上邊「虛領頂勁」再配合下邊「鬆腰溜臀」，才能使脊椎出現的四個生理性彎曲變小或舒直。能起到暢通「上至腦，下至尾骶，皆精髓升降之道路」，能使「督脈」上下通順，有利於中樞神經系統的活動。

　　「虛領頂勁」與太極拳的另一個關鍵性要領「氣沉丹田」是密切相關的。如欲做到「氣沉丹田」，必須首先做到「虛領頂勁」。「虛領頂勁」是「氣沉丹田」的先決條件，「氣沉丹田」則是「虛領頂勁」的保證條件。

　　最貼切的比喻就是：用手捏住一根鏈條或線繩的一端，向上提起，則此鏈條的節節才能鬆展開來，垂於地面。放手扔下它，很容易堆積在一起而互相擠壓。如果用一手提起鏈條時，再用另一隻手上托它的底部，則鏈條必圈曲，不能舒直。這就是「虛領頂勁」與「氣沉丹田」的物例。

　　「虛領頂勁」的確有不同寫法、說法。比如「虛靈頂勁」是「虛者對實而言」「靈者對滯而言」。頭頂之處能虛、能靈地向上懸起，則其下的軀體始能放鬆、輕利、敏捷地活動。大家要在「靈」字上多加琢磨，多下工夫去領會。

　　「頂頭懸」和「懸頂」是簡稱，也有人說「頂懸若虛」。此句是在文字上強調「虛懸」。所謂「虛懸」者，絕不是用勁的實懸、用力的滯懸，如此則容易引起頭頸部梗起、強直，強直之後，必然影響肩、背、胸等部位的舒鬆、自然。氣易上

浮，重心上升，也就談不上輕靈活潑了。

　　既然不是用力，不是用勁兒提頂，難道用氣貫頂嗎？也不是。「精神能提得起，則無遲重之虞，所謂頂頭懸也」，因此，只能用「神」去「貫頂」。如何才能做到「神貫頂」呢？簡單地說，「只要保持眼睛平視，領起精神」即可。眼神隨著「用意」的手活動，精神、意志貫注著運動。在定勢的剎那間，眼神通過「實手」的上方直達前方平遠的地方。

　　這裏要特殊說明，貫頂必須用神，也就是「領起精神」，才算做到了，除不能用力、用勁之外，也不能用「意」去提頂、貫頂。其理由是，中心線提起垂直後，周圍才能靈活敏捷地轉動，如此才有「尾閭中正神貫頂」的真正意境。太極拳要求用手、用身體，也包括用頭周圍部分接觸對方，這些相接觸的地方，才是用意之處。因為很少用頭頂來應付對方，所以，不能意念貫注於頭頂。在盤拳走架時也應當如此。

余功保

　　與「頂頭懸」相反的一種情況，在太極拳中被視為「拳病」的是「丟頂」，怎樣理解丟頂的現象？

翁福麒

　　練拳之人常說：「低頭貓腰，傳授不高。」「身形腰頂豈可無，缺一何必費工夫。」「不丟不頂不丟頂。」「丟頂」是練拳中最主要的毛病之一。那麼，怎樣判斷在練拳時丟不丟頂？應當看從頂到頸、到背、到腰椎是否始終保持自然的、舒鬆的吻合。如能如此，即便是俯身很低，但沒有產生低頭、彎頸、屈背、貓腰等現象，也不算是丟頂。因為太極拳也和其他

拳術運動一樣，基本動作不外是「伸、屈、進、退、起、落、仰、俯」。如：做俯身動作時，只要練者能始終保持從頭部到腰部的自然平直，那麼不管俯得多麼低，也不能說是丟頂。

換句話說，不論練的架式多麼高，哪怕是一個站立的姿勢，如果練者出現有低頭、揚頷、彎頸、駝背、貓腰等現象時，就應該算是丟頂了。

當然，做俯身動作要保持不丟頂，確實需要認真正確地經過較長時期的練習。但是，不能因為怕被說為丟頂而不敢鍛鍊俯、仰的動作。所以應該說清楚，如果願意在太極拳運動上下些工夫的話，需要首先對這些問題有正確的認識和理解才好。

余功保

我前些天看了您在中醫藥大學講太極拳課的情形。聽說您在那裏義務教太極拳已經十多年了。

翁福麒

是的，我從 1990 年就開始在那裏講太極拳，已經有 32 個學期了。那裏過去叫中醫學院的時候我就在那教，現在一直堅持不斷，除了學生放假之外，每星期都去。完全是義務性的。

我就是向老師學習，要把太極拳傳下去。我覺得大學生文化素質高，對太極拳的理解也快，能夠從文化、科學的角度看待太極拳。中醫和太極拳的關係也很密切，所以雖然辛苦點，但我覺得很值得。中國的傳統文化需要年輕人去發揚。我想讓學生們由太極拳的學習，更加透徹地理解陰陽之道，理解生命運動之理。

大學生們也很感興趣，他們體會到練太極拳不僅有助於中

醫學習，還能健身，能開智。練太極拳是可以讓人智慧的。楊禹廷老師學歷並不高，只念過小學，但他後來的修養、對問題的看法、見解非常有深度，很透徹，不亞於一些教授。為什麼？就是他從太極拳中領悟了許多道理。

所以，我認為現代人應該練習練習太極拳，並且多瞭解、研究一些太極拳的理論、文化，這樣對提高人的整體素質是大有幫助的。

余功保

如果給太極拳下一個定義，您認為應該是怎樣的？

翁福麒

我認為太極學說是父本，中國武術的拳術是母本，父親和母親結婚後生了個孩子就叫太極拳。

但太極拳不等於陰陽學說加上拳術就是太極拳，不是簡單地疊加，而是雙方結合在一起，繼承雙方的基因，又有各自的個性在裏面。「用太極學說指導拳術」就是太極拳。

練太極拳能知陰陽，太極拳的功夫就是知己知彼的功夫，瞭解自身、瞭解外界、達到對事物的深刻理解。

翁福麒長年在北京中醫藥大學義務教拳

【附錄一】

動靜相生　隨曲就伸
——記太極拳文化學者余功保
《人民日報》2003 年 12 月 29 日　王有唐　王　濤

　　早就聽說，有一本書名叫《隨曲就伸》。它以對話的形式，透過與十幾位太極拳各流派代表人物、名家高手的交談，寓太極拳技術、理論、哲學文化於一體。據說這本書不僅讓武術界、太極拳界人士的精神為之一振，而且也吸引了眾多文化學者的關注。

　　在中國武術研究院，記者見到了《隨曲就伸》的作者余功保。太極拳是余功保從小的興趣、長大後的職業，更是他的思維方式、生活方式。

　　「我小時候身體很弱。上個世紀 80 年代初，電影《少林寺》掀起了全國範圍內的武術熱潮，許多武術類雜誌和圖書應運而生，於是我就開始照著書自己練太極拳。當時只是為了健身強體。」

　　舉手投足、一招一式，雖然動作不見得到位，技術也很粗糙，但是在摸索練拳的過程中，余功保卻驚奇地發現，太極拳和中國古典詩詞中竟然有一種意境上的統一。古典文學是余功保的另一大愛好。

　　「正兒八經地開始學習太極拳的理論和技術，是我到北京大學上學後才開始的。」

　　余功保畢業於北京大學物理系。似乎每個北大的畢業生都有一種割捨不掉的北大情結。「文明其精神，野蠻其體魄」，

是北大的優良傳統，重視體育，健身風氣興盛。「兼收並蓄，相容並包」，是百年北大的精神，講究傳統，又永遠能夠立於時代潮頭。

汲取北大這片沃土的營養，在大學期間，余功保開始嘗試探討和研究中華民族古老而優秀的武術。對於博大精深的太極拳，他依然保持著濃厚的興趣。余功保和一些同學發起創立了北京大學武術協會並擔任主席，有機會接觸到不同的武術和太極拳流派。

「北大武術協會可以算是當時全國最大的學生社團了，不僅人數多，而且素質高，集中了許多北大最優秀的學生。我們聘請了社會上幾乎所有優秀的武術家到北大，有的是長期辦班，有的是短期講座。」在一系列的交流活動後，余功保對武術的認識更加深入。

《隨曲就伸》的卷首語中寫道：「太極拳流動的就是一幅生命的畫卷。」

余功保從太極拳的健身功效中受益匪淺。他這樣解釋太極拳的健康理念：「太極的理論就是平衡的理論。陰陽是運動的特性。在太極理論中，世界是恒動的，運動是絕對的，而靜止只是相對的。太極拳認為，陰陽並非對立的兩個事物，而是同一個事物的兩個方面，同一個系統的兩個屬性，只有陰陽的兩個方面達到一種和諧，這個系統的運轉才算健康。所以，太極拳講究的真正健康的概念是一種動態平衡的概念，並非靜止，是一種運動中的健康。」

北京大學畢業以後，余功保進入中國武術研究院工作。在更加深入地思考後，經由進一步研究，對於傳統太極拳，他逐漸形成了獨特的視角，把太極拳還原到文化的高度。

「太極拳不僅僅是一種簡單的體育項目，它身上熠熠發光的是深刻的文化烙印，這種光芒的炫目程度甚至在它的技術特徵之上。比如說太極拳就浸潤著中國傳統的哲學思想，它是一種『哲拳』。上善若水，至柔至剛。雖無形而能隨形，雖平和卻能生萬物，平和養無限天機。太極拳講究太極陰陽、對立統一、天人合一的思想。強調平衡，強調整體。所以在太極拳的要領裏提出要中正安舒，拳理中則指出要內在精神和外在美的相互結合。全世界有很多人喜歡太極拳，相當程度上是因為它所蘊含的那種獨特的文化韻味，即使不太瞭解中國文化，透過太極拳的練習，也能夠體會到中華文化內在的含義。」

余功保關於太極拳的一系列獨到的觀點和精闢的文章，引起了國內外武術界的廣泛關注。他不僅把太極拳還原到文化的範疇，而且把太極拳的外延擴展延伸到生活、生命的廣闊領域。他編著了世界上第一本太極拳辭典，先後出版了數十本武術及太極拳著作，很多作品被翻譯成英、日、法等多種文字在世界上廣泛發行，受到專家學者及廣大武術愛好者的高度評價。

問余功保 20 年來不輟習練太極的感受，他說：「太極拳的練習是一個循環，由簡單的動作入手，越來越複雜，而後又逐漸簡化，由博返約了。就好像是人生一樣，打了個轉，又回到最初。這個循環並不是虛空的，而是實實在在需要招式的磨練和時日的累積。」

余功保認為，現代體育運動的精髓不應簡單停留在肢體活動的層面，應該是精神、心理、知識和智慧多種意義上的陶冶，由運動實現對人體、對生活、對世界積極、健康的深刻體驗。所以，他提出了「太極拳是一種生活狀態」的觀點。

余功保在太極拳的探索中一直沒有停步。他翻著手上一沓厚厚的書稿說：「這是《隨曲就伸》的續篇，目前正在進行最後的整理工作，預計很快就能夠和讀者見面了。」

有關太極拳的工作，更像是余功保的私人愛好，從中國古典詩詞中漸入太極佳境，又從太極拳的習練中更深入感悟古典詩詞的味道，這讓他快樂。寫書累了的時候，他會起身輕輕地比劃幾下太極拳，在每一個動作中體會風雲三千里的曠遠、靜氣含秋水的沉著，然後激發新的靈感，這便是他的太極生活方式。

【附錄二】

高山流水　曲高和衆
——《隨曲就伸——中國太極拳名家對話錄》評析
昌　滄

開發太空離地球，失重現象令人愁；
人要勝天天豈容，太極神功任遨遊。

20 世紀 90 年代初，在中國武術協會舉行的春節茶話會上，航空航太大學教授、太極拳愛好者王幼復訪美歸來，欣悉美國宇航員在太空艙內打太極拳以解決失重問題後，當場喜吟七絕兩首，這是其中的一首。

（一）

這次我有機會先讀了由人民體育出版社出版、余功保先生編著的《隨曲就伸——中國太極拳名家對話錄》的清樣。我也有一種在太極拳理論和技藝的太空中遨遊的感覺。我與武術有緣，在晚年一直與武術太極拳打交道。我平生喜愛雖然較多，但最喜歡的還是讀書。

關於武術太極拳的典籍讀過一些，但讓我最高興並從中受到更大啟示的要數功保寫的這部書。因為它把我領到了武術的知識寶庫，太極拳的海闊天空。使我從前對太極拳的膚淺認識上升了一個檔次。當然，離登堂入室還很遙遠。

功保是我的忘年交。早在 80 年代初，他在北京大學念書期間，我們就相識了。他雖是物理系的高才生，但他興趣廣泛，

才華橫溢,既是北大武術協會主席,又是該校書法社社長。他喜愛武術,且不斷地在《中華武術》上發表文章。在中國武術協會、《中華武術》雜誌等聯合舉辦的第一次全國武術研討會中,他脫穎而出,在 400 多篇論文中,他的論文獲選最高獎的 13 篇優秀論文之一。

功保到中國武術院後,我們接觸的機會更多了。他是個學者型的武術幹部,到了武術研究最高層的機構,如魚得水,為他的研究工作創造了良好的環境和條件,得以進一步研究武術。由於他善於思考,勤於筆耕,智慧之閘大開。十餘年來,他先後編著、出版了數十部有關武術太極拳的書。尤為可貴的是,他以鍥而不捨的韌性、細緻入微的方法,編著了世界上第一部太極拳辭典,獲得了國內外武術太極拳工作者、愛好者以及有關專家學者的高度評價。

（二）

《隨曲就伸》的內容,包涵了作者與眾多太極拳名家的對話。從中可以看出功保在太極拳的研究領域中又上了一個新的臺階,實現了又一個新的飛躍。「隨曲就伸」一詞,源於清代王宗岳《太極拳論》。王宗岳是位武術理論家,自幼喜讀經史和「黃帝、老子之書及兵家言」,晚年設館教書、授拳,悉心研究拳術理論及技藝數十載,理論與實踐相結合,為太極拳集大成者。何謂「曲」「伸」?正如《隨曲就伸》的《卷首語》所言:「曲是規律,伸為變化。」實為太極拳的「點睛」之語。「合乎規律,通曉變化」,既是太極拳法的精義,又是本書的精髓。

功保在書中傳神地採錄了名家們的珠璣妙語、真知灼見,

也融會了他自己多年研究的成果，以至較深透地剖析了各式太極拳的哲理，並體悟了「天人合一」的真諦。他很自然地提出了「太極拳既是武學，又是人學」的理念，體現了學者的敏銳性。

功保提出了武術最主要的資源有三：一是「文化資源」；二是「技術資源」；三是「人才資源」。古今中外，人才是最寶貴的。因前兩種資源的運用，都離不開人才。它們需要人去挖掘，去繼承，去發展，去弘揚。其間，武術名家是人才資源中最為彌足珍視的。本書聚集了 12 位太極拳名家，這是一筆巨大的財富，名家們數十年來對太極拳理技藝的體驗被準確地記錄下來，應該說，這是武術太極拳界的一個義舉。

本書跳出了言傳身授、陳規陋習的「門戶圈圈」，也突破了大話、空話、套話的「陳腐框框」。本書參與對話的名家們無私奉獻、微言大義，使內行讀出了門道，外行讀出了嚮往。它成為我們武術太極拳界一筆寶貴的共同的財富。

從這個意義上說，該書是太極拳研究上的一大突破。縱觀《隨曲就伸》，深深感到本書反映的是太極拳高層次、全方位、客觀而帶有權威性的研討成果。名家們的論述顯示了一種高品位的文化現象。

正如書中所說，「太極拳的文化內涵」，一是「體現了中華民族的保健思想」和「養生文化」；二是「蘊含了中華民族的行為準則」，富有「哲學理念」。

前者，科學地闡述了「動與靜」等等矛盾的統一與和諧，把運動融於清靜之中，把清靜會於運動之內，是這種動與靜的巧妙結合。太極拳演練時，很注重心態、精神、意念、思維的運用，強調「靜修性，動修命」「動中有靜，動中寓靜」「心

靜意到」「先在心，後在身」「心主性、腎主命，心像火、腎像水，性命雙修」，以達到體內「水火既濟，陰陽調和」，把動與靜、形與意、心腎與性命相互結合。這對於改善人的神經系統、心肺功能、精神調控、身心調節，以及涵養道德、陶冶情操、坦蕩胸懷，都有很好的影響，從而生元氣，充宗氣，保精氣，思想安逸，身體健壯。

後者，辯證地剖析了「剛與柔」等對立的概念，達到相輔相成。太極拳，係依據《周易》陰陽之理，結合中醫人體經絡學說及《黃庭經》導引吐納之術，並吸收和借鑒戚繼光《拳經三十二勢》，博採眾長創造出的一種內功拳種。「剛與柔」是太極的「陰與陽」，是太極拳的靈魂和精髓。

本書援引陳長興在《拳論》中所說「用剛不可無柔，無柔則環繞不速；用柔不可無剛，無剛則摧逼不捷。剛柔相濟，則粘、游、連、隨，騰、閃、折、空、擠、按，無不得其自然矣。剛柔不可偏用」。否則，都將是「無本之木，無源之水」。故演練時，強調「寧靜致遠」「外示安逸，內固精神」。從攻防原則出發，則又要求「彼不動，我不動；彼微動，我先動」，講究「後發制人」。不以力勝人，講究巧，要服人，不傷人，承繼了我國優秀文化傳統的「溫良恭儉讓」的美德。如果細究我國古兵法，我們會很自然地發現許多兵術與太極拳理技藝之間是相通的，且是一脈相承的。

我從書中還發現，同一問題，比如同樣說太極拳的文化品位，雖然名家們有不同的角度，表述方式也不盡一樣，但其結論卻驚人地相似或相同。這也說明此拳種雖然枝繁葉茂，門派眾多，但「根」只是一個。

當然，太極拳的文化內涵，除了上面主要談的哲學、養生

學以外，還與軍事學說、倫理道德、傳統醫學、文學藝術、生物力學等等有著密不可分的淵源。因它是以人為本的，研究和服務物件是人。它應屬於人文科學的範疇，且體現了典型東方文化的底蘊。

（三）

《隨曲就伸》談的是太極拳的理論技藝，但由於它深入淺出，又多結合實踐，且所談的問題帶有針對性，所以具有很強烈的現實意義和實用價值。曲雖高雅，能和者眾多。

本書視野開闊，體現了功保承繼了其母校的「兼收並蓄、相容並包」的精神，也體現了老體委主任李夢華所說「只許抬高自己、不許打擊別人」的原則。名家們談論了諸多樣式的太極拳，但大都結合自己學練、傳授和推廣的切身體驗，講述某一種或多種拳式發展的淵源，形成的理論，獨特的技術風格，以及與眾不同的特徵和精髓等等。「煮酒論英雄」般的各抒己見，各領風騷。

本書給讀者以評品的餘地，以啟開智慧之門的鑰匙，解決讀者渴望獲得的有關知識和問題的釋疑，它的可讀性就必然是強的。據本書的責任編輯說，本書加工、複審、終審的「三堂會審」大關，一路暢通。他們認為本書稿品位高，講的既是太極拳的技理，又是優秀的傳統文化和人文科學，具有較豐富的知識性、高雅的鑒賞性和現實的指導性。他們說：「我們既是審稿把關者，又是第一位忠實讀者，從中受益匪淺。」

這裏我還順便提一提：我在拜讀本書、擬寫這篇短文時，我的大女兒從昆明出差到北京。晚間，她偶爾從我手中要去此書，一翻就愛不釋手，一口氣就讀了大半本。她是個從未接觸

武術太極拳的中年人。她說：「這部書真不錯，令人大開眼界，中國的傳統文化真是豐富。太極拳有這麼大的學問，有這麼多的說道，但又不神秘，讓我這門外漢似乎也看懂了許多。我回去也要請一位太極拳名師教教我，好好學習學習。」

《隨曲就伸》還有許多可說的。比如功保與每位名家對話前，有一段提示語，讓你一開始就抓住了他們將要對話的主題思想，起了「畫龍點睛」的作用。它語言流暢、精練，又富有哲理性。整個對話，都具有這些特點。閱讀此書，真是一種享受啊。不禁感而詠之：

宇宙陰陽，日月輝映。
太極拳論，文化寶藏。
評品此書，其味深長。

【附錄三】

太極拳是一種狀態
——訪著名太極拳研究學者余功保
《中華武術》雜誌

　　余功保先生自 20 世紀 80 年代開始就系統進行太極拳的研究，寫作出版了世界上第一本《太極拳辭典》等一系列武術專著。2002 年，他編著的《隨曲就伸——中國太極拳名家對話錄》一書，引起國內外大極拳界的廣泛好評，成爲近期武術的暢銷書，短時間內銷售一空，又迅速再版。

　　許多太極拳家、研究者、愛好者對該書予以高度評價。被認爲是近年來難得的佳作。近期，本刊記者就太極拳的若干問題對余功保先生進行了採訪。

　　記　者：《隨曲就伸》一書是近年來武術著作的一個亮點，對此您有什麼看法？

　　余功保：《隨曲就伸》的目的在於盡可能闡述太極拳的部分精華，論述太極拳的理、法、術、功。該書受歡迎，首先是因爲太極拳具有深厚的內涵和巨大的魅力。另外，最主要的一點在於，讀書中收錄的太極拳名家們高深的太極拳理論和實踐修養，他們數十年的研修，千錘百煉所具有的精功絕技與透徹認識，他們毫無保留的系統闡述，使得本書具有了獨特的價值。

　　記　者：我看了許多關於太極拳的研究文章。您對太極拳的文化性好像很感興趣。

余功保：我覺得太極拳首先是一種文化，她裏面蘊含著精神的要素。生活是一種經歷，在這個歷程中，有許多物質的體驗，也有許多精神上的體驗。練太極拳就是一種精神的體驗過程，非常豐富，有層次、有變化，是一種動態的文化感覺，這種感覺很奇妙。你可以由非常具體的動作，肢體的運轉，意念的活動，體驗到非常抽象的文化要素。在那種過程中，你對文化有了一種很「實」的把握，那種感覺使你對人、對自然、對社會、對各種關係，以及生存的狀態有了清晰的「和」的感受，使你感到生命狀態的清晰、真切、平和與完整。所以我認為，太極拳是一種狀態。

記　者：「太極拳是一種狀態」，這種提法很有新意。

余功保：但說的卻是一個很傳統的含義。太極拳有許多作用，可以技擊，陰陽交錯，攻守兼備；可以健身，強筋壯骨，養氣和血。和生命緊密相關，人的生命就是由一個個微觀的狀態，組成了宏觀的壽命。人和人之間，人和社會、和環境之間，都組成不同的狀態。狀態是由各種實體和相互之間的關係組成的，有健康的，有不健康的，太極拳就是優化生命實體以及編織與生命相關的「和諧」的關係方法。所以研究、習練太極拳就是體驗一種生命的狀態。

記　者：您認為很多人都能體會這種狀態嗎？

余功保：「狀態」你體會不體會它都存在。每個人練太極拳都能自得其樂。「得其樂」就是融入狀態。練太極拳不存在「刻苦」問題，「一舉動，周身俱要輕靈」。輕靈是什麼？是自然舒適的狀態。

記　者：很多人不是一開始就會有這種狀態的。

余功保：無論做什麼事，開始是要立規矩的。太極拳也一

樣。立規矩就是「自我束縛」，拿你目前還不適應的、你不熟悉的原則來約束自己。這時候你肯定不能「自如」，但最終的目的是要解除束縛，走向更高水準、更高層次的自如，這就是我們練太極拳要達到的狀態。這種狀態是漸進的，逐步、有序、連貫地達到的。從一開始就必須有這種立意。「文無品不高」，拳無品也不會高，這個品就是你不能拘泥於一點一滴的技術、技巧，練太極拳應該有境界感，有大境界的感覺。

記　者：有的人練太極拳只是想健身，沒有過多的考慮。

余功保：健身就是一種大境界。對於人而言，生存是首要的，健康是一件生命、生活中的大事。解決健康的問題是需要大智慧的。很多人在各方面做得很好，但健康問題卻不能很好解決。太極拳在這方面思考了很多，也有許多有效的解決辦法。她的核心是強調自我的有序與和諧，強調平衡的狀態。這種境界是需要「達到」的，不是簡單地「練」。

記　者：「練」和「達到」有區別嗎？

余功保：練是微觀的東西，是很技術的；「達到」是微觀和宏觀結合的東西，有體悟的成分，有很文化的東西。我始終認為，如果沒有一定的中國傳統文化的修養，很難達到太極拳的高境界。

記　者：中國文化的修養指什麼？

余功保：不是指具體的知識，不是讀了多少篇古文之類的東西，是和中國優秀傳統文化的「親密接觸」，觸及深處的那種。

記　者：您認為技術在體驗太極拳狀態中起到什麼作用？

余功保：技術是基石。如果把狀態比作一個平臺，技術則是構成平臺的建築材料。空想是一無所有的，太極拳的狀態是要

理論和實踐相結合才能實現的生命體驗。太極拳的一招一式都是精華所在，都是盛滿內涵的容器，要領不正確，拳勢不對，你不可能達到良好的狀態。這不僅需要悟性，也需要「功夫」，需要時間。我曾經聽太極拳前輩講，「太極拳越練心越虛」。心虛了，功夫長了，虛則能容，胸懷大了，人充實了。這是紮紮實實練出來的。

記　者：我們期待您新的太極拳研究著作問世。

余功保：《精選太極拳辭典》和《隨曲就伸》出版後，我收到很多太極拳朋友們的來函，在此借《中華武術》也向他們表示感謝。希望大家共同為太極拳的發展多做些工作。

註：《隨曲就伸》——中國太極拳名家對話錄
　　售價 300 元，歡迎選購
　　大展出版社有限公司

【附錄四】

太極拳編年紀事錄

周代　　　　　《易經》問世。
　　　　　　　為中國太極拳文化哲學之源。

春秋時期　　　《老子》問世。
　　　　　　　其「至柔者至剛」的思想後來深深影響了太極
　　　　　　　拳理論體系的發展。

戰國時期　　　《莊子》問世。
　　　　　　　其「道法自然」的哲學觀成為太極拳理法形成
　　　　　　　的重要依據。

戰國時期　　　《黃帝內經》問世。
　　　　　　　為中國醫學的經典著作，深刻影響了中國太極
　　　　　　　拳養生體系的形成和發展。

1017 年　　　　哲學家周敦頤出生。
　　　　　　　宋代大哲學家，為太極理論的重要發展和貢獻
　　　　　　　者。所作「太極圖」為研究太極理論的經典圖
　　　　　　　示。

1372 年　　　　陳卜率全家由山西洪洞遷至河南溫縣。

1528 年　　　　明代著名軍事家、武術家戚繼光出生。
　　　　　　　戚繼光出身將門，文武兼修，英勇善戰。積極
　　　　　　　主張將武術與軍陣相結合，提高戰士的搏擊能
　　　　　　　力。著有《紀效新書》《練兵實紀》《武備新
　　　　　　　書》等。在《紀效新書》中所載拳法圖譜，與

今之太極拳已極為相近，為考證太極拳的源流提供了寶貴資料。

1560 年　　　　　《紀效新書》初版。

明代著名兵書，亦為研究太極拳的重要史料。

1600 年　　　　　陳式太極拳奠基人陳王廷出生。

陳王廷為陳氏第九世。幼年兼習文武，武功彰於當世。一般認為陳王廷即為陳式太極拳的第一位奠基者，其傳授的各種拳械功夫為陳式拳術體系的雛形。其所作《長短句》辭中「到而今，年老殘喘，只落得《黃庭》一卷隨身伴。閑來時造拳，忙來時耕田，趁餘閒，教下些弟子兒孫，成龍成虎任方便……」等句，向來被視為陳王廷研創陳式太極拳的情景寫照。

1611 年　　　　　趙堡太極拳第三代傳人張褚臣出生。

張褚臣，又作「張楚臣」，忠誠樸實，嚴受規矩，在趙堡太極拳傳承中發揮了重要作用。著有《太極拳秘傳》等經典著作。傳有陳敬伯、王柏青等弟子。

1635 年　　　　　永年「太和堂」藥店建立。

「太和堂」在太極拳發展史上有特殊地位。楊露禪等曾在此打工、學拳、授拳。

1644 年　　　　　太極拳家蔣發出生。

一說蔣發為陳式太極拳創始人陳王廷之弟子。陳家溝現存有蔣發持刀侍立陳王廷身旁

的畫像；又有說法其為趙堡太極拳第一代開創者，從王宗岳學太極拳後傳趙堡鎮。

1663 年	趙堡太極拳家陳敬伯出生。
1680 年	陳王廷去世。
1691 年	張褚臣去世。
1722 年	蔣發去世。
1724 年	武術家萇乃周出生。

萇乃周為清代傑出武術家，所著《萇氏武技全書》理法兼備，對後世太極拳的理論發展產生很大影響。

1724 年　　　　趙堡太極拳第五代傳人張仲禹出生。

張仲禹，有作「張宗禹」，得陳敬伯真傳。傳人有張彥、原復孔等。

1765 年　　　　趙堡太極拳傳人張彥出生。

相傳為趙堡太極拳第六代。就學於張仲禹，功夫全面，藝高膽大，遍訪各地武術名家交流拳藝。傳人有其子張應昌、陳清萍等。

1771 年　　　　陳式太極拳家陳長興出生。

陳長興為太極拳革命性人物。他第一次將太極拳向陳家溝外傳播，其弟子楊露禪根據所學創楊式太極拳。

1780 年　　　　陳式太極拳家陳有本出生。

陳有本為河南省溫縣陳家溝人。不拘束縛，勇於創新，在陳式太極拳原有基礎上，捨棄一些難度較大和發勁的動作，創陳式太極拳新架。該新架外形雖寬大，但發勁較為含蓄，又稱

	「小架」。並授有陳仲甡、陳季生等弟子。
1783 年	萇乃周去世。
1795 年	太極拳家陳清萍出生。
	陳清萍傳人眾多，著名者有和兆元、牛發虎、張漢、李景顏、李作智、任長春、陳景陽、武禹襄等。對楊露禪的武學思想也有重要影響。
1798 年	太極拳名家李棠階出生。
	李棠階文韜武略兼備，精於政治、軍事、天文、地理等項。尤精理學及中華傳統文化。歷任大理寺卿、禮部侍郎、左都御吏、戶部尚書、軍機大臣、工部尚書、禮部尚書，加太子少保。一生勤學不輟，對和式太極拳創始人和兆元習武及其太極理論影響較大。
1799 年	楊式太極拳創始人楊露禪出生。
	從陳家溝太極拳家陳長興學藝，共學拳 18 年，掌握了太極拳的內在功夫，成為長興門下的佼佼者。為了適應更多人的練習需要，根據自己的體悟，楊露禪對所學的陳式太極拳進行了適當的編改，刪除了一些跳躍性、發力性動作，使整個拳套平穩柔和、鬆暢開展。又經其後人加工完善，成為流行廣泛、影響深遠的楊式太極拳。其子孫後輩中承其藝而為太極大家者亦有多人。
1800 年	太極拳家武澄清出生。
	武澄清為武禹襄之胞兄。進士出身，曾任河

南舞陽縣知縣。《太極拳論》《十三勢行功歌》等文章的殘抄本，就是他在舞陽時發現的。

1810 年　　和式太極拳創始人和兆元出生。

和兆元善於學習，勤於實踐，對太極拳精華相容蓄，以理學、儒家、道家並結合醫學理論來指導規範拳架，使理論與實踐完美結合，並且在實踐中修改了拳架中的手法、身法、步法等，在傳統太極理論指導下，對拳架進行修改，在原傳拳架的基礎上，增補不足，刪其繁瑣，完善為 72 式，創編了一套獨具特色的「代理架」，後人也稱之為「和式太極拳」。

1811 年　　武式太極拳創始人武禹襄出生。

著有《太極拳論要解》《四字秘訣》《打手撒放》《身法八要》等，對近代太極拳的繁榮和發展做出了巨大貢獻。

1829 年　　趙堡太極拳傳人張敬芝出生。

張敬芝為陳清萍弟子。傳有弟子王林清、陳應銘、張鐸、張樹德、侯春秀等。

1832 年　　李亦畬出生。

李亦畬自幼即讀書成癖，文學兼備，博學多才。其著作有《五字訣》《撒放秘訣》《打手歌》《走架打手行功要言》《十三勢行功歌解》《左右虛實圖》《論虛實開合》等。對太極拳理論貢獻巨大。

1834 年	吳式太極拳奠基人全佑出生。
	從學楊露禪父子。傳子鑒泉，徒有王茂齋、郭松亭、常遠亭、夏公甫、齊閣臣等。
1835 年	武式太極拳家李啟軒出生。
	武禹襄傳人，李亦畬胞弟，人稱「李二先生」。著有《一字訣》《太極拳走架白話歌》等。其傳人有郝為真及其子寶琛、寶箴、寶桓、馬靜波、葛順成等。
1837 年	楊式太極拳家楊班侯出生。
	楊露禪二子。自幼隨父楊露禪習練太極拳，功力過人。二十幾歲即以技擊名滿京城。
1838 年	楊式太極拳家楊健侯出生。
	楊露禪三子。曾在北京協助父親教拳。為適應部分習者需求，將楊式太極拳初改中架。在太極拳發展和傳播中，起了重要作用。
1839 年	趙堡太極拳傳人任長春出生。
	學藝於陳清萍。在沁縣教拳多年，授徒眾多。主要拳理和拳架相結合。傳有弟子杜元化。
1847 年	和式太極拳家和瑞芝出生。
1849 年	太極拳家郝為真出生。
	從師李亦畬學習武式太極拳，獲其精要。後因病得孫祿堂悉心照料，遂傾心授拳於孫，遂授以武式太極拳。其拳法中正安舒，開合有致，輕靈婉轉，陰陽相濟，有「活步開合太極拳」之稱，並有人將其稱為「郝架」。

1849 年	傑出太極拳理論家陳鑫出生。
	研究太極拳，曾總結歷代積累的練拳經驗，編撰《陳氏家乘》《安愚軒詩文集》《太極拳圖畫講義》《太極拳引蒙入略》《三三拳譜》等。
1850 年	楊露禪開始在永年開館授拳。
	從陳長興學拳畢，在永年設館傳授「綿拳」。武禹襄等開始從學。
1851 年	太極拳家李瑞東出生。
	外號「鼻子李」。所傳太極拳架分春、夏、秋、冬四段，人稱「李派太極拳」。酷愛武術，從師多人。
1852 年	武禹襄赴河南省舞陽縣省兄，繞道溫縣趙堡鎮往拜陳清萍。
1852 年	和式太極拳家和敬芝出生。
	和兆元第三子。
1853 年	陳長興去世。
1855 年	楊班侯赴京城教拳。
	太極拳第一次進北京。
1857 年	和式太極拳第三代傳人和慶喜出生。
	弟子有和學信、和學敏、鄭伯英、鄭悟清、劉世英、郝玉朝、陳桂林、柴玉柱、郭雲徒等。
1858 年	陳有本去世。
1860 年	孫式太極拳創始人孫祿堂出生。
	早年精研形意拳，師從李奎元，復從郭雲

深。後在北京遇太極拳家郝為真，從其學太極拳。身兼太極、形意、八卦於一體，經過長期苦修研習，於晚年時熔其所得，創編了重要太極拳流派「孫式太極拳」。是中國內家拳術的代表人物之一。其理論上也多有建樹，流傳有《太極拳學》《形意拳學》《八卦拳學》《拳意述真》《八卦劍學》等著作。曾任中央國術館武當門門長、江蘇省國術館教務長。其學生有孫劍雲、鄭懷賢等。

1861 年	楊式太極拳家楊少侯出生。
	7 歲時即習太極拳。擅用散手。拳架小而剛，動作快而沉，處處求緊湊。
1862 年	楊式太極拳家楊兆熊出生。
	為楊健侯長子。拳架緊湊縝密，動作沉穩則絕，尤善冷斷凌空勁。性格剛烈，喜打抱不平。
1862 年	吳式太極拳傳人王茂齋出生。
	為吳式太極拳在北京的主要傳人。曾創辦北平太廟太極拳研究會，培養了大批太極拳高手。弟子人才輩出。與吳鑒泉等共同傳播吳式太極拳技藝，學生多分佈於北方，有「南吳北王」之稱。
1865 年	李棠階去世。
1866 年	楊露禪赴京教拳。
1868 年	陳清萍去世。
1870 年	著名太極拳家吳鑒泉出生。

吳式太極拳創始人。全佑之子。幼承家學，隨父習拳，並有獨到悟創。其拳架以柔化為主，端莊祥和，自然流暢。在推手中百煉鋼化為繞指柔，不丟不頂，如水賦形，引進落實，體現出力量的藝術境地。經進一步對家傳套路的改造，形成吳式太極拳的基本形態，向社會公開傳授。

1872 年	楊露禪去世。
1872 年	楊式太極拳家李萬成出生。
	李萬成長期居住楊班侯家，得楊班侯真傳。
1872 年	和式太極拳傳人和慶文出生。
	和潤芝次子。秉承家學，醫拳皆精，尤精中醫內科及疑難雜病的診治。開設文盛堂藥號，治病救人。傳子和學信、和學惠醫學和拳技。
1872 年	太極拳家李石泉出生。
	李亦畬長子。
1872 年	楊式太極拳傳人楊兆鵬出生。
	楊班侯之子。自幼隨父習武。為楊班侯主要傳人之一。
1877 年	武式太極拳家郝月如出生。
	自幼隨父郝為真學拳，並從李亦畬讀書，得二位大家指點，拳藝精進。曾任永年國術館館長。1929 年赴江蘇教拳，學生中張士一、徐震皆為太極名流。著有多種太極拳論，影響較大。其子郝少如亦為太極名家。

1878 年	楊式太極拳家楊振聲出生。
	楊少侯子。
1879 年	武術活動家許禹生出生。
	1912 年任北平體育研究社副社長，大力推廣武術運動，聘請太極拳名師吳鑒泉、楊澄甫、孫祿堂等執教，促進了太極拳的發展。1929 年出任北平國術館副館長並主編《體育》月刊，在該刊中曾發表許多武術文章。
1880 年	武禹襄去世。
1880 年	武式太極拳傳人王彭年出生。
	回族，從師於郝為真。文武兼備，喜好交友。所傳弟子有王宗貴、劉玉祥、趙玉林等人。
1881 年	陳微明出生。
	1915 年拜孫祿堂為師，練形意、八卦，體魄由弱轉強。1917 年，拜楊澄甫為師。1925 年 5 月，在上海武昌路創辦致柔拳社，由楊澄甫口授，陳微明筆錄之《太極拳術》一書，採用楊澄甫早年之拳照，由中華書局出版，致柔拳社發行，為楊式太極拳重要參考資料。
1881 年	楊式太極拳家牛春明出生。
	1902 年拜楊澄甫為師。
1881 年	李亦畬編定《太極拳譜》。
1881 年	太極拳家傅振嵩出生。
1882 年	太極拳家李遜之出生。
	李亦畬次子。傳有弟子姚繼祖、李錦藩、趙

蘊圓、劉夢筆、魏佩霖等。在永年及海內外有較大影響。著有《初學太極拳練法述要》《不丟不頂淺釋》等著作。

1882 年　　　　太極拳家閻志高出生。

17 歲拜入郝為真的門下，畢業於保定武備學堂。1950 年應霍夢魁等人邀請在瀋陽授拳。

1882 年　　　　太極拳家張振宗出生。

武式太極拳傳人。從郝為真學太極。傳人有賈樸等。

1882 年　　　　著名武術活動家張之江出生。

曾任馮玉祥軍中要職，喜拳好武。1927 年脫離軍界後創辦南京「中央國術館」，擔任館長。一批太極拳專家被邀傳拳，有力地推動了太極拳及各類武術拳種的普及。

1883 年　　　　楊式太極拳家楊澄甫出生。

為楊式太極拳創始人楊露禪嫡孫。其父楊健侯，為楊式太極拳第二代重要代表人物。楊澄甫自幼得父調教，秉心悟學，拳藝精熟。他在楊式太極拳架基礎上，進行了大幅度修改與加工，使整套拳架更加開展簡捷，柔和平易，立身中正安舒，行功輕靈灑脫。修改後的套路更適宜於推廣傳播，受到社會的普遍歡迎，有力地促進了楊式太極拳普及，楊澄甫也因此譽為楊式太極拳承前啟後的大家。

1884 年　　　　武澄清去世。

1884 年	著名太極拳家吳圖南出生。
	9 歲起拜師於吳鑒泉、楊少侯學習太極拳。曾就讀於京師大學堂學習醫學。畢生從事太極拳研究、教學事業。被北京大學等多所高校聘請為武術協會顧問。曾任中國武協委員、中國武術學會委員、北京市武術協會副主席。著有《太極拳》《內家太極拳》等書，彙編出版了《吳圖南太極拳精髓》。
1885 年	武術家李玉琳出生。
	先後從師於郝恩光、孫祿堂等名家。1936 年後在東北開辦「太極拳研究社」，活動於哈爾濱、長春、瀋陽等地，廣泛傳授孫式、楊式太極拳。是東北太極拳活動的代表性人物之一。
1885 年	武式太極拳家韓欽賢出生。
	郝為真著名弟子。曾任永年國術館館長。傳人有賈樸等。
1886 年	太極拳家蕭功卓出生。
1887 年	陳式太極拳家陳發科出生。
	陳發科為陳家溝陳氏第十七世孫。幼承家學，訓練刻苦專心，較為全面地掌握了陳式太極拳的技理體系，成為一代名家。1928 年應邀赴北平傳藝，使陳式太極拳迅速在社會上流傳開來，奠定其全面發展的基礎，為太極拳的發展做出了巨大貢獻。
1887 年	吳式太極拳家楊禹廷出生。

從師王茂齋學習吳式太極拳，為吳式太極拳發展史中具有代表性的重要人物。其拳法細膩規範，勁力圓韌，深悟太極神韻，在太極拳理論上也有高深造詣。一生從事太極拳研究與教學。培養了大批卓有成就的太極拳人才。其中較著名的如王培生、李秉慈、李經梧等。

1887 年	武術活動家、教育家吳志清出生。

1928 年被聘為南京中央國術館教務處副處長、編審處處長等職。武術就教於多位名家，曾習彈腿、查拳等。太極拳從學於楊澄甫，且習練經年，鍾愛日深。集研究心得寫就《太極正宗》一書，是太極拳研究中具有重要影響的著作。

1888 年	楊式太極拳家葉大密出生。

從田兆麟學楊式太極拳。得到孫祿堂的口授身教。1927 年，拜李景林為師，與陳微明一起向李景林學武當對劍。1929 年，組織武當太極拳社。傳有眾多弟子在海內外傳播太極拳。所練、傳的太極拳，其傳人有稱之為「楊式葉大密架太極拳」。

1888 年	楊式太極拳家董英傑出生。

楊澄甫著名弟子。長期在海外傳播太極拳。其子董虎嶺、女董茉莉均為太極拳推廣做出重要貢獻。

1888 年	太極拳家李聖瑞出生。
1889 年	太極拳家王其和出生。

其太極拳架具有中正圓滿、舒緊適中、端莊大方的特點，行拳穩健順暢，步法靈活，轉換輕靈，運勁鬆柔，飄逸灑脫。有人稱其所傳太極拳架為「其和架」或「混合架」「軟硬架」。

1889 年	太極拳家李香遠出生。 郝為真弟子。曾南下蘇州、南京等地教拳，在山西也教拳多年。傳有弟子光步孔、史逢春、吳兆基等。
1890 年	太極拳傳人王新午出生。 畢業於原山西大學堂法政學院。1916 年受山西省派赴北平深造武術，從師於太極拳名家吳鑒泉、許禹生、紀子修等。1930 年回太原後成立「國術促進會」，對太極拳在山西的發展起到重要作用。著有《太極拳法闡宗》，後亦以《太極拳法實踐》為名出版。
1890 年	太極拳家褚桂亭出生。 1929 年在杭州拜楊澄甫為師，為楊澄甫著名弟子。
1890 年	太極拳家武匯川出生。 於 1912 年師從楊澄甫學拳。1928 年在滬上創辦「楊氏首徒武匯川太極拳社」。
1890 年	武式太極拳家霍夢魁出生。
1890 年	和式太極拳傳人和學信出生。 和慶文長子。自幼習醫學拳，隨伯父和慶喜練武。承祖傳拳藝與醫術於一身，成為和式

家學的重要繼承者。其子士英、士俊皆承傳父學，在社會上廣傳和式太極拳，弟子眾多。

1890 年　　　和兆元去世。

1891 年　　　太極拳家沈家楨出生。

自幼喜武，兼學楊式、陳式兩大流派太極拳，分別從師於楊澄甫父子及陳發科。數十年研修不斷，深得太極拳精妙。與顧留馨合著《陳式太極拳》，理論性強，技術規範，深受社會的歡迎。

1891 年　　　著名武術家姜容樵出生。

幼習武術，兼通多門，尤以少林、形意、八卦、太極諸拳用功較多。與人合著《太極拳講義》一書。

1891 年　　　楊式太極拳家田兆麟出生。

1915 年，拜楊澄甫為師。並得到楊健侯、楊少侯的指點。在上海培養了大批太極拳人才。其主要弟子有葉大密、陳志進、楊開儒、沈榮培等。由田兆麟口述，弟子陳炎林筆錄的《太極拳刀劍杆散手合編》為研究楊式太極拳的重要著作。

1892 年　　　太極拳家徐致一出生。

熱心體育事業，尤其致力於推廣太極拳等武術。1920 年開始從師吳鑒泉學習太極拳。曾任上海武術聯誼會主席、上海精武體育會總幹事。授拳著書，作品有《太極拳淺說》《吳式太極拳》等。

1892 年	武式太極拳家李福蔭出生。
	武式太極拳傳人。河北永年人。郝為真弟子。
1892 年	楊班侯去世。
1892 年	李亦畬去世。
1892 年	楊式太極拳家崔毅士出生。
	1909 年拜楊澄甫為師。1928－1936 年，崔隨楊澄甫南下，授拳於寧、滬、杭、漢口、廣州等地。創立「北京永年太極拳社」。為北京楊式太極拳的代表人物。
1892 年	吳式太極拳家修丕勳出生。
	1918 年拜王茂齋為師學習太極拳。在家鄉掖縣開館授徒，傳播吳式太極拳，甚有名望。
1893 年	太極拳家張起發出生。
1893 年	孫式太極拳家孫存周出生。
	孫祿堂之子。
1893 年	陳式太極拳家陳照丕出生。
1893 年	吳式太極拳傳人李子固出生。
1894 年	楊式太極拳傳人張虎臣出生。
1894 年	楊式太極拳家李雅軒出生。
	楊澄甫著名弟子。1914 年在北京正式拜楊澄甫為師。1934 年，任南京太極拳社社長。1938 年入川定居，長期在四川傳播太極拳術。其太極拳架氣魄雄偉，舒展大方。教學嚴格認真，循循善誘。對太極拳理論有獨到見地。為楊澄甫弟子中較有代表性者。其女李敏弟、婿陳龍驤承其業，皆善太極拳。

1895 年	趙堡太極拳家鄭悟清出生。
	受業於趙堡太極拳名師和慶喜。於西安傳授太極拳技藝數十年。為發展趙堡太極拳做出了貢獻。
1897 年	著名武術研究家唐豪出生。
	對武術史學傾力開拓，先後實地考察河南少林寺、陳家溝等武術重地，細心求證，嚴謹推論，寫就《太極拳與內家拳》《少林武當考》《內家拳》《中國武藝圖籍考》等著作，在武術界及體育界產生巨大影響。
1897 年	陳式太極拳家杜毓澤出生。
1897 年	武術家胡耀貞出生。
	1942 年在太原創辦山西省國術館，任館長。1953 年與陳發科共建首都武術社，任社長。傳有弟子馮志強等。
1897 年	太極拳家吳公儀出生。
	吳鑒泉長子。1937 年，在香港成立鑒泉太極拳分社，擔任社長。1942 年回上海擔任鑒泉太極拳社社長，1948 年重返香港復社。1954 年，在港與陳克夫比武，轟動一時。在世界各地特別是東南亞推廣太極拳，取得顯著成就。
1898 年	著名太極拳研究家徐震出生。
1899 年	太極拳家孫務滋出生。
1899 年	著名武術家鄭懷賢出生。
	幼習太極拳、形意拳、八卦掌等諸般武術，曾作為 1936 年第 11 屆奧運會中國體育代表團武

術隊成員赴柏林演武，廣受歡迎。注重武術
醫學的研究與發展，其骨傷治療醫術名重中
外。生前為成都體育學院教授、武術系主
任、成都體育學院附屬醫院院長，並擔任中
國武術協會主席。

1900 年　　　　四民武術社成立。

由耿繼善創辦於北京。主要傳授形意拳、八
卦掌及太極拳等。其時眾多武術名家參與了
該社活動，並培養了眾多學員。

1900 年　　　　李啟軒去世。

1901 年　　　　吳式太極拳家馬岳梁出生。

吳鑒泉之婿。早年學醫，畢業於北平協和醫
院。後拜吳鑒泉為師，研習吳式太極拳，深
得垂愛。1930 年與鑒泉之女吳英華成婚。長
期協助其師廣泛傳教太極拳。1932 年成立鑒
泉太極拳社並擔任副社長。

1901 年　　　　吳式太極拳家吳公藻出生。

吳鑒泉次子。著有《太極拳講義》等。

1901 年　　　　楊式太極拳家陳尚毅出生。

楊澄甫弟子。

1902 年　　　　全佑去世。

1902 年　　　　吳式太極拳傳人王子英出生。

王茂齋次子。

1902 年　　　　太極拳家鄭曼青出生。

擅長詩、書、醫、畫、拳，人稱「五絕老
人」。1930 年從楊澄甫學拳，由楊澄甫口

授，鄭曼青與黃景華筆錄的《太極拳體用全書》，1933 年由上海大東書局出版，為楊式太極拳重要著作。1950 年，至臺灣定居，將楊式拳架刪繁就簡，定名為鄭子簡易 37 式太極拳。在成功中學設立時中拳社。

1903 年　　　　　武式太極拳家李槐蔭出生。
李亦畬長孫。1932 年在太原組建「山西省國術促進會」，為會長。為出版《廉讓堂太極拳譜》做了重要工作。

1903 年　　　　　楊式太極拳家傅鍾文出生。
傅鍾文 9 歲起隨楊澄甫學練太極拳。1927 年楊澄甫南下教拳，傅鍾文協助任教。後長期伴隨楊澄甫教學、研武，並得到其盡心傳授。為發展推廣太極拳做出重要貢獻。

1903 年　　　　　著名武術家馬禮堂出生。
20 世紀 80 年代依據傳統太極拳創編了「太極功」，向社會傳授，並在中央電視臺播講。為北京市太極拳研究會、形意拳研究會、八卦掌研究會顧問，被聘為北京大學武術協會名譽會長。

1904 年　　　　　楊式太極拳家汪永泉出生。
7 歲隨父習武。後學藝於楊健侯，14 歲拜楊澄甫為師，精研楊式太極拳。生前任北京市武協副主席。著有《楊式太極拳述真》一書，為太極拳著作中的精品。

1904 年　　　　　太極拳家劉仁海出生。

王其和弟子。傳有弟子李劍方等。

| 1904 年 | 吳式太極拳家劉晚蒼出生。 |

著有《太極拳及太極推手》一書。生前曾任北京市吳式太極拳研究會會長。

| 1904 年 | 著名武術家沙國政出生。 |

自幼習武，受教於十多位名家，兼練形意拳、八卦掌、通臂拳、太極拳、少林拳等。出版有《太極拳對練》等著作。多次擔任全國武術比賽太極拳類裁判長。曾任中國武術協會委員、武術國家級裁判、雲南省武協副主席、雲南省武術館館長，武當拳法研究會顧問。

| 1904 年 | 趙堡太極拳家侯春秀去世。 |

和敬芝弟子。在西安授拳數十年，學生眾多，著名的弟子有趙策、羅及午、王喜元、侯轉運、黃江天、尚保新、孟凡夫、劉會峙等。為趙堡太極拳的傳播做出了較大貢獻。

| 1905 年 | 著名武術家周遵佛出生。 |

曾從張永德習八卦掌、從王矯宇習楊式太極拳。與陳發科互相學習、研討，交流所學技理，又學得陳式太極拳精髓，成為身兼多學的武術名家。中年以後專攻太極拳，尤有造詣。一生授徒較少，但教學極為嚴格，強調套路、內功技擊與理論的結合。為北京市八卦掌研究會名譽顧問，並被聘為北京大學、北京外國語學院等高校武協的顧問。

1905 年	吳式太極拳家吳英華出生。
	吳鑑泉之女。幼秉承家傳,並協助父親教拳。曾任鑑泉太極拳社副社長,1942 年起擔任社長。其夫馬岳梁亦為太極拳名家。
1906 年	楊式太極拳家趙斌出生。
	楊澄甫外甥,自幼隨楊澄甫學拳。為西北地方楊式太極拳的主要開拓者和傳播者。傳有學生趙幼斌、路迪民等。
1905 年	趙堡太極拳家鄭錫爵出生。
	從師於和慶喜。曾在瀋陽等地授拳。20 世紀 40 年代遷居西安,廣收門徒,傳授太極拳。
1907 年	楊式太極拳家濮冰如出生。
	葉大密早期著名弟子,在上海的太極拳界具有較大影響。1956 年在北京舉行的全國武術觀摩交流大會上獲金牌獎,1957 年在全國武評大會上獲一等獎,1959 年在全國運動會上獲武術比賽一等獎。長期堅持業餘教授太極拳。
1907 年	楊式太極拳家楊紹西出生。
	楊澄甫弟子。與李雅軒共同發起成立南京「首都太極拳社」,任副社長。
1907 年	陳式太極拳家洪均生出生。
	陳發科弟子。長期在濟南授拳課徒,從者甚眾,影響漸及全國各地與海外。著有《陳式太極拳實用拳法》一書。
1908 年	武式太極拳家郝少如出生。

郝月如之子。自幼在郝為真、郝月如指導下學習武式太極拳，全面掌握了太極拳技理。1937年在上海開辦「郝派太極拳社」，著有《武式太極拳》一書。

1908 年　　　　太極拳家顧留馨出生。

先後從致柔拳社陳微明、匯川太極拳社武匯川學楊式太極拳，從徐致一、吳鑒泉學吳式太極拳，從陳發科學陳式太極拳，從楊澄甫、楊少侯精心研習太極拳。為著名太極拳研究家。

1908 年　　　　太極拳家郝家俊出生。

曾參與國家體委《太極拳運動》一書的編寫工作。

1909 年　　　　孫式太極拳家王禧奎出生。

孫祿堂弟子。先後在各地教授孫式太極拳，培養了眾多學員。曾在上海尚德國術社任教。

1909 年　　　　楊式太極拳家張玉出生。

師從武匯川，以太極推手名於世。為「匯川太極拳社」組建人之一，參與了國家體委《八十八式太極拳》的編寫工作。

1910 年　　　　太極拳家翟文章出生。

為郝為真內侄子。先後師從於郝為真、郝月如、楊光鵬學習武式、楊式太極拳。長期在家鄉永年傳拳。

1910 年　　　　楊式太極拳家楊振銘出生。

楊澄甫長子。8 歲習拳，14 歲時即精通拳理、拳經，作為楊澄甫教學的助教。架式酷似楊澄

	甫，推手尤見功夫。長期在香港授徒，將太極拳推廣到港、澳、台及東南亞各國，在海外傳有眾多弟子。著有《雙人圖解太極拳用法及變化》等書。
1911 年	陳式太極拳家雷慕尼出生。 陳發科弟子。其學生戈春豔多次獲全國陳式太極拳比賽女子冠軍。
1912 年	太極拳家李經梧出生。 先從師於趙鐵庵，後拜楊禹廷為師學習吳式太極拳，並得到王子英指點。20 世紀 40 年代初，拜陳發科為師，為陳發科著名弟子之一。1959 年起，擔任北戴河氣功療養院太極拳指導教師。曾任秦皇島市武協主席。
1912 年	吳式太極拳家王輝璞出生。 楊禹廷弟子。著有《吳式簡化太極拳》等。為丹東市吳式太極拳研究社社長。北京吳式太極拳研究會顧問。
1912 年	北平體育研究社成立。 太極拳家許禹生廣邀太極拳家參與。對推廣太極拳發揮了積極作用。
1912 年	武式太極拳家魏佩林出生。 傳人有翟維傳等。
1912 年	武式太極拳家馬榮出生。 曾任邯鄲市武協主席。在邯鄲大力推廣武術，尤其使武式太極拳得以在當地廣泛傳播。
1913 年	楊式太極拳家蔣玉堃出生。

	楊澄甫弟子。著有《楊式太極各藝要義》《太極對拳》《楊式太極劍》等。
1914 年	永年十三中首開集體傳授太極拳之先河。
1914 年	楊式太極拳家白忠信出生。
1914 年	孫式太極拳家孫劍雲出生。
	孫祿堂之女。9 歲隨父習武，得家傳。被評為中國當代「十大武術名師」。一生臻力於中國傳統武術的推廣、發展，在國內外享有盛譽。著有《孫式太極拳》《太極劍》《孫式太極拳簡化套路》等。曾擔任北京市孫式太極拳研究會會長、北京市形意拳研究會會長。並擔任北京市武術協會副主席。
1914 年	北京體育研究社成立。
	許禹生創辦。邀請楊少侯、楊澄甫和吳鑒泉任太極拳教師。
1914 年	著名武術家張文廣出生。
	1936 年入選中國體育代表團，赴柏林在第 11 屆奧運會做武術表演。擅楊式太極拳，為「楊式太極拳競賽套路」主要編審者之一。創編「廣播太極拳」。被評為「十大武術名教授」。
1915 年	太極拳家李天驥出生。
	長期在國家體委從事武術研究、組織工作，大力推進武術的發展，尤其對太極拳的推廣與普及起到重要作用。參加了多種太極拳套路、書籍的編排、撰寫工作。

1916 年	北平體育講習所開辦。
1916 年	武式太極拳家姚繼祖出生。
	李遜之弟子。傳有弟子翟維傳、鍾振山、金竟成、胡鳳鳴、李劍方、翼長宏等人。
1917 年	陳式太極拳家田秀臣出生。
	陳發科弟子。很好保持了陳發科太極拳風貌，氣韻生動，神意飽滿，舒展大方，內外合一。1978 年應北京體育學院武術教研室邀請，在學院內傳授陳式太極拳。
1917 年	楊式太極拳家董虎嶺出生。
1917 年	李瑞東去世。
1917 年	楊健侯去世。
1918 年	孫式太極拳家孫叔容出生。
	孫存周之女。
1918 年	楊式太極拳家賈志祥出生。
1918 年	和式太極拳和士英出生。
	和學信長子。傳人有其子和定元、和定乾、和定中、和定國，侄和定宇等。
1919 年	陳式太極拳家陳立清出生。
1919 年	孫祿堂《太極拳學》出版。
	該書為太極拳發展史上第一部公開出版的著作。首次闡發形意、八卦、太極三理合一觀點。
1919 年	吳式太極拳家王培生出生。
	從師於楊禹廷，並經王茂齋指點。門生遍及海內外。重視太極拳的健身作用與理論建設。創

編有「乾坤戊己功」等養生內功套路。著有《吳式太極拳三十七式行功圖解》《太極拳的健身和技擊作用》《太極功及推手精要》《太極劍》《太極刀》等書。

1920 年	武式太極拳家李錦藩出生。 從師於李遜之。
1920 年	楊式太極拳家林墨根出生。 從師於李雅軒。
1920 年	吳式太極拳家馬漢青出生。 從師於楊禹廷。
1920 年	郝為真去世。
1920 年	陳式太極拳家凌志安出生。 陳照奎弟子。
1921 年	楊式太極拳家楊振基出生。 楊澄甫次子。邯鄲市楊式太極拳協會會長、楊澄甫式太極拳研究總會會長、邯鄲市武術協會榮譽主席。編著有《楊澄甫式太極拳》等書。
1921 年	太極拳家徐憶中出生。 鄭曼青弟子。臺灣鄭子太極拳研究會理事長、國術會時中學社社長。
1922 年	太極拳家張繼修出生。
1923 年	武式太極拳家賈樸出生。
1923 年	武術家李文貞出生。 著有《太極十三劍》一書，頗具特色。
1924 年	孫祿堂著《太極拳學》出版。

1924 年	楊式太極拳家魏樹人出生。
	從師於汪永泉。著有《楊式太極拳術述真》等著作。
1925 年	陳微明著《太極拳術》出版。
1926 年	楊式太極拳家楊振鐸出生。
	楊澄甫之子。當代楊式太極拳代表性人物。其拳架端正宏大，流暢開展，獨具風範。深得楊澄甫太極拳精髓。參與了中國武術研究院楊式太極拳競賽套路的編定工作，應邀擔任首屆世界太極拳健康大會輔導名家。著有《楊式太極拳》等多種著作。為山西省楊式太極拳研究會會長。
1926 年	楊式太極拳家張義敬出生。
	從師於李雅軒。著有《太極拳理傳真》一書。
1926 年 5 月	致柔拳社成立。
	由陳微明在上海創建。
1926 年 9 月	武當太極拳社成立。
	葉大密創辦於上海。
1927 年	楊式太極拳家金仁霖出生。
1927 年	太極拳家馬有清出生。
1927 年	陳式太極拳家馬虹出生。
	陳照奎弟子。出版有《陳式太極拳拳法拳理》《陳式太極拳體用全書》《陳式太極拳技擊法》《陳式太極拳拳理闡微》等著作。
1927 年	匯川太極拳社成立。
	武匯川創辦於上海。

1928 年	中央國術館成立。
	張之江為館長。並大力開展武術宣傳，延攬了大批武術人才，許多太極拳名家，如傅振嵩、楊澄甫、吳志青、孫祿堂、吳俊山、龔潤田等人均在其中任教、任職，太極拳亦為國術館重要術科之一。
1928 年	楊式太極拳家吉良晨出生。
	從師於崔毅士學楊式太極拳。長期從師醫學工作。出版有《楊氏太極拳真義》等著作。
1928 年	永年國術館成立。
	蘆海帆擔任第一任館長，後改由郝月如為館長。
1928 年	陳式太極拳家陳照奎出生。
1928 年	陳式太極拳名家馮志強出生。
	馮志強為陳發科弟子。北京地區陳式太極拳具有代表性的人物，並在國際上享有盛譽。北京市陳式太極拳研究會會長。
1928 年	孫式太極拳家孫婉容出生。
	孫存周之女。
1928 年	楊式太極拳家楊振國出生。
	楊澄甫之子。6 歲習拳。曾隨父南下教拳。編著傳統楊式太極拳「精選套路 55 式」「太極精華 37 式」兩套路，得到廣泛傳播。
1928 年	武式太極拳家吳文翰出生。
	從師李聖端。長期堅持武術理論研究，在太極拳史、太極拳理法等方面有深刻造詣。

1928 年	陳照丕赴京教拳。
	成為第一位在京城教授陳式太極拳的人。
1928 年	楊澄甫南下授拳。
	分別至南京、杭州、廣州、漢口等地。
1928 年	吳鑒泉遷居上海。
1929 年	陳發科赴京教拳。
1929 年	吳式太極拳家李秉慈出生。
	楊禹廷弟子。在傳統武術發展、太極拳競賽、太極拳訓練等方面均有突出成就。培養了大批人才。參與「四式太極拳競賽套路」的編訂工作。1995 年被評為首屆「中華武林百傑」。北京市吳式太極拳研究會會長。著作有《吳式太極拳拳照圖譜》《楊禹廷太極拳系列秘要集錦》《吳式太極拳拳械述真》。
1929 年	武當趙堡太極拳家原寶山出生。
	從師鄭悟清。
1929 年	陳式太極拳家蕭慶林出生。
	陳發科弟子。
1929 年	陳鑫去世。
1929 年	唐豪等赴陳家溝考察太極拳源流。
1930 年	太極拳家沈壽出生。
	長期堅持太極拳的研究、推廣工作，發表了眾多的太極拳論文，並出版了《太極拳法研究》《太極拳推手問答》等書。
1930 年 7 月	《少林武當源流考》出版。
	太極拳研究著作。唐豪著。在太極拳研究中具

有很高的知名度，是研究武術史的重要參考
文獻。

1931 年　　　　吳式太極拳家翁福麒出生。
　　　　　　　　楊禹廷弟子。協助楊禹廷整理出版《太極拳
　　　　　　　　動作解說》。與李秉慈合著《楊禹廷太極拳
　　　　　　　　系列秘要集錦》。北京吳式太極拳研究會副
　　　　　　　　會長。

1931 年　　　　楊澄甫《太極拳使用法》出版。

1931 年　　　　楊式太極拳家劉高明出生。
　　　　　　　　從師於崔毅士。曾任北京楊式太極拳研究會
　　　　　　　　會長。

1931 年　　　　太極拳家于志鈞出生。
　　　　　　　　就學於吳圖南。著有《楊式太極拳小架及其
　　　　　　　　技擊應用》《太極拳推手修煉》《太極劍技
　　　　　　　　擊大觀》等。

1931 年　　　　武式太極拳家劉積順出生。
　　　　　　　　郝少如弟子。

1931 年　　　　楊式太極拳家傅聲遠出生。
　　　　　　　　傅聲遠為傅鍾文之子。長期在海外傳拳。

1933 年　　　　孫式太極拳家孫寶亨出生。
　　　　　　　　孫存周之子。

1933 年　　　　鑒泉太極拳社成立。
　　　　　　　　由吳鑒泉創辦。

1933 年　　　　吳式太極拳名家馬長勳出生。

1933 年 12 月　孫祿堂去世。

1934 年　　　　陳式太極拳家陳慶州出生。

1934 年	吳式太極拳家馬海龍出生。
	馬岳梁、吳英華之子。現任上海鑒泉太極拳社社長。
1934 年	太極拳家馬金龍出生。
1935 年	唐豪著《太極拳根源》出版。
1935 年	杜元化著《太極拳正宗》出版。
1935 年	吳公藻編《太極拳講義》出版。
1935 年	《廉讓堂本太極拳譜》出版。
1935 年	郝月如去世。
1936 年	和慶喜去世。
1936 年	楊澄甫去世。
1937 年	太極拳家門惠豐出生。
1937 年	太極拳家、東方人體文化學者劉峻驤出生。
	從師於王培生。曾任吳式太極拳研究會會長。
1937 年	楊式太極拳家馬偉煥出生。
	從師於楊振銘。為香港楊氏太極拳學會創會會長。
1937 年	唐豪著《行健齋隨筆》出版。
1938 年	太極拳家武淑清出生。
	從師高瑞周。
1938 年	太極拳家宗光耀出生。
	長期從事外交工作，原新華社澳門分社副社長、中央駐澳門聯絡辦副主任。在首屆世界太極拳健康大會上被國家體育總局武術運動管理中心授予「太極拳發展貢獻獎」。
1938 年	太極拳家牛勝先出生。

1939 年	趙堡太極拳家趙增福出生。
	從師於鄭錫爵。編撰出版《武當趙堡大架太極拳》《中國趙堡太極拳》《中國八卦太極拳》等。
1939 年	太極拳家石明出生。
	創如意太極拳家。
1939 年	趙堡太極拳家劉瑞出生。
	從師於鄭悟清。
1940 年	太極拳家郝金祥出生。
1940 年	王茂齋去世。
1940 年	楊式太極拳家路迪民出生。
	從師於趙斌。
1941 年	太極拳家周世勤出生。
	從師於高瑞周、王培生等人。北京市武術協會李式太極拳研究會名譽會長。
1941 年	高級教練、太極拳家曾乃梁出生。
	1995 年當選「中國當代十大武術教練」。
1941 年	吳式太極拳家張全亮出生。
	王培生弟子。北京吳式太極拳研究會副會長。
1942 年	陳式太極拳家蔣家俊出生。
	洪均生弟子。
1942 年	吳鑒泉去世。
1943 年	楊式太極拳家張勇濤出生。
	崔毅士外孫。出版有《簡化楊式太極拳》《傳統楊式太極劍》《楊式太極拳及其防身

應用》《楊式養生太極拳》等著作。

1943 年	李福蔭去世。
1944 年	陳式太極拳家王西安出生。
	先後從師於陳照丕、陳照奎。編著出版《陳式太極拳老架》《陳式太極拳技擊秘訣》《陳式太極拳推手技法》等著作。
1944 年 10 月 1 日	永年太極拳社成立。 由傅鍾文發起創辦。
1944 年	趙堡太極拳名家王海洲出生。
	著有《秘傳趙堡太極拳》《趙堡太極劍、太極拳、太極棍、太極單刀、太極春秋大刀、太極散手合編》等著作。
1944 年	陳式太極拳家朱天才出生。
	陳照丕弟子。
1944 年	李遜之去世。
1945 年	許禹生去世。
1946 年	陳式太極拳家陳小旺出生。
1947 年	李萬成去世。
1947 年	匯通武術研究社成立。
	位於北京什剎海西海北岸「匯通祠」，由李瑞東入室弟子高瑞周擔任社長，是北京地區比較活躍的群眾武術組織，培養了大批優秀太極拳、武術人才。
1948 年	楊式太極拳家陳龍驤出生。
	李雅軒女婿。當代楊式太極拳代表人物之一。
1948 年	孫式太極拳家孫永田出生。

	1985 年從師孫劍雲，為北京市孫式太極拳研究會會長。當代孫式太極拳代表性人物。
1948 年	楊式太極拳家崔仲三出生。
	崔毅士之孫。應中國武術協會邀請，參加在海南省三亞市舉辦的首屆世界太極拳健康大會，擔任名家演示和輔導工作。
1948 年	武式太極拳家鍾振山出生。
	姚繼祖弟子。曾參加武式太極拳競賽套路編寫工作。應中國武術協會邀請，參加在海南省三亞市舉辦的首屆世界太極拳健康大會，擔任名家演示和輔導工作。
1949 年	楊守中移居香港，開始在香港傳授楊式太極拳。
1950 年	陳式太極拳家陳正雷出生。
	為當代陳式太極拳具有代表性的人物。在海內外推廣傳播太極拳做出重大貢獻。應邀擔任首屆世界太極拳健康大會輔導名家。
1950 年	楊式太極拳家趙幼斌出生。
	趙斌之子。為西安永年楊氏太極拳學會會長。著有《楊氏 28 式太極拳》，與趙斌、路迪民合著有《楊氏太極拳正宗》。
1951 年	楊式太極拳家李敏弟出生。
	李雅軒之女。
1951 年	臺灣時中太極拳學社成立。
	鄭曼青發起成立，並擔任第一任社長。
1952 年 6 月	毛澤東主席題詞：「發展體育運動，增強人

民體質。」

並提倡：做體操、打球類、跑步、爬山游泳、打太極拳。由毛主席的宣導，太極拳運動在全國得到了廣泛的開展。

1953 年	首都武術社成立。
	陳發科、胡耀貞分別為社長、副社長。
1953 年	傅振嵩去世。
1954 年	吳陳比武。
1 月 17 日	為籌集慈善款，太極拳家吳公儀和白鶴派拳家陳克夫舉行公開比武。轟動一時。
1955 年	太極拳家呂德和出生。
	李經梧弟子。1993 年主編出版《李經梧傳陳吳太極拳集》一書。
1955 年	武式太極拳家喬松茂出生。
	1972 年起隨李錦藩習練太極拳，誠心求藝數十年，勤學苦練，悟得精髓。著有《武式太極拳詮真》。曾應邀在三亞舉行的首屆世界太極拳健康大會上做名家表演與輔導。
1956 年	二十四式太極拳編定。
	又稱「簡化太極拳」，對於推動太極拳運動的發展起到了重要作用。
1957 年	顧留馨赴越南教授胡志明主席太極拳。
1957 年	陳發科去世。
1957 年	和學信去世。
1958 年	陳微明去世。
1958 年	韓欽賢去世。

1958 年	徐致一著《吳式太極拳》出版。
1959 年	河南溫縣武術業餘體校成立。
1959 年	唐豪去世。
1960 年	著名書畫家、太極拳家梅墨生出生。
	李經梧弟子。
1961 年	天津武式太極拳研究會成立。
1961 年	董英傑去世。
1961 年	李香遠去世。
1961 年	牛春明去世。
1961 年	魏佩林去世。
1961 年	鄭錫爵去世。
1962 年	霍夢魁去世。
1962 年	《三十二式太極劍》編定。
	又稱《簡化太極劍》。是國家體委在傳統太極劍套路基礎上編排修訂的推廣套路。
1962 年 2 月	《太極拳運動》出版。
	中華人民共和國體育運動委員會運動司編。人民體育出版社出版。
1963 年	和式太極拳和有祿出生。
	和士英之子。
1963 年 3 月	《楊式太極拳》出版。
	傅鍾文演述,周元龍筆錄,顧留馨審。人民體育出版社出版。
1963 年	《陳式太極拳》出版。
	該書由人民體育出版社出版。對後來陳式太極拳的推廣和研究發揮了重要作用。是陳式

太極拳最為重要的作品之一。

1963 年	楊式太極拳家郝宏偉出生。
1964 年	李子固去世。
1965 年	馬榮去世。
1966 年	張之江去世。
1968 年	楊式太極拳家楊軍出生。
	楊振鐸之孫。
1970 年	崔毅士去世。
1971 年	楊式太極拳家傅清泉出生。
	傅聲遠之子。
1972 年	沈家楨去世。
1972 年	楊式太極拳家楊斌出生。
	楊振鐸之孫。
1973 年	陳照丕去世。
1973 年	胡耀貞去世。
1973 年	葉大密去世。
1974 年	姜容樵去世。
1975 年	中國科學院武術協會成立。
1976 年	張起發去世。
1976 年	修丕勳去世。
1976 年	李雅軒去世。
1977 年	褚桂亭去世。
1978 年 11 月	鄧小平為太極拳題詞「太極拳好」。
	體現了中國領導人對優秀傳統文化、對人民群眾身心健康的關懷。對太極拳運動的發展起到了巨大的推進作用。

1979 年	蕭功卓去世。
1979 年	張虎臣去世。
1979 年	《四十八式太極拳》出版。
	四十八式太極拳是對簡化太極拳的提高,以楊式大架太極拳為基礎,吸收融合了其他流派太極拳的一些動作及練法,從而形成了全面、生動的特點。
1980 年	河南電視臺拍攝《拳鄉行》電視片。
	陳小旺等在片中出演。
1980 年	全國武術觀摩大會在太原舉行。
	楊振鐸等太極拳名家獲金牌。
1981 年	陳照奎去世。
1982 年	廣播太極拳問世
	當代編創套路。張文廣創編。以楊式太極拳為主體,配以吳式、陳式太極拳的典型技術動作。
1982 年	山西省楊式太極拳協會成立。
4 月 4 日	會長為楊振鐸。
1982 年	北京大學武術協會成立。
12 月 1 日	中國高等學校第一個武術協會。專門設立有太極拳課程。太極拳家吳圖南、周遵佛等經常進行指導。會員撰寫了大量太極拳研究論文,為太極拳的科學化發揮了積極作用。
1982 年	楊禹廷去世。
1982 年	劉仁海去世。
1983 年	北京陳式太極拳研究會成立。

	馮志強為會長。
1983 年	上海陳式太極拳協會成立。
7 月 11 日	會長為萬文德。
1983 年 9 月	上海人民廣場集體太極拳演練。

5000 多名來自社會各界的太極拳愛好者匯聚上海人民廣場，共同表演太極拳。開創集體大型太極拳演練的先河。

1983 年	郝少如去世。
1983 年	中國新聞電影製片廠拍攝《陳式太極拳》紀錄片。
1984 年 1 月	北京吳式太極拳研究會成立。
1984 年	武漢國際太極拳（劍）邀請賽舉行。
4 月 22～25 日	來自日本、加拿大、新加坡、美國以及香港等

18 個國家或地區的 70 多名選手與中國近百名選手參加了表演比賽、切磋技藝。這是第一次較大規模的國際太極拳比賽交流活動。

1984 年	鄭悟清去世。
1984 年	田秀臣去世。
1985 年	陳家溝武術館落成。
1985 年	西安永年楊式太極拳學會成立。
	趙斌創辦。
1985 年	侯春秀去世。
1985 年	楊振銘去世。
1986 年	國務院批准溫縣為河南省第一個對外開放甲級地區。
	促進了太極拳的對外交流。

1986 年 12 月	成都太極拳研討會召開。
	為中華人民共和國成立後第一次較大規模的太極拳研討會。於 1986 年 12 月在四川省成都召開，由《武林》編輯部和成都飛機製造廠聯合舉辦。
1986 年	志強武館成立。
	馮志強在北京創立。
1986 年	徐致一去世。
1986 年	王禧奎去世。
1986 年	蔣玉堃去世。
1986 年	雷慕尼去世。
1987 年	汪永泉去世。
1987 年	和士英去世。
1987 年	翟文章去世。
1988 年	郝家俊去世。
1988 年	首屆中日太極拳交流比賽大會舉行。
1988 年	第二屆太極名家研討表演會在廣州舉行。
1988 年	馬禮堂去世。
1988 年	張玉去世。
1989 年	「四式太極拳競賽套路」編定。
	《四式太極拳競賽套路》由人民體育出版社出版。
1989 年	「四十二式太極拳競賽套路」編定。
1989 年 6 月	上海武式太極拳研究會成立。
	名譽主席為顧留馨、會長浦公達、副會長黃士亨、卞錦祺、屠彭年等。

1989 年	吳圖南去世。
1990 年	杜毓澤出生。
1990 年	顧留馨去世。
1990 年	劉晚蒼去世。
1991 年	海峽兩岸楊式太極拳交流大會。
	西安永年楊式太極拳學會與臺灣中華太極館聯合舉辦。
1991 年 10 月 25–28 日	首屆永年國際太極拳年會舉行。
1991 年	李錦藩去世。
1992 年 2 月 20–28 日	太極拳推手研討會召開。 由中國武術研究院技術研究部主持，在北京召開。研究太極拳推手運動的規律，探討傳統太極拳推手技術和現代體育競技的關係。在此基礎上，完成了太極拳推手套路的編排製定。
1992 年 9 月	首屆溫縣國際太極拳年會舉行。
1992 年	董虎嶺去世。
1992 年	首屆山西楊式太極拳國際邀請賽舉行。 為慶祝山西省楊式太極拳協會成立 10 周年，山西省楊式太極拳協會舉辦。
1992 年	國家體委武術研究院編定「太極劍競賽套路」。 人民體育出版社出版《太極劍競賽套路》一書。
1993 年	永年洺州太極拳社成立。
1993 年	永年重修楊露禪故居。

1993 年	白忠信去世。
1993 年	沙國政去世。
1993 年 6 月 19 日	深圳市太極拳研究會成立。
1993 年 9 月 5 日	第二屆溫縣國際太極拳年會。
1993 年 12 月	第一屆國際太極拳邀請賽舉行。 共有來自日本、美國、比利時、印尼、臺灣、韓國、菲律賓、新加坡、加拿大及中國 10 個國家和地區的 138 名太極拳運動員參加了該項比賽。此次比賽由中國武術協會主辦，福建省體育總會承辦。
1993 年	和式太極拳研究會成立。 發起人為和有祿、和學儉、和定乾等。和有祿任秘書長，並於 2001 年擔任會長。
1994 年	傅鍾文去世。
1994 年	三元太極拳社成立。 浙江省群眾性太極拳組織。是杭州最早創建的民間太極拳拳社。積極開展太極拳培訓和研究活動。
1994 年 9 月	第三屆溫縣國際太極拳年會。
1996 年 8 月 22 日	第四屆溫縣國際太極拳年會。
1996 年	吳英華去世。
1996 年	洪均生去世。
1996 年	李天驥去世。
1997 年 7 月	首屆中國山西傳統楊式太極拳國際邀請賽

	山西省楊式太極拳研究會主辦。
1997 年	李經梧去世。
1998 年 10 月	國際楊式太極拳協會在美國成立。
	楊振鐸為會長。楊軍主持協會工作。
1998 年	天安門廣場萬人太極拳演練。
10 月 15 日	為紀念鄧小平題詞「太極拳好」20 周年及中國武術協會成立 40 周年，由中國武術協會主辦，在天安門廣場進行了萬人太極拳演練。參加演出的有中央機關、北京市各機構、全國其他省市以及海外的代表。中央電視臺進行了現場直播。
1998 年	濮冰如去世。
1998 年	姚繼祖去世。
1998 年	馬岳梁去世。
1999 年 2 月	世界上第一本太極拳辭典出版。
	由人民體育出版社出版的《精選太極拳辭典》為世界上第一本太極拳的專業辭典。該書由著名太極拳學者余功保編著。
1999 年	趙斌去世。
2000 年	新千年泰山演太極。
	迎接新千年，全球電視聯播活動，中央電視臺直播泰山日出。太極拳家門惠豐泰山之巔演練太極拳。後編創東嶽太極拳。
2000 年 5 月	世界太極拳健康月。
	中國武術協會決定將每年的 5 月定為太極拳月。2000 年 7 月，在國際武聯執委會會議

上，通過決議，支持中國的 5 月太極拳月活動，並將今後每年的 5 月定為「世界太極拳健康月」。每年 5 月，各地均舉行相關的太極拳宣傳、推廣活動。

2000 年 8 月　第 6 屆溫縣國際太極拳年會。

2000 年　　珠港澳太極大會演。

12 月 3 日　由珠海體育總會、澳門武術總會及香港楊式太極拳學會聯合主辦。

2001 年 3 月　三亞舉行首屆世界太極拳健康大會。

首屆世界太極拳健康大會是當代太極拳發展史上的一件具有重大意義的大事。在國際武術聯合會的大力支持下，由中國武術協會、國家武術運動管理中心主辦，三亞市人民政府承辦。宣導「科學、健康、和平、發展」的主題，全世界幾十個國家的各流派太極拳家、愛好者匯集一起，共同交流、研討，大會取得圓滿成功，受到中央領導、國家體育總局的高度讚揚和充分肯定，為推廣、宣傳太極拳，樹立健康科學的健身觀念發揮了積極作用。

2001 年 10 月　「三星太極拳」編創完成並出版圖書。

2001 年　　孫祿堂紀念雕塑落成。

坐落於北京溫泉百亭公園內。高 75 公分，底座長 68 公分，寬 40 公分。為孫式太極拳創始人、著名武學大家孫祿堂的半身銅像。

2001 年 11 月 29 日 –12 月 2 日	珠海國際太極拳交流大會舉行。
	參加大會的共有美國、澳洲等 13 個國家及中國香港、澳門、臺灣和內地 20 多個省市近 200 個代表隊的 1500 多名選手。
2001 年 12 月	香港舉辦「萬人太極拳大匯演」。
	眾多太極拳名家出席。
2002 年 3 月	《隨曲就伸》出版。
	書中以對話的方式系統闡述了太極拳的文化、理論、技術、發展等方面的問題，包括了一些主要流派太極拳的名家。突出文化性、學術性。引起國內外太極拳界廣泛關注。
2002 年 6 月 6 日	永年維傳武式太極拳研究會在河北永年成立。
	會長為翟維傳。研究會以繼承維護傳統武式太極拳藝為己任，矢志發揚光大。開展傳統武式太極拳的培訓。
2002 年 7 月	第二屆山西傳統楊式太極拳國際邀請賽舉行。
	山西省楊式太極拳研究會主辦。
2002 年 8 月 25 日	中日韓太極拳交流大會舉行。
	為紀念中日邦交正常化 30 周年和中韓建交 10 周年，經中、日、韓三國武術協會商定並經國家體育總局和北京市人民政府批准而舉辦的一次大型太極拳活動。
2003 年 8 月	鄭州陳家溝太極拳館成立。
	陳正雷創辦並擔任總教練。採用道館模式，系統教學，培養學員。

2003 年	長城萬人太極拳演練。
9 月 28 日	由北京市體育局主辦。作為 2008 年奧組委首屆文化節系列活動之一。全稱為「魅力北京，人文奧運，萬里長城萬人太極拳表演」。
2003 年	永年廣府楊露禪太極拳學院成立。
2003 年	孫劍雲去世。
2003 年	《孫存周誕辰 110 周年紀念文集》出版。
2003 年	張繼修去世。
2003 年	凌志安去世。
2004 年	和式太極拳學會在溫縣成立。
2004 年	洛陽牡丹節集體太極拳演練活動舉行。
4 月 10 日	在第 22 屆河南洛陽牡丹花會開幕式上，舉行了名為「激情河洛舞太極」大型太極拳演練活動，將慶牡丹花會、全民健身和迎 2008 奧運有機地結合在一起，參加人數達三萬人。各流派太極拳的當代代表人物與廣大太極拳愛好者一起進行演練。這次活動引起廣泛關注，被載入吉尼斯世界紀錄。
2004 年 5 月 5 日	會長由和有祿擔任，和定乾、賈澎等分別任副會長、秘書長。
2004 年 6 月 27 日	中華世紀壇萬人太極拳表演活動舉行。
2004 年 7 月 9 日	永年縣人民政府印發〔永年「4421」太極工程〕文件，公佈實施。其主要內容為「夯實四個基礎；做好四個方面的學術和宣傳工作；確立兩項賽事；培植

盈虛有象——中國太極拳名家對話錄

	和形成一個新的產業」。
2004 年	北京李式太極拳研究會成立。
9 月 12 日	白玉璽、周世勤、任正光為名譽會長，馬金龍為會長。
2004 年	永年太極文化交流大會舉行。
9 月 18 日	
2004 年	連雲港舉行全國太極拳交流大會。
10 月 3 日	全稱為「中國連雲港首屆全國太極拳交流展示大會」。由連雲港市體育局、新浦區人民政府主辦，來自廣東、上海、安徽、河北、寧夏、新疆、湖北、江蘇、陝西、山東等地的 300 多名運動員參加了 60 多個項目的 100 多場比賽。
2004 年	郝為真太極拳學術研究會成立。
10 月 5 日	會長為郝為真第五世孫郝平順。楊志英擔任常務副會長兼秘書長。
2004 年	首屆世界傳統武術節舉行。
10 月 16–20 日	由國際武術聯合會、中國武術協會主辦，河南省體育局和鄭州市人民政府承辦。武術節主要內容包括開幕式大型文藝晚會、登封迎賓式、武術比賽、論文報告會、健身方法展示、武術用品博覽會、群眾文體活動、商務活動、閉幕式等。共有 60 多個國家和地區的 2000 多名運動員參會，活動取得圓滿成功，在海內外武術界引起巨大反響。太極拳為本次活動的重要內容。來自世界各地的太極拳運動員、太極拳

	家參加了比賽、交流活動。
2004 年	孫祿堂武學文化研究中心在北京成立。
10 月 23 日	其主要活動內容為研究、繼承孫祿堂的武學思想。中心主任為孫叔容。
2004 年	東嶽太極拳研究會在北京成立。
11 月 7 日	
2004 年	香港楊式太極拳國際邀請賽舉行。
11 月 13 日	由香港楊式太極拳總會主辦。來自中國大陸、香港、臺灣以及澳洲、新加坡、泰國、英國等地的數十位楊式太極拳傳人代表人物帶隊參加了大會，參會人約 1000 多人。楊振鐸應邀擔任大會主席。大會包括楊式太極拳交流比賽、名家表演、學術報告等內容。是楊式太極拳傳人的一次重要交流活動。
2004 年	北京武式太極拳研究會成立。
11 月 28 日	吳文翰任名譽會長。于振禮為會長。
2004 年	王培生去世。
2005 年	焦作市太極拳研究會成立。
5 月 14 日	
2005 年 5 月	西安楊式太極拳國際邀請賽舉行。
	活動由西安市武術運動協會主辦，西安永年楊式太極拳學會承辦。西安華亞電子公司、西安交通大學太極拳學會、西安博華製藥有限公司、《金秋》雜誌社、《武當》雜誌社協辦。該活動主要包括「楊式太極拳國際邀請賽」和「太極拳名家座談會」兩部分內容。來自泰

國、日本、新加坡、韓國、美國、澳洲、德國及香港、澳門、臺灣等十多個國家和地區的代表隊，以及北京、上海、廣州、黑龍江、新疆、河南、河北、湖南、湖北、廣東、廣西、四川、深圳、江蘇、浙江、山東、山西、寧夏、陝西等二十多個省、市的太極拳選手參加，參會人員共 1000 多人。

2005 年	孫叔容去世。
2005 年 8 月	2005 中國焦作國際太極拳交流會舉行。
2005 年 11 月	中國首屆傳統武術節在雲南開遠舉行。太極拳為其中重要交流、比賽內容。
2005 年 12 月	《中國太極拳辭典》由人民體育出版社出版。
2005 年 12 月	第二屆世界太極拳健康大會在海南海口舉行。

（原載　博武國際武術網 www.21bowu.com）

本書作者簡介

　　余功保　著名武術文化研究專家。1964 年生。畢業於北京大學。創辦北京大學武術協會，並擔任主席。長期在國家武術主管部門擔任管理、研究工作。致力於國際文化交流。

　　積極推進並開展中國武術文化研究，為多家媒體特約撰稿人。發表各類武術文章近百萬字，出版有數十種武術、太極拳著作，被翻譯成外文廣泛流行全世界。應邀在北京大學、清華大學等眾多大專院校、學術機構、科研部門進行中國傳統文化、太極拳文化講座，曾在各種國內外大型活動中擔任學術主講人，大力宣導武術文化。

　　為世界上第一本太極拳辭典的作者。所著《隨曲就伸——中國太極拳名家對話錄》在海內外產生廣泛影響，《人民日報》、中央電視臺、新華社等均予以重點報導、推介。